Bernd Lindner

Die demokratische Revolution in der DDR 1989|90

bpb: Bundeszentrale für politische Bildung

Bernd Lindner
Dr. phil. habil., Kulturhistoriker und -soziologe, geb. 1952 in Wittenberg;
Studium der Kultur- und Literaturwissenschaft und Soziologie an der Humboldt-Universität zu Berlin,
1995 Habilitation an der Universität Karlsruhe;
zahlreiche Publikationen zum Herbst 1989 sowie zu Jugend, Kunst und Alltagskultur in der DDR;
Grimme Online Award 2010 für „Das Wunder von Leipzig – 9. Oktober 1989“, Autor und Fachberater der Koproduktion von MDR und ARTE;
wissenschaftlicher Mitarbeiter beim Haus der Geschichte der Bundesrepublik Deutschland/ Zeitgeschichtliches Forum Leipzig;
Kurator vieler kultur- und zeitgeschichtlicher Ausstellungen;
apl. Professor an der Universität Karlsruhe/Karlsruher Institut für Technologie.

Titel: Montagsdemonstration in Leipzig am 4. Dezember 1989, Gerhard Gäbler, Leipzig

Bonn 2010
Überarbeitete und aktualisierte Neuauflage.

Adenauerallee 86, 53113 Bonn
www.bpb.de

Redaktion/Lektorat: Hildegard Bremer, Eik Welker, Rüdiger Thomas
Bildredaktion: Bernd Lindner unter Mitarbeit von Eik Welker
Grafische Konzeption und Layout: space5 design UG® köln; bube concept gmbh, Pulheim
Druck: Media-Print Group GmbH, Paderborn
ISBN: 978 - 3 - 8389 - 7033 - 2

Bernd Lindner

Die demokratische Revolution in der DDR 1989|90

Inhalt

DDR-Kulturzentrum in der polnischen Stadt Krakau am 5. Oktober 1989 nach Aktion der oppositionellen Jugendinitiative WiP („Freiheit und Frieden“)

Harald Kirschner

einer demonstrativen

Das letzte Jahr der DDR

Einleitung

Am Morgen des 5. Oktober 1989 fanden die Mitarbeiter des DDR-Kulturzentrums in der altehrwürdigen polnischen Universitätsstadt Kraków die Eingangstür zu ihrem Institut „vermauert“ vor. Über einer davor aufgetürmten Wand aus Ziegel- und Pflastersteinen erinnerte ein Transparent an den 1962 an der Berliner Mauer verbluteten Peter Fechter. Aber auch die Fassade und die Fensterscheiben des Gebäudes waren mit Transparenten und Losungen überzogen. Auf ihnen standen in polnischer und deutscher Sprache politische Bekundungen, die sich auf die aktuellen Ereignisse in der DDR bezogen: „Kraków grüßt Leipzig“, „Solidarität mit dem Neuen Forum“ oder „Freiheit für politische Gefangene“. Sie enthielten aber auch geschichtliche Wertungen zur DDR: So wurden Honecker und Stalin symbolisch als ein Herz und eine Seele dargestellt, und mehrfach tauchte ein Plakat auf, das unter der Überschrift „1949–1989: 40 LAT NRD“ (40 Jahre DDR), eine rundum von Stacheldraht umgebene Landkarte Ostdeutschlands zeigte. Eine kleine schwarze Tafel aber wies bereits prophetisch darüber hinaus: In dem Schriftzug „DDR“ waren das erste „D“ und das „R“ durchgekreuzt worden; übrig blieb das mittlere „D“. Für die gesamte Aktion zeichnete die in Opposition zu den Kommunisten stehende polnische unabhängige Jugendinitiative WiP („Freiheit und Frieden“) verantwortlich. Mit ihrem radikalen symbolischen Eingriff in die Staatsbezeichnung der DDR hatte sie – einen Monat und vier Tage vor dem Fall der Berliner Mauer – bereits die gesamte Entwicklung der demokratischen Revolution in der DDR vorweggenom-

Leipzig war seit vielen Jahrzehnten Partnerstadt Krakóws. Doch wohl selten zuvor fühlten sich die Polen den Bürgern Leipzigs, die seit Wochen mit ihren Montagsdemonstrationen international von sich reden machten, so nah.

HdG/ZFL*

Mit diesem Papierfähnchen am Fahrrad bekundet Roland Jahn 1982 in Jena öffentlich seine „Solidarität mit dem polnischen Volk".

men, die als Bürgerbewegung begann, zur Massenerhebung wurde und schließlich in die deutsche Einheit mündete.

Wieder einmal war die polnische Opposition ihrem Nachbarvolk im Westen in seinen politischen und historischen Einsichten weit voraus. Über Jahrzehnte hatte die SED-Propaganda von den Bürgern der DDR immer wieder gefordert, von den sozialistischen Bruderstaaten im Osten – allen voran von der Sowjetunion – „siegen zu lernen". Im Sinn hatte sie dabei einzig deren kommunistische Parteien; zumindest solange diese nicht auf Reformkurs gingen, wie 1968 die tschechische KPC oder ab 1985 die KPdSU unter Gorbatschow. Wirklich lernen, wie man die gesellschaftliche Entwicklung vorantreibt, konnten die Ostdeutschen jedoch meist nur von den oppositionellen Bewegungen in Ungarn, der ČSSR oder Polen.

So auch in den 1980er Jahren: Im September 1980 wurde in Polen die Gewerkschaftsbewegung „Solidarność" (Solidarität) gegründet. Sie war das Ergebnis eines langen Kampfes der polnischen Arbeiter gegen das politische Willkürsystem und wirtschaftliche Missmanagement der mit sowjetischer Schützenhilfe im Lande regierenden Kommunisten. Dieser Kampf wurde in keinem Land Osteuropas so energisch und ausdauernd geführt wie in Polen.

In der kurzen Zeit bis zur Ausrufung des Kriegsrechtes am 13. Dezember 1981 entfaltete sich im Umfeld der „Solidarność" eine erstaunlich breite Alternativkultur: Bücher, Filme und Ausstellungen erinnerten an den langen Weg des Widerstandes gegen das ungeliebte kommunistische Regime und an die Opfer, die er gekostet hatte. Symbolisch standen dafür immer wieder die Jahreszahlen 1956 – 1968 – 1970 – 1976 – 1980. Sie verwiesen jedoch nicht nur auf nationale Stationen des Prozesses. Vom Volksaufstand in Ungarn 1956 über den „Prager

*HdG/ZFL = Stiftung Haus der Geschichte der Bundesrepublik Deutschland/

picture-alliance/dpa – Lehtikuva Oy

Streikposten auf der Danziger Lenin-Werft 1980. Hier wurde die unabhängige Gewerkschaft Solidarność gegründet.

VG Bild-Kunst – Uwe Pfeifer

„Der Rufer", Farblithografie von Uwe Pfeifer, entsteht nach der Verhaftung von Bürgerrechtlern bei der Luxemburg-Liebknecht-Demonstration am 17. Januar 1988 in Ostberlin. Sein Ruf nach „Wahrheit" (dt. für „Prawda", Parteiorgan der sowjetischen Kommunisten) ist zugleich ein Bekenntnis zu Gorbatschows Perestroika-Politik.

Frühling" in der ČSSR 1968 bis hin zur Schaffung der ersten freien Gewerkschaftsbewegung in Polen 1980 wurden damit die zentralen politischen Krisen des gesamten sozialistischen Systems ins Bild gerückt. Fast schien es, als ob der Staatssozialismus sowjetischer Prägung in Zwölfjahresschritten seinem Untergang entgegensteuerte.

(Vor-)Ahnungsvoll ließ daher der Gestalter eines Plakates für eine Ausstellung zur Geschichte des polnischen Widerstandes (gezeigt im Frühjahr 1981 in Nowy Targ) nach dem Datum 1980 Platz für eine weitere Jahreszahl. Wann und wo – so fragte diese „Leerstelle" sinnfällig – würde das sozialistische Staatensystem Osteuropas in seine nächste existenzielle Krise geraten? Mit Sicherheit hatte der Grafiker dabei eher das eigene Land oder Ungarn, vielleicht sogar die Sowjetunion im Blick gehabt. An die DDR dachte dabei zum damaligen Zeitpunkt mit Sicherheit kaum jemand. Selbst noch Anfang des Jahres 1989 glaubten nur wenige ihrer Bürger daran, dass sich in diesem verknöcherten Land mit seiner ebenso reformunwilligen wie -unfähigen politischen Führung bald etwas ändern würde; schon gar nichts Grundlegendes! Und dies obwohl, oder gerade weil, es in nahezu allen Staaten des Ostblocks – nun allen voran tatsächlich die Sowjetunion – zur gleichen Zeit heftig gärte. Doch viel zu lange war es in der DDR still und oppositionelles Aufbegehren die Sache Weniger gewesen, als dass hier plötzlich Änderung in Sicht gewesen wäre. Dennoch kam alles anders: Es war das 40. Jahr der Deutschen Demokratischen Republik; und es sollte ihr letztes sein.

Wichtige Zäsuren des Widerstandes in Polen waren: Juni 1956 – der Aufstand in Poznań und die Arbeiterproteste des „Polnischen Oktobers"; März 1968 – Studentenunruhen; Dezember 1970 – Streiks und blutig niedergeschlagene Arbeiteraufstände an der polnischen Ostseeküste, die zum Sturz des Generalsekretärs der PVAP, Władysław Gomułka, führten; Juni 1976 – Proteste gegen geplante Preiserhöhungen bei Lebensmitteln; Bildung des „Komitees zur Verteidigung der Arbeiter" (KOR); Juli 1980 – Streiks gegen Erhöhung der Fleischpreise breiten sich bis August über das ganze Land aus; 17. September 1980 – Gründung des Dachverbandes der freien Gewerkschaften; 10. November 1980 – Anerkennung seiner Statuten durch den Obersten Gerichtshof des Landes.

„Nicht genehmigte“ Luxemburg-Liebknecht-Demonstration am 15. Januar 1989 in der Leipziger Innenstadt

Archiv Bürgerbewegung Leipzig

„... keine Angst mehr!“

Wachsender Bürgermut und staatliche Repressalien

Am Morgen des 12. Januar 1989 fanden Tausende Leipziger Bürger in ihren Briefkästen ein Flugblatt der „Initiative zur demokratischen Erneuerung unserer Gesellschaft“ (> Seite 14). Darin wurden sie aufgefordert, sich drei Tage später, aus Anlass des 70. Jahrestages der Ermordung der Arbeiterführer Rosa Luxemburg und Karl Liebknecht, um 16 Uhr vor dem Alten Rathaus einzufinden, um damit „für eine Demokratisierung unseres sozialistischen Staates einzutreten. Es ist an der Zeit, mutig und offen unsere Meinung zu sagen: Schluss mit der uns lähmenden Teilnahmslosigkeit und Gleichgültigkeit.“ Durch den gemeinsamen Protest sollten das Recht auf freie Meinungsäußerung sowie Versammlungs-, Vereinigungs- und Pressefreiheit öffentlich eingeklagt werden. Trotz der Verhaftung von elf der Flugblattverteiler gelang es den Sicherheitskräften nicht, die Demonstration am 15. Januar auf dem Leipziger Marktplatz zu verhindern. Die Angaben der Sicherheitsorgane zu den Teilnehmerzahlen schwankten zwischen 200 und 800. Fred Kowasch, einem Vertreter der Leipziger Bürgerbewegung, gelang es, auf die Brüstung des Untergrundmessehauses zu klettern und eine

> Verhaftung von Teilnehmern der „nicht genehmigten“ Luxemburg-Liebknecht-Demonstration am 15. Januar 1989 in Leipzig.

Gerhard Gäbler

1 Zuführung war ein bei DDR-Sicherheitskräften (MfS wie Polizei) üblicher Begriff für Festnahmen ohne Haftbefehl.

2 Die Bezeichnung „Bürgerrechtsbewegung“ für die alternativen Basisgruppen geht – wie viele heute zur Beschreibung der Ereignisse und Vorgänge im Herbst 1989 in der DDR längst üblichen Begriffe – auf westdeutsche Medien und Beobachter zurück.

kurze Ansprache an die Versammelten zu halten. Anschließend formierte sich eine Demonstration in Richtung des Geburtshauses von Karl Liebknecht in der Braustraße, der sich spontan weitere Bürger anschlossen. Die Demonstranten konnten noch einige hundert Meter durch die Innenstadt bis zum Ring ziehen, bevor ihre „widerrechtliche Ansammlung“ von der Polizei „aufgelöst“ wurde. 53 Teilnehmer wurden kurzzeitig festgenommen und „zugeführt“[1]. Dennoch: Ein wichtiges Zeichen war gesetzt worden, öffentlich und für viele sichtbar.

Den Mitgliedern der Leipziger Bürgerrechtsinitiativen – die sich in ihrem Selbstverständnis als alternative Basisgruppen verstanden[2] – gelang damit im Januar 1989 das, was ein Jahr zuvor in Berlin noch gescheitert war. Dort hatten Bürgerrechtler vergeblich versucht, sich mit eigenen Spruchbändern – z. B. unter Berufung auf das Luxemburg-Zitat „Freiheit ist auch immer die Freiheit des Andersdenkenden“ – unter die Teilnehmer der jährlich stattfindenden offiziellen

I. AUFRUF AN ALLE BÜRGER DER STADT LEIPZIG

Flugblatt der „Initiative zur demokratischen Erneuerung unserer Gesellschaft“ (Januar 1989):

70. Jahrestag der Ermordung zweier Arbeiterführer – Rosa Luxemburg und Karl Liebknecht, und wieder werden tausende Werktätige verpflichtet, einer Kundgebung „beizuwohnen“, bei der die Redner die jährlich wiederkehrenden Ansprachen halten.

Beide Arbeiterführer traten für die allumfassenden politischen und ökonomischen Interessen der Arbeiterklasse ein, so auch für ein ungehindertes Vereins- und Versammlungsleben, für eine ungehemmte Presse, für allgemeine Wahlen und den freien Meinungskampf.

Menschen, die dieses Vermächtnis unter Berufung auf die Verfassung unseres Landes nach 40 Jahren DDR-Geschichte in Anspruch nehmen, werden immer wieder kriminalisiert.

Der Tag der Ermordung von Rosa Luxemburg und Karl Liebknecht soll uns Anlass sein, weiter für eine Demokratisierung unseres sozialistischen Staates einzutreten. Es ist an der Zeit, mutig und offen unsere Meinung zu sagen:

Schluss mit der uns lähmenden Teilnahmslosigkeit und Gleichgültigkeit:

Lassen Sie uns gemeinsam eintreten

- für das Recht auf freie Meinungsäußerung
- für die Versammlungs- und Vereinigungsfreiheit
- für die Pressefreiheit und gegen das Verbot der Zeitschrift „Sputnik“ und kritischer sowjetischer Filme.

Um nicht die offizielle Kundgebung in ihrem eigenen Anliegen zu stören, rufen wir Sie auf, gemäß Artikel 27 und 28 der Verfassung, sich

am 15. Januar 1989 um 16.00 Uhr

auf dem Markt vor dem Alten Rathaus zu versammeln, abschließend ist ein Schweigemarsch mit Kerzen zu der Gedenkstätte in der Braustraße vorgesehen.

„Sozialistische Demokratie beginnt aber nicht erst im gelobten Land, wenn der Unterbau der sozialistischen Wirtschaft geschaffen ist.“ (Rosa Luxemburg in: Gesammelte Werke, Band 4, Ausgabe 1914–1919, S. 358–364.)

„Initiative zur demokratischen Erneuerung unserer Gesellschaft“ (Januar 1989).

Robert-Havemann-Gesellschaft – Bernhard Freutel

SED-Demonstration zu mischen. Insgesamt kam es damals zu ca. 120 Festnahmen, wobei viele Bürgerrechtler bereits in ihren Wohnungen bzw. auf dem Weg zur Demonstration verhaftet worden waren. Die geplante Aktion war durch Inoffizielle Mitarbeiter der Staatssicherheit (IM) in den eigenen Reihen verraten worden. Die Verhaftungen hielten noch Tage an.

Maßgebliche Initiatoren des Protestes wie Bärbel Bohley, Werner Fischer, Freya Klier, Vera Wollenberger, Wolfgang Templin und Stephan Krawczyk wurden unter Androhung hoher Haftstrafen zur Ausreise in die Bundesrepublik oder nach England erpresst. Damit war der Staatssicherheit (Stasi) zwar ein wichtiger Schlag gegen die Berliner Bürgerbewegung gelungen, zugleich löste sie mit den Verhaftungen eine landesweite Protestwelle aus. In Fürbittgottesdiensten wurden in vielen Orten des Landes die Freilassung der inhaftierten Bürgerrechtler gefordert, Unterschriften für Protestresolutionen gesammelt und Flugblätter verteilt.

Seit dem 25. Januar 1988 fanden auch in Leipzig täglich Fürbittgebete statt. Zu deren Vorbereitung wurde eine Kontakt- und Koordinationsgruppe gebildet. Sie erklärte Anfang Februar, dass das Beten und Nachdenken in diesen Tagen „nicht nur das Anliegen einer kleinen Gruppe und für die erste Zeit der Erregung sein darf, sondern (...) eine weitreichende Bedeutung für unser ganzes Land besitzt“ (Dietrich 1995, S. 605).

Auch wenn das Ergebnis der Proteste die Abschiebung und nicht die erhoffte Freilassung wichtiger Vertreter der Berliner Bürgerbewegung war, so bezogen die Gruppen in Leipzig und anderswo dennoch vor allem Ermutigung daraus. Ihr solidarischer Protest hatte die staatlichen Institutionen und deren Sicherheitskartell sichtlich beeindruckt. Massiv versuchten diese, auf die evangelischen Kirchen- und Gemeindeleitungen einzuwirken, den Bürgerrechtsgruppen künftig nicht mehr so viel Unterstützung (z. B. durch die Bereitstellung von Räumen für Veranstaltungen) zukommen zu lassen.

Die Leipziger Bürgerrechtler antworteten mit neuen Aktionen: Am 5. Juni 1988 fand der 1. Pleiße-Gedenkmarsch statt, der auf die katastrophale Umweltsituation in

^ Bürgerrechtler vor der Berliner Luxemburg-Liebknecht-Demonstration am 17. Januar 1988 mit eigenen Transparenten.

v „Spiegel“-Titel vom 1. Februar 1988 mit dem Porträt des verhafteten Liedermachers Stephan Krawczyk.

Spiegel-Verlag

› 1. Pleiße-Gedenkmarsch am 5. Juni 1988 in Leipzig und selbst gefertigter Aufnäher.

HdG/ZFL

Archiv Bürgerbewegung Leipzig

Die Pleiße war einer der stark verschmutzten Flüsse Leipzigs. Sie wurde auch als Abwasserkanal benutzt. Teile des Flusslaufes waren seit Jahrzehnten bereits überdacht und verliefen unterirdisch. Der Pleiße-Gedenkmarsch bewegte sich entlang dieses nur noch punktuell sichtbaren Flusses.

Leipzig aufmerksam machen sollte. Im August des gleichen Jahres wurden Kettenbriefe mit dem Motto „Demokratie für alle" illegal in Leipziger Briefkästen verteilt. Ab Oktober 1988 informierten Bürgerrechtler im Anschluss an die montäglichen Friedensgebete in der Nikolaikirche, deren Gestaltung der eingeschüchterte Kirchenvorstand nun in „alleiniger Regie" übernommen hatte, auf dem Platz vor dem Gotteshaus über aktuelle politische Probleme.

Zur „Internationalen Leipziger Dokumentar- und Kurzfilmwoche" im November fand eine Protestaktion gegen die staatliche Zensurpolitik statt.

In diesen vielfältigen Aktionen hatten die Leipziger Bürgerrechtler im Verlauf des Jahres 1988 die nötigen praktischen Erfahrungen gesammelt, um ihre Luxemburg-Liebknecht-Demonstration im Januar 1989 zum Erfolg führen zu können. Mit der Flugblattaktion und dem kurzen Protestmarsch durch die Stadt war es ihnen erstmals gelungen, bisher abseits stehende Teile der Bevölkerung für einen öffentlichen Protest zu mobilisieren. Aus den Berliner Ereignissen des Vorjahres lernend, verzichteten sie zugleich bewusst darauf, die offizielle Kundgebung der SED in ihrem eigenen Anliegen zu stören. Sie führten weder Spruchbänder noch provokative Symbole im Demonstrationszug mit sich. Dennoch waren sie auf eine mögliche Verhaftung innerlich vorbereitet. Wie die Stasi bei ihren späteren Verhören registrieren musste, hatten sich „die Beschuldigten (...) verabredet, diese Flugblattaktion auf der Grundlage festgelegter und aufgeteilter Verbreitungsbereiche in Gruppen zu je 2 Personen durchzuführen. Sie waren auf eine mögliche Verhaftung eingestellt (...). Vorliegenden Hinweisen zufolge wurden ca. 750 Flugblätter verbreitet. Insgesamt konnten im Ergebnis von Wohnungsdurchsuchungen 3457 Flugblätter sichergestellt werden" (Mitter/Wolle 1990, S. 12).

Das reale Erleben der Stasi-Untersuchungshaft konnte ihren Widerstandswillen daher nur für kurze Zeit verunsichern, ihn jedoch nicht mehr prinzipiell infrage stellen. In dem Maße, wie das Gefühl der Solidarität untereinander wuchs, wich die Angst. Die Leipziger Bürgerrechtler gewannen immer stärker an Selbstvertrauen.

Bis dahin war es ein weiter Weg gewesen: Beflügelt durch das KSZE-Abkommen über Sicherheit und Zusammenarbeit in Europa kam es nach 1975 in vielen Staaten des Ostens zu einer weiteren Beförderung des Bürgerrechtsgedankens. Auch die Regierung der DDR hatte in Helsinki den Anspruch ihrer Bürgerinnen und Bürger auf Meinungs- und Reisefreiheit sowie die freie Wahl des Wohnortes unterschrieben. In der Folge mehrten sich – trotz staatlicher Repressalien gegen die Antragsteller im Berufs- und Privatleben – die Ausreiseanträge. Im Sommer 1976 stellten bereits über 100.000 Bür-

II. ERFAHRUNGEN MIT DER STASI-UNTERSUCHUNGSHAFT

Uwe Schwabe (geb. 1962), Leipziger Bürgerrechtler und 1987 Mitbegründer der „Initiativgruppe Leben":

Dieser Text ist entstanden im Januar 1989, als ich aus der Untersuchungshaft entlassen wurde.

(...) Es stehen zwei unbekannte Männer vor der Tür: „Klärung eines Sachverhaltes." Eine schon bekannte Unruhe ergreift dich. Keine Begründung. „Zuführung." (...) Abgeführt wie in einem schlechten Krimi. (...) Du wirst deinem Vernehmer übergeben. Beschuldigungen, Paragrafen, Beweise: Paragraf 214, Abs. 1–3. Höchststrafe 5 Jahre Gefängnis. Du versuchst, den Gedanken von dir zu weisen, Knast: 5 Jahre! Nun beginnt das Spiel der Macht. Man weiß alles. Geständnisse klagen dich an. „Ihr Freund hat unter Tränen ihren Namen genannt." (...) Du fragst dich: Warum? Angst? Wollte er die Schuld von sich weisen? Überredung? (...) „Gestehen Sie, es ist besser für Sie, umso eher kann dieser Fall geklärt werden." (...)

Du verweigerst die Aussage, willst nur im Beisein deines Rechtsanwaltes etwas sagen – höhnisches Grinsen: „Wie lange wollen Sie dann warten?" (...) Du bestehst auf deiner Entscheidung. Der Ton ändert sich ins Aggressive. „Sie verdunkeln den Fall, es können Entscheidungen zu Ihren Ungunsten fallen (...)." Die Vernehmer wechseln sich ab – du bleibst. 12 Stunden. Du nimmst nichts mehr auf, bist müde, abgespannt. (...) „Reden Sie!" Nach 14 Stunden genehmigt man dir 3 Stunden Schlaf. „Überlegen Sie es sich genau, so kommen wir nicht weiter." (...)

Du wirst abgeführt – lange dunkle Gänge – „Hände auf dem Rücken!" – rote Lampen. Du musst an jeder Ecke warten. „Gesicht zur Wand!" Keinen anderen bekommst du zu Gesicht. Die Zelle: 2 Betten, 2 Hocker, 1 Tisch, Fenster mit undurchdringlichen Glasfliesen, Waschbecken und Toilette. Du siehst nicht den Himmel; nur mattes, trübes Licht dringt durch die Glasfliesen. Du legst dich hin, findest keine Ruhe (...). Alle 10 Minuten schaut jemand durch den Spion, dazu wird die Zelle grell erleuchtet. Du musst mit dem Gesicht zur Tür schlafen und darfst dein Gesicht nicht bedecken. Angst vor Verzweiflung? Du kannst keinen richtigen Gedanken mehr fassen, willst nur noch schlafen. Es geht nicht.

Die Zellentür öffnet sich. Du stehst sofort vorm Bett. „Nummer 1, mitkommen!" (...) Der bekannte Raum mit dem Vernehmer erscheint wieder. (...) Dieselben Fragen, dieselben Argumente. Du brauchst viel Zeit, um wieder in deine Rolle zu schlüpfen. Dir werden Aussagen vorgelegt, Beschuldigungen, unterschrieben mit dir bekannten Namen. Fingiert oder nicht – Wahrheit oder Manipulation? Du weißt es nicht. „Wir wissen alles, geben Sie es zu!" Dir bekannte und erlebte Fakten werden dir vorgelegt: Treffpunkte, Namen, Hergang des Geschehens. Du stehst zu deiner Tat; willst versuchen, ihnen deine Argumente zu erklären, hast Hoffnung, dass sie dich vielleicht verstehen. (...) Aber selbst anklagen, Freunde verraten – nein!

Nun beginnt die freundliche Tour. Persönliche Probleme werden angesprochen und Probleme mit Entscheidungen des Staates. Das, was du selber im Kopf hast, dringt aus ihrem Mund. Verwunderung, Zweifel, Hoffnungen werden in deinem Innersten geweckt. (...) „Wir können Sie heute noch entlassen; nach 24 Stunden muss ein Haftbefehl ausgestellt werden. (...) Sie haben die Chance mit zu entscheiden." Dir geht der Begriff Freiheit durch den Kopf: Himmel, Sonne, Bäume, frische Luft. (...) Du (...) versuchst, dich auf die Situation einzustellen. Es gelingt nicht. Die Gedanken lassen sich nicht mehr ordnen. (...) Du wirst dem Haftrichter vorgeführt, der Haftbefehl wird erlassen – Höchststrafe 5 Jahre. Du empfängst Haftkleidung, erhältst Belehrungen. (...) Eine neue Zelle – jetzt zu zweit: Grenzflüchtling, seit 15 Wochen Untersuchungshaft. Zurückhaltende Gespräche, einander bekannt werden, du redest und redest, versuchst dich abzulenken, machst Scherze, verdrängst deine Ängste. (...)

Sonntag, 16.00 Uhr: Du vernimmst Sirenen, Geschrei, Krach auf dem Hof. Der Tag der Demonstration [gemeint ist der 15. Januar 1989 – B.L.]. Der Vernehmer blickt mit besorgtem Gesicht aus dem Fenster. „Hoffen wir für Sie, dass nichts passiert!" (...) Du bekommst Hoffnung, dass du nicht umsonst hier sitzt, von allen vergessen. Zum ersten Mal machst du dir Gedanken über die Situation draußen: Kirchenleitung – Basisgruppen – ein ständiges gegeneinander Anrennen. Du denkst an die Solidaritätswelle vom vergangenen Jahr. Kennst deine Freunde – sie werden nicht ruhen in diesen Tagen. Kennst aber auch die Gruppen. Unverständnis, Neid, Persönlichkeitsdrang. (...) Dir werden jeden Tag mehr Aussagen vorgelegt. „Bekennen Sie sich endlich zu Ihrer Tat! Warum haben Sie es gemacht, wenn Sie jetzt nicht dazu stehen?" Sie haben dich an deiner wundesten Stelle gepackt. Du hältst es nicht mehr aus, abzuleugnen, wozu du mit ganzem Herzen stehst. Nichts hat dich in den letzten Wochen so beschäftigt wie dieser Tag. (...) Sie merken, dass du zweifelst, bohren immer wieder nach. Stoßen dich in den Kreis, und du kannst nicht mehr heraus. Du gibst es zu. Du fühlst dich erleichtert, erschlafft und müde. (...) Du wirst fotografiert, von drei Seiten und im Stehen, es werden Fingerabdrücke genommen: Schwerverbrecher? (...) Verhöre statt Freihof. Du lehnst es ab, andere Namen zu nennen oder zu bestätigen. (...) Auch das gibst du bald auf, bestätigst Namen, widersprichst dir, man nagelt dich fest. (...) „Warum lügen Sie immer noch, wir wissen alles!" Geständnis. Du fühlst dich frei vom Druck der letzten Tage, begründest, argumentierst, versuchst zu überzeugen – und erkennst die Sinnlosigkeit deiner Versuche. Die Vernehmung ist abgeschlossen, du hast alles gesagt, was du weißt, fühlst dich elend und beschissen. (...)

„Ihre Zellentür wird sich heute noch einmal öffnen." (...) Sachen abgeben, umziehen, Unterschriften, Belehrungen. Du erlebst alles im Nebel, weit weg, nimmst es kaum wahr. Du stehst auf der Straße (...), du siehst die Freunde wieder. Umarmung, Scherze – schaust in müde, übernächtigte Augen. Dir wird erst jetzt das Ausmaß der Solidarität bewusst. Es waren schlaflose, durchwachte, durcharbeitete Nächte für deine Freunde hier draußen. Am Telefon, an der Schreibmaschine, bei Andachten und bei Diskussionen vergingen Tage und Nächte. (...) Ein Strauß Weidenkätzchen für die Inhaftierten – du weinst. Der Strauß lebt noch heute – ein Zeichen der Hoffnung an eine nie zu vergessende Stunde.

In: Christian Dietrich/Uwe Schwabe (Hrsg.): Freunde und Feinde. Leipzig 1994 (Evangelische Verlagsanstalt), S. 406–408.

Jürgens Ost + Europa Photo

HdG/ZFL

^ Evangelischer Kirchentag in Wittenberg, 1983: Der Kunstschmied Stefan Nau schmiedet symbolisch ein Schwert zu einer Pflugschar um. Das Zeichen „Schwerter zu Pflugscharen" wurde ab 1982 zum Symbol der unabhängigen Friedensbewegung in der DDR.

v Das am 24. September 1983 in Wittenberg zu einer Pflugschar umgeschmiedete Schwert.

gerinnen und Bürger einen „Antrag auf ständige Ausreise" aus der DDR.

Mit der wachsenden Bedrohung des Friedens durch die Nachrüstung in Ost und West kam es auch in der DDR – „allerdings mit erheblicher zeitlicher Verzögerung und wesentlich schwächerer Rückendeckung durch die offizielle Kirche" (Mehlhorn 1995, S. 1421) als in Polen und z. T. in der ČSSR – schrittweise zur Herausbildung erster Bürgerinitiativen. Noch vermieden sie bei ihren Protesten, wie z. B. gegen die Einführung des Wehrunterrichtes in den Schulen der DDR (1978), als Gruppen in Erscheinung zu treten. Unter ihren Eingaben stand zumeist nur eine Unterschrift. Jeder Verweis auf eine „antisozialistische Gruppenbildung" hätte der SED und der Staatssicherheit unnötig Angriffsflächen geboten. Dennoch kam es immer wieder zu polizeilichen Vorladungen und Verwarnungen, zeitweiligen Verhaftungen (wie 1983 bei der Gruppierung „Frauen für den Frieden") und zu Ausweisungen einzelner Bürgerrechtler. Seit Anfang der 1980er Jahre handelten die alternativen Basisgruppen in der DDR jedoch immer selbstbewusster. Das inhaltliche Spektrum ihrer Arbeit differenzierte sich weiter aus: Zu den Friedens- und Menschenrechtsgruppen kamen ökologische Initiativen und Dritte-Welt-Gruppen. Das Zeichen „Schwerter zu Pflugscharen" wurde ab 1982 zum Symbol der gesamten Bürgerbewegung. Politisch-alternative Szenen gab es in vielen Städten der DDR. In ihrer Anfangsphase – Mitte der 1970er Jahre – war Jena der wichtigste Ort. Später kamen entscheidende Impulse aus Dresden, Halle und Berlin. Viele dieser Gruppen standen überregional in Kontakt miteinander.

Was prädestinierte aber nun gerade Leipzig und seine Bürgerrechtsgruppen für eine besondere Rolle am Ende der 1980er Jahre? In dieser Stadt konzentrierten sich die Symptome des wirtschaftlichen und moralischen Niedergangs der DDR wie in einem Brennglas: Verfall von Industrie und Infrastruktur, drohender Kollaps der Umwelt, bröckelnde Bausubstanz. Das historische Gesicht der Stadt hatte durch selbstherrliche Entscheidungen hoher SED-Funktionäre aus dem ZK wie auch der Bezirksleitung der Partei großen Schaden erlitten. So drängte 1968 der SED-Chef Walter Ulbricht persönlich auf die Sprengung der von Kriegsschäden völlig verschont gebliebenen Universitätskirche. All das konnte selbst durch die Leipziger Messe, die zweimal im Jahr Internationalität und Weltläufigkeit vortäuschte, auf Dauer nicht kaschiert werden.

Leipzig war aber auch ein Kulturzentrum. Künstlerische Einrichtungen von Weltrang wie das Gewandhausorchester und der Thomanerchor waren hier zu Hause. Die Vielzahl künstlerischer Hochschulen am Ort (Hochschule für Grafik und Buchkunst, Theaterhochschule, Musikhochschule, Literaturinstitut „Johannes

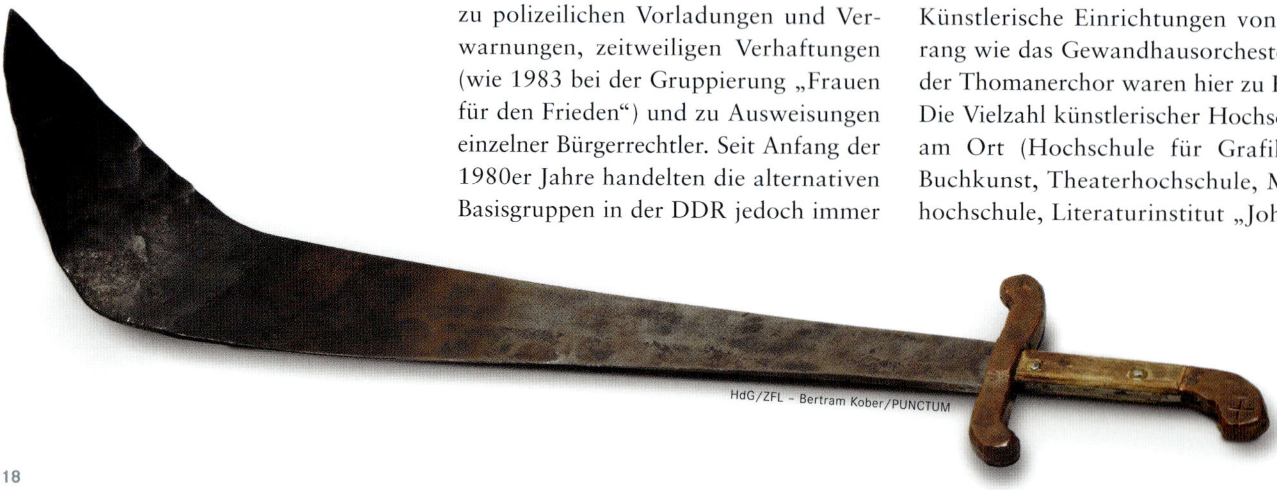

HdG/ZFL – Bertram Kober/PUNCTUM

III. SZENE LEIPZIG

Ich habe Leipzig gehasst. Die Stadt war ein stinkender, fallengelassener, verbeulter, ausgewohnter Käfig. Wer hier dennoch nistete, betrachtete die Kapitulation als sein Lebenswerk. Mir war jeden Tag bewusst, dass ich weg musste aus Leipzig. Trotzdem habe ich es in dieser DDR-Hochburg bis Mai '89 ausgehalten. (...) die Vertreter der freien Kunst- und Kulturszene in Leipzig (haben) die schlafende DDR-Bestie niemals ernsthaft gereizt oder gar zum Kampf herausgefordert. Dafür aber entzogen sie sich dem allgemeinen Tiefschlaf und taten sehr viel zur gegenseitigen Aufmunterung. In keiner Stadt der DDR herrschte im Spektrum der „feindlich-negativen Kräfte" ein so konstruktives Klima wie in Leipzig. In höchster Vollendung versinnbildlichten später die Montagsdemos auf dem innerstädtischen Ring das über Jahre in der Stadt gewachsene Solidargefühl.

Das produktive Miteinander und die intakte Kommunikation in Leipzig hatten sicherlich auch ihre Ursache in der unzerstörten konzentrischen Stadtstruktur. Die sozialistischen Machthaber konnten sich jedenfalls nie mit der gewachsenen Bausubstanz Leipzigs anfreunden. Es kostete die staatlichen Institutionen viel zu viel Mühe, bis in alle Freiräume und Schlupfwinkel in den Außenbezirken vorzudringen. Darüber hinaus boten die Kirchen und Plätze in der Innenstadt jederzeit ein zentrales, in den Messe- und Dokumentarfilmfestivalwochen sogar weltöffentliches Podium. Leipzig war lauschig und überschaubar genug, um eine Gegenöffentlichkeit zum Funktionieren zu bringen, und von so dichter Urbanität, dass sehr unterschiedliche Milieus und Freundeskreise zueinander Kontakt fanden. (...)

Vor allem junge Künstler stellten in Leipzig eine Vielzahl halb öffentlicher Projekte auf die Beine, die den staatlich kontrollierten Kulturbetrieb konterkarierten. (...) Vernissagen boten prinzipiell Gelegenheit, anderen Künstlern, Schriftstellern, Schauspielern oder Musikern einen unzensierten Auftritt zu verschaffen. Eine Melange aus Naivität, Mut und Schläue war erforderlich, um das Veröffentlichungsmonopol des Staates zu missachten. Anfang der 1980er Jahre fassten sich Angelika Klüssendorf und Wiebke Müller ein Herz und stellten ein Heft mit dem Titel „Anschlag" zusammen. Junge Dichter, Möchtegern-Dichter, Bildende Künstler und Fotografen reichten ihre Beiträge in der vorgesehenen Auflagenhöhe ein und erhielten im Gegenzug ein Belegexemplar. Für den Fall der Konfrontation mit staatlichen Stellen hatten sich die beiden Macherinnen eine Argumentation zurechtgelegt. Sie betrachteten die Hefte aufgrund ihres Unikat-Charakters als „Originalgrafik". Diese war erst ab einer Auflage von einhundert Stück druckgenehmigungspflichtig. Mit der Zeit wurde die Szene selbstbewusster, und so kam es zu wichtigen Auseinandersetzungen. (...)

Des Weiteren kann der „Anschlag" (ebenso die Galerie Eigen+Art) für sich reklamieren, niemals die reine Kunst gegen das politische Bekenntnis ausgespielt zu haben. Neben zeitvergessenen Naturgedichten fanden sich im „Anschlag" auch politische Diskussionspapiere bis hin zu einem antikommunistischen Essay von Václav Havel, der einzigen DDR-Veröffentlichung dieses tschechischen Dissidenten. (...)

Ich musste mich erst in die westlichen Verhältnisse stürzen, um aus der Distanz Leipzigs Zauber zu begreifen. Heute weiß ich: Es war kein Zufall, dass in dieser Stadt genau das möglich wurde, was in der DDR immer unmöglich war. Und dafür habe ich Leipzig geliebt.

Karim Saab: DER „ANSCHLAG", in: Uta Grundmann/Klaus Michael/Susanna Seufert (Hrsg.): Die Einübung der Außenspur. Die andere Kultur in Leipzig 1971–1990. Leipzig 1996 (Thom Verlag), S. 154 f.; aktualisierte Auflage unter dem Titel „Revolution im geschlossenen Raum". Leipzig 2002 (Faber & Faber).

R. Becher" u. a.) sorgten sowohl für den notwendigen Nachwuchs als auch für ständige Reibungsflächen. Über Jahrzehnte war in der Stadt eine breite subkulturelle Szene gewachsen. Die Rockmusik der DDR erhielt von hier wichtige Impulse (von Klaus Renft und der Beat-Demo 1965 bis zur Punk- und Independent-Szene der 1980er Jahre), ebenso die Jazz-Szene. Absolventen der Grafikhochschule und Autodidakten rebellierten Mitte der 1980er Jahre gemeinsam gegen den offiziellen Kunstbetrieb der DDR wie auch gegen die international erfolgreiche „Leipziger (Maler-)Schule". Mit dem „1. Leipziger Herbstsalon" (1984) und der Werkstattgalerie „Eigen + Art" (gegründet 1985) fanden entscheidende Probeläufe autonomer Kunstvermittlung in dieser Stadt ihren Anfang. Bei der Produktion von Samisdat-Zeitschriften (wie „Anschlag", „Glasnot", „Messitsch"), halb öffentlichen Aktionen und Projekten kam es immer wieder zu personellen Überschneidungen zwischen der (sich z. T. bewusst unpolitisch gebenden) autonomen Kunstszene und den Basisgruppen der Bürgerbewegung. Dieses kreative Gemisch sorgte beständig für Zündstoff.

Begünstigend auf den Verlauf der Ereignisse wirkte sich auch aus, dass die Bürgerbewegung in Leipzig bis 1989 von Verhaftungen und Abschiebungen weitgehend verschont geblieben war. Die zentralen DDR-Sicherheitsorgane kon-

Größte unerlaubte Demonstration in der DDR zwischen dem 17. Juni 1953 und dem Herbst 1989: Am 31. Oktober 1965 versammelten sich in der Leipziger Innenstadt rund 450 „erkennbare Beatfans", um gegen das Verbot von Musikgruppen zu protestieren. 90 Prozent aller Beatbands waren vom Staat die Spielerlaubnis entzogen worden. In illegal verteilten Flugblättern wurde zum Protest dagegen aufgerufen. Die Polizei ging mit Schlagstöcken, Hundestaffeln und Wasserwerfern brutal gegen die Demonstranten vor. 267 Jugendliche wurden festgenommen und mussten ohne gerichtliches Urteil für mehrere Wochen im Braunkohletagebau Schwerstarbeit leisten.

Waltraut Kossack

Bürgerversammlung mit Vertretern der „Gruppe der 20“ in der Kreuzkirche Dresden, 18. Oktober 1989.

Noch in der Dienstbesprechung beim Minister für Staatssicherheit am 31. August 1989 beteuerte Generalleutnant Manfred Hummitzsch, Chef der Bezirksbehörde der Staatssicherheit Leipzig: „(...) was die Frage der Macht betrifft, Genosse Minister, wir haben die Sache fest in der Hand, sie ist stabil. (...) Die Lage wird kompliziert sein, aber ich denke, wir beherrschen sie“ (Mitter/Wolle 1990, S. 127).

Christoph Wonneberger

Pfarrer Christoph Wonneberger, einer der wirkungsvollsten Oppositionellen der 1980er Jahre in der DDR.

Transparent der unabhängigen Friedensbewegung, getragen beim europäischen Olof-Palme-Friedensmarsch, der 1987 auch durch die DDR führt. Die Teilnahme westeuropäischer Friedensgruppen schützt die DDR-Oppositionellen vor Übergriffen der Staatssicherheit.

zentrierten ihre Aktionen gegen „innere, feindliche, oppositionelle und andere negative Kräfte in personellen Zusammenschlüssen“ lange Zeit vordringlich auf Berlin. Dies geht auch aus einer umfangreichen „Information“ hervor, die Erich Mielke, Minister für Staatssicherheit, am 1. Juni 1989 dem Politbüro der SED übergab: „Den territorialen Schwerpunkt bildet von Anbeginn an die Hauptstadt der DDR, Berlin. (...) Nach der Hauptstadt Berlin stellen die Bezirke Leipzig, Karl-Marx-Stadt, Halle, Dresden, Gera und Erfurt weitere Schwerpunkte dar, wobei sich innerhalb dieser Bezirke längerfristig bestimmte Konzentrationspunkte bildeten, die mit dem Wirken einzelner Gruppen zusammenhängen, so u. a. in Zwickau, Naumburg und Wittenberg“ (Mitter/Wolle 1990, S. 49).

Die Führungsspitze von SED und Staatssicherheit schenkte den Zusicherungen der lokalen Behörden Leipzigs – „alles fest im Griff“ zu haben – offensichtlich zu sehr Glauben. Anfang 1989 waren in Leipzig jedoch bereits zwischen 20 und 25 politisch-oppositionelle Gruppen aktiv, in denen ca. 300 Personen engagiert waren. Mit Gruppierungen wie „Arbeitsgemeinschaft Umweltschutz“, „Hoffnung Nicaragua“, „Initiativgruppe Leben“, „Frauen für den Frieden“ oder „Arbeitsgruppe Menschenrechte“ war die ganze thematische Breite der Bürgerrechtsbewegung in Leipzig vertreten.

Die Größe der Gruppen betrug in der Regel ca. 15 Mitglieder, deren Alter im Durchschnitt bei etwas über 25 Jahren lag. Alle sozialen Schichten waren darin vertreten. Ein nicht unerheblicher Teil der Gruppenmitglieder war bei der Kirche angestellt oder studierte an der Kirchlichen Hochschule Leipzig. Den gemeinsamen lokalen Bezugspunkt für die meisten von ihnen – konfessionell gebunden oder nicht – stellten die Friedensgebete in der Nikolaikirche dar.

Im September 1982 im Rahmen der kirchlichen Friedensdekade erstmals von einer Basisgruppe gestaltet, entwickelten sich die allmontäglichen Friedensgebete im Laufe der Zeit zu einem dauerhaften Forum der Kommunikation und Verständigung über gesellschaftliche Probleme. Sammelpunkt der Bürgerbewegung wurden die Leipziger Friedensgebete verstärkt ab 1986, als der Pfarrer Christoph Wonneberger deren Koordination übernahm. Von ihm stammte auch das Anfang der 1980er Jahre entworfene Konzept des „Sozialen Friedensdienstes“ (SoFd), dessen Verbreitung und Umsetzung ihm auf Druck staatlicher Behörden 1982 von der sächsischen Kirchenleitung untersagt wurde. Die Schaffung der Friedensgebete – damals noch in Dresden – war eine Reaktion auf diesen Eingriff. Später wurden die Friedensgebete immer wieder auch von Ausreisewilligen als überregionales Podium und Zufluchtsstätte benutzt.

Auch die Organisatoren der Leipziger Luxemburg-Liebknecht-Demonstration kamen aus den Basisgruppen, die über lange Zeit die Friedensdekaden und Montagsgebete gestaltet hatten. Nun drängten sie verstärkt aus dem schützenden Raum der Kirche auf die Straße. Mit dieser Aktion setzten sie bereits im Januar 1989 ein deutliches Zeichen, dass ihr Wunsch nach gesellschaftlicher Veränderung in ein neues Stadium getreten war. Der Bürgerprotest erhielt eine neue Qualität.

Archiv der Initiative Frieden und Menschenrechte

KAPITEL 2

„Sputnik"-Malaktion im November 1988: Protest bildender Künstler gegen
sowjetischen Zeitschrift „Sputnik" während ihres Verbandskongresses im

Gabriele Senft

das Verbot der

Palast der Republik.

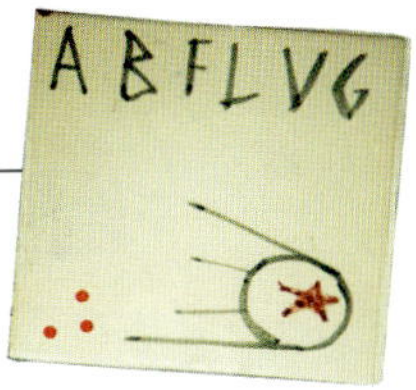

„Die Umgestaltung hat begonnen!“

Reformsignale aus Osteuropa

Die Bürgerrechtler Ostdeutschlands waren in den 1970er und 1980er Jahren hauptsächlich auf die Beseitigung von Missständen und eine Reformierung der DDR-Gesellschaft ausgerichtet. Problemlösungen außerhalb der sozialistischen Gesellschaft strebte (bis in den Herbst 1989 hinein) nur eine Minderheit von ihnen an. Als Ziel wurde vielmehr ein „demokratischer Sozialismus“ beschworen. Dies resultierte nicht nur aus ihrer Skepsis gegenüber marktwirtschaftlichen Lösungen und dem bürgerlichen Parlamentarismus, sondern auch aus der lang gehegten Illusion von der Möglichkeit eines „Dritten Weges“ jenseits des im Warschauer Pakt praktizierten Staatssozialismus. Damit standen sie in der Tradition wichtiger Vordenker der Bürgerbewegung in der DDR wie Robert Havemann (u. a. „Dialektik ohne Dogma“ 1964; „Fragen, Antworten, Fragen. Aus der Biographie eines deutschen Marxisten“ 1970) und Rudolf Bahro („Die Alternative“ 1979). Selbst Rolf Henrich, Mitbegründer des „Neuen Forums“, vermochte sich noch 1989 in seiner Analyse des „vormundschaftlichen Staates“ nicht aus diesem Denkmuster zu lösen.

^ Junger Mann mit einem Gorbatschow-Plakat bei der zentralen Demonstration zum 1. Mai 1989 in Ostberlin ...

In einem System, das jede abweichende politische Vorstellung verfolgte und mit Sanktionen belegte, schien es vielen geboten, kritische Gedanken in dessen Kategorien und Begriffen auszudrücken. Die Hoffnung, dadurch die Tabuisierung von Reformansätzen durchbrechen zu können, wurde mit einer verkürzten Reichweite oppositionellen Denkens bezahlt.

Eine weitere Ursache für das Vorherrschen von Reformgedanken in der DDR-Bürgerbewegung ist in der Entwicklung innerhalb des Ostblockes zu suchen. Nicht wenige ostdeutsche Bürgerrechtler

I. VON DEN BÜRGERBEWEGUNGEN DES OSTENS LERNEN

Hans Misselwitz (geb. 1950, Biophysiker und Pfarrer, 1981 Mitbegründer des Friedenskreises Pankow) über die Einflüsse der internationalen Entwicklung der 1970er und 1980er Jahre auf die Bürgerbewegung in der DDR:

Die Spanne von 1976 bis 1981 war für ihn gekennzeichnet:

„a) durch die Hoffnungen, die durch die Entspannungspolitik zunächst entstanden waren und

b) durch die interne Rücknahme der Entspannungspolitik in der DDR: Ausweisung von Biermann und die Folgeerscheinungen bis hin zu den Umständen, mit denen die DDR die Solidarność-Bewegung in Polen begleitete.

Ich glaube, dass das Verhältnis dieser äußeren Entwicklung (...) und der inneren Entwicklung in jenen Jahren für mich der Grund war zu überlegen, was in der DDR möglich ist. Die sicherlich nie völlig voneinander zu trennenden Erscheinungsformen der Dissidenz, wie sie sich in intellektuellen Zirkeln herausbildeten und wie sie im Ostblock auch immer wieder Vorbilder hatten – ich nenne hier die ‚Charta 77' und KOR in Polen –, waren das eine. (...) Die Erfahrungen dieses Widerstandes zeigten allerdings auch, dass das System gelernt hatte, damit insoweit umzugehen, als durch Isolation oder schließlich Abtrennung oder Herausdrängung der Leute aus diesen Gruppen das nur eine begrenzte Wirksamkeit hatte. Insofern waren für mich persönlich und für die Freunde um mich herum die Ereignisse in Polen, die Solidarność-Bewegung ein entscheidender Schritt des Lernens, das heißt eine Form der Herausbildung eines zivilen und an der Basis der Gesellschaft verankerten Netzwerkes von Arbeit. Die Entscheidung für eine solche Oppositionsarbeit musste dann bedeuten, (...) die Rekrutierung von Menschen zu leisten, die unter dem System litten, und diese Menschen in die Arbeit einzubeziehen, (...) strukturelle Netzwerke und solidarische Zusammenhänge in der Gesellschaft herzustellen. (...)

Zwischen 1980 und 1985 bildete das Friedensthema das Schlüsselthema für die Rekrutierung dieser Opposition. (...) Es ging darum, diesen DDR-Staat dort anzufassen, weil das Thema Frieden neben der kommunistischen Ideologie und neben dem Sozialismus ein Zentralpunkt für die Existenz der DDR war und von uns auch als solcher akzeptiert wurde. (...) Die Zeit von 1985 bis 1989 ist dann dadurch gekennzeichnet, dass die Friedensproblematik (...) in ihrer Bedeutung zurückging. Das hat etwas mit Gorbatschows Politik zu tun. Das hat auch etwas damit zu tun, dass die innenpolitischen Fragen, die Fragen der Menschen- und Verfassungsrechte in der DDR immer stärker im Spiel waren."

Diskussion zur 68. Sitzung der Enquete-Kommission am 16. März 1994 in Jena, in: Materialien der Enquete-Kommission, hrsg. vom Deutschen Bundestag, Bd. VII,1. Baden-Baden 1995 (Nomos Verlag), S. 249 f.

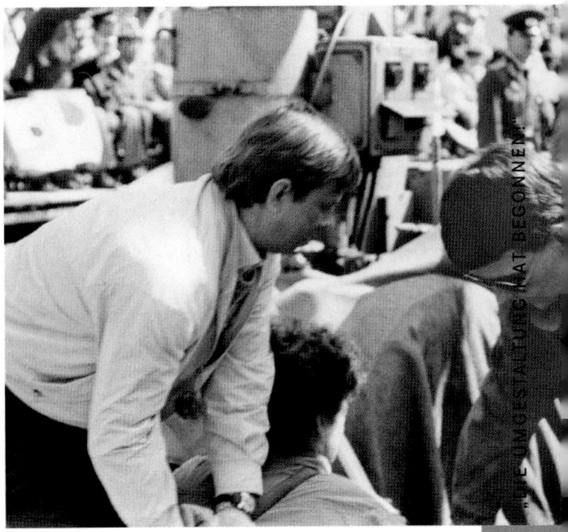

Karin Kriegel, Berlin

^ ... noch vor dem Passieren der Tribüne mit Erich Honecker und dem gesamten Politbüro der SED wird er unter Gewaltanwendung von Stasi-Mitarbeitern abgeführt.

unterhielten Kontakte zu Gleichgesinnten in der ČSSR, Polen oder Ungarn. Es fanden private Treffen sowie gemeinsame Seminare statt, so im Mai 1978, als in der Nähe von Budapest ein Bahro-Seminar stattfand, an dem auch im Westen lebende DDR-Oppositionelle teilnahmen. Konzepte wurden beraten und Samisdat-Schriften ausgetauscht. Gelegentlich kam es sogar zu länderübergreifenden Erklärungen wie z. B. 1986 anlässlich des 30. Jahrestages der ungarischen Revolution. Vor allem konnten die DDR-Bürgerrechtler von den praktischen Erfahrungen ihrer osteuropäischen Freunde profitieren, hatten diese doch den Schritt von theoretisierenden intellektuellen Randgruppen hin zu praxisorientierten Arbeitsformen längst vollzogen. Und so flossen schon in ihre ersten Aktionen „viele Überzeugungen mit ein, die (...) in Prag und in Polen gewonnen" worden waren, wie Pfarrer Christoph Wonneberger, Anfang der 1980er Jahre Initiator des Sozialen Friedensdienstes (SoFd) in der DDR, rekapitulierte (in: Opposition in der DDR 1999, S. 241). Insbesondere der „Solidarność" war es gelungen, in Polen eine Bewegung von gesamtgesellschaftlicher Relevanz zu schaffen, die auf Bürgerrechtsgruppen in der DDR wie die „Initiative Frieden und Menschenrechte" (IFM) ab Mitte der 1980er Jahre verstärkt „als Vorbild und Stimulans gewirkt" hat (Kleßmann 1995, S. 1108).

Großen Einfluss auf die Entwicklung der Protestbewegung hatte vor allem die neue Politik von Glasnost und Perestroika („Offenheit" und „Umbau der Gesellschaft") in der Sowjetunion. Unter Michail Gorbatschows Führung wurde die KPdSU ab 1985 vom gewaltsamen Verhinderer gesellschaftlicher Veränderungen (schrittweise) zu deren Motor. Die Aufgabe der Breschnew-Doktrin ermöglichte Reformkräften in Ungarn und Polen die Durchsetzung demokratischer Ideen auf Regierungsebene.

Unter den Bürgerrechtlern der ehemaligen DDR ist der Stellenwert der Perestroika für ihr eigenes Tun bis heute umstritten. Für Gerd Poppe war etwa „die Solidarność der ganz entscheidende Wendepunkt in der Geschichte und nicht Gorbatschow" (Materialien der Enquete-Kommission 1995, S. 288). Für Hans-Jürgen Fischbeck lag dagegen auf der Hand, „dass in der DDR erst dann Änderungen möglich sind, wenn sich in der Sowjetunion etwas ändert" (ebd., S. 310). Carlo Jordan berichtet davon, dass er innerhalb der Opposition hart angegriffen wurde, als er 1987 von der Berliner Umweltbibliothek einen offenen Brief an Michail Gorbatschow – die Aufhebung der Todesstrafe gegen desertierte Sowjetsoldaten betreffend – sandte: „Es hieß, das sei doch kontraproduktiv" (ebd., S. 309).

II. „MEHR SOZIALISMUS, MEHR DEMOKRATIE" – DIE POLITIK VON GLASNOST UND PERESTROIKA

Grundsätzlich aber kann ich sagen, dass uns das Endziel der Umgestaltung klar ist. Wir wollen in unserem Lande alle Lebensbereiche gründlich erneuern, den Sozialismus in den modernsten Formen der gesellschaftlichen Organisation gestalten und die humanistischen Züge unserer Gesellschaftsordnung in allen entscheidenden Aspekten, wirtschaftlich, politisch, sozial und moralisch, voll zur Geltung bringen.

Ich sage es noch einmal: Die Umgestaltung ist keine plötzliche Eingebung, keine Erleuchtung, sondern die aus den Tiefen unserer Gesellschaft kommende Einsicht in die objektive Notwendigkeit von Erneuerung und Beschleunigung. Das Wesen der Umgestaltung liegt ja gerade darin, dass in ihr Sozialismus und Demokratie zu einer Einheit verschmelzen.

Michail Gorbatschow: Umgestaltung und neues Denken für unser Land und für die ganze Welt. (Ost-)Berlin 1988 (Dietz Verlag), S. 39.

Friedrich Boltz, Dresden (Ingenieur):[1]

Erwartet habe ich viel. Ich hatte unklare Hoffnungen auf einen Umbruch in der Gesellschaft. Aber selbst die Begriffe Perestroika und Glasnost waren bei uns schon unerwünscht, geschweige denn, dass sich etwas geändert hätte. Meinem Parteisekretär, Bernd C., habe ich mehrmals offen gesagt: „Solange bei uns die Dinosaurier an der Macht sind, bewegt sich nichts." Das konnte ich sagen, oder es auch lassen. Es war einfach unerheblich, weder gab es Nachteile für mich, noch hat sich dadurch etwas bewegt.

In: Werner Kaulfuss/Johannes Schulz: Dresdner Lebensläufe. Leipzig 1993 (GNN-Verlag), S. 37.

HdG/ZFL – Bogomil J. Helm

Bernd-Lutz Lange, Leipzig (Kabarettist):[2]

Der Hauptgrund für das politische Aufbegehren war einfach die Fassungslosigkeit darüber, dass mit der Ära Gorbatschow eben nicht die Reform bei uns begann. In dem Moment, wo man Gorbatschow abgelehnt hat, war eigentlich die DDR doch schon verloren, denn plötzlich hatten Leute Mut, die vorher nie Mut gehabt hätten. (...) die progressiven Leute in der DDR hatten das erste Mal Argumente aus dem Osten, wir mussten ja jahrelang immer wieder Fakten bemühen aus westlichen Medien. Nun hatten wir erstmalig Fakten und Überlegungen, wie man Politik, wie man Reformen machen müsste, aus Moskau. (...) wir hatten ja immer gedacht, wenn sich in Moskau was ändert, dann ändert sich auch hier was. Nachdem abzusehen war, dass man (...) das abblockte, da begann das ja eben auch bei vielen Genossen, spätestens (mit) Sputnik und diese ganzen Geschichten, dass man sagte, so das trage ich nicht mehr mit.

In: Ekkehard Kuhn: Der Tag der Entscheidung. Leipzig, 9. Oktober 1989. Berlin 1992 (Ullstein Verlag), S. 28.

Dietmar Linke, Berlin (Chemiker):[3]

Ich (habe für die Wandzeitung) ein Blatt geschrieben zum letzten Parteitag der SED [XI. Parteitag im April 1986 – B. L.] da wurden fünf Mann im Institut ausgeguckt, und der erste sollte natürlich ein Genosse sein. Am Morgen lieferte ich das (...) bei unserem Parteisekretär ab, der guckte nur kurz: „Schönen Dank." Nach zwei Tagen (...) kommt ein Kollege und sagt: „Du, dein Artikel hängt nicht", und ich sagte: „Das kann doch nicht wahr sein!" Ich nehme den Hörer, ruf unseren Sekretär an, er war ein, na ja, war an sich Stalinist (...) „Wo gehobelt wird, fallen Späne", hat er bei jeder Gelegenheit erzählt (...) Und nun sagte er zu mir: „Ich habe mir das durchgelesen, als Auftakt-Diskussionsbeitrag, womit man eine Stimmung, eine Atmosphäre, eine Erwartungshaltung vorgibt, ist das völlig ungeeignet!" Und ich hatte weiter nichts gesagt, als, es gibt ein paar Probleme in unserer Wissenschaftsorganisation, dass ich guten Mutes bin, dass der frische Wind aus Moskau nun zu uns kommt, nachdem der höchste Repräsentant [gemeint ist Gorbatschow als Gast des XI. Parteitages – B. L.] selbst anwesend sein wird. Ja, das war bereits nicht opportun (...).

In: Den Himmel überlassen wir den Engeln. Neun autobiographische Gespräche. Berlin 1993 (Volksbühne), S. 122 f.

1 Gründungsmitglied der Dresdner „Gruppe der 20" (> Kapitel 7).

2 Lange war am 9. Oktober 1989 einer der „Leipziger Sechs", die durch ihren Aufruf zum gewaltfreien Verlauf der entscheidenden Montagsdemonstration beigetragen hatten (> Kapitel 7).

3 Anfang 1988 legte Linke seine Funktion als Leiter der Arbeiter-und-Bauern-Inspektion (ABI) an der Akademie der Wissenschaften der DDR nieder, weil seine kritischen Berichte von der Leitung zurückgewiesen wurden. Nach dem Zusammenbruch der SED-Herrschaft wurde er zum Vorsitzenden des Wissenschaftsrates der Ende 1991 aufgelösten Akademie gewählt.

> Die deutschsprachige Ausgabe des Buches von Michail Gorbatschows Rede auf der Festsitzung des ZK der KPdSU zum 70. Jahrestag der Oktoberrevolution am 2. November 1987 (APN-Verlag, Moskau 1987) mit Unterstreichungen und Randnotizen eines DDR-Lesers.

< Mail-Art-Postkarte mit der Aufschrift „Von der Sowjetunion lernen heißt wieder siegen lernen", gestaltet von Bogomil J. Helm, Ostberlin 1988.

Fest steht, dass die Umgestaltung in der Sowjetunion weitaus mehr Menschen in der DDR Hoffnung auf Veränderungen vermitteln konnte, als es die Bürgerbewegung je allein vermocht hätte. Sie war lange Zeit zahlenmäßig viel zu klein, um mit ihren Zielen und Aktionen von der Masse der Bevölkerung wahrgenommen werden zu können. Die Texte von Gorbatschows Reden dagegen waren, trotz zögerlicher Veröffentlichungspolitik der SED, weit verbreitet und wurden in der Bevölkerung heftig diskutiert. An den Tagen, da neue Dokumente aus der Sowjetunion (Reden zu Plenen und Parteitagen der KPdSU etc.) veröffentlicht wurden, war selbst das ND ausverkauft. Michail Gorbatschows Buch „Umgestaltung und

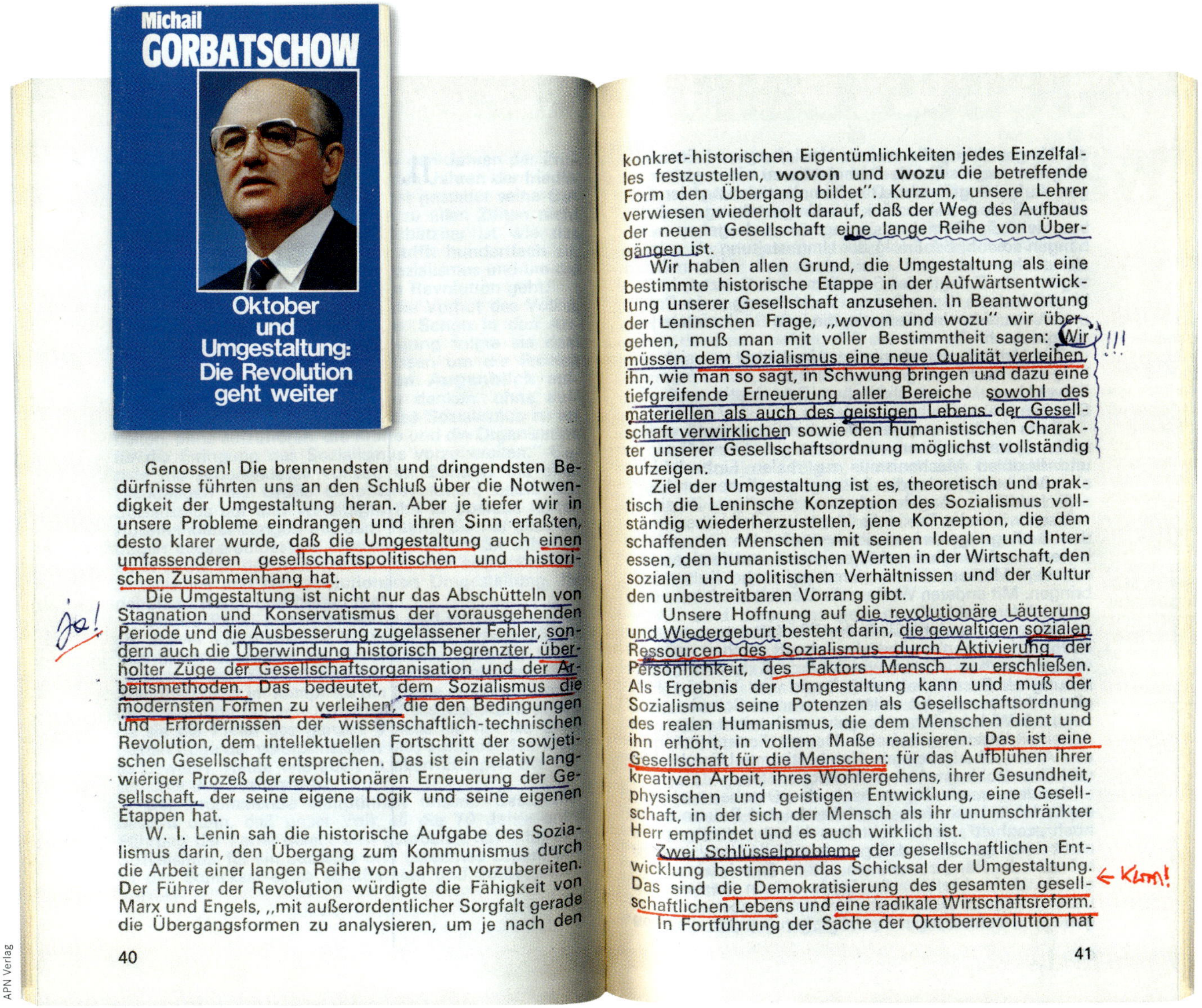

Genossen! Die brennendsten und dringendsten Bedürfnisse führten uns an den Schluß über die Notwendigkeit der Umgestaltung heran. Aber je tiefer wir in unsere Probleme eindrangen und ihren Sinn erfaßten, desto klarer wurde, daß die Umgestaltung auch einen umfassenderen gesellschaftspolitischen und historischen Zusammenhang hat.

Die Umgestaltung ist nicht nur das Abschütteln von Stagnation und Konservatismus der vorausgehenden Periode und die Ausbesserung zugelassener Fehler, sondern auch die Überwindung historisch begrenzter, überholter Züge der Gesellschaftsorganisation und der Arbeitsmethoden. Das bedeutet, dem Sozialismus die modernsten Formen zu verleihen, die den Bedingungen und Erfordernissen der wissenschaftlich-technischen Revolution, dem intellektuellen Fortschritt der sowjetischen Gesellschaft entsprechen. Das ist ein relativ langwieriger Prozeß der revolutionären Erneuerung der Gesellschaft, der seine eigene Logik und seine eigenen Etappen hat.

W. I. Lenin sah die historische Aufgabe des Sozialismus darin, den Übergang zum Kommunismus durch die Arbeit einer langen Reihe von Jahren vorzubereiten. Der Führer der Revolution würdigte die Fähigkeit von Marx und Engels, „mit außerordentlicher Sorgfalt gerade die Übergangsformen zu analysieren, um je nach den

40

konkret-historischen Eigentümlichkeiten jedes Einzelfalles festzustellen, **wovon** und **wozu** die betreffende Form den Übergang bildet". Kurzum, unsere Lehrer verwiesen wiederholt darauf, daß der Weg des Aufbaus der neuen Gesellschaft eine lange Reihe von Übergängen ist.

Wir haben allen Grund, die Umgestaltung als eine bestimmte historische Etappe in der Aufwärtsentwicklung unserer Gesellschaft anzusehen. In Beantwortung der Leninschen Frage, „wovon und wozu" wir übergehen, muß man mit voller Bestimmtheit sagen: Wir müssen dem Sozialismus eine neue Qualität verleihen, ihn, wie man so sagt, in Schwung bringen und dazu eine tiefgreifende Erneuerung aller Bereiche sowohl des materiellen als auch des geistigen Lebens der Gesellschaft verwirklichen sowie den humanistischen Charakter unserer Gesellschaftsordnung möglichst vollständig aufzeigen.

Ziel der Umgestaltung ist es, theoretisch und praktisch die Leninsche Konzeption des Sozialismus vollständig wiederherzustellen, jene Konzeption, die dem schaffenden Menschen mit seinen Idealen und Interessen, den humanistischen Werten in der Wirtschaft, den sozialen und politischen Verhältnissen und der Kultur den unbestreitbaren Vorrang gibt.

Unsere Hoffnung auf die revolutionäre Läuterung und Wiedergeburt besteht darin, die gewaltigen sozialen Ressourcen des Sozialismus durch Aktivierung der Persönlichkeit, des Faktors Mensch zu erschließen. Als Ergebnis der Umgestaltung kann und muß der Sozialismus seine Potenzen als Gesellschaftsordnung des realen Humanismus, die dem Menschen dient und ihn erhöht, in vollem Maße realisieren. Das ist eine Gesellschaft für die Menschen: für das Aufblühen ihrer kreativen Arbeit, ihres Wohlergehens, ihrer Gesundheit, physischen und geistigen Entwicklung, eine Gesellschaft, in der sich der Mensch als ihr unumschränkter Herr empfindet und es auch wirklich ist.

Zwei Schlüsselprobleme der gesellschaftlichen Entwicklung bestimmen das Schicksal der Umgestaltung. Das sind die Demokratisierung des gesamten gesellschaftlichen Lebens und eine radikale Wirtschaftsreform.

In Fortführung der Sache der Oktoberrevolution hat

41

APN Verlag

neues Denken für unser Land und für die ganze Welt“ war nur mit Beziehungen, kaum aber im freien Verkauf erhältlich. Das Buch erschien 1988 im Dietz Verlag Berlin, nachdem seine Drucklegung vom Politbüro immer wieder verzögert worden war. Seine erste Auflage wurde nur intern über die Kreisleitungen der SED verteilt. Erst unter dem Druck tausender Eingaben und Briefe, in denen der SED-Führung vorgeworfen wurde, Informationen zur Politik der Perestroika zurückzuhalten, konnte die Schrift einen größeren Leserkreis erreichen.

Auch in den Reihen der SED begannen sich, insbesondere auf der Mitgliederebene, Reformhoffnungen zu regen. (Und nicht wenige von denen, die bereits nach 1985 in diesem Sinne ihre Stimme erhoben, zählten in der unmittelbaren Umbruchphase 1989/90 zum aktiven Kern der gesellschaftlichen Veränderer.) Bei der Führungsspitze der SED fanden die Ideen von Glasnost und Perestroika dagegen keine Gegenliebe. Die jahrzehntelang gepredigte Losung: „Von der Sowjetunion lernen, heißt Siegen lernen!“ sollte nun, da es dort tatsächlich etwas zu lernen gab, nicht mehr gelten. Allzu sehr hatte in den Augen der alten Politriege das Gorbatschowsche Gedankengut schon die eigene Parteibasis aufgewühlt. So berichtete die Zentrale Partei-Kontrollkommission im Januar 1989 alarmierend, dass „sich in jüngster Zeit“ innerparteiliche Auseinandersetzungen und Parteiverfahren verstärkt daraus ergeben, „dass Parteimitglieder in provokatorischer und außergewöhnlich aggressiver Weise gegen den Kurs der Partei auftreten, ‚Pluralismus‘ fordern und sich dabei z. T. auf Darstellungen und Artikel aus einzelnen sowjetischen Presseerzeugnissen, wie z. B. des ‚Sputnik‘, berufen“ (zitiert nach Schröder 1998, S. 296).

Kurt Hager, Ideologiesekretär des Politbüros der SED, hatte bereits im April 1987 in einem Interview mit dem „Stern“ klar gestellt, dass die SED-Führung nicht daran denke, das eigene Haus zu tapezieren, bloß weil der Nachbar renoviert. Enttäuschung machte sich im reformwil-

›Jedes Land wählt seine Lösung‹

Zum ersten Mal beantwortet ein Mitglied des SED-Politbüros westlichen Journalisten Fragen nach der Reaktion Ost-Berlins auf die »revolutionäre Umgestaltung« in der Sowjetunion. Die STERN-Redakteure Peter Pragal und Ulrich Völklein sprachen mit Kurt Hager, im SED-Zentralkomitee zuständig für Ideologie und Kultur. Der 74 Jahre alte Spitzenfunktionär stammt aus Schwaben

STERN: Die SED-Führung unterstützt die von Michail Gorbatschow eingeleiteten Reformen – in der Sowjetunion. Zugleich betont die DDR ihre Eigenständigkeit. Sind die Zeiten vorbei, in denen das Land Lenins für deutsche Kommunisten Vorbild war?

HAGER: Die DDR und die Sowjetunion sind Verbündete. Sie haben einen Vertrag über Freundschaft, Zusammenarbeit und gegenseitigen Beistand abgeschlossen. Zwischen den Völkern beider Staaten besteht eine feste, unzerstörbare Freundschaft, die in direkten Beziehungen von Betrieben, Hochschulen und anderen Einrichtungen sowie zahllosen persönlichen Begegnungen ihren Ausdruck findet. SED und KPdSU sind Bruderparteien und tauschen regelmäßig ihre Erfahrungen aus, um voneinander zu lernen. So war es, so ist es, und so wird es auch in Zukunft sein.

STERN: Es gilt also nicht mehr die Parole: »Von der Sowjetunion lernen, heißt Siegen lernen?«

HAGER: Ich erinnere daran, daß der Generalsekretär des ZK der KPdSU, Michail Gorbatschow, auf dem XI. Parteitag der SED im April 1986 sagte: »Sie wissen, daß unsere Partei und unser Volk in all den Jahren seit dem Kriege an Ihrer Seite standen, stets bereit, dem jungen Staat der Werktätigen zu helfen. Wir waren treue Freunde und Verbündete der Sozialistischen Einheitspartei Deutschlands, der Deutschen Demokratischen Republik, und wir bleiben es für alle Zeiten.« Sie können also davon ausgehen, daß es vergebliche Mühe wäre, einen Keil zwischen die DDR und die Sowjetunion zu treiben oder Differenzen zwischen der SED und der KPdSU zu konstruieren.

STERN: »Perestroika«, Umgestaltung also auch in der DDR?

HAGER: Bekanntlich hat der XXVII. Parteitag der KPdSU im Interesse der weiteren Stärkung des Sozialismus wichtige Beschlüsse zur Beschleunigung der sozialökonomischen Entwicklung der Sowjetunion gefaßt. Bereits in seiner Grußansprache an den XXVII. Parteitag betonte der Generalsekretär des ZK der SED, Erich Honecker, daß die Verwirklichung dieses Aktionsprogramms für das Wohl des Sowjetvolkes von grundlegender Bedeutung und zugleich von entscheidendem internationalen Gewicht ist. Auch bei zahlreichen anderen Gelegenheiten haben wir gegenüber dem Sowjetvolk und seiner kommunistischen Partei unsere Überzeugung geäußert, daß die vom XXVII. Parteitag eingeleitete Umgestaltung, die Überwindung ungünstiger Tendenzen und Schwierigkeiten, die in den 70er Jahren und Anfang der 80er Jahre aufgetreten waren, von Erfolg gekrönt sein wird, geht es doch darum, das gewaltige materielle und geistige Potential der Sowjetunion voll zur Entfaltung zu bringen und damit den Sozialismus weiter zu vervollkommnen und zu stärken.

STERN: Das klingt sehr danach, als hätte die SED am liebsten mit alldem nicht viel zu tun.

HAGER: Wir deutschen Kommunisten haben dem Land Lenins stets große Achtung und Bewunderung entgegengebracht, und daran wird sich nichts ändern. Wir würdigen in diesem Jahr den 70. Jahrestag der Oktoberrevolution, die zum Sturz der Kapitalisten und Großgrundbesitzer und zur Errichtung des ersten sozialistischen Staates in der Geschichte führte und den Sozialismus in den 20er und 30er Jahren, vor allem die Industrialisierung und Kollektivierung, möglich machte. Wir wissen, daß die Sowjetunion die Hauptlast des Kampfes gegen den Hitlerfaschismus trug und vergessen nie, daß ihr vor allem unser Volk die Befreiung vom Naziregime verdankt. Wir haben uns die Lehren Lenins, insbesondere die Theorie der sozialistischen Revolution und des sozialistischen Aufbaus sowie die Lehre von der Partei, angeeignet und aus dem reichen Erfahrungsschatz der KPdSU Nutzen gezogen. Dies bedeutete jedoch auch in der Vergangenheit nicht, daß wir alles, was in der Sowjetunion geschah, kopierten.

STERN: Ein hartes Wort . . .

HAGER: . . . schon im Aufruf des ZK der KPD vom 15. Juni 1945 heißt es: »Wir sind der Auffassung, daß der Weg, Deutschland das Sowjetsystem aufzuzwingen, falsch wäre, denn dieser Weg entspricht nicht den Entwicklungsbedingungen in Deutschland.« Übrigens kopiert die Sowjetunion auch nicht die DDR. Es scheint, daß westliche Medien an diesem Thema vom »Kopieren« interessiert sind, weil es in ihr Trugbild von der »Hand Moskaus« oder von der angeblichen Einförmigkeit und Eintönigkeit des Sozialismus paßt. Würden Sie, wenn Ihr Nachbar seine Wohnung neu tapeziert, sich verpflichtet fühlen, Ihre Wohnung ebenfalls neu zu tapezieren?

^ Auszug aus dem „Stern"-Interview mit dem ZK-Mitglied Kurt Hager. Darin erteilt er der Reformbewegung in der UdSSR unter Michail Gorbatschow eine klare Absage (Stern, 16/1987, S. 140).

ligen Teil der Bevölkerung breit. Viele hofften von nun an auf eine „biologische Lösung", den baldigen Tod der überalterten Führungsriege um Erich Honecker. Zugleich klammerten sie sich immer wieder an neue „Hoffnungszeichen": So wurde das SED-SPD-Papier „Der Streit der Ideologien und die gemeinsame Sicherheit" vom August 1987 auch als Indiz für eine mögliche Lockerung des Hardliner-Kurses gedeutet, denn – so die Hoffnung – „wenn sich die SED-Führung zur gleichberechtigten ideologischen Auseinandersetzung mit Sozialdemokraten bekannte, musste dies auch für ‚Andersdenkende' in der DDR gelten" (Kowalczuk 2009, S. 99). Selbst Honeckers überraschende verbale Zusage zur „Unterstützung für den Kurs der Erneuerung der sowjetischen Gesellschaft", die er im September 1988 bei einem Besuch in Moskau gab, stimmte für kurze Momente optimistisch.

Doch die Ernüchterung folgte stets auf dem Fuß: In ihren, an die Bevölkerung des eigenen Landes gerichteten Verlautbarungen demonstrierten die „führenden Genossen" des SED-Politbüros dagegen stets aufs Neue, dass sie nicht gewillt waren, eine Übertragung der Perestroika auf die DDR zuzulassen. Mit der 1987 in ihrem Auftrag von der Akademie für Gesellschaftswissenschaften vorgelegten Programmschrift „Sozialismus in der DDR" brachten sie es sogar fertig, eine „Gesellschaftsstrategie mit dem Blick auf das Jahr 2000" zu veröffentlichen, ohne darin nur ein einziges Mal Gorbatschow zu zitieren. Dagegen heftete Honecker dem rumänischen Diktator Nicolae Ceauşescu am 18. November 1988 demonstrativ den Karl-Marx-Orden an die Brust. Am folgenden Tag ließ er die sowjetische Zeitschrift „Sputnik" von der Postzeitungsliste der DDR streichen: „Sie bringt keinen Beitrag, der der Festigung der deutsch-sowjetischen Freundschaft dient, stattdessen verzerrende Beiträge zur Geschichte."[1] Gleichzeitig wurden fünf Spielfilme aus der UdSSR, die in der traditionellen „Woche des sowjetischen Filmes" gelaufen waren, aus dem Verleih-Programm der staatlichen Filmagentur „Progress" genommen. Darunter waren auch ältere Streifen wie „Die Kommissarin" (von 1967) und „Das Thema" (von 1979), die in der Sowjetunion gerade im Zuge der Auseinandersetzung mit dem Poststalinismus aus den Archiven befreit worden waren. Das Verbot des „Sputnik" löste, weit über den unmittelbar betroffenen Kreis der 190.000 Abonnenten und Leser der Zeitschrift hinaus, massive kritische Meinungsäußerungen in allen Bevölkerungsschichten aus. In einer ersten Protestwelle erreichten das ZK der SED bis Dezember 1988 über 800 Eingaben. Etwa drei Viertel davon waren von SED-Mitgliedern verfasst, darunter 57 Prozent von ganzen Parteigruppen (Klein/

1 „Neues Deutschland" vom 19. November 1988; die Entscheidung – offiziell von der Pressestelle des Ministeriums für Post- und Fernmeldewesen verkündet – geht eindeutig auf Honecker selbst zurück. Auslöser für das Verbot des in der DDR viel gelesenen „Reader's Digest" aus der UdSSR war ein kritischer Artikel über den Hitler-Stalin-Pakt von 1939 und das Schicksal deutscher Kommunisten im sowjetischen Exil.

Otto/Grieder 1996, S. 90 f.). Insgesamt gingen bis Ende Januar 1989 bei den unterschiedlichsten staatlichen Stellen (Ministerien, Post, Medien etc.) wie auch bei SED-Führungsgremien rund 15.000 Protestschreiben ein. Das war selbst für ein Land mit so ausgeprägter „Eingabenkultur“ wie der DDR[2] ein außergewöhnlicher Vorgang. Zugleich mehrten sich die Austritte aus der „Gesellschaft für Deutsch-Sowjetische Freundschaft“ (DSF). Langjährige Mitglieder, wie der Ökonom Jens Schmidt aus Karl-Marx-Stadt, forderten in Eingaben an die DSF, dass sich diese „dafür einsetzt, dass der ‚Sputnik‘ wieder vertrieben wird und allen (...) eine umfassende Informationsmöglichkeit über die Entwicklung in der UdSSR gegeben werden kann. Sollte dies nicht mehr möglich sein, sehe ich leider keinen weiteren Sinn für meine Mitgliedschaft in der DSF.“[3] Hauptträger des innerparteilichen Protests war die Intelligenz. Aus ihren Reihen hatte sich bereits ab 1985 eine landesweit kommunizierende Gruppe von „Reformsozialisten“ um die Berliner Wissenschaftler Michael Brie, Rainer Land, Dieter Segert, Rosemarie Will u. a. gebildet, die sich um die Entwicklung eines Konzeptes zur Modernisierung des Sozialismus bemühte. Doch fanden sie aus ihrem Selbstverständnis heraus – „dass die Erneuerung des Sozialismus nur von oben und aus der Staatspartei heraus beginnen könne“ (Segert 2008, S. 74) – zu keiner Zeit Kontakt zu den oppositionellen Kräften innerhalb der Bürgerrechtsgruppen.

[2] Seit 1953 rechtlich verankert in einem eigenen Gesetz, wurde „die Eingabe“ für die Bevölkerung „zu einem nahezu universellen Mittel der Auseinandersetzung mit staatlichen Behörden und gesellschaftlichen Einrichtungen (...) ohne zu übertreiben kann man behaupten, dass, statistisch gesehen, jeder Haushalt in der DDR wenigstens einmal eine Eingabe geschrieben haben muss (...).“ In manch wirtschaftlich wie politisch zugespitzten Situationen, so auch beim „Sputnik“-Verbot, nahmen massenhafte Eingaben die „Form eines Bürgerbegehrens“ an (vgl. Merkel/Mühlberg 1998, S. 13).

[3] Das sich verändernde Bewusstsein in der Bevölkerung wird auch daran deutlich, dass Jens Schmidt seine Eingabe nicht nur an die DSF sandte, sondern zugleich einen Durchschlag davon, unter der Überschrift „Ich weiß nicht, was soll es bedeuten...“, im Brigadebuch seines Arbeitskollektivs im Werkzeugmaschinenkombinat „Fritz Heckert“ abheftete.

IV. „NICHT EIN PROBLEM DER KÜNSTE ...“

Proteste gegen das Verbot der sowjetischen Zeitschrift „Sputnik“ und von fünf sowjetischen Filmen auf dem X. Kongress des Verbandes Bildender Künstler der DDR (VBK) vom 22. bis 24. November 1988

Die Kunstwissenschaftlerin Barbara Barsch über ihre Rede auf dem Kongress und deren Wirkung:

Ein Blick auf die Reihenfolge der Redner im Plenum lässt vermuten, dass die kritischen Beiträge gleich am Anfang des Kongresses erledigt werden sollten, um dann zur eigentlichen Tagesordnung übergehen zu können. (...) es hätte vielleicht auch klappen können, unsere Beiträge als belanglos abzutun, wenn nicht bereits das Verbot der sowjetischen Zeitschrift „Sputnik“ für eine gereizte und aufgeregte Stimmung gesorgt hätte. (...) Aufsehen verursachte eine eingeschobene Sequenz. Als ich zu Nr. 2 unserer Forderungen[*] kam, fügte ich spontan ein: „Dazu gehört ein vielfältiges Angebot von Zeitschriften – auch sowjetischen.“ Das hatte nicht in meinem Manuskript gestanden, denn bis zu diesem Zeitpunkt waren uns die sowjetischen Zeitschriften ziemlich egal.

(...) es brach ein gewaltiger Applaus los, der den Unmut aller Kollegen über die gegenwärtigen Zustände zum Ausdruck brachte. Es ging gar nicht mehr im Einzelnen um unsere Forderungen, sondern um die gesamte Situation. Den Anwesenden wurde plötzlich klar, dass alle auf Veränderungen hin drängten und fast alle der Meinung waren, die Verkrustungen wären unerträglich geworden und es für den Unmut eine breite Basis gäbe. So konnte es von diesem Moment an nicht mehr gelingen, den Kongress wieder in seichtes Wasser zu manövrieren. Er war ihnen [der Verbandsleitung und dem ZK der SED – B. L.] aus den Händen geglitten.

Alles, was verhindert werden sollte, geschah: Es wurden Kollegen in Leitungen gewählt, die auf keinen Fall gewählt werden sollten. Willi Sitte wurde nicht wieder zum Präsidenten gewählt (...), Vizepräsidenten wurden abgewählt (...) Das Statut wurde zu Fall gebracht.

Barbara Barsch: Anmerkungen zum X. Kongreß des VBK der DDR 1988, in: Günter Feist/Eckhart Gillen/Beatrice Vierneisel: Kunstdokumentation SBZ/DDR 1945–1990. Köln 1996 (DuMont), S. 779 f.

HdG/ZFL

Titelseite der verbotenen Ausgabe der Zeitschrift „Sputnik“ (10/1988).

[*] Barbara Barsch hatte diese Rede gemeinsam mit einer Gruppe von Kunstwissenschaftlern aus Berlin, Leipzig und anderen Orten der DDR vorbereitet. Vorangegangen waren ein Briefwechsel und eine (unproduktive) Diskussion dieser Gruppe mit dem Präsidium des VBK, von dem sie seit Frühjahr 1988 demokratische Veränderungen im Verband einforderten. Ihre „Forderung Nr. 2“ betraf die Verbesserung der Informations- und Kommunikationsmöglichkeiten in der DDR.

V. AUS DER DISKUSSION IN DEN ARBEITSGRUPPEN DES VBK DER DDR

Dass so viele Kollegen und Menschen die DDR verlassen, sind Dinge, auf die bisher nicht eingegangen wurde. Reden ist gut, aber es müsste die Praxis folgen: dass wir alle in uns gehen, egal wes Geistes Kind wir sind, dass das Land nicht ausgehungert wird, dass die Städte nicht langsam kaputtgehen. (...) Halle ist kaputt, Altenburg ist kaputt, Meißen ist kaputt. Wir können nicht auf dem alten Dreck und Staub unsere sozialistische Gesellschaft weiter aufbauen. Das geht nicht. Und wenn wir hier diskutieren, (und) die Beiträge sind wunderbar, müsste doch einmal hier ein bisschen Leben in die Bude kommen!

Teilnehmer der Arbeitsgruppe 2, in: Dokumentation des X. Kongreß des VBK der DDR, Band 2: Arbeitsgruppen, Berlin 1989, S. 124 f.

Ein aktuell-politisches Thema zwingt mich dazu, hier das Wort zu ergreifen. Jene Mitteilung des Postministers vom 19.11.1988, die uns alle wie eine Ohrfeige traf. (...) Inzwischen habe ich erfahren, dass neben dem Verbot der Zeitschrift „Sputnik" auch einige sowjetische Filme in unseren Kinos gesperrt wurden. Zwei dieser Filme habe ich vor 14 Tagen mit Begeisterung gesehen und kann darum alle diese Vorgänge nicht verstehen. (...) Ich bin mir im Klaren darüber, dass es sich hierbei nicht um ein Problem der Künste handelt, doch ich meine, dass wir hier (...) als Träger der geistigen Kultur dieses Landes Stellung beziehen müssen. Ich schlage vor, dass der X. Kongress eine Entschließung verabschiedet, in der die Empörung des VBK-DDR über die Entscheidung des Postministers und der zuständigen Kollegen der Filmdirektion zum Ausdruck kommt, verbunden mit der Forderung angesichts der Bedeutsamkeit der derzeitigen Entwicklung in der UdSSR, die Auflagen aller sowjetischen Publikationen wesentlich zu erhöhen.

Michael Hegewald, Maler, in: ebd., S. 52.

‹ Bemalte Kacheln, die aus Protest gegen das Verbot des „Sputnik" und kritischer sowjetischer Spielfilme bei einer Malaktion während des VBK-Kongresses im November 1988 entstanden sind.

HdG/ZFL – Galerie Sonnensegel e. V.

Besonders unter den Künstlern wurden seit Längerem Stimmen laut, die Veränderungen einforderten: Liedermacher um die Gruppe „Karls Enkel" tourten nach der – trotz regionaler Verbote – erfolgreichen „Hammer-Rehwü" von 1982, nun mit ihrer „Sichel-Operette" durch die DDR. Christoph Hein kritisierte auf dem X. Schriftstellerkongress im November 1987 erstmals öffentlich die in der DDR gängige Zensurpraxis. In der alternativen Szene kursierten Mail-Art-Postkarten, Aufkleber und Zeitschriftenprojekte wie „Glasnot", die (schon im Titel) unverhohlen für eine Perestroika in der DDR warben. Ein Jahr später schließlich drohte auf dem Kongress des Verbandes Bildender Künstler gar eine öffentliche Eskalation des Protestes. Drei Tage vor Kongresseröffnung am 22. November 1988 war das „Sputnik"-Verbot verkündet worden. Es war das beherrschende Thema des Kongresses, dessen Delegierte ausgerechnet im Plenarsaal der stets reibungslos funktionierenden Volkskammer, dem Veranstaltungsort des Kongresses, Widerspruch wagten. Eine Protestentschließung der Künstler konnte von der Politbürokratie und der linientreuen Verbandsspitze nur unter Aufwendung ihres ganzen Reservoirs von Tricks und Drohungen verhindert werden. Die Delegierten revanchierten sich, indem sie den Entwurf eines neuen Verbandsstatutes, das ihre Rechte erheblich einschränken sollte, zurückwiesen. Zugleich funktionierten sie die offizielle Solidaritäts-Werkstatt des Kongresses (Motto: „Give peace a chance!")

VI. „IM DDR-VOLK GÄRT ES …!“

An das Zentralkomitee der SED, 30. Januar 1989

Die „Arbeitsgruppe Glasnost in der DDR“ richtet sich mit einem anonym verfassten Schreiben an die Führung der SED:

Es erscheint dringlicher denn je geboten, dass die Bürger der DDR ihre Stimme erheben und sich gegen die Meinung der Regierenden der DDR positionieren. Auch wir machen dies zum wiederholten Male.

Anlass sind die aktuellen Äußerungen des Generalsekretärs (GS) der SED und seiner Mitgenossen in Presse, Funk und Fernsehen. Wir halten es für notwendig, klarzustellen, dass der GS nicht die Stimme des Volkes repräsentiert und dass sich die Masse des Volkes von seinen unrühmlichen Bemerkungen zur „Mauer“ distanziert. (…)

Warum verschweigt der GS und alle seine Mitglieder des Politbüros eigentlich den Hauptzweck der Mauer – die Menschen der DDR daran zu hindern, das Land zu verlassen, weil es ihnen woanders besser gehen könnte oder weil sie dort weniger bevormundet, drangsaliert und eingeschüchtert werden? (…)

Der Sozialismus muss so attraktiv werden für seine Menschen, damit sie nicht das Bedürfnis haben wegzulaufen, sondern sich frei (…) und geborgen fühlen und sich entsprechend ihren Leistungen den Lebensstandard schaffen können, den sie sich vorstellen. Das ist in der DDR bei Weitem nicht so, und die Hauptaufgabe des ZK der SED und der Regierung muss darin bestehen, dies zu schaffen. Dazu hattet Ihr führenden SED-Genossen 44 Jahre Zeit, und wenn im Westen ein deutscher Staat entstanden ist, der lukrativer ist als dieser hier, dann tragt in erster Linie Ihr die Schuld daran! Deshalb unsere Forderung: die Mauer muss weg in absehbarer Zeit, der Sozialismus muss attraktiver werden, leistet Eueren Beitrag Genossen des ZK! (…)

Noch etwas fiel uns in letzter Zeit besonders auf: (…) dass sie [die führenden Genossen – B. L.] die erreichte Macht missbrauchen, um besser zu leben als das Volk! (…)

Oder meint Ihr, das Volk sieht nicht die Luxusbauten, die die Sekretäre der Kreis- und Bezirksleitungen oder des ZK der SED bewohnen? Oder meint Ihr, dem Volk ist Euer Status der Sonderbedarfsträger nicht bekannt, nach dem Ihr versorgt werdet mit den schönen Sachen des Lebens, nicht zuletzt denen aus dem goldenen Westen? Geht doch mit Eurer „Aktuellen Kamera“ einmal nach Wandlitz und zeigt uns, wie „gleich“ die führenden Genossen der SED dort leben.

Genossen des ZK der SED: Im DDR-Volk gärt es und das wisst Ihr! Das Beispiel der Sowjetunion zeigt uns wie es gehen kann. Wir warten auf Eure Reaktion. Am 20.2.89 beginnt die Arbeitsgruppe mit einer Unterschriftensammlung für ein Volksbegehren unter dem Motto: Wer ist dafür, dass die Mauer wegkommt?

„Arbeitsgruppe Glasnost in der DDR“ (Das Dokument befindet sich im Sächsischen Staatsarchiv Leipzig, Bestand SED).

Unzufriedenheit macht sich Luft

Die Bezirks-Parteikontrollkommission Dresden berichtet über den Faschingsumzug in Geising (Erzgebirge) am 5. Februar 1989:

(…) dass im genannten Faschingsumzug mehrere Gestaltungselemente und Losungen mitgeführt wurden, die politisch provokatorischen und feindlichen Inhalt hatten. (…) Auf einem Multicar war eine Mauer dargestellt, auf welcher der Text „Bärlin ich bleib dir treu“ geschrieben war. Der Anhänger trug Aufschriften wie „Ich will hier raus“, „Ich komme bald raus“. Ein weiterer Wagen wurde von ca. 10 Personen mittels mehrerer Kurbeln im Selbstantrieb „fortbewegt“. Der Wagen war beschriftet mit „Glasnost + Umwandlung“, „Es ist Märchen(Sagen)haft“, „Wir lernen niemals“. Dahinter war ein Strudel bildlich dargestellt. Zum Thema Schlaraffenland wurde ein Paket mit der Aufschrift „Im Westen viele Verwandte, im Laden eine Tante, Raritäten unter der Hand, wir leben im Schlaraffenland“ gezeigt. (…) An einem anderen Wagen war ein Plakat mit der Aufschrift: „Vitamin-Basar: Rot-, Sauer-, Rosen-, Weiß-Kohl – Jawohl, wir brauchen Kohl“ und ein zweites mit dem Text „Losung des Tages – Schlechte Luft, trübes Wasser, kein Baum – ab über den Märchenzaun“ angebracht.

In: Werner Kaulfuss/Johannes Schulz: Dresdner Lebensläufe. Leipzig 1993 (GNN-Verlag), S. 201 f.

Erich Honeckers Reaktion auf den Geisinger Fasching

Was sehr alarmierend wirkt, wenn man das Material durchliest, ist, dass auf einigen Gebieten des Bezirkes Dresden unter Perestroika und Glasnost so manches geschieht, zum Beispiel was den Karneval betrifft, das ist ein Skandal. Obwohl die Bezirksleitung [der SED – B.L.] unterrichtet war, wurde nichts unternommen. (…) Es geht nicht um Perestroika und Glasnost, es ging um die Untergrabung der sozialistischen Grundlagen in der Deutschen Demokratischen Republik.

In: ebd., S. 205 f.

zu einer „Sputnik“-Malaktion um: Das Foyer des Palastes der Republik als Ort symbolischen Widerstands!

Aber auch unter den Jugendlichen fand die Politik der Perestroika Widerhall: Pfingsten 1987 hatten junge Ostberliner, die an der Mauer einem Konzert westlicher Rockstars vor dem Reichstagsgebäude lauschten, „Gorbi, Gorbi“-Rufe erschallen lassen, als sie von Volkspolizisten mit Schlagstöcken auseinander getrieben wurden.

Anfang Februar 1988 wurden in einem Fußgängertunnel in der Leipziger Innenstadt über Nacht, in metergroßen Buchstaben, das Gorbatschow-Zitat „Wir brauchen Offenheit + Demokratie wie die Luft zum Atmen“ und die Forderung „Neues Denken auch nach innen“ angebracht. Wenige Tage später bekannte sich der junge Buchhändler Jürgen Tallig, der bis dahin keiner der Leipziger Basisgruppen angehörte, in Aushängen und in Schreiben an das Politbüro der SED, das Innenministerium und das „Neue Deutsch-

Rolf Zöllner

^ Berlin 1988, 1.-Mai-Demonstration in der Karl-Marx-Allee. Der Demonstrant wird wegen seines Transparentes von Stasi-Mitarbeitern (links im Bild) beobachtet und später verhaftet.

land" dazu. Man könne nicht Offenheit einklagen und sich dann verstecken, begründete er später seinen nicht ungefährlichen Schritt in die Öffentlichkeit.[1] Im November 1988 ließen ca. 50 junge Leipziger Bürgerrechtler zum Zeichen des Protestes gegen die staatliche Verbotspraxis während der „Internationalen Leipziger Dokumentar- und Kurzfilmwoche" vor dem Kino „Capitol" Luftballons mit der Aufschrift „Sputnik" und den Titeln der verbotenen sowjetischen Filme steigen.

Die Zeichen des Widerspruchs wurden immer deutlicher, die dabei geäußerten Forderungen immer komplexer. Wenige Tage nach der Luxemburg-Liebknecht-Demonstration in Leipzig erreichte die zentralen Leitungen von SED und Staat landesweit das Schreiben einer Gruppierung, die sich „Arbeitsgruppe Glasnost in der DDR" nannte. Darin wurde nicht nur die Akzeptanz von Veränderungen in der DDR eingeklagt, sondern zugleich auch eine Unterschriftensammlung für ein Volksbegehren zur Beseitigung der Mauer angekündigt (> Seite 31).[2] Die Verfasser reagierten damit unmittelbar auf eine Äußerung Erich Honeckers vom 19. Januar 1989 in einer Rede zur Vorbereitung des Thomas-Müntzer-Jahres der DDR. Der SED-Chef hatte darin betont, dass der „antifaschistische Schutzwall" [das ist die Mauer – B. L.] so lange noch existieren würde, wie „die Bedingungen nicht geändert werden, die zu seiner Errichtung geführt haben. Er wird in fünfzig oder auch hundert Jahren noch bestehen bleiben."

Blieben die Verfasser des Schreibens der „Arbeitsgruppe Glasnost in der DDR" noch anonym, so demonstrierten die Mitglieder des Geisinger Faschingsvereins am 5. Februar 1989 – im Schutze des „närrischen Treibens" ihres Festumzuges – mit provokativen Gestaltungselementen und Losungen öffentlich ihre Sympathien sowohl mit der Perestroika als auch mit der Bundesrepublik. Das Politbüro schäumte vor Wut (vgl. „Unzufriedenheit macht sich Luft", > Seite 31). Doch lernfähig war es nicht mehr. Schritt für Schritt ging es seinem Untergang entgegen.

1 Jürgen Tallig wurde vom Kreisgericht Leipzig-Stadt im April 1988 per Strafbefehl zu 2000,- Mark Strafe und über 4000,- Mark Schadensersatz verurteilt. Leipziger Bürgerrechtler veranstalteten später im Rahmen eines Montagsgebetes (am 27. Juni 1988) eine Kollekte, um Tallig bei der Begleichung der Strafe zu unterstützen. Es wurden über 1000,- Mark gesammelt. So stiftete der Staat selbst dort, wo er abweichendes Denken und Handeln strafend unterbinden wollte, unfreiwilligerweise neue Solidarbeziehungen in der Bevölkerung.

2 Das hektografierte zweiseitige Schreiben trägt das Datum vom 30. Januar 1989. Gerichtet ist es „An das Zentralkomitee der SED". Bei der Leipziger Bezirksleitung der SED ging es laut Eingangsstempel am 7. Februar 1989 ein. Die Absender wurden nie ermittelt.

CHRONIK

JULI 1984 – DEZEMBER 1989

POLITISCHE REFORMEN UND DIE DESTABILISIERUNG OSTEUROPAS MITTE DER 1980ER JAHRE BIS HERBST 1989

1. SOWJETUNION:

11. März 1985: Wahl Michail Gorbatschows zum Generalsekretär der KPdSU, Politik von „Glasnost“ und „Perestroika“ wird als „Revolution von oben“ eingeleitet.

26. April 1986: Reaktorunglück von Tschernobyl.

Juni 1988: XIX. Unionsparteikonferenz der KPdSU, Gorbatschow schätzt das bestehende politische und ökonomische System als unfähig ein, die zunehmende Stagnation der Gesellschaft zu überwinden.

Oktober 1988: Gorbatschow wird zum Staatsoberhaupt der UdSSR ernannt. Dezember 1988: Gorbatschow kündigt vor der UNO in New York den Abzug sowjetischer Truppen aus Mitteleuropa an.

26. März 1989: Bei der Wahl zum sowjetischen Volksdeputiertenkongress können die Bürger erstmals zwischen mehreren Kandidaten entscheiden.

12.–15. Juni 1989: Gorbatschow wird bei seinem Besuch in der Bundesrepublik euphorisch gefeiert; er erklärt (in Reaktion auf Honecker): „Die Mauer kann auch verschwinden, wenn jene Voraussetzungen entfallen, die sie ins Leben gerufen haben.“

6. Juli 1989: Gorbatschow stellt vor dem Europarat in Straßburg sein Konzept des „gemeinsamen europäischen Hauses“ vor.

7. Juli 1989: Die Sowjetunion gesteht auf dem Gipfeltreffen der Ostblockstaaten in Bukarest jedem sozialistischen Land eine eigene Entwicklung zu, Ende der Breschnew-Doktrin.

September 1989: Die UdSSR droht am Nationalitätenkonflikt auseinanderzubrechen.

2. POLEN:

22. Juli 1984: Staat und katholische Kirche vereinbaren weitgehende kirchliche Autonomie.

September 1985: Wahlen zum Sejm, PVAP erhält nur noch 78,86 Prozent.

1988: Neue Streikwelle bricht aus; schrittweise Wiederzulassung der Gewerkschaft „Solidarność“ erzwungen.

September 1988: Mieczysław Rakowski wird Ministerpräsident Polens, er leitet politische und wirtschaftliche Reformen ein (Zulassung von Oppositionsgruppen und Privatunternehmen).

6. Februar 1989: Aufnahme von Verhandlungen am Runden Tisch zwischen der Regierung und Vertretern der Opposition.

5. April 1989: Für Juni werden Wahlen vereinbart, an denen auch die Opposition teilnehmen kann, der PVAP und ihren Blockparteien bleiben aber 65 Prozent der Mandate vorbehalten.

17. April 1989: „Solidarność“ wird legalisiert.

4. und 18. Juni 1989: Sieg von „Solidarność“ bei den Wahlen (erringt alle „freien“ Sitze im Sejm und 99 von 100 Senatorenposten).

24. August 1989: Wahl von Tadeusz Mazowiecki zum ersten nichtkommunistischen Ministerpräsidenten Polens seit 1947.

12. September 1989: Sejm billigt die neue Regierung: „Solidarność“ mit 12, PVAP mit 4 Ministern vertreten.

3. UNGARN:

Mai 1988: János Kádár wird als 1. Sekretär der USAP abgelöst, Radikalreformer treiben die Umstrukturierung von Gesellschaft und Wirtschaft voran, Rehabilitierung der Opfer von 1956 beginnt.

Februar 1989: Einführung des Mehrparteiensystems beschlossen.

März 1989: Aufnahme der Gespräche zwischen USAP und Opposition über einen Übergang zur parlamentarischen Demokratie.

2. Mai 1989: Abbau der Grenzsicherungsanlagen an der ungarisch-österreichischen Grenze beginnt.

11. September 1989: Vollständige Öffnung der ungarisch-österreichischen Grenze.

8. Oktober 1989: USAP beschließt als erste kommunistische Partei des Ostblocks ihre Selbstauflösung, sie gründet sich als sozialistische Partei (USP) neu.

23. Oktober 1989: Ungarn wird am Jahrestag des Volksaufstandes von 1956 mithilfe einer Verfassungsänderung zur Republik erklärt.

4. TSCHECHOSLOWAKEI:

16. Januar 1989: Gedenkveranstaltung der Bürgerbewegung zum 20. Todestag Jan Pallachs, der sich 1969 aus Protest gegen die Niederschlagung des „Prager Frühlings“ öffentlich verbrannt hatte, wird brutal auseinandergetrieben.

21. Februar 1989: Der Schriftsteller und Bürgerrechtler Václav Havel wird zu neun Monaten Haft verurteilt; eine Welle der Solidarität erfasst den gesamten Ostblock; im Mai 1989 wird Havel „auf Bewährung“ entlassen.

21. August 1989: Gewaltsame Auflösung der Demonstration für Demokratie und Freiheit in Prag.

16. November 1989: Friedliche Studentendemonstration in Bratislava.

17. November 1989: In Prag nehmen 15.000 Menschen an einer genehmigten Studentendemonstration teil, 600 werden von Sicherheitskräften verletzt.

20. November 1989: Die Demonstrationen greifen auf das ganze Land über.

24. November 1989: Kommunistische Parteiführung tritt geschlossen zurück.

27. November 1989: Landesweiter zweistündiger Generalstreik.

10. Dezember 1989: Nichtkommunistische Regierung des nationalen Einverständnisses wird ernannt; die „samtene Revolution“ hat gesiegt.

29. Dezember 1989: Václav Havel wird neuer tschechoslowakischer Staatspräsident.

KAPITEL 3

7. Juni 1989, vor der Sophienkirche in Berlin: Von diesem Tag an protestierten
jedem 7. des Monats für die Offenlegung des Betrugs bei den Kommunalwahlen.

Hans-Jürgen Röder

Berliner Bürgerrechtler an

Protest gegen Wahlbetrug

Die letzte Wahlfälschung der DDR-Geschichte

Für den 7. Mai 1989 waren in der DDR Kommunalwahlen angesetzt. Die Propagandamaschine lief wie gewohnt auf vollen Touren. Glückliche Bürger lächelten von Plakaten: „DDR – mein Vaterland!" „Den Kandidaten der Nationalen Front Verantwortung und Vertrauen!" stand auf Transparenten. Doch dämmerte den Führungsebenen in Partei und Staat langsam, dass dies keine der üblichen „Wahlen" werden würde, bei denen die meisten Bürger bisher brav ihre „Zettel falteten", um sie ungeprüft in die bereitstehenden Urnen zu werfen. Weder die Benutzung von Wahlkabinen noch (allzu viele) Gegenstimmen waren dabei eingeplant gewesen. Nun aber liefen bei SED und Staatssicherheit aus der ganzen Republik Berichte ein, dass die Bürger diesmal offenbar gewillt waren, die „Volksaussprachen" in Vorbereitung der Wahlen zu offenen Disputen umzufunktionieren. Jürgen Tallig, trotz seiner Vorbestrafung wegen illegalen Anbringens von Losungen (> Seite 31 f.) weiterhin in der Leipziger Bürgerbewegung in der Gruppe „Neues Denken/Dialog" aktiv, registrierte den Stimmungsumschwung: „ (...) zum

„Zettel falten" war in der DDR die sarkastische Umschreibung der Bevölkerung für den Wahlvorgang, bei dem es nur darum ging, den Wahlzettel mit der Liste der Einheitspartei zu falten und in die Urne zu werfen.

einem war da Veränderungswille (...) in der Bevölkerung, also auch die Bereitschaft, gewisse Risiken einzugehen. Zum anderen haben wir auch gesagt, wir werden versuchen, den Rahmen des gültigen Rechts auszuschreiten" (in: Hollitzer/Bohse 2000, S. 143).

Nicht nur, dass kommunale Missstände und nicht erfüllte Wahlversprechen angeprangert sowie die (von oben ausgewählten) Kandidaten kritisch geprüft wurden, auch grundsätzliche Fragen der Entwicklung der sozialistischen Demokratie waren immer wieder Gegenstand der Diskussionen. Häufig wurden Vergleiche zu den gerade in der UdSSR durchgeführten Wahlen zum Volksdeputiertenkongress angestellt, bei denen erstmals mehrere Kandidaten zur Wahl standen.

HdG/ZFL

< Offizielles Wahlplakat zu den Kommunalwahlen am 7. Mai 1989.

> Wahllokal im Ostberliner Stadtteil Prenzlauer Berg am 7. Mai 1989. Bürgerrechtler kontrollieren die Auszählung der Stimmzettel bei der Kommunalwahl 1989 in mehreren Orten. Dabei zeigen sich erhebliche Differenzen zu den offiziell bekannt gegebenen Ergebnissen.

Als Bumerang erwies sich auch die bereits Anfang März 1989 als „Entlastungsschlag" beschlossene Einführung des aktiven wie passiven Wahlrechtes für die 85.000 in der DDR lebenden Ausländer zu den Kommunalwahlen. „Probleme und Auseinandersetzungen in Arbeitskollektiven zwischen ausländischen Arbeitskräften und DDR-Bürgern wurden wiederholt zum Anlass genommen, Zweifel an der Richtigkeit eines solchen Beschlusses zu äußern" (Mitter/Wolle 1990, S. 32). Auch wurde heftig darüber spekuliert, ob die DDR-Führung damit eigentlich mehr eine propagandistische Wirkung in Richtung Bundesrepublik beabsichtigte als eine tatsächliche Demokratisierung des Wahlrechtes.

Wesentlich mehr Sorgen bereiteten dem Sicherheitsapparat jedoch Anzeichen für demonstrative Aktionen seitens der Bürgerbewegung wie auch einzelner entschlossener Bürger zum bevorstehenden Wahltag. Davon zeugten Fernschreiben wie jenes, das Anfang Mai in 22 verschiedenen Betrieben und Einrichtungen des Kreises Zeitz einging – Text: „waehlt am 07. mai perestroika und glasnost und nicht sed" –, ebenso wie das Flugblatt, mit dem sich die „Initiative zur demokratischen Erneuerung der Gesellschaft" erneut zu Wort meldete und die Leipziger Bürger aufforderte, die Beteiligung an der Wahl zu verweigern und sich stattdessen am Abend des 7. Mai auf dem Marktplatz der Stadt zu einem „alternativen Volksbegehren" zusammenzufinden. Dort würde eine Urne bereitstehen, in welche die Bürger „ein weißes Blatt Papier (...) als Zeichen der Ablehnung der bestehenden Wahlordnung und Wahlpraxis" (Dietrich 1995, S. 641) werfen sollten. Diese Nachricht wurde auch von dem von Westberlin aus agierenden Sender „Radio Glasnost" verbreitet. In der Nacht zum 2. Mai 1989 wurden in der Leipziger Innenstadt dann zwei junge Männer beim „Kleben von Hetzflugblättern" mit der Aufschrift „Wahlboykott '89" – verfasst von einer „Organisation Neuer Demokraten" – ertappt und verhaftet. Der Gerüstbauer Kai Kuhlmann und der Anlagentechniker Uwe Drescher appellierten in ihrem, mit Schreibmaschine 100mal vervielfältigten Aufruf an die Leipziger: „Jeder Bürger der Stadt hat es

> Karikatur aus den „Umweltblättern", Samisdat-Zeitschrift der Bürgerbewegung. Karikaturist: Dirk Moldt, Mai 1989.

Archiv Bundesstiftung Aufarbeitung, Bestand Klaus Mehner

am 7. Mai selbst in der Hand, mit seiner Beteiligung am Wahlboykott gegen eine Fortführung der zurzeit von der Regierung der DDR betriebenen Politik zu protestieren." Sie forderten „eine Politik der Umgestaltung" und „die seit 40 Jahren versprochene demokratische Grundordnung" ein. Im Schnellverfahren zu 18 bzw. 10 Monaten Haft verurteilt, kamen beide erst wieder im Spätherbst 1989 frei. Insgesamt registrierte die Staatssicherheit im Vorfeld der Kommunalwahlen landesweit 103 solcher „Vorkommnisse".

Am Wahltag selbst wurden die ersten Wahlgänger in Zwickau von einem 4,7 Meter langen Transparent über dem Eingang zu ihrem Wahllokal überrascht. „Stellt Euch vor, heute ist Wahl und keiner geht hin!" stand dort für kurze Zeit in großen Lettern zu lesen. In anderen Orten demonstrierten Antragsteller für ihre baldige Ausreise aus der DDR. Vor allem aber fanden sich am 7. Mai 1989 im ganzen Land Gruppen von Menschen zusammen, die entschlossen waren, von ihrem gesetzlich verbürgten Recht der Wahlkontrolle Gebrauch zu machen. Sie wollten nach Schließung der Wahllokale an der öffentlichen Auszählung der Stimmen teilnehmen. Es war ein offenes Geheimnis in der DDR, dass die bei Wahlen üblichen Ergebnisse (fast hundertprozentige Beteiligung der Wähler und nahezu vollständige Zustimmung zu den Kandidatenlisten der „Nationalen Front") nicht auf einer reellen Basis beruhten.

Obwohl die politischen Instanzen mit permanenten Appellen zur Teilnahme an der Wahl aufforderten, hatte sich die Zahl der Wahlverweigerer in den 1980er Jahren beständig erhöht. Lange Zeit war der Staat bemüht, sie durch ein ausgeklügeltes System von Maßnahmen dennoch zur Wahlbeteiligung zu nötigen. Das Spektrum der angewandten Methoden reichte dabei von „fliegenden Urnen" bis zur Erpressung (insbesondere bei Antragstellern auf Ausreise aus der DDR).

Alle Wahlbüros der DDR waren mit transportablen Wahlurnen ausgestattet. Ursprünglich dafür gedacht, alten und kranken Bürgern die Wahlbeteiligung zu ermöglichen, wurden sie immer häufiger dafür verwendet, Wahlverweigerer bis in ihre Wohnung zu verfolgen. In den Wahllokalen gab es bereits vor Beginn der Abstimmung Listen potenzieller Verweigerungskandidaten, die man spätestens ab Mittag zu Hause aufsuchte. Wollte man davon als Bürger nicht belästigt werden, war es das Sicherste, am Wahltag selbst zu verreisen. Später gingen die Wahlvorstände immer häufiger dazu über,

Proletarier aller Länder, vereinigt euch!

NEUES DEUTSCHLAND

ORGAN DES ZENTRALKOMITEES DER SOZIALISTISCHEN EINHEITSPARTEI DEUTSCHLANDS

Montag,
8. Mai 1989
44. Jahrgang / Nr. 107

B-Ausgabe
Einzelpreis 15 Pf

Redaktion und Verlag: Franz-Mehring-Platz 1, Berlin, 1017, Telefon: 5 83 10 (Sammelnummer). Abonnementspreis monatlich 3,50 Mark. ISSN 0323-4940

Eindrucksvolles Bekenntnis zu unserer Politik des Friedens und des Sozialismus

98,85 Prozent stimmten für die Kandidaten der Nationalen Front

12 182 050 Bürger gaben in Gemeinden, Städten und Kreisen den Volksvertretern ihr Vertrauen / Hohe Wahlbeteiligung: 98,77 Prozent nahmen ihr Stimmrecht wahr / Arbeitskollektive kamen mit erfüllten und überbotenen Plänen / Neue Initiativen im Wettbewerb zum 40. Jahrestag der DDR

Vorsitzender der Wahlkommission gab vorläufiges Wahlergebnis bekannt

Berlin (ADN). Der Vorsitzende der Wahlkommission der Republik, Egon Krenz, Mitglied des Politbüros und Sekretär des Zentralkomitees der SED, gab am Abend des 7. Mai 1989 im Fernsehen der DDR das vorläufige zusammengefaßte Gesamtergebnis der Wahlen bekannt:

Liebe Bürgerinnen und Bürger der Deutschen Demokratischen Republik!

Liebe Freunde und Genossen!

Die Kommunalwahlen im 40. Jahr unseres Arbeiter-und-Bauern-Staates wurden zu einem eindrucksvollen Votum für die Kandidaten der Nationalen Front der Deutschen Demokratischen Republik. Das vorläufige zusammengefaßte Gesamtergebnis der Wahlen zu den Stadtbezirksversammlungen von Berlin, zu den Kreistagen und den Stadtverordnetenversammlungen der Stadtkreise widerspiegelt das Bekenntnis der Wählerinnen und Wähler zu den Zielen des gemeinsamen Wahlprogramms, für das weitere Gedeihen unserer Städte und Gemeinden, für einen starken Sozialismus und einen sicheren Frieden.

Wahlberechtigt waren 12 488 742 Bürger.

Es wurden 12 335 487 Stimmen abgegeben.

Das entspricht einer Wahlbeteiligung von 98,77 Prozent.

Die Zahl der gültigen Stimmen beträgt 12 324 351.

Das sind 99,91 Prozent.

Die Zahl der ungültigen Stimmen beträgt 11 136.

Das sind 0,09 Prozent.

Für die Wahlvorschläge der Nationalen Front der Deutschen Demokratischen Republik wurden 12 182 050 gültige Stimmen abgegeben.

Das sind 98,85 Prozent.

Gegen die Wahlvorschläge wurden 142 301 Stimmen abgegeben.

Das sind 1,15 Prozent.

Im Namen der Wahlkommission der Republik danke ich allen, die durch ihren persönlichen Einsatz zum erfolgreichen Verlauf der Kommunalwahlen beigetragen haben. Dank gilt den mehr als 74 000 Bürgern, die in den Wahlkommissionen tätig waren, den über 235 000 Mitgliedern in den Wahlvorständen und den über 1 Million Wahlhelfern in den Kreisen, Städten und Gemeinden.

Herzlich gratuliere ich den neugewählten Abgeordneten und Nachfolgekandidaten, die das Vertrauen der Wähler erhielten. Von ihrem Verantwortungsbewußtsein, ihrem Wissen und Können, von ihrem vertrauensvollen Kontakt mit den Bürgern hängt wesentlich der Erfolg unserer Kommunalpolitik ab. Für ihre Abgeordnetentätigkeit zum Nutzen unserer Städte und Gemeinden, zur Stärkung unseres sozialistischen Vaterlandes, der Deutschen Demokratischen Republik, wünsche ich allen Volksvertretern den besten Erfolg.

Gehen wir mit dem Blick auf den XII. Parteitag der Sozialistischen Einheitspartei Deutschlands im festen Bündnis aller Klassen und Schichten weiter voran zum Wohle des Volkes und zur Sicherung des Friedens.

Vorläufiges Ergebnis der Wahlen am 7. Mai 1989

zu den Stadtbezirksversammlungen von Berlin, Hauptstadt der DDR, zu den Kreistagen und den Stadtverordnetenversammlungen der Stadtkreise

	Wahlberechtigte	Abgegebene Stimmen	Wahlbeteiligung	UNGULTIGE STIMMEN		GULTIGE STIMMEN insgesamt		GULTIGE STIMMEN Für den Wahlvorschlag		GULTIGE STIMMEN Gegen den Wahlvorschlag	
	insgesamt	insgesamt	in %	absolut	in %	absolut	in %	absolut	in %	absolut	in %
DDR	12 488 742	12 335 487	98,77	11 136	0,09	12 324 351	99,91	12 182 050	98,85	142 301	1,15

Bezirk	Wahlberechtigte	Abgegebene Stimmen	Wahlbeteiligung	UNGULTIGE STIMMEN		GULTIGE STIMMEN insgesamt		GULTIGE STIMMEN Für den Wahlvorschlag		GULTIGE STIMMEN Gegen den Wahlvorschlag	
	insgesamt	insgesamt	in %	absolut	in %	absolut	in %	absolut	in %	absolut	in %
Berlin, Hauptstadt der DDR	972 178	944 923	97,20	708	0,07	944 215	99,93	931 250	98,63	12 965	1,37
Cottbus	644 415	637 245	98,89	592	0,09	636 653	99,91	632 803	99,40	3 850	0,60
Dresden	1 321 857	1 296 986	98,12	1 833	0,14	1 295 153	99,86	1 269 950	98,05	25 203	1,95
Erfurt	928 281	924 018	99,54	673	0,07	923 345	99,93	918 531	99,48	4 814	0,52
Frankfurt	518 696	514 806	99,25	344	0,07	514 462	99,93	503 914	97,95	10 548	2,05
Gera	556 412	552 984	99,38	577	0,10	552 407	99,90	546 809	98,99	5 598	1,01
Halle	1 336 614	1 326 982	99,28	621	0,05	1 326 361	99,95	1 317 979	99,37	8 382	0,63
Karl-Marx-Stadt	1 419 289	1 392 299	98,10	1 525	0,11	1 390 774	99,89	1 368 258	98,38	22 516	1,62
Leipzig	1 020 440	1 007 086	98,69	725	0,07	1 006 361	99,93	982 864	97,67	23 497	2,33
Magdeburg	937 264	925 012	98,69	373	0,04	924 639	99,96	918 554	99,34	6 085	0,66
Neubrandenburg	452 889	449 321	99,21	157	0,03	449 164	99,97	446 290	99,36	2 874	0,64
Potsdam	843 341	839 317	99,52	1 859	0,22	837 458	99,78	831 216	99,25	6 242	0,75
Rostock	677 239	671 244	99,11	545	0,08	670 699	99,92	667 352	99,50	3 347	0,50
Schwerin	440 062	435 683	99,00	227	0,05	435 456	99,95	432 409	99,30	3 047	0,70
Suhl	419 765	417 581	99,48	377	0,09	417 204	99,91	413 871	99,20	3 333	0,80

Erich Honecker, Willi Stoph, Horst Sindermann und ihre Ehefrauen gaben ihre Stimme im Wahllokal Berlin-Niederschönhausen ab Foto: ND/Murza

UdSSR und DDR verbinden brüderliche Freundschaft und gemeinsame Ideale

Grußadresse der Partei- und Staatsführung der UdSSR zum 44. Jahrestag der Befreiung des deutschen Volkes vom Faschismus

Generalsekretär des Zentralkomitees der Sozialistischen Einheitspartei Deutschlands und Vorsitzenden des Staatsrates der Deutschen Demokratischen Republik
Genossen Erich Honecker

Vorsitzenden des Ministerrates der Deutschen Demokratischen Republik
Genossen Willi Stoph

Liebe Genossen!

Anläßlich des 44. Jahrestages der Befreiung des deutschen Volkes vom Faschismus übermitteln wir Ihnen, dem Zentralkomitee der Sozialistischen Einheitspartei Deutschlands, dem Staatsrat und dem Ministerrat, allen Bürgern der Deutschen Demokratischen Republik herzliche Glückwünsche und freundschaftliche Grüße.

Mit dem Tag des großen Sieges über den Hitlerfaschismus begann eine neue Zeitrechnung. Auf deutscher Erde trafen die Werktätigen zwischen Elbe und Oder die historische Wahl für Demokratie und Sozialismus. Die von ihnen unter Führung der SED geschaffene Republik der Arbeiter und Bauern verkörpert die Hoffnungen vieler Generationen fortschrittlicher deutscher Denker und Revolutionäre, die für die politische und soziale Befreiung der arbeitenden Menschen gekämpft haben.

Hochgeschätzt werden in der Sowjetunion die Beziehungen der brüderlichen Freundschaft, der internationalen Solidarität und gegenseitig vorteilhafter Zusammenarbeit, die die KPdSU und SED, die Völker unserer Länder fest verbinden. Bei der Verwirklichung der Aufgaben der gegenwärtigen wichtigen Etappe des sozialistischen Aufbaus in Übereinstimmung mit den nationalen Erfordernissen streben die UdSSR und die DDR zu einem Ziel, lassen sie sich von gemeinsamen Idealen leiten. Dabei bemühen sie sich, das mächtige Potential der bilateralen Zusammenarbeit im Interesse des Sozialismus, der Durchsetzung des neuen politischen Denkens in den internationalen Angelegenheiten immer vollständiger zu erschließen und immer effektiver zu nutzen.

Wir wünschen Ihnen, liebe Genossen, den Kommunisten und allen Bürgern der DDR große Erfolge bei der Verwirklichung der Beschlüsse des XI. Parteitages der SED, Frieden, Glück und Wohlergehen.

Zentralkomitee der KPdSU
Präsidium des Obersten Sowjets der UdSSR
Ministerrat der UdSSR

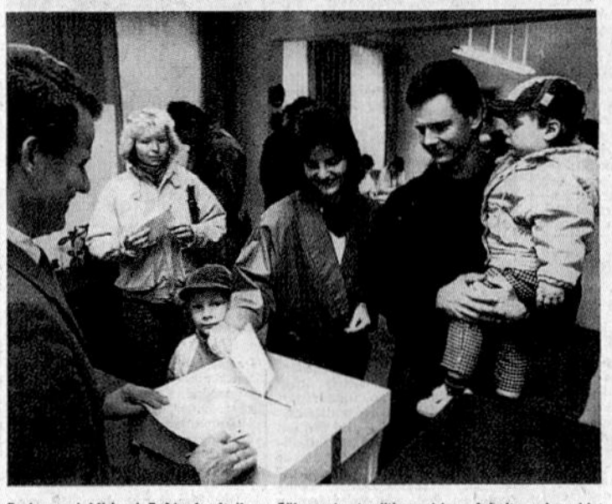

Evelyn und Michael Baldauf mit ihren Söhnen im traditionsreichen Arbeiterwohngebiet Sonnenberg in Karl-Marx-Stadt bei der Stimmabgabe Telefoto: ND/Schmidt

Einwohner aus der Cottbuser Straße 90 in Berlin-Hellersdorf auf dem Weg zum Wahllokal Foto: ND/Winkler

> Erlogener Sieg: Das „Neue Deutschland“ verkündet am Tag nach der Wahl in großer Aufmachung die gefälschten Wahlergebnisse.

Neues Deutschland

An den
Nationalrat der Nationalen Front der DDR
Thälmannplatz 8-9
Berlin
1080

Berlin, den 12.5.1989

Betr.: Einspruch gegen die Gültigkeit der Kommunalwahlen 1989 in Berlin

Wir wollen unsere Gesellschaft konstruktiv gestalten. Darum nahmen wir in Warnehmung unserer staatsbürgerlichen Rechte und Pflichten an der öffentlichen Auszählung der Kommunalwahlen am 6. und 7.5.1989 teil, andere haben die Ergebnisse zur Kenntnis genommen.
Die in 66 von 67 Wahllokalen des Stadtbezirkes Weißensee öffentlich verkündeten Resultate lauten:

	abgegebene Stimmen	Ungültige Stimmen	Stimmen für den Wahlvorschlag	Stimmen gegen den Wahlvorschlag
Laut Bekanntgabe der Wahlvorstände:	27 680	46	25 410	2 224

Die Veröffentlichung des endgültigen Wahlergebnisses in der Presse vom 10.5.89 zeigt folgende Ergebnisse:

Laut "ND":	43 042	24	42 007	1 011

Es ergeben sich folgende schwerwiegende Differenzen:
1. Zwischen den Angaben der gültigen Stimmen gegen den Wahlvorschlag besteht ein Unterschied von 1213 Stimmen.
2. Zwischen den Angaben der ungültigen Stimmen besteht ein Unterschied von 22 Stimmen.

Die in 80 von 88 Wahllokalen im Stadtbezirk Friedrichshain verkündeten Resultate lauten:

	abgegebene Stimmen	Ungültige Stimmen	Stimmen für den Wahlvorschlag	Stimmen gegen den Wahlvorschlag
Laut Bekanntgabe der Wahlvorstände:	71 704	133	66 712	4 721

Die Veröffentlichung des endgültigen Wahlergebnisses in der Presse vom 10.5.89 zeigt folgende Ergebnisse:

Laut "ND":	85 377	113	83 653	1 611

Es ergeben sich folgende schwerwiegende Differenzen:
1. Zwischen den Angaben der gültigen Stimmen gegen den Wahlvorschlag besteht ein Unterschied von 3110 Stimmen.
2. Zwischen den Angaben der ungültigen Stimmen besteht ein Unterschied von 20 Stimmen.

Ähnliche Tendenzen wurden in Berlin-Prenzlauer Berg festgestellt (41 Wahllokale = etwa ein Drittel):

	abgegebene Stimmen	Ungültige Stimmen	Stimmen für den Wahlvorschlag	Stimmen gegen den Wahlvorschlag
Laut Bekanntgabe der Wahlvorstände:	23 482	37	20 768	2 659

Die Veröffentlichung des endgültigen Wahlergebnisses in der Presse vom 10.5.89 zeigt folgende Ergebnisse:

Laut "ND":	107 739	127	105 614	1 998

Es ergibt sich folgende schwerwiegende Differenz:
In nur einem Drittel der Wahllokale wurden 661 Stimmen mehr gegen den Wahlvorschlag festgestellt, als für den gesamten Prenzlauer Berg in der Presse veröffentlicht wurden.

Hinzu kommen folgende Verstöße gegen das Wahlgesetz der DDR:

§ 30, Abs.1: Die Wahllokale wurden insgesamt nicht öffentlich bekanntgegeben.
§ 37, Abs.1: Die Öffentlichkeit wurde in mehren Fällen von der Auszählung ausgeschlossen.
§ 37, Abs.2: Die Kontrolle der abgegebenen Stimmen anhand der Wählerliste und der vorhandenen Wahlscheine wurde weitestgehend unterlassen.
§ 38, Abs.2: Es erfolgte teilweise keine korrekte Auszählung und Differenzierung der abgegebenen Stimmen.

Im Wahlgesetz ist in keiner Weise definiert, wie die unterschiedlichen Stimmen zu werten sind. Nach § 38, Abs.2, obliegt diese Entscheidung dem Wahlvorstand. Die Erfahrungen der diesjährigen Wahlen zeigen, daß der Auszählungsmodus der Willkür der Wahlvorstände überlassen bleibt. Das bestehende Wahlgesetz schließt eine eindeutige Stimmauszählung aus.

Darum fordern wir Sie auf, gemäß Wahlgesetz § 43, Abs.1, gegen die Gültigkeit der Wahl vom 7.5.1989 in Berlin bei der zuständigen Volksvertretung Einspruch einzulegen.

Archiv Bernd Lindner

< Einspruch Berliner Bürgerrechtler vom 12. Mai 1989 gegen den Betrug bei der Stimmauszählung zu den Kommunalwahlen in den Stadtbezirken Weißensee, Friedrichshain und Prenzlauer Berg.

unliebsame Bürger, notorische Nichtwähler und potenzielle „Störenfriede“ erst gar nicht in die offiziellen Wählerlisten aufzunehmen. Wer darin nicht erfasst war, so die Logik der Staatsorgane, konnte bei der Auszählung auch nicht fehlen.

Wahlen wurden von der politischen Führung stets als „Höhepunkte im gesellschaftlichen Leben der DDR“ betrachtet. Der offiziellen Propaganda zufolge dienten sie der Stärkung der sozialistischen Staatsmacht und der weiteren Entfaltung und Vervollkommnung der sozialistischen Demokratie. Obwohl offiziell als freie, gleiche und geheime Wahlen deklariert, schloss die alternativlose Einheitsliste der „Nationalen Front“ eine Entscheidung zwischen verschiedenen Kandidaten von vornherein aus. Es wurden faktisch nicht die Kandidaten einzelner Parteien, sondern der „demokratische Block“ insgesamt gewählt. Daher galten auch „Stimmzettel, auf denen einzelne oder mehrere Kandidaten gestrichen, unterstrichen oder angekreuzt (...) oder weitere Kandidaten hinzugesetzt“ waren, weiterhin als gültig, so die vom Leiter der Zentralen Wahlkommission der DDR, Egon Krenz, an die örtlichen Wahlkommissionen gegebene Weisung (vgl. Stephan 1994, S. 75).

Die Benutzung von Wahlkabinen, soweit überhaupt vorhanden, galt als ehrenrührig. Bestand ein Wähler darauf, musste er damit rechnen, intern registriert zu werden. Der Opernsänger und Entertainer Gunther Emmerlich erinnert sich an seinen Wahlgang am 7. Mai 1989: „Die Kabine in meinem Dresdner Wahllokal war am Ende des Raumes. Unter den Blicken der Anwesenden bin ich in langen Schritten durch den Raum zur Kabine. Wenn einer in die Kabine ging, wussten alle: Der hat was vor. Das wurde auch registriert“ (in: Schönfelder 2009, S. 55). Informationen über solch abweichendes Verhalten wurden auch an den Betrieb des Betreffenden (dessen Direktor, Partei-, Gewerkschafts- und/ oder FDJ-Leitung) sowie die kommunalen Behörden und die Staatssicherheit weitergeleitet. Mit persönlichen Nachteilen war also zu rechnen. Dennoch stieg die Zahl jener, die ihren Wahlzettel oder einzelne Kandidaten darauf (durch-)strichen, beständig an. Darüber hinaus nutzten immer mehr Bürgerinnen und Bürger das ideologisch motivierte Bestreben des Staates nach hundertprozentiger Wahlbestätigung durch „sein“ Volk aus, um ihre individuellen Interessen durchzusetzen. Die offen ausgesprochene Androhung, nicht zur Wahl zu gehen, tat manchmal Wunder: Lange vergeblich eingeforderte Reparaturen von Bauschäden an kommunalen Wohnhäusern wurden plötzlich erledigt, die längst fällige Wohnungszuweisung wurde ausgeschrieben oder zunehmend auch der erhofften Ausreise aus der DDR endlich stattgegeben. So wurde allein in Leipzig vor der Kommunalwahl am 7. Mai 1989 kurzfristig fast 2.000 ausreisewilligen Bürgerinnen und Bürgern eine Übersiedlung in die Bundesrepublik genehmigt. Diese Maßnahme erhielt von der Staatssicherheit sinnigerweise den Codenamen „Auslese“.

All dies war weitgehend bekannt und ließ die landesüblichen Erfolgsmeldungen am Wahlabend seit Langem mehr als fraglich erscheinen. Aber niemand hatte bis 1989 gewagt, der SED-Führung und den ihr unterstellten Staatsorganen direkt nachzuweisen, dass sie Wahlergebnisse vorsätzlich fälschten. Gehörte dazu doch mehr als der entschlossene Mut eines Einzelnen. Ein wirklicher Nachweis über Wahlfälschungen konnte nur erbracht werden, wenn in nahezu allen Wahllokalen eines Ortes oder Wahlbezirkes neutrale Personen an der Auszählung der Stimmen beteiligt waren, um ihre Erkenntnisse anschließend zusammenzutragen und sie mit den in der regionalen Presse veröffentlichten offiziellen Wahlergebnissen vergleichen zu können. Das setzte gemeinsame Absprachen und einen hohen Organisationsgrad voraus – alles „Tatbestände“, die in der DDR zu einer Kriminalisierung wegen „antisozialistischer Gruppenbildung“ ausreichten. Umso erstaunlicher die Zahl der Kommunen und Wahllokale, in denen sich am Abend des 7. Mai 1989 Bürger einfanden, um die Auszählung der Stimmen zu überwachen. Sie kamen aus den unter dem Dach der Kirche agierenden Bürgerrechtsgruppen wie auch aus einem (eher autonomen) linken Spektrum. Viele hatten das Gefühl, endlich etwas für eine konstruktive Veränderung in der DDR tun zu müssen. Allein in den drei Ostberliner Stadtbezirken Prenzlauer Berg, Friedrichshain und Mitte wurden von der Staatssicherheit in 131 Wahllokalen „derartige Personen“ registriert. Sie machten sich „Aufzeichnungen über die durch die Wahlvorstände verkündeten Wahlergebnisse, zum Teil in vorgefertigten Formblättern“ (Mitter/Wolle 1990, S. 34), die später mit anderen Beobachtern ausgetauscht und in zentrale Übersichten übertragen wurden. In Leipzig wurde von unabhängigen Bürgern die Auszählung der Stimmen in über 160 Wahllokalen überwacht.[●] Gleiches geschah aber auch in Dresden, Rostock, Erfurt, Weimar, Jena, Plauen und vielen anderen Orten des Landes. Selbst in kleinen Dörfern – „wo jeder jeden kennt“ – fanden Einwohner den Mut, den Wahlverantwortlichen genauer auf die Finger zu schauen.

Die Ergebnisse der Überprüfung waren eindeutig. In nahezu allen Fällen konnte den Behörden Wahlfälschung nachgewiesen werden. Dabei hatte die SED-Führung schon klammheimlich „Zugeständnisse“ an die Stimmung in der Bevölkerung gemacht: Das offiziell verkündete Endergebnis der Wahlen wies mit 1,15 Prozent den höchsten Anteil an Nein-Stimmen in der Geschichte der DDR auf.

● In Leipzig überwachten „kirchliche“ Gruppen in 83 Wahllokalen der Stadt die Auszählung der Stimmen, während Vertreter der nicht kirchlichen Perestroika-Gruppe „Dialog“ in 82 von 84 Wahllokalen des Stadtbezirkes Mitte zugegen waren (vgl. Dietrich 1995, S. 633).

Blieben aber immer noch 98,85 Prozent Zustimmung für die Kandidaten der „Nationalen Front“ (bei einer angeblichen Wahlbeteiligung von 98,78 Prozent). Dies widersprach deutlich den Ergebnissen der autonomen Wahlbeobachter. Die Differenz zu den offiziellen Angaben betrug in einigen Orten bis zu 10 Prozent.

Bereits am Wahlabend kam es in verschiedenen Städten vereinzelt zu Protesten. In Berlin trafen sich in der Elisabethkirche rund 270 Vertreter aus der Bürgerbewegung mit in der DDR akkreditierten Korrespondenten aus der Bundesrepublik zu einer „Wahlparty“. „Erlebnisberichte“ aus den Wahllokalen wurden ausgetauscht und der Tatbestand des Wahlbetruges offen benannt. Auf dem Leipziger Markt waren nach Schließung der Wahllokale um 18 Uhr ca. 1.000 Menschen versammelt: Demonstranten, Besucher der Markttage und Sicherheitskräfte in Zivil. Letztere gingen im Verein mit der Polizei – ohne Ansehen der Person – brutal gegen die Anwesenden vor, um mögliche Proteste im Keim zu ersticken. „Jeder, der sich irgendwie verdächtig verhielt, die Maßnahmen der Polizei fotografierte oder auch nur wie ein Punker aussah, wurde mitgenommen. Insgesamt wurden (...) 74 Personen verhaftet und bis in die frühen Morgenstunden, von Hunden bewacht, in Seminarräumen der Handelshochschule festgehalten“ (Hollitzer/Bohse 2000, S. 129).

Die brutalen Einschüchterungsversuche der Sicherheitskräfte zeigten jedoch keine Wirkung mehr. Bereits fünf Tage nach der Wahl schickten Berliner Bürgerrechtler einen „Einspruch gegen die Gültigkeit der Kommunalwahlen“ an den Nationalrat der „Nationalen Front“. Aus der Gegenüberstellung der im „Neuen Deutschland“ veröffentlichten und den in den überprüften Ostberliner Stadtbezirken ermittelten Wahlergebnissen ergaben sich schwerwiegende Differenzen. Kopien dieses Protestbriefes kursierten zugleich in der Bevölkerung.

Bürgerkomitee Leipzig e.V. – Fotograf: unbekannt

^ Leipziger Bürgerrechtler haben für den Abend des 7. Mai 1989 zu einer Protestaktion auf dem Marktplatz der Stadt aufgerufen. Sicherheitskräfte gehen gegen sie vor.

In vielen Orten der DDR erfolgte die ansonsten übliche Veröffentlichung detaillierter Einzelergebnisse nach Wahlkreisen und Stadtbezirken in der regionalen Presse nur bruchstückhaft oder unterblieb gänzlich vor Ablauf der Einspruchsfrist. Das ließ die an der Stimmenauszählung beteiligten Bürger nicht ruhen. Die Ergebnisse ihrer Recherchen im Rücken, überschütteten sie Lokalredaktionen, regionale Ämter und Wahlausschüsse der „Nationalen Front" mit Anfragen. Die dort tätigen Staatsdiener, solcherart Insistieren der eigenen Bevölkerung nicht gewohnt, reagierten vollkommen hilflos und verwickelten sich immer weiter in Widersprüche. Aus Leipzig ist dazu ein sehr aussagekräftiges Dokument überliefert. Die an der Perestroika-Politik orientierte „Dialog"-Gruppe hat den gesamten Vorgang ihrer Wahlkontrolle einschließlich nachfolgender Anfragen an die Ämter (Briefe, Mitschriften von Telefongesprächen) bis hin zu dem schließlich von einzelnen Gruppenmitgliedern eingeleiteten juristischen Schritt einer „Strafanzeige gegen Unbekannt (...) wegen des Verdachts der Wahlfälschung" ausführlich dokumentiert. Ihr Beharren auf einer rechtlichen Überprüfung der Wahlergebnisse brachte den meisten Gruppenmitgliedern berufliche Nachteile, die Parteimitglieder

I. ERFAHRUNGEN MIT DER „DEMOKRATIE" – KOMMUNALWAHL 1989 IM STADTBEZIRK LEIPZIG MITTE

Telefonat mit dem stellvertretenden Vorsitzenden des Stadtwahlbüros Leipzig, Genossen Mehnert, am 10. Mai 1989:

R: Guten Tag. Mein Name ist R. Herr Mehnert, ich hatte gestern ein Telefonat mit dem Stellvertretenden Vorsitzenden des Bezirkswahlbüros und hatte ihn gefragt, ob die endgültigen Ergebnisse von den Kommunalwahlen, aufgeschlüsselt auf die jeweiligen Stadtbezirke (SB) veröffentlicht werden. Er sagte ja. Nun habe ich heute in die LVZ geschaut, und da ist nichts veröffentlicht worden. Wie kommt das?

M: Das weiß ich nicht, woher er Ihnen die Auskunft gegeben hat?

R: Na, die hat er mir gegeben.

M: Ja, ich weiß aber nicht warum.

R: Na, das weiß ich auch nicht.

M: Es gibt Festlegungen dazu, was in der Presse veröffentlicht wird, und die Veröffentlichungen, die heute in der Presse sind, entsprechen den Festlegungen.

R: Die Festlegungen sind für diese Kommunalwahlen neu.

M: Die Festlegungen sind die Festlegungen, die die zentrale Wahlkommission dafür gefasst hat, die sind dann umgesetzt worden über die Bezirkswahlbüros. Deshalb staune ich darüber, dass Sie so eine Auskunft bekommen haben.

R: Er hat mir aber gesagt, die Zahlen sind an die Presse gegangen und das wäre dann im Ermessen des jeweiligen Presseorgans, ob sie die Zahlen veröffentlichen oder nicht.

M: Nein, das ist falsch. Das liegt nicht im jeweiligen Ermessen des Presseorgans, sondern die Presseorgane bekommen diese zu veröffentlichenden Materialien vom Wahlbüro.

R: Wie komm' ich denn an die Zahlen ran?

M: Sie können sich mal mit dem Stadtbezirkswahlbüro des SB, der Sie interessiert, in Verbindung setzen. (...)

R: Aha, da hat mir der Genosse vom Bezirkswahlbüro offensichtlich eine falsche Auskunft gegeben.

M: Ja, ganz offensichtlich.

Telefonat mit Dr. Bareiter, dem Leiter des Stadtbezirkswahlbüros Leipzig-Mitte, am 10. Mai 1989:

R: Ja, Guten Tag, mein Name ist R. Genosse Dr. Bareiter, ich hatte eben mit dem Genossen Mehnert gesprochen und hatte ihn gefragt, warum denn die Zahlen, aufgeschlüsselt auf die jeweiligen SB, nicht in der Zeitung veröffentlicht worden sind. Er sagte, das wäre eine nationale Festlegung, und ich könnte aber, wenn ich die Zahlen gerne hätte, mich an Sie wenden.

B: Aha, aha. Also wissen Sie, ich habe im Moment nicht eine konkrete Information über die weitere Veröffentlichung der Zahlen. Aber Sie können davon ausgehen, dass dieses Stadtbezirksergebnis, was ja in die Stadt einfließt, in etwa dasselbe ist. Ja, mehr kann ich, ich bitte um Verständnis, nicht sagen. Wir finden auf alle Fälle noch geeignete Formen der weiteren Veröffentlichung. (...) Ende des Monats haben wir Veranstaltungen auf den unterschiedlichsten Ebenen, wo wir breite Kreise der Bevölkerung informieren. Ich kann Ihnen bloß soviel sagen, dass wir also 98 Komma was weiß ich, 60 etwa, auch hier im Stadtbezirk haben, ja.

R: Wahlbeteiligung?

B: Wahlbeteiligung, und dass wir etwa soviel Gegenstimmen haben, wie auch im Stadtmaßstab, und dass diese Ergebnisse eigentlich auch den eigentlichen Problemen dieser unserer Stadt entsprechen.

R: ... was nichts anderes bedeutet, dass Sie die Zahlen schon haben müssten?

B: Ja, ja.

R: Und Sie wollen, was ich auch verstehe, über das Telefon mir die Zahlen nicht geben.

B: Ich bin auch nicht, verstehen Sie, auch nicht befugt am Telefon, ich kann Ihnen nur, damit Sie auch nicht völlig unbefriedigt sind, sagen, das liegt ja auch in der Logik der Dinge, dass die Stadtbezirksergebnisse analog der Stadt sind.

R: Ja, Genosse Bareiter, wäre es denn möglich, dass ich persönlich hinkomme und mir die Zahlen geben lassen kann?

B: Ich würde sagen, warten Sie mal bitte noch ab, die nächsten Tage. Wir werden spätestens Ende des Monats, nämlich dann, wenn sich die Volksvertretung konstituiert, in der Breite veröffentlichen. Es hat also keinen Zweck. Das ist eine Frage auch meiner Disziplin (...).

R: Na ja, so ganz kann ich das nicht verstehen, weil ich also vom Bezirkswahlbüro bis zum Stadtwahlbüro und jetzt auf dem Stadtbezirkswahlbüro total unterschiedliche Informationen erhalten habe. Und jetzt bin ich sozusagen an der Basis, und die Basis bittet mich um Verständnis bzw. versucht sich zu disziplinieren, um mir die Zahlen einfach nicht zu geben.

In: Kommunalwahl '89. Erfahrungen mit der Demokratie – eine Dokumentation. Stadtbezirk Leipzig-Mitte. Unterschrieben von sechs Leipziger Bürgern (16 Seiten, vervielfältigt, Archiv B. Lindner).

unter ihnen wurden aus der SED ausgeschlossen.

Der Umfang der Einsprüche aus der Bevölkerung veranlasste Erich Mielke (Minister für Staatssicherheit) persönlich, am 19. Mai 1989 einen Maßnahmeplan „zur Zurückweisung und Unterbindung von Aktivitäten feindlicher, oppositioneller und anderer negativer Kräfte zur Diskreditierung der Ergebnisse der Kommunalwahl" an die Leiter aller Dienststellen des Ministeriums für Staatssicherheit zu senden. Darin wurden die Verfahrensweisen für die Ämter detailliert festgelegt, bis hin zur Wortwahl der von ihnen zu erteilenden Antworten. Das galt allerdings nur für „sachlich gehaltene Eingaben". Doch was war in den Augen der Behörden noch „sachlich" und was nicht? Und was waren die Folgen für die Betroffenen?

Ein Beispiel: Am 29. Mai 1989 wurden die beiden Mitglieder der Berliner „Koordinierungsgruppe Wahlen", Katharina Hartung und Norbert Burczyk, die Anzeige wegen Wahlfälschung erhoben hatten, von ihren Arbeitsplätzen abgeholt und in die Rathäuser ihres Stadtbezirkes gebracht. Dort wurden beide vor das Ultimatum gestellt, entweder bis 24 Uhr auszureisen oder ein Ermittlungsverfahren in Kauf zu nehmen. Beide lehnten dies ab, hatten sie doch bisher eine Übersiedlung in die Bundesrepublik für sich ausgeschlossen. „Am 30. Mai gegen 11 Uhr wurde Katharina Hartung erneut zugeführt. Schon 13 Uhr befand sie sich in Westberlin. Norbert Burczyk hält sich versteckt."[1]

Ungeachtet solcher Einschüchterungsversuche wurden die Proteste landesweit fortgesetzt. Die Berliner Wahlüberprüfer beschlossen, mit ihrem Protest in die Öffentlichkeit zu gehen. Sie versammelten sich jeden 7. des Folgemonats – trotz Bedrohung, „Zuführungen" und Verhaftungen[2] – zu einer stummen „Wahldemonstration". Die erste Demonstration am 7. Juni 1989 fand noch vor dem Gebäude des Konsistoriums der Evangelischen Kirche Berlin-Brandenburg in Ostberlin statt. Der geplante Zug zum Staatsratsgebäude wurde durch ein starkes Aufgebot von Sicherheitskräften verhindert.

In den Folgemonaten war dann der zentral gelegene Alexanderplatz Ort der Demonstrationen. Diese sollten so lange stattfinden, bis der Staat bereit gewesen wäre, die Wahlmanipulationen einzugestehen. Trotz großen Aufwandes gelang es der Staatssicherheit nie, die Demonstrationen gänzlich zu unterbinden. Im Gegenteil: Mit Sorge registrierte sie ein ortsübergreifendes, „stabsmäßig organisiertes und koordiniertes Vorgehen" (Mitter/Wolle 1990, S. 97) der oppositionellen Kräfte mit Unterstützung vieler Kirchenmitarbeiter. Tatsächlich hatten sich im Ergebnis der Proteste gegen die Kommunalwahlen und gegen die Fälschung ihrer Ergebnisse in der DDR „verstärkte Ansätze einer oppositionellen Bewegung" (Eckhard Jesse) herausgebildet.

1 Information aus der illegal gedruckten und vertriebenen Zeitschrift der Berliner Umweltbibliothek „UmweltBlätter", Heft Mai 1989.

2 „Vorbeugend" wurden bei vielen potenziellen Teilnehmern der Demonstrationen „Personenkontrollmaßnahmen" durchgeführt oder sie erhielten die Auflage, dem Ort der Demonstration fernzubleiben. Vor Ort kam es zu „Zuführungen" und Verhaftungen.

II. WAHLBETRUG IN PLAUEN

Und als dann im Mai '89 die Wahl war, kam von Freunden die Anregung, mal genau hinzuschauen, was da läuft. Eine Gruppe von etwa 50 Leuten hat dann an den öffentlichen Auszählungen teilgenommen, weil die Zahlen, die da veröffentlicht wurden, nicht stimmen konnten.

Plauen hatte eines der schlechtesten Wahlergebnisse in der DDR. Also haben die hier am schlechtesten gelogen. Die Hoffnung der Gruppe war, dass wir, wenn wir Wahlbetrug nachweisen könnten, damit den Verlauf der nächsten Wahl vielleicht beeinflussen würden. Zumindest konnten wir aber nachweisen, dass die offiziell vermeldete Zahl der Nichtwähler mit der Realität nicht übereinstimmte.

Ein kleinerer Kreis von sechs Leuten hat dann eine Eingabe an den Staatsrat, den Bürgermeister und an die Parteien und Massenorganisationen der „Nationalen Front" geschrieben. Wir wollten den aufgedeckten Wahlbetrug weiter verfolgen, haben aber nie wirklich Antwort oder nur Scheinantworten bekommen. Jetzt wissen wir, dass das die von oben ausgegebene Linie war. Wir hatten uns vorgenommen, ein halbes Jahr später eine große Veranstaltung mit den gewählten Abgeordneten zu machen. (...)

Wir sind auch nach der Wende an der Wahlbetrugssache drangeblieben und haben es geschafft, dass eine Untersuchungskommission der Stadtverordnetenversammlung ins Leben gerufen wurde. Da wir den Betrug nachweisen konnten, ist es zu Strafanträgen und zu Verurteilungen gekommen. Der ehemalige OBM Martin, der erste Sekretär der SED-Kreisleitung und andere sind auf Bewährung und zu Geldstrafen verurteilt worden. Es ging dabei nicht um Genugtuung, aber doch wohl darum, Unrecht nachzuweisen.

Steffen Kollwitz, Plauen (Goldschmied, Mitbegründer des „Neuen Forums" in Plauen). In: Bernd Lindner (Hrsg.): Zum Herbst '89. Demokratische Bewegung in der DDR. Leipzig 1994 (Forum Verlag), S. 134 f.

KAPITEL 4

Bei den Protesten chinesischer Studenten auf dem Platz des Himmlischen Friedens
Anfang Juni 1989 stellt sich ein einzelner Demonstrant den anrollenden Panzern

ullstein bild

(Tiananmen-Platz)

entgegen.

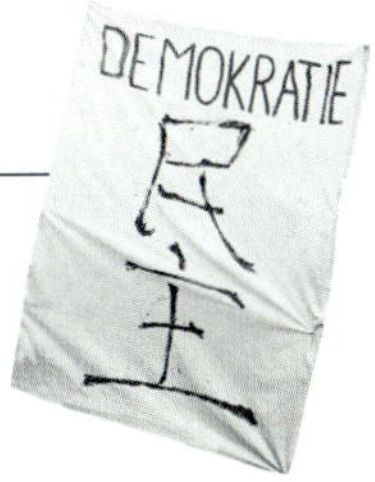

Angst vor der „chinesischen Lösung“

Die Reaktionen in der DDR auf das Massaker von Peking

Die Signale aus Moskau wurden nicht nur in Osteuropa vernommen. Auch in China, dem größten sozialistischen Land nach der Sowjetunion, hatte sich über Jahrzehnte ein gewaltiger Reformbedarf angestaut. Zwar hatte die kommunistische Partei unter Führung Deng Xiaopings im Bereich der Ökonomie erste vorsichtige Schritte in Richtung Marktwirtschaft vollzogen, politische Reformen wurden von ihr jedoch entschieden abgelehnt. Insbesondere unter Intellektuellen führte dies zu einer großen Unzufriedenheit. Am 17. April 1989 versammelten sich mehr als 4.000 Studenten auf dem Tiananmen-Platz im Zentrum Pekings, um eine Untersuchung der Vorgänge zu fordern, die zur Entmachtung des zwei Tage zuvor gestorbenen liberalen Generalsekretärs der KPCh Hu Yaobang geführt hatten. Aus der spontanen Aktion wurde eine dauerhafte Besetzung des Platzes, an der zeitweise bis zu einer Million Menschen beteiligt waren. Die Forderungen der Studenten wurden immer weitreichender: Demokratie, Einführung eines Mehrparteiensystems und Überprüfung der korrupten Parteibürokratie. In Wandzeitungen informierten sie die Bevölkerung über ihre Ziele. Als äußeres Zeichen ihrer Sehnsüchte errichteten sie auf dem Platz eine Nachbildung

Gabriel/VU/laif

Chinesische Studenten besetzen im April 1989 den Platz des Himmlischen Friedens in Peking, um gegen Korruption und für Demokratie zu demonstrieren.

Demonstranten kümmern sich um einen Verletzten.

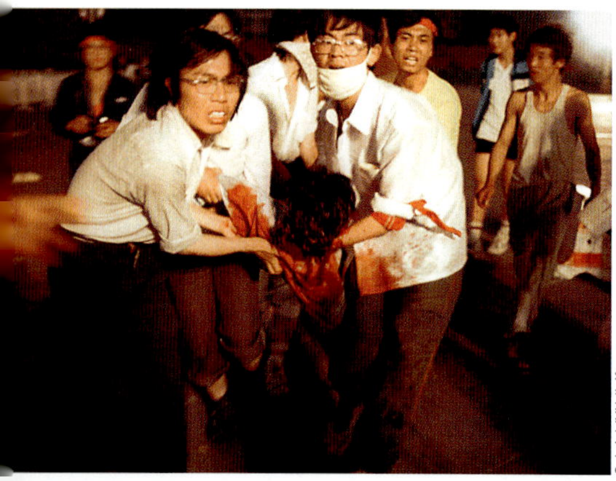

Gabriel/VU/laif

der New Yorker Freiheitsstatue. Da das Politbüro jeglichen Dialog mit den Demonstranten ablehnte, traten diese am 13. Mai 1989 in den Hungerstreik. Große Hoffnungen verbanden sie mit dem bevorstehenden Besuch Michail Gorbatschows in Peking, seit drei Jahrzehnten die erste Visite eines Generalsekretärs der KPdSU in China. Am Tag seiner Ankunft, am 15. Mai, versammelten sich erneut mehrere hunderttausend Menschen auf dem Tiananmen-Platz. Eine Verhängung des Ausnahmezustandes wagte die kommunistische Führung Chinas jedoch erst nach Gorbatschows Abreise am 20. Mai. In der Nacht vom 3. zum 4. Juni 1989 umzingelte die Armee das Lager der Studenten und räumte den „Platz des himmlischen Friedens". Durch Verhandlungen mit der Armee konnten die Anführer der Bewegung einen freien Abzug der zu diesem Zeitpunkt noch etwa 5.000 Demonstranten auf dem Platz erreichen. Rund um den Tiananmen-Platz kam es dann aber zu schweren Ausschreitungen der Staatsmacht, die mit brutaler Gewalt gegen Beteiligte und Unbeteiligte vorging. Die Zahl der Todesopfer wird von Amnesty international auf 700 bis 3.000 geschätzt. Das chinesische Rote Kreuz meldete am 4. Juni den Tod von 2.600 Zivilisten, ca. 30.000 Menschen sollen verletzt worden sein. Die offiziellen Angaben lauten dagegen bis heute: 300 Tote, ca. 2.000 verletzte „gesetzlose Gewalttäter" und 5.000 verletzte Soldaten. Nach der Niederschlagung des studentischen Protestes setzte in China eine Welle des Terrors und der Verhaftungen ein. Am 13. Juni 1989 wurde eine Liste mit den 21 meistgesuchten Aktivisten der Studentenbewegung veröffentlicht. Arbeiter wie auch kritische Intellektuelle, die sich an den Protesten beteiligt hatten, wurden verhaftet und in Eilverfahren zu langen Haftstrafen oder auch zum Tode verurteilt. 49 so genannte „Rädelsführer" und „Provokateure" wurden nach offiziellen Angaben abgeurteilt und hingerichtet. Die Welt war schockiert.

Auch in der DDR kam es zu spontanen Solidaritätsbekundungen und Protesten. Sie schwollen besonders an, als sich Partei- und Staatsführung sowie die Volkskammer geschlossen hinter das brutale Vorgehen des chinesischen Militärs stellten. Demonstrationen, Trommelfasten, Klagegottesdienste waren Mittel des Protestes, Ostberliner Kirchen sein Zentrum. Das Bewusstsein, dass China nicht fern ist, stellte sich schlagartig ein. Besorgte Fragen waren von nun an ständige Begleiter der Entwicklung in der DDR bis zum Herbst '89: Wie würde die SED-Führung reagieren, wenn sich der im Land angestaute Unmut auch hier öffentlich entladen sollte? Würde sie ebenfalls zu einer „chinesischen Lösung" greifen? Nicht nur die schnelle propagandistische Zustimmung seitens der SED-Spitze ließ das Schlimmste befürchten. Am 22. Juni 1989 brachte es das Politbüro-Mitglied Joachim Herrmann auf einer ZK-Tagung sogar fertig, die Studenten selbst für das Massaker von Peking verantwortlich zu machen. Die chinesische „Volksmacht" hätte sich „infolge der gewaltsamen, blutigen Ausschreitungen verfassungsfeindlicher Elemente" gezwungen gesehen, „Ordnung und Sicherheit unter Einsatz bewaffneter Kräfte wiederherzustellen" (vgl. Gransow/Jarausch 1991, S. 56).

Es war vor allem die hysterische Überreaktion der Staatsmacht auf vermeintlich nichtige Ereignisse, die vielen DDR-Bürgern Angst zu machen begann.[•] So war es auch Anfang Juni – sechs Tage nach den Ereignissen in Peking –, als Leipziger Liedermacher versuchten, in der Innenstadt ein Straßenmusikfestival durchzuführen. Man wollte miteinander musizie-

[•] Eher zufällig war das Zusammenfallen des 2. Pleiße-Gedenkmarsches, unter dem Titel „Eine Hoffnung lernt gehen" in Leipzig am 4. Juni 1989, mit den blutigen Ereignissen in Peking. An einem Umweltgottesdienst in der Paul-Gerhardt-Kirche, im Süden der Stadt, nahmen ca. 1.000 Menschen teil. Der anschließend geplante Marsch entlang des stark geschädigten Gewässers in die Innenstadt wurde von einem Großaufgebot von Polizei und dem MfS durch Straßensperrungen und Einkesselungen weitgehend verhindert. 83 Demonstranten wurden „zugeführt", gegen 19 wurden Ordnungsstrafen in einer Gesamthöhe von 7.100,– Mark der DDR verhängt. Dennoch fand am Abend des Tages in der zentrumsnahen Reformierten Kirche – wie geplant – ein Abschlussgottesdienst mit 400 Teilnehmern statt.

I. BUDAPEST, PRAG, DANZIG, PEKING ...

Am 4. Juni waren Tausende von jungen Menschen wegen ihrer gewaltfrei-fantasievollen Demonstration für Menschenrechte und Demokratie mit Panzern niedergewalzt, zerquetscht und gefoltert worden – in Peking auf dem Platz des Himmlischen Friedens. Die sog. Weltöffentlichkeit erschrak, aber nur zwei Wochen lang. Schon ein paar Wochen später wurde wieder fleißig Handel und Politik getrieben mit diesen stalinistischen Verbrechern – bis heute. Und wir beobachteten sehr genau, wie zustimmend sich SED-Kronprinz Egon Krenz dazu äußerte bei seinem Besuch in Peking kurz danach. Alle ähnlichen Militär- und Sicherheitseinsätze gegen mündig werdende Volksbewegungen in Osteuropa waren blitzschnell im Bewusstsein – ich glaube wirklich bei sehr vielen im DDR-Volk: 17. Juni 1953, Budapest 1956, Prag 1968, Polen 1970 und 1980/81. (...)

Es gab nur einen Weg: sich nicht verbiegen, sondern besonnen und mutig weiter die Dinge beim Namen nennen, nun gerade, denn wenn deutsche Stalinisten deutsche Soldaten auf deutsche Protestierende hetzen würden, müsste zumindest der andere Teil Deutschlands aufstehen. Solch einen anderen Teil hatten die Polen, Rumänen, Tschechen usw. nicht. Aber von ihnen hatten wir den Mut, die Fantasie und die Ausdauer vorgelebt bekommen.

In: „... ich wollt', die Sehnsucht stürbe nie!" – Offene Arbeit. Selbstauskünfte. Erfurt 1991, S. 235 f.

Protestplakat gegen das Massaker in Peking aus Altenburg/Thüringen.

TLStU Erfurt

Archiv Bürgerbewegung Leipzig

ren, mehr Leben ins Stadtzentrum bringen, den Leuten damit Freude bereiten, aber auch die Staatsmacht „natürlich schon provozieren" – so der Theologiestudent, Straßenmusikant und Mitorganisator des Festivals, Jochen Lässig (in: Hollitzer/Bohse 2000, S. 259). Die Organisatoren suchten bei der Stadtverwaltung um eine offizielle Genehmigung nach, denn alle öffentlichen Veranstaltungen waren in der DDR Kraft Gesetzes „erlaubnispflichtig". Sie erhielten zur Antwort, dass „nur jenen Bürgern eine Auftrittsgenehmigung" erteilt würde, „die den Nachweis ihrer künstlerischen Qualifikation erbracht haben" (Lieberwirth 1990, S. 22 f.), das bedeutete: eine staatlich lizenzierte Spielerlaubnis besaßen.

Trotz dieser Absage wurden Musiker aus der ganzen Republik für den 10. Juni nach Leipzig eingeladen. Über 15 Musik- und Theatergruppen kamen und sahen sich – nach anfänglich friedlichem Verlauf des Festivals – ab dem Mittag des Tages mit einem enormen Aufgebot an Polizei und Sicherheitsbeamten konfrontiert. Verständnislos mussten auch viele Passanten miterleben, wie Jugendliche – nur weil sie ein Musikinstrument bei sich trugen – von hunderten Polizisten durch die Innenstadt gejagt wurden. Am Nachmittag kam es gar zur Einkesselung ganzer Musikgruppen auf dem Platz vor der Thomaskirche: Uniformierte in Zweierreihen gegen Gitarren, Flöten und Lieder. Insgesamt wurden ca. 80 Musikanten und Zuhörer „zugeführt". Damit verlief das Straßenmusikfestival anders als von seinen Initiatoren erhofft. In den Jahren zuvor, als einzelne Straßenmusikanten von der Polizei

II. TREIBJAGD AUF MUSIKANTEN

Augenzeugenbericht vom Straßenmusikfestival in Leipzig am 10. Juni 1989

Meine Erinnerungen an diesen Tag sind (...) noch immer ziemlich frisch. Das liegt daran, dass für mich mit dem Straßenmusikfest im Juni das begann, was später im September und Oktober für das ganze Land augenscheinlich wurde. Viele der Leute, die ich bei der Straßenmusik kennengelernt hatte, habe ich bei den ersten großen Demonstrationen wiedergetroffen. (...) Wenn ich mich an den 10. Juni erinnere, dann nicht nur daran, dass „es" anfing, sondern auch daran, wie es anfing. Mit Liedern wie „We Shall Overcome" und [Reiner] Kunzes „Wir haben keine Angst", „Dona nobis pacem" und Renfts „Apfeltraum". (...)

Es entwickelte sich eine ganz herrliche Atmosphäre, die ich aus Leipzig so noch nicht kannte. Ich weiß nicht, wie viele Leute sich schon angesammelt hatten, es waren sicher über hundert; an mehreren Ecken der Innenstadt wurde musiziert, was das Zeug hielt. (...) Vor der Thomaskirche und anderswo sah es schön bunt aus, die Zuhörer und Musiker hatten prächtige Laune – bis auf einige. Die waren auffällig unauffällig und zogen meist finstere Gesichter. (...)

[Plötzlich] hörten wir vom Marktplatz her ein vielstimmiges Pfeifkonzert. (...) Wir erschraken mächtig und rannten hin. Die Blueser, denen wir eben noch zugehört hatten, waren nicht mehr zu sehen. Auf dem Marktplatz standen zwei oder drei Laster der Polizei, sogenannte LO's, in die die Polizisten gerade recht unsanft Leute verluden; besonders hatten sie es auf welche mit Fotoapparaten oder Musikinstrumenten abgesehen. Um die LO's herum stand eine größere Menge, die die „Internationale" und „We Shall Overcome" sang. Wir sahen so etwas zum ersten Mal außerhalb des Fernsehens. (...) Wir zogen uns zurück (...); auf dem Thomaskirchhof blieben wir stehen und sangen weiter. Hier wurden wir regelrecht eingekesselt, an allen Abgängen standen Polizisten, wieder LO's, wieder Festnahmen, einige wurden geschleift, weil sie nicht freiwillig mitgehen wollten. Ein Mädchen weinte, als ihr Freund mitgenommen wurde; ein Festgenommener schrie, er habe nichts mit allem zu tun, was gar nicht beachtet wurde. Ich war richtig schockiert. Ich fragte mich, was denn an uns so gefährlich sei. Unsere Musik? Unsere Instrumente? Unsere Eigeninitiative?

Annette Lorenz, Bibliothekars-Studentin aus Leipzig, in: Steffen Lieberwirth: „Wer eynen spielmann zu tode schlaegt ..." Ein mittelalterliches Zeitdokument anno 1989. Leipzig 1990 (Edition Peters und Militzke Verlag), S. 35 ff.

Noch singen sie fröhlich, ...

Archiv Bürgerbewegung Leipzig

immer wieder am öffentlichen Musizieren gehindert wurden, hofften Jochen Lässig und seine Freunde in größeren Gruppen nicht angreifbar zu sein: „Zehn führen sie ab. Aber 50 Musiker, das geht nicht, das sieht so grotesk aus, wenn man so eine Musikergruppe auf einen LKW lädt. (...) Wir dachten, damit schaffen wir den Durchbruch (...) Damit erreichen wir vielleicht mehr in Zukunft, sowohl zu musizieren auf der Straße als auch zu demonstrieren" (in: Hollitzer/ Bohse 2000, S. 243). Die Ereignisse in China wurden an diesem Tag nicht vordergründig thematisiert, doch waren sie nicht zuletzt durch das übersteigerte Vorgehen der Staatsmacht allgegenwärtig.

Vier Wochen später fand in Leipzig vom 6. bis 9. Juli 1989 der Kirchentag der Evangelischen Landeskirche Sachsens statt. Die Staatsmacht hatte durch massive Einflussnahme auf die Kirchenleitung erreicht, dass kritische Basisgruppen aus dem offiziellen Programm ausgegrenzt wurden. 2.500 Bürgerrechtler versammelten sich daraufhin in der Leipziger Lukaskirche, an der Christoph Wonneberger als Pfarrer wirkte, zu einem alternativen Statt-Kirchentag. Fast die gesamte Opposition der DDR war anwesend. In einem dort verlesenen „Brief an die DDR-Bevölkerung" prangerten einzelne Gruppen die „offen zutage tretende Gewalt staatlicher Organe in Leipzig" an und forderten den Aufbau einer demokratischen Gesellschaft (vgl. Dietrich/ Schwabe 1994, S. 534). In einer kleinen Ausstellung wurden Fotos vom Vorgehen der Polizei gegen die Teilnehmer des Straßenmusikfestivals in Leipzig gezeigt.

Am Schlusstag des Kirchenfestes gelang es einigen Bürgerrechtlern, während des

< Von Bürgerrechtlern erstellte Dokumentation zum Verlauf des Straßenmusikfestivals in Leipzig am 10. Juni 1989.

∨ ... doch schon bald sind die Straßenmusikanten von hunderten Polizisten eingekesselt.

Archiv Bürgerbewegung Leipzig

Gerhard Gäbler

^ Nach dem Abschlussgottesdienst des Kirchentages der Evangelischen Kirche Sachsens am 9. Juli 1989 in Leipzig versammeln sich Bürgerrechtler um ein Transparent mit der Aufschrift „Demokratie“ (in deutscher und chinesischer Schrift) und ziehen damit in Richtung Innenstadt.

Abschlussgottesdienstes auf der Leipziger Pferderennbahn, ihren Protest gegen Wahlbetrug und ihre Forderung nach Demokratie mittels Megafon und Transparenten öffentlich zu machen. Von dort aus marschierten sie, miteinander verbunden durch bunte Bänder, in Richtung Innenstadt. Rund 1.000 Menschen schlossen sich ihnen an. Auf ein Transparent hatten sie das Wort „Demokratie“ auf Deutsch und mit chinesischen Schriftzeichen geschrieben. Unterwegs wurde ihnen das Transparent von Sicherheitskräften in Zivil entrissen, die sich in eine Straßenbahn zurückzogen. Als sie auch den Träger des Transparents mit hineinziehen wollten, blockierten Demonstranten die Bahn so lange, bis feststand, dass keiner von ihnen in die Hände der Stasi gefallen war. Eine kleinere Gruppe von ca. 150 Demonstranten, die weiter in die Innenstadt ziehen wollte, wurde – beobachtet und eingeschüchtert von einem tief fliegenden Hubschrauber – in die nahe gelegene Peterskirche abgedrängt. Dennoch bezogen die Bürgerrechtler aus dieser Aktion „Zukunftshoffnung“, denn „zum ersten Mal“ hatten „nicht nur Oppositionelle (...) sondern ganz normale Bürgerinnen und Bürger aller Altersgruppen“ an solch einer Demonstration teilgenommen: „Man spürte, was möglich sein könnte, was möglich sein kann“ (Kathrin Walter und Thomas Groh in: Hollitzer/Bohse 2000, S. 298/304).

III. ANGST UND SOLIDARITÄT

Der Schriftsteller Ingo Schulze zu seinen Empfindungen im Herbst ’89

Eines der ersten Leipziger Transparente [bei den späteren Montagsdemonstrationen – B. L] war sehr schmal, mit zwei kurzen Stäben an den Enden, gut unter der Jacke zu verstecken. Es wanderte von Hand zu Hand über den Köpfen der Demonstranten: „Visafrei bis Shanghai!“ Ob man über Hawaii anreisen oder den Landweg nehmen wollte, blieb dabei offen. So oder so – die Mauer wurde wie nebenbei eingerissen. Es ging nicht nur um den Westen, es ging um die Welt. Zudem schwang etwas mit, was man heute überhört: Solidarität mit den anderen, insbesondere mit den Chinesen, deren gewaltloser Protest vier Monate zuvor niedergewalzt worden war. Die Angst vor einer ähnlichen „Lösung“ bei uns hielt sich bis Mitte Oktober.

Aus: „Mein Westen“, in: „Süddeutsche Zeitung“ vom 7./8. März 2009.

Robert-Havemann-Gesellschaft/Matthias-Domaschk-Archiv

Jugendliche vor der Erlöserkirche in Berlin, in der im Juni 1989 ein Trommelfasten gegen die blutige Niederschlagung der Studentenproteste in Peking stattfindet.

Zusätzlich aufgeheizt war die Stimmung während des Leipziger Kirchentages durch eine Veröffentlichung in der „Leipziger Volkszeitung" (LVZ) vom 24./25. Juni 1989. An der Stelle, wo ansonsten die Kommentare veröffentlicht wurden, fand sich ein Grundsatzartikel unter dem Titel „Was trieb Frau A. K. ins Stadtzentrum?" Verfasst war er von Rudolf Otto Röhrer, dem damaligen Chefredakteur der LVZ. Sich der Brisanz „seiner" Wortmeldung bewusst – und offensichtlich auch des Fortganges der Ereignisse nicht mehr ganz sicher –, war der Artikel jedoch lediglich mit den beiden Vornamen des Autors unterschrieben. Frau A. K. aus Wurzen wurde darin unterstellt, am Montagabend aus „eindeutig provokatorischer Absicht" ins Leipziger Stadtzentrum gekommen zu sein, um „die öffentliche Ordnung zu stören, die Ruhe und Sicherheit der Bürger anmaßend zu beeinträchtigen". Deutlich wurde, dass es sich bei der ominösen Demonstrantin um eine Bürgerin handelte, die einen Antrag auf Ausreise aus der DDR gestellt hatte, und dass der Ort ihres Protestes die Nikolaikirche war. Damit wurden die allmontäglichen Friedensgebete in dieser Leipziger Kirche erstmals zum Thema der Parteipresse. Die Stoßrichtung des Artikels zielte eindeutig auf Einschüchterung: Die Kirchenleitung sollte sich nicht weiter „missbrauchen" lassen. Den Teilnehmern der Friedengebete – ob Ausreiseantragsteller oder „Vertreter bestimmter Gruppierungen" – sollte verdeutlicht werden, dass sie „die Folgen ihrer provokatorischen Handlungen selbst zu verantworten" hätten. Was – so fragten sich viele voller Furcht – konnte das nach der Zustimmung der SED zur gewaltsamen Niederschlagung der Proteste in Peking alles bedeuten? Die Tatsache, dass die Teilnehmer der Friedensgebete zugleich als „willkommene Handlanger jener Kräfte in der BRD, die unsere sozialistische DDR von innen heraus (...) ‚reformieren' wollen, bis (...) vom Sozialismus nichts mehr übrig geblieben ist", verdächtigt wurden, ließ Schlimmes befürchten. Mit dem alten „Klassenkampfargument“ war bereits der Angriff auf die chinesischen Studenten gerechtfertigt worden.

Immer häufiger kam es aber auch in der DDR zu einem massiven Vorgehen der Sicherheitskräfte gegen Andersdenkende: Die Ereignisse um die Kommunalwahlen, die Verhaftungen von Demonstranten bei Protestaktionen gegen das Massaker von Peking, die Treibjagd auf Straßenmusikanten in Leipzig – all das waren beängstigende Belege dafür, dass auch in der DDR alles auf eine Konfrontation zulief. Zuletzt hatten dies die Teilnehmer des Leipziger Friedensgebetes vom 3. Juli 1989 zu spüren bekommen. Im Anschluss an das letzte Friedensgebet vor der Sommerpause wurden erneut 14 Bürger „zugeführt“. Zugleich mehrte sich Widerspruch in der Bevölkerung. Viele, Prominente wie weniger Bekannte, waren nicht mehr bereit, die Ausschreitungen der Staatsmacht einfach hinzunehmen. So hatte auch das Vorgehen gegen die Straßenmusikanten ein öffentliches Nachspiel. Gewandhauskapellmeister Kurt Masur, über die Vorgänge durch den Brief eines der „zugeführten“ Musiker informiert, setzte für den 28. August 1989 – noch vor Eröffnung der Konzertsaison – eine zusätzliche Veranstaltung in der BiG-Reihe („Begegnung im Gewandhaus“) zum Thema „Leipziger Straßenmusik in Vergangenheit und Gegenwart“ an. Ein Straßenmusikant eröffnete die Veranstaltung im überfüllten Foyer des Gewandhauses, und Kurt Masur warf ihm demonstrativ eine Münze in den Hut.

Der SED-Führung stand das Wasser bis zum Hals. Auf der einen Seite formierte sich immer mehr der Protest gegen die von der Partei und ihren staatlichen Gremien verschuldete Situation im Lande, auf der anderen Seite schwoll die Zahl der Ausreiseanträge beängstigend an. Spätestens seit die ungarische Regierung am 2. Mai 1989 mit dem Abbau der Grenzsicherungsanlagen entlang der Grenze zu Österreich begonnen hatte, bekam der Eiserne Vorhang zum Westen deutliche Schwachstellen. Es war nur eine Frage der Zeit, bis daraus (Flucht-)Löcher wurden.

LVZ / 24./25. Juni 1989

Was trieb Frau A. K. ins Stadtzentrum?

Es wären eine ganze Menge ehrenwerter Gründe denkbar, warum Frau A. K. aus Wurzen am vergangenen Montagabend in der Leipziger Innenstadt anzutreffen war. Sie ist jung und hat dementsprechende Einkaufswünsche oder will sich einen neuen Film ansehen oder in der Eisbar den Feierabend genießen. Zeit hat sie, denn sie nutzt nach der Geburt ihres zweiten Kindes das hierzulande mögliche „Babyjahr“.

Aber nicht solche ehrenwerten Gründe bestimmten den Weg der Frau, sondern ein höchst verurteilenswerter. Sie fuhr in eindeutig provokatorischer Absicht nach Leipzig, um gemeinsam mit Vertretern bestimmter Gruppierungen – darunter solche aus Halle, Dessau und Dresden – im Zentrum der Bezirksstadt die öffentliche Ordnung zu stören, die Ruhe und Sicherheit der Bürger anmaßend zu beeinträchtigen und auf Konfrontation mit unserem Staat DDR und mit unserer Gesellschaft zu gehen.

Das hatten Gruppen solcher Personen in den vergangenen Monaten schon einige Male versucht und hatten dazu im Januar schamlos auch das Gedenken an Karl Liebknecht/Rosa Luxemburg oder im März die Frühjahrsmesse mißbrauchen wollen. Jetzt also war zu diesem Zweck auch Frau A. K. angereist.

Alle Vorzüge genießen, aber unsere Gesellschaft negieren

Welche Unverfrorenheit gehört dazu, zu Hause alle Vorzüge zu genießen, die unsere Gesellschaft den Bürgern und insbesondere den Familien zukommen läßt und dann auf der Straße entgegen allen gesellschaftlichen Normen die Leistungen und Errungenschaften dieser sozialistischen Gesellschaft in den Straßenstaub treten zu wollen! Frau A. K. konnte sich in einer dreijährigen Lehrzeit auf den gewünschten Beruf vorbereiten. Sie bekam einen Arbeitsplatz als Facharbeiter in einem Betrieb. Sie erhielt bei der Geburt des zweiten Kindes eine bezahlte Freistellung von einem Jahr. Sie bekam bei Erkrankung der Kinder Unterstützung zu deren Pflege.

Bestimmt wird der Frau gleichermaßen bekannt sein, daß sie im anderen deutschen Staat, den sie für lebenswerter hält, ein solches Umsorgtsein, eine solche Fürsorglichkeit, eine solche soziale Geborgenheit für sich und ihre Kinder nie erwarten kann. Aber sie gesellte sich dennoch zu denen, die ihr Heimatland DDR auf Leipzigs Straßen verketzern und beleidigen wollen und darüber hinaus die öffentliche Ruhe und Ordnung stören. Diese Unruhestifter setzen sich mit ihrem Treiben in voller Absicht über die bei uns gültigen Normen des Zusammenlebens und über Rechtsnormen hinweg. Sie haben – das gilt auch für Frau A. K. – die Folgen ihrer provokatorischen Handlungen selbst zu verantworten.

Wir haben volles Verständnis für das Bedürfnis der Leipziger Bürger und ihrer Gäste, ungestört und in harmonischer Ruhe auch in den Abendstunden unser schönes Stadtzentrum genießen zu wollen, Einkäufe zu erledigen oder auf Freisitzen der gastronomischen Einrichtungen Entspannung zu suchen. Der jetzt beginnende „Leipziger Sommer“ mit seinen vielen Veranstaltungen weckt solche Bedürfnisse erst recht. Sie wollen dabei von Frau A. K. und ihresgleichen nicht gestört und nicht belästigt werden.

RUDOLF OTTO

> Auszug aus einem Kommentar von Rudolf Otto [Röhrer] im SED-Bezirksorgan „Leipziger Volkszeitung“ vom 24./25. Juni 1989.

Leipziger Volkszeitung

CHRONIK

REAKTIONEN IN DER DDR AUF DAS MASSAKER VON PEKING

3./4. Juni 1989: Die kommunistische Führung Chinas beendet die wochenlange, friedliche Besetzung des Tiananmen-Platzes durch Studenten blutig. Ihre Hoffnung auf Demokratie müssen Tausende mit dem Leben bezahlen. Eine Verhaftungs- und Repressionswelle überschwemmt China.

5. Juni: Die staatliche Nachrichtenagentur der DDR, ADN, bezeichnet die Demokratiebewegung in China als „konterrevolutionären Aufruhr“.

Matthias-Domaschk-Archiv

^ Protestkonzert in Ostberliner Kirche im Juni 1989.

8. Juni: Die Volkskammer der DDR begrüßt einstimmig die Wiederherstellung von Ordnung und Sicherheit „unter Einsatz bewaffneter Kräfte. (...) Dabei sind bedauerlicherweise zahlreiche Verletzte und Tote zu beklagen.“

Der Eisenacher „Frauenfriedenskreis“ und der „Arbeitskreis Solidarische Kirche Thüringen“ geben daraufhin Erklärungen heraus und kleben nachts Protestplakate.

In dem Berliner Jugendclub „Atelier 89“ werden Flugblätter mit der Aufschrift „China ist nicht fern!“ verteilt, die für den nächsten Abend zu einer Demonstration im Stadtbezirk Prenzlauer Berg aufrufen.

9. Juni: Massive Kräfte von Polizei und Staatssicherheit verhindern die Demonstration, 30 Personen werden vorübergehend verhaftet. Der Jugendclubleiter wird fristlos entlassen.

10. Juni: Erich Mielke registriert in einem internen Bericht des MfS ein „Ansteigen provokatorisch-demonstrativer Handlungen feindlich-negativer Kräfte gegen die Maßnahmen der chinesischen Partei- und Staatsführung“ in der DDR.

Mit einem großen Aufgebot geht die Polizei gegen die Teilnehmer und Zuhörer eines nicht genehmigten Straßenmusikfestivals in Leipzig vor. Sie jagt die Musikanten durch die Stadt, kesselt sie ein. Hunderte werden zeitweise verhaftet. Während des Festivals (und auch danach) verkaufen Angehörige Leipziger Basisgruppen Aufnäher mit der chinesischen Flagge und Trauerflor daran.

21. Juni: 25 oppositionelle Gruppen kritisieren gemeinsam in einer Erklärung die DDR-Regierung wegen ihrer „bewussten Ignoranz gegenüber der Unmenschlichkeit des Vorgehens der Machthaber in China“.

22. Juni: Ein geplanter Protestzug von einer Pankower Kirche zur Chinesischen Botschaft wird von Sicherheitskräften brutal aufgelöst. Dabei werden erstmals auch Diakone der evangelischen Kirche zusammengeschlagen.

23. Juni: Die Kirche von Unten/Berlin führt einen Gottesdienst für China durch.

25.–28. Juni: Trommelfasten für die Opfer der Gewalt in China in der Berliner Erlöserkirche. Abendgottesdienste mit bis zu 150 Teilnehmern finden statt.

26. Juni: Während des Leipziger Friedensgebetes verliest Pfarrer Führer einen Protestbrief gegen die in Peking verhängten Todesstrafen gegen „studentische Rädelsführer“.

Robert-Havemann-Gesellschaft

^ Flugblatt mit Protestaufruf, verteilt in einem Berliner Jugendclub.

28. Juni: Das Trommelfasten wird in der Potsdamer Erlöserkirche fortgesetzt. Klagegottesdienst für die Opfer des Massakers in China in der Berliner Samariterkirche, etwa 2.000 Teilnehmer. Ein Solidaritätsbrief wird verabschiedet. Pfarrer Eppelmann eröffnet die Ausstellung „China im Juni 1989“.

Volker Doering

^ „Keine Gewalt!“ – zentrale Botschaft der friedlichen Revolution in der DDR.

29. Juni: Trommelfasten in der Berliner Elisabethkirche.

Klagegottesdienst in der Hoffnungskirche in Berlin-Pankow, etwa 200 Teilnehmer.

9. Juli: Während der Abschlussveranstaltung des Evangelischen Kirchentages in Leipzig formiert sich ein Protestzug von Bürgerrechtlern von der Pferderennbahn (Veranstaltungsort) in Richtung Leipziger Innenstadt. Sie tragen ein Transparent mit sich, auf dem in Deutsch und in chinesischen Schriftzeichen das Wort „Demokratie“ geschrieben steht.

In Dresden riegeln Sicherheitskräfte die Kreuzkirche während einer Trommelaktion für China ab, ca. 40 Personen werden verhaftet.

1. Oktober: Eine ranghohe Delegation unter Leitung von Egon Krenz fährt zu den Feierlichkeiten anlässlich des 40. Jahrestages der Volksrepublik China nach Peking.

Bereits am 15. Juli 1989 hatte das SED-Politbüro Günter Schabowski zur Solidaritätsbekundung mit den kommunistischen Machthabern nach China geschickt.

KAPITEL 5

Etwa 600 DDR-Bürger nutzen am 19. August 1989 das paneuropäische Picknick
österreichischen Grenze, bei dem ein Grenztor symbolisch geöffnet wurde, zur

„Wir wollen raus!“

Die Fluchtwelle aus der DDR

picture-alliance/dpa – Votava

an der ungarisch-

Flucht in den Westen.

In all den 40 Jahren ihrer Existenz hat es die DDR nie vermocht, den Wunsch vieler ihrer Bürgerinnen und Bürger, das Land zu verlassen, auch nur annähernd zu brechen. Weder mit Versprechungen noch mit Drohungen und Verfolgung konnte der „Republikflucht“ in der Bevölkerung Einhalt geboten werden. Im Gegenteil: Die SED-Führung hat durch ihr politisches Unvermögen selbst immer wieder neue Fluchtwellen ausgelöst. Allein von 1949 bis zum Bau der Mauer am 13. August 1961 verließen ca. 3,5 Millionen Menschen die DDR gen Westen. Und auch nach der Errichtung des menschenfeindlichen Grenzregimes zur Bundesrepublik kam – trotz seiner ständigen Perfektionierung – der Strom der Übersiedler und Flüchtlinge nie zum Stillstand. Weitere 616.066 Menschen verließen bis Ende 1988 die DDR. Viele riskierten bei der Flucht ihr Leben; allein an der Berliner Mauer starben bis 1989 insgesamt 136 Menschen.[›] Andere bezahlten gescheiterte oder verratene Fluchtversuche mit langjähriger Gefängnishaft (allein zwischen 1976 und 1988 waren es nach Angaben des MfS 38.063 Personen). Familien wurden auseinandergerissen. Die Bundesregierung versuchte durch staatliche Abkommen und interne

› Die Angaben zur Zahl der Todesopfer an der innerdeutschen Grenze (von 1949 bis 1989) schwanken – je nach Wertung der Todesursache – zwischen 270 (Staatsanwaltschaft Berlin) und 1.303 (Arbeitsgemeinschaft 13. August). Angaben zu den Opfern an der Berliner Mauer: Zentrum für Zeithistorische Forschung Potsdam/Verein Berliner Mauer (Stand aller Angaben: 2008).

Proletarier aller Länder, vereinigt euch!

NEUES DEUTSCHLAND

ORGAN DES ZENTRALKOMITEES DER SOZIALISTISCHEN EINHEITSPARTEI DEUTSCHLANDS

30. Jahrgang / Nr. 182 — Berlin, Sonnabend/Sonntag, 2./3. August 1975 — A- und B-Ausgabe / Einzelpreis 15 Pf

Repräsentanten von 35 Staaten signierten die Schlußakte der Konferenz von Helsinki

Abschlußphase der Konferenz über Sicherheit und Zusammenarbeit in Europa nach dreitägigen Beratungen erfolgreich beendet / Am Freitagnachmittag setzten alle Delegationsleiter ihren Namenszug unter das Dokument / Erich Honecker unterzeichnete für die DDR / Staatspräsident Urho Kekkonen verabschiedete die Teilnehmer des Gipfeltreffens in der Finlandia-Halle / Zahlreiche bilaterale Gespräche auch am letzten Tag

Von unserer Sonderredaktion

Helsinki. Mit der feierlichen Unterzeichnung der Schlußakte durch die führenden Staatsmänner der 35 Teilnehmerstaaten wurde am Freitagnachmittag in der für dieses Zeremoniell besonders hergerichteten Finlandia-Halle von Helsinki die Konferenz über Sicherheit und Zusammenarbeit, eines der bedeutendsten Staatenforen in der europäischen Geschichte, erfolgreich beendet. Für die Deutsche Demokratische Republik setzte der Erste Sekretär des Zentralkomitees der SED, Erich Honecker, seine Unterschrift unter das Dokument. Mit der Schlußakte, die im ersten Teil die zehn Prinzipien für die Gestaltung der Beziehungen zwischen den Teilnehmerstaaten enthält, werden zum erstenmal in Europa entsprechend dem Völkerrecht die Prinzipien der friedlichen Koexistenz zwischen Staaten unterschiedlicher Gesellschaftsordnung multilateral bekräftigt und damit weitere Voraussetzungen für Frieden und Sicherheit auf unserem Kontinent geschaffen.

Nach der Unterzeichnung würdigte Präsident Urho Kekkonen den historischen Akt und forderte die Teilnehmerstaaten auf, die Ergebnisse der Konferenz in die Tat umzusetzen. Im Namen des gastgebenden Landes verabschiedete er die Staatsmänner aus Europa und Nordamerika. Nach zwei Jahren, so sagte er, werde man sich in Jugoslawien wieder zu Konsultationen über wichtige Fragen der Sicherheit und Zusammenarbeit in Europa treffen.

Die beiden letzten Arbeitssitzungen des Staatenforums am Freitag waren vom Regierungschef Liechtensteins, Walter Kieber, bzw. vom britischen Premierminister, Harold Wilson, geleitet worden. Nachdem die Vertreter Portugals, der USA, Maltas, der Niederlande, Monacos, Norwegens, Rumäniens, Liechtensteins, San Marinos, Luxemburgs und des Heiligen Stuhls ihre Erklärungen abgegeben hatten, lag der Konferenz die Zustimmung aller 35 Teilnehmerstaaten zur Schlußakte vor, die in zweijährigen Verhandlungen ausgearbeitet worden ist.

Die Arbeitssitzung am Freitagvormittag begann mit der Erklärung des portugiesischen Präsidenten Francisco da Costa e Gomes, der erst in der vorangegangenen Nacht in Helsinki eingetroffen war. Ihm folgten der Präsident

Deutschen Demokratischen Republik unterzeichnete um 17.12 Uhr der Erste Sekretär des ZK der SED, Erich Honecker. Für die Union der Sozialistischen Sowjetrepubliken unterschrieb der Generalsekretär des ZK der KPdSU,

Neues Deutschland

^ „Neues Deutschland“, 2./3. August 1975: In dieser Ausgabe wird der vollständige Text der KSZE-Schlussakte veröffentlicht.

Regelungen mit der DDR-Regierung (Passierscheinabkommen, Häftlingsfreikauf etc.), die Folgen des Mauerbaues für die Menschen in Ost und West zu lindern.

Die Unterzeichnung der KSZE-Schlussakte im Sommer 1975 durch Erich Honecker war der Auslöser für eine Flut von Anträgen auf „ständige Ausreise von Bürgern der Deutschen Demokratischen Republik nach nichtsozialistischen Staaten und Westberlin“. Bis dahin hatte die DDR Wünsche auf Übersiedlung sehr restriktiv behandelt. Mit ihrer Unterschrift hatten sich aber alle Unterzeichnerstaaten von Helsinki de facto verpflichtet, die Einhaltung der Menschenrechte für ihre Bürger zu garantieren. Dazu gehörten u. a. auch Reisefreiheit und die freie Wahl des Wohnortes. Die „Helsinki-Gruppen“» der DDR formierten sich in den Wartezimmern der Abteilung für Inneres der Städte und Kreise.

Bis weit in die 1980er Jahre hinein riskierten diejenigen Bürger, die einen Ausreiseantrag stellten, viel: Verlust des Arbeitsplatzes, Diskriminierung der Kinder bei der schulischen Ausbildung und der Berufswahl, lange, zermürbende Wartezeiten – Ausgang ungewiss! Wer es wagte, seinen Ausreisewunsch, auch nur ansatzweise, politisch zu begründen, riskierte sogar Verurteilung und Inhaftierung. Das „Verbrechen“ vieler von der Bundesregierung später freigekaufter „politischer Häftlinge“ bestand allein darin, dass sie einen Antrag auf Ausreise aus der DDR gestellt hatten.

Lange Zeit versuchten die DDR-Behörden, die Ausreise von Bürgern zu verzögern. 1984 erlag das Politbüro dann der törichten Hoffnung, das Problem „ein für alle Mal“ lösen zu können, indem es innerhalb weniger Wochen 34.982 Menschen in die Bundesrepublik ausreisen

» Anders als in der ČSSR („Charta 77“) oder der Sowjetunion kam es in der DDR nicht zur Gründung politischer Oppositionsgruppen, die ihre Existenz direkt von Helsinki herleiteten. Gleichwohl war die KSZE-Schlussakte für viele politisch Unzufriedene in der DDR von zentraler Bedeutung. Anders als diejenigen, die einen Antrag auf Ausreise stellten, bezogen sich die späteren Bürgerrechtler jedoch stärker auf die darin enthaltenen Rechte auf „freie Meinungsäußerung“ und „Pressefreiheit“ als allein auf das Reiserecht.

ließ. Doch dies brachte wenig Erfolg. Jährlich stellten seitdem „bis 50.000 Menschen Anträge, 1987 waren es schon 100.000 (...). Die große Zahl der Antragsteller wurde zu einem sozialen Problem“, denn „der Ausreiseantrag war stets eine Totalabsage an die DDR und eine Option für die demokratische Bundesrepublik“ (Neubert 2008, S. 52). Auch in den Jahren nach 1984 musste die Partei- und Staatsführung daher widerwillig der Ausreise von jeweils ca. 20.000 Menschen zustimmen, um den Druck im Innern der DDR nicht übermächtig werden zu lassen. Im Jahr vor dem Mauerfall waren es bereits wieder 29.033 Personen, parallel dazu wuchsen auch die Zahlen der Flüchtlinge, die zumeist über die damalige ČSSR oder Ungarn flohen.

Auch die Lockerung der „Reisebestimmungen für Privatpersonen in das kapitalistische Ausland“ ab Mitte der 1980er Jahre brachte keine innenpolitische Entspannung. Die Entscheidung, ob jemand zu seinen Verwandten im Westen reisen durfte, wurde von den lokalen Behörden oft sehr willkürlich gehandhabt. Als Folge entstand neuer Unmut in der Bevölkerung, für die es keine einsehbaren Regeln hinsichtlich der Genehmigung eines Reiseantrages gab. Ablehnungen mussten den Betroffenen gegenüber nicht begründet werden. Ständig stand nun die Frage im Raum: „Warum kann dieser und jener fahren, nur ich nicht?“ Aber auch jene, die schließlich ausreisen durften, fühlten sich – durch die Art und Weise, wie die Behörden mit ihnen umgingen – oft gede-

I. ANTRAG AUF STÄNDIGE AUSREISE

Eine ehemalige Sachbearbeiterin für Ausreiseanträge berichtet:

1984 bekam ich ein Angebot von dem Stellvertreter für Inneres, der eine Mitarbeiterin benötigte, die sich mit Eheschließungen zwischen DDR-Bürgern und Ausländern beschäftigt. Bundesrepublik war natürlich Ausland. (...)

An jedem Donnerstag tagte eine Arbeitsgruppe, und für die Sitzung dieser Gruppe mussten von mir die Entscheidungsvorschläge vorbereitet werden. Zu dieser Arbeitsgruppe gehörten der Abteilungsleiter für Genehmigungen, ein Leiter der Meldestelle der Volkspolizei, ein Leiter der Kriminalpolizei und ein Vertreter der Staatssicherheit. Dieser legte immer viel Wert darauf, dass er nicht „Mitglied“ in dieser Arbeitsgruppe war, sondern nur ein „Außenstehender“. Der Bürger, der zur Sprechstunde auftrat, wusste natürlich nichts von dieser Arbeitsgruppe. Ich war sein Ansprechpartner. Nur wenn der Bürger mit mir nicht einverstanden war (...) hat er den Abteilungsleiter zu Gesicht bekommen. In der Sprechstunde habe ich aufgenommen: Wann haben Sie sich kennengelernt? Wo? Wie oft haben Sie sich getroffen? Man musste nachweisen, wie oft die Zusammenkünfte tatsächlich stattfanden. Es ging dabei zuerst nur um die Genehmigung, einen Antrag stellen zu dürfen. (...) Dadurch gab es laut Statistik kaum abgelehnte Anträge. Es gab nur „nicht erteilte Genehmigungen“. (...) Natürlich habe ich auch manchmal negativ entschieden. Wenn ich gemerkt habe, dass der Partner über die Botschaft seine Ausreise in den Westen erzwungen hat und dann versuchte, seine Frau nachzuholen. (...) Wenn die Antragstellerin äußerte, dass sich ihr Mann in der Bundesrepublik an öffentliche Einrichtungen gewendet hatte oder an die Medien, dann wurde das als Besonderheit behandelt. In diesem Fall habe ich immer versucht, mit der Frau zu sprechen, damit sie ihren Partner davon abhält. Wenn sie aber hartnäckig blieb, wurde die Sache ganz schnell bearbeitet. (...)

Über diese Informationen hinaus hatte die Arbeitsgruppe natürlich die Ermittlungsberichte der Volkspolizei. Da wurde im Wohnhaus die Rentnerin befragt, wann er oder sie nach Hause kommt, wer zu Besuch ist und so weiter. (...) Die Ermittlungen, die die Staatssicherheit durchführte, habe ich nicht zu Gesicht bekommen. Die kamen nur (...) während der Beratungen zur Sprache. Bei einer Ablehnung des Antrages wurde das Ablehnungsgespräch immer vom Abteilungsleiter geführt. Ich habe nur dabeigesessen. Aber selbst das war oft schlimm. (...) Inzwischen hatte das Problem solche Dimensionen angenommen, dass zu jeder Person eine „Rückgewinnungskonzeption“ erarbeitet werden musste. (...) Wir mussten allen Problemen, die im Zusammenhang mit diesem Ausreiseantrag formuliert wurden, nachgehen. Ob das Wohnungsprobleme waren oder Arbeitsprobleme (...). Aber die Erfolgsrate war trotzdem fast Null. Die Leute lebten in Gedanken schon in diesem anderen Land.

In: Olaf Georg Klein: Plötzlich war alles ganz anders. Deutsche Lebenswege im Umbruch. Köln 1994, S. 46 f. © by Verlag Kiepenheuer & Witsch, Köln

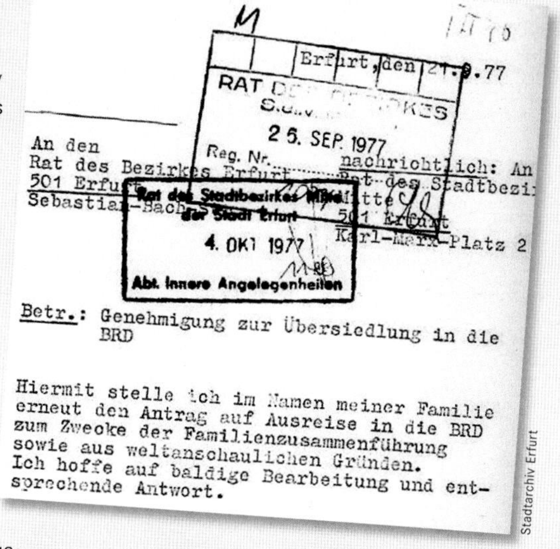
Erfurt, den 21.9.77

RAT DES BEZIRKES
25. SEP. 1977
Reg. Nr.

An den
Rat des Bezirkes Erfurt
501 Erfurt
Sebastian-Bach-Str.

nachrichtlich: An
Rat des Stadtbezirkes Mitte
501 Erfurt
Karl-Marx-Platz 2

Rat des Stadtbezirkes Mitte der Stadt Erfurt
4. OKT 1977
Abt. Innere Angelegenheiten

Betr.: Genehmigung zur Übersiedlung in die BRD

Hiermit stelle ich im Namen meiner Familie erneut den Antrag auf Ausreise in die BRD zum Zwecke der Familienzusammenführung sowie aus weltanschaulichen Gründen. Ich hoffe auf baldige Bearbeitung und entsprechende Antwort.

Stadtarchiv Erfurt

Ausreiseantrag eines DDR-Bürgers vom 21. September 1977.

Jochen Ehmke

< Familie R., Ende August 1989, einen Tag vor der Ausreise nach zwei Jahren Wartezeit.

II. „WIR WOLLTEN NUR RAUS“

Die junge Familie Uszkoreit verließ nach zweijähriger Wartezeit im Sommer 1989 legal die DDR:

Warum wir uns zur Ausreise entschlossen haben? So viele Gründe, wichtige und unwichtige, kleine und große (...) zum einen die sture Ablehnung all unserer Reiseanträge aus „familiären Gründen“ zu Vater und Bruder. Diese hatten die DDR schon verlassen. (...) Zum anderen war es der Gedanke „Das soll es nun gewesen sein?“ Wir hatten unsere Arbeit - gut -, sie machte uns Spaß - sehr gut -, wir hatten eine gute Wohnung in einer scheußlichen Berliner Gegend - befriedigend -, wir hatten viele Freunde (darunter viele gute), und wir hatten eine (Kirch-) Gemeinde, in der wir uns wohl fühlten. Aber wie weiter? Das hätten wir auch in 10, 20, 30 Jahren noch genauso gehabt - ohne Veränderungen und Entwicklungen, die etwas wirklich Neues in unser Leben bringen würden.

Sind wir ehrlich, auch materielle Gedanken haben uns bewegt. Trotz und wegen der Geschenke unserer Verwandten waren wir nicht zufrieden. Wie kann man das auch, wenn man trotz Lehre, Studium und 48-Stunden-Woche viele Dinge nur durch eine wohlmeinende „Westverwandtschaft“ besitzt. Und ein ganzes Leben ständig dankbar sein müssen, obwohl man bestimmt nicht weniger arbeitet? (...) Wir waren artige Mitläufer, die draußen mittrabten und drinnen meckerten.

Erst in den zwei Jahren des Wartens nach dem Schreiben des Ausreiseantrages erlebten wir kleine und große Kostproben eines erschreckenden Apparates. Wir begannen damals „mutig“, die Zusammenkünfte der Gruppen in den Kirchen zu besuchen, die etwas aufdecken und ändern wollten. (...) Der Besuch solcher Zusammenkünfte hatte ja die Ausreise bei vielen beschleunigt. Die erschreckenden Informationen über Umweltschäden, Städteverfall, Gesundheits(un)wesen u. v. a. m., die wir durch die engagierten Leute und Gruppen dort bekamen, konnten unsere Entscheidung aber nur festigen, obwohl wir doch oft dachten, man müsste etwas tun. Das war zu diesem Zeitpunkt für uns aber kein Grund zum Bleiben mehr. Wir wollten nur raus.

In: Jörg Swoboda: Die Revolution der Kerzen. Christen in der Umwälzung der DDR. Wuppertal und Kassel 1992 (Oncken Verlag), S. 112 ff.

mütigt. Dass sie als „Bittsteller“ behandelt wurden, wenn sie Rechte in Anspruch nehmen wollten, die ihnen eigentlich zustanden, empörte viele DDR- Bürger heftig. Hinzu kam, dass man die Bestätigung oder Ablehnung eines Antrages oft erst wenige Stunden vor Abfahrt des Zuges erfuhr. Hier „spielten“ Behördenvertreter Schicksal, die wiederum als Staatsdiener selbst keine verwandtschaftlichen Kontakte in den Westen haben durften. Auch mit den neuen Reisebestimmungen wurden Frustrationen daher keineswegs abgebaut.

Eine Folge davon war, dass die Zahl der Antragsteller nicht abriss. Und es waren nicht die „Schlechtesten“, die sich zum Gehen entschlossen. „Es waren eben gerade wirtschaftlich sehr leistungsorientierte Personen, es waren auch politisch aktive Personen. Die politische Opposition wurde sicherlich des Öfteren sehr geschwächt durch die Ausreisen. Aber auf der anderen Seite war offensichtlich das, was die ausreisenden Übersiedler hinterließen an Eindrücken, an schmerzlichen Verlusten, ein andauernder Stachel im Fleisch der DDR“ (Hilmer 1995, S. 329). Die Mehrzahl der Übersiedler waren Männer (ca. 60 Prozent). Und sie waren jung. Der Anteil der Übersiedler unter 40 Jahren betrug 78 Prozent. Sie verfügten über eine gute schulische Ausbildung. Ein Viertel hatte das Abitur, ca. 90 Prozent eine abgeschlossene Berufsausbildung (vgl. Materialien der Enquete-Kommission 1995, VII/1, S. 430 f.). Die Lücken, die ihr Weggang riss, konnten kaum mehr geschlossen werden.

Hinzu kam, dass die Nachrichten von ausgereisten Verwandten und Freunden, die in der Bundesrepublik Fuß gefasst hatten, sowie das eigene (kurzzeitige) Erleben des „Westens“ bei Besuchen anlässlich von Familienfeiern bei immer mehr DDR-Bürgern den Wunsch reifen ließen, dem Land ein für alle Mal den Rücken zu kehren. Diese Entwicklung fiel zudem in eine Periode, in der der wirtschaftliche und moralische Niedergang der DDR für ihre Bevölkerung immer sichtbarer wurde: „Es ist seltsam, aber mir ist erst in den letzten Jahren mit Entsetzen aufgefallen, wie fürchterlich die Bausubstanz hier ist. Ich bin offensichtlich lange Zeit halbblind durch die Gegend gelaufen. Mir ist erst spät aufgefallen, dass zum Beispiel in Leipzig – oberhalb der Ladenzone – viele Häuser fast nur noch Ruinen sind. Das ist mir eigentlich erst nach meiner ersten Westreise so richtig ins Bewusstsein gekommen (...) Aber das ging ja nicht nur mir so, deshalb haben sie uns alle ja auch nicht reisen lassen“ (zitiert nach Lindner/Grüneberger 1992, S. 266).

Die Stillstandszeiten in der Produktion mehrten sich, die Versorgungslücken in Industrie und Handel wurden größer, der Verfall der Städte und Gemeinden nahm rapide zu, und die leeren Worthülsen der SED-Propaganda wurden angesichts der Verweigerung von Reformen immer unerträglicher. Schon ab Mitte der 1980er Jahre war es zu vereinzelten Versuchen von Bürgern der DDR gekommen, über eine Besetzung der Ständigen Vertretung (StäV) der Bundesrepublik Deutschland in Ostberlin ihre Ausreise zu erzwingen – und dies durchaus mit (indirektem) Erfolg, wurde doch den meisten der Zufluchtsuchenden nach dem Verlassen der Ständigen Vertretung in einem verkürzten Verfahren die Ausreise genehmigt. Dagegen war es bis 1989 nur vereinzelt zu Besetzungen bundesdeutscher Botschaften im sozialistischen Ausland gekommen. Zu strikt waren die diesbezüglichen Absprachen zwischen den „Bruderländern“ bis dahin eingehalten worden. Missglückte Fluchtversuche über Ungarn oder die damalige ČSSR endeten zwangsläufig in einem DDR-Gefängnis und nicht im Westen.

Nun, im Sommer 1989, zeichnete sich zumindest in Ungarn eine Wende ab. Zwar zog die ungarische Regierung – nach begonnenem Abbau der Sicherungsanlagen zu Österreich – nicht auch noch die Wachposten von der Grenze ab. Dennoch drangen über die Sender der Bundesrepublik immer häufiger Nachrichten von geglückten Fluchtversuchen in die DDR. Der Ansturm auf Visa für die „Volksrepublik Ungarn“ war noch nie so stark wie in jenem Sommer. Viele „Urlauber“ machten sich schon mit dem festen Vorsatz, nicht wieder in die DDR zurückkehren zu wollen, per Bahn, Flugzeug oder PKW auf den Weg nach Ungarn. Andere wiederum ließen sich erst vor Ort von dem „Westfieber“ ihrer Landsleute anstecken und entschlossen sich kurzfristig zur Flucht. Für nicht wenige von ihnen waren die Erlebnisse dieser Wochen und Monate – der nachgewiesene Wahlbetrug, die Zustimmung der DDR-Führung zum Massaker von Peking sowie der rasch fortschreitende wirtschaftliche Verfall des Landes – letzte Anstöße für ihre Entscheidung. Im ersten Halbjahr 1989 (bis 30. Juni) verließen ca. 46.000 Bürgerinnen und Bürger per Übersiedlung oder Flucht die DDR.

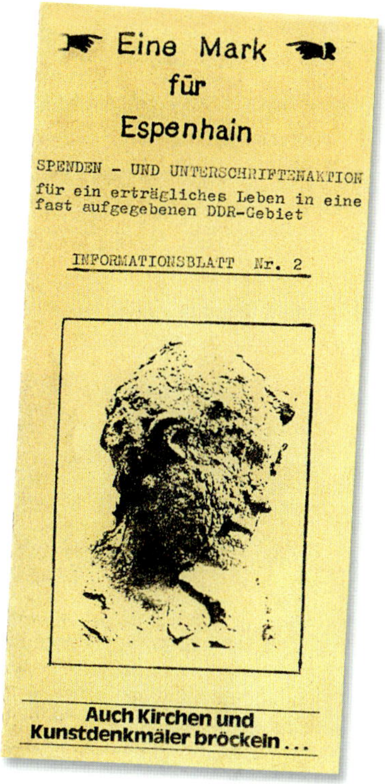
Eine Mark für Espenhain

SPENDEN - UND UNTERSCHRIFTENAKTION
für ein erträgliches Leben in eine fast aufgegebenen DDR-Gebiet

INFORMATIONSBLATT Nr. 2

Auch Kirchen und Kunstdenkmäler bröckeln ...

HdG/ZFL

Das Christliche Umweltseminar Rötha, südlich von Leipzig, wirbt seit 1988 mit diesem Aufruf DDR-weit Spenden für die Sanierung der desolaten Braunkohlen-Schwelerei in Espehain ein. Über 80.000 Menschen unterstützen ihn.

Brikettfabrik in Bitterfeld 1989: Auf die Umwelt wurde in der DDR von Politik und Wirtschaft kaum Rücksicht genommen.

Michael Kurt

Anfang Mai 1989 begann der Abbau der Grenzzäune zwischen Ungarn und Österreich. In einem nachholenden symbolischen Akt durchschneiden deren Außenminister Gyula Horn (r.) und Alois Moick (l.) am 27. Juni 1989 ein eigens dafür errichtetes Grenzzaunfeld.

Jürgens Ost + Europa Photo

Doch nicht jede Flucht gelang. Zwar wurden die an der ungarisch-österreichischen Grenze Gefassten nicht mehr direkt an die DDR ausgeliefert; dennoch hatten viele von ihnen Angst vor einer Rückkehr dorthin. Fest entschlossen zu gehen, sahen sie nur noch in der Deutschen Botschaft in Budapest eine Chance für sich. Anfang August hatten schon über 150 Bürger auf dem Botschaftsgelände Zuflucht gesucht. Es war vollkommen überfüllt, die hygienischen Bedingungen waren sehr schwierig. Ein Außenlager in Zubliget musste eingerichtet werden.

Andere DDR-Bürger, denen von den heimischen Behörden ein Visum für Ungarn verweigert worden war, suchten verzweifelt in der Ständigen Vertretung der Bundesrepublik Deutschland in Ostberlin oder in den Botschaften in Prag und Warschau[1] Zuflucht. Auch diese diplomatischen Einrichtungen mussten bald wegen Überfüllung geschlossen werden.

Als am 19. August 1989 während einer ungarisch-österreichischen Veranstaltung in Grenznähe („Pan-Europäisches Picknick") mehreren hundert DDR-Bürgern die Flucht gelang und wenige Tage später das Rote Kreuz mit Duldung der ungarischen Regierung weiteren 108 Bürgern den Grenzübertritt ermöglichen konnte, brachen alle Dämme. Aus der ČSSR kommend, überschritten viele DDR-Bürger illegal die Grenze zu Ungarn, was an der Donau nicht ungefährlich ist. Die Öffnung der Schlagbäume an der Grenze zu Österreich am 11. September war eine folgerichtige Entscheidung der ungarischen Regierung. Nun rollten Tausende PKW der Marken „Trabant" und „Wartburg" gen Westen. Innerhalb von drei Tagen kamen 15.000 DDR-Bürger in die Bundesrepublik. Ihr Jubel war grenzenlos, wie auch der jener 6.000 Flüchtlinge, die bis Ende September 1989 in der völlig überfüllten Botschaft der Bundesrepublik in Prag ausgeharrt hatten, als Bundesaußenminister Hans-Dietrich Genscher ihnen ihre Ausreise verkündete.

III. VISUM FÜR UNGARN

Im August '89 beantragte ich ein Visum für Ungarn. (...) Eisige Kälte umgab mich, als ich die Dienststelle betrat, in der schon viele den Weg in die Freiheit beantragt hatten. Ich hatte die Nachrichten gehört, die Berichte vom Lager Zubliget und davon, was Menschen auf sich nahmen für das gefährliche „Abenteuer", ihren Weg in ein freies Land. Würde ich das Visum noch erhalten? Drei Wochen bangte ich um die Genehmigung. (...) Täglich neue Berichte über „Kriminelle" und „Asoziale", wie sie bezeichnet wurden, die in Scharen westwärts strömten. Dann hatte auch ich das Visum.

Die Maschine bewegte sich langsam über die Rollbahn. Gespannte Stille in der Kabine. (...) Wir waren in der Luft. Über den Wolken der Freiheit entgegen. Der Pilot gab die Position durch. Wir waren über Prag. Ein hörbares Aufatmen ging durch die Maschine. Irgendwo knallten Sektkorken. Landung. (...) Ein Zöllner wies mir den Weg zum Ausgang: „Nach Passau: gehen Sie bitte dort!" In der Flughafenhalle drängte mir eine Menschenmenge entgegen. Menschen hielten mir Bilder in bereits grünen Pässen entgegen, fragten: „Haben Sie meinen Mann gesehen?", „Meine Mutter wollte die Kinder bringen, waren sie in der Maschine?", „Ich warte auf meine Frau, hat man jemanden aus dem Flugzeug geholt?", „Wann kommt die nächste Maschine?" Ich sah, wie sich Menschen weinend umarmten, Tränen der Erleichterung, der Verzweiflung. (...) Ungarn sprachen mich an: „Wünschen Sie ein Taxi in die Freiheit? Für 5.000 Forint fahren wir bis zur Grenze." (...)

Petra Oberländer: Blumen für Deutschland, in: „Denk ich an Deutschland ..." Menschen erzählen von ihren Hoffnungen und Ängsten. Hamburg 1991 (Luchterhand Literaturverlag), S. 10 f.

1 Die Einreise in die ČSSR (und anfangs auch Polen) war für DDR-Bürger seit Anfang der 1970er Jahre visafrei. Nach der Ausrufung des Kriegsrechtes 1981 in Polen benötigten sie für eine Reise dorthin eine persönliche Einladung.

Der zu Hause gebliebene Teil der DDR-Bevölkerung nahm dagegen jede Meldung über geglückte Massenfluchten mit zwiespältigen Gefühlen auf. Trauer und Lähmung machten sich breit, wagten doch vor allem die Jüngeren über Ungarn oder die Botschaften von Prag, Warschau und Ostberlin den Absprung in den Westen. So konnte der Thüringer Pfarrer Peter Tanz „den Freudenschrei der Menschen vor dem Balkon der Prager Botschaft“ zwar „gut verstehen. Ein Traum ging für sie in Erfüllung. Ich dagegen, vor dem Fernseher, hatte das Gefühl, allein gelassen zu werden. Sie wurden doch hier gebraucht“ (in: Schönfelder 2009, S. 128). Viele der Funktionäre – wie der damalige Chefredakteur des FDJ-Zeitung „Junge Welt“, Hans-Dieter Schütt – realisierten erst viel später wirklich, was da geschah. Im Herbst 1989 erschienen ihnen die Botschaftsbesetzer schlicht als „Verräter“: „Ich sah und hörte nicht, dass es dort im Grunde auch um mich ging. Dieser Schrei, der Genschers Worte unterbrach, der schrie auch mich weg von der Bildfläche“ (ebd., S. 92).

ullstein bild

^ Rund 6.000 Flüchtlinge aus der DDR warten Ende September 1990 in der bundesdeutschen Botschaft in Prag auf ihre Ausreise in den Westen.

90 Prozent der Botschaftsbesetzer waren unter 40 Jahre alt. Die Distanzierte Jugendgeneration der 1980er Jahre war nicht mehr heimisch geworden in der DDR.[2] Ideell kaum im System verankert, waren diese jungen Menschen immer weniger zu Kompromissen bereit. Wenn sie erst einmal den Entschluss gefasst hatten, die DDR gemeinsam mit ihren jungen Familien zu verlassen, mussten sie kaum noch emotionale Bindungen an ihr „Heimatland“ abstreifen. Bohrender dagegen war die Frage: Wann sehe ich meine Eltern, Freunde und Verwandten wieder? An ein nahes Ende der DDR wagten, trotz all der Krisenzeichen, zu diesem Zeitpunkt nur wenige zu glauben.

Das Land blutete langsam aus. Eltern sahen ihre Kinder gen Westen ziehen. Und die SED-Führung schwieg. Honecker, seit Wochen krank, war nicht regierungsfähig. Seine Vertreter steckten die Köpfe in den Sand oder ließen unsinnige Gräuelgeschichten von einem narkotisierten MITROPA-Kellner verbreiten, der angeblich gegen seinen Willen in den Westen verschleppt worden war („Neues Deutschland“ vom 21. September 1989). Das heizte die Stimmung in der Bevölkerung zusätzlich an.

Nicht wenige entschlossen sich unter diesem Druck ebenfalls zum Kofferpacken. Andere aber, die schon länger auf eine Reformierung der DDR hingearbeitet hatten, meldeten sich nun öffentlich zu Wort. Es war kein Zufall, dass der Beginn der Massenflucht und das Bekanntmachen der Programme verschiedener Gruppierungen der Bürgerbewegung zeitlich zusammenfielen. Den Anfang machten die „Initiativgruppe zur Gründung einer sozialdemokratischen Partei in der DDR“ sowie die dem linken Spektrum zugehörige „Böhlener Plattform“. Einige Wochen später traten nahezu zeitgleich

2 Unter dem Begriff der Distanzierten Jugendlichen werden die zwischen 1961 und 1975 Geborenen gefasst, die von Mitte der 1970er Jahre bis zum Ende der DDR ins Jugendalter hineingewachsen sind. Für sie stellte der schmale Wohlstand der DDR keine historische Errungenschaft mehr dar, sondern etwas Vorgefundenes und von ihnen selbstverständlich in Anspruch Genommenes. Dadurch vermochten sie dessen Brüchigkeit auch eher zu erkennen und den dafür zu entrichtenden Preis an politischer Anpassung infrage zu stellen als ihre Eltern und ihre Vorgängergeneration. Vgl. dazu Bernd Lindner: „Bau auf, Freie Deutsche Jugend“ – und was dann? Kriterien für ein Modell der Jugendgenerationen der DDR. In: Jürgen Reulecke (Hrsg.): Generationalität und Lebensgeschichte im 20. Jahrhundert. München 2003 (Oldenbourg Wissenschaftsverlag), S. 187–215.

ullstein bild

^ Am Morgen des 1. Oktober treffen die ersten Züge mit Botschaftsbesetzern aus Prag im bayrischen Hof ein und werden dort jubelnd empfangen.

> Aufkleber, entworfen von Armin Forbrig und Ilona Langer, wurden ab November 1989 in Karl-Marx-Stadt auf Demonstrationen verkauft.

das „Neue Forum" und „Demokratie Jetzt" mit ihren Aufrufen an die Öffentlichkeit. In diesen zahlenmäßig noch kleinen Gruppen hatte sich das Bewusstsein durchgesetzt, dass es höchste Zeit war, zu handeln. Die Massenflucht von Bürgern aus der DDR im Sommer 1989 war also ein entscheidender Anstoß für die weitere Entwicklung im Land selbst. Der „heiße Herbst" in der DDR begann außerhalb ihrer Grenzen. Dennoch ist er ohne das oppositionelle Echo darauf in der DDR nicht denkbar.

Bis heute hält die Diskussion um den Stellenwert der „Ausreißer und Antragsteller" (Hofmann/Rink 1990, S. 114) für die Ereignisse des Herbstes 1989 in der DDR an. Sie waren keineswegs „zuerst auf der Straße" (ebd.), wie allein die hier bereits beschriebenen Protestaktionen von Bürgerrechtlern in den Monaten und Jahren zuvor belegen. Doch waren auch die Ausreiseantragsteller zunehmend untereinander vernetzt und partiell zu organisierten Aktionen bereit, um ihre Ausreise aus der DDR zu beschleunigen oder gar zu erzwingen.[1]

Damit wurden sie zu einem „Ferment des Gärungsprozesses" (ebd.), waren es beileibe aber nicht allein; und schon gar nicht waren sie die „Auslöser der Revolution" (Richter 2009, S. 158). Sicher gab es „eine Massenflucht wie aus der DDR (...) sonst in keinem Ostblockstaat" (ebd., S. 161), die zudem – anders als bei Exilanten aus Polen, Ungarn oder der Sowjetunion – mehrheitlich ein klares Ziel, die Bundesrepublik Deutschland, hatte. Doch mündete die Massenflucht von DDR-Bürgern gen Westen im Sommer und Herbst 1989 nicht direkt und unmittelbar in die reformorientierten Massendemonstrationen im September und Oktober, auch wenn sie selbstverständlich „wesentlich zum Niedergang der DDR" beitrug (Eckert 2007, S. 96). Doch die Ausgereisten waren erst einmal weg und damit keine Aktivposten mehr unmittelbar vor Ort. Entscheidend für den Fortgang der Entwicklung war die Befindlichkeit der „Dagebliebenen". So geschockt viele von ihnen durch den massenhaften, oftmals mehr spontanen als lang geplanten Weggang der eigenen Kinder wie auch von Verwandten und nahen Freunden waren, eine inhaltliche Zielrichtung bekam ihre wachsende Empörung gegenüber Staat und Partei erst durch die Programme der sich nun verstärkt auch überregional formierenden Bürgerrechtsbewegung(en) in der DDR. Sicher standen auch diese unter dem Druck der Ereignisse. Doch war ihre fundierte Kritik am politischen System der DDR bereits über Jahre gereift und von daher am ehesten geeignet, dem in der Bevölkerung angestauten, eruptiven Unmut in den folgenden Wochen – bis zum Fall der Mauer am 9. November 1989 – (vorerst) eine Richtung zu geben.

IV. „MUTTI, HIER IST JOCHEN. ICH BIN IN PASSAU ..."

Fest in die Erinnerung eingeprägt hat sich mir jener Septembermorgen, als meine Kollegin völlig verstört vor mir [im Lehrerzimmer – B. L.] stand, kaum fähig, mein „Guten Morgen" zu erwidern. Auf meinen fragenden Blick hin brach es aus ihr heraus: „Jochen ist weg ...!" Mehr zu sagen war sie außerstande. Ihr Körper wurde von Verzweiflung geschüttelt. (...) Ihr Sohn war mit seinem Freund nach Ungarn gefahren und von dort über Wien in die BRD gelangt. Ahnungslos hatte seine Mutter nachts das unermüdlich klingelnde Telefon abgenommen und kaum begreifen können, was sie hörte: „Mutti, hier ist Jochen. Ich bin in Passau, mir geht es gut ..."

Warum? Hatte man dieser Jugend nicht ein ganzes Kindergarten- und Schulleben hindurch klargemacht, dass hinter der Grenze der böse Imperialist lauert, der größte Feind eines friedliebenden Menschen? Freiwillig strömten nun diese marxistisch-leninistisch erzogenen – um nicht zu sagen gedrillten – Jugendlichen dem Feind in die Arme. Warum? Tausendfach sollte diese Frage in den nächsten Wochen und Monaten noch gestellt werden.

Barbara Flade: Im Lehrerzimmer, in: „Denk ich an Deutschland ..." Menschen erzählen von ihren Hoffnungen und Ängsten. Hamburg 1991 (Luchterhand Literaturverlag), S. 23.

[1] Die Antragsteller versuchten anfangs durch weiße Schleifen an ihren Autoantennen Kontakt zu Gleichgesinnten aufzubauen. Von der Stasi verfolgt, kommunizierten sie später in der Öffentlichkeit durch das Summen einschlägiger Melodien (z. B. von Westernhagens Titel „Freiheit") miteinander. In Leipzig nutzten sie die Anwesenheit westlicher Medien während der Frühjahrs- und Herbstmesse, um gezielt auf ihre Situation aufmerksam zu machen. Nach dem Friedensgebet zogen sie in kleinen Gruppen durch die Innenstadt. Wagten dies 1987 nur wenige Mutige, machten sich am 13. März 1989 bereits ca. 300 Ausreisewillige öffentlich Luft.

CHRONIK

2. MAI – 9. NOVEMBER 1989

FLUCHTWELLE AUS DER DDR 2. MAI – 9. NOVEMBER 1989[2]

2. Mai 1989: Die ungarische Regierung beginnt mit dem Abbau des Grenzzaunes zu Österreich und löst damit die Fluchtwelle von DDR-Bürgern über Ungarn in den Westen aus.

ab 15. Juli: Erste DDR-Flüchtlinge halten sich in den Botschaften der Bundesrepublik Deutschland in Budapest und Prag bzw. in der StäV in Ostberlin auf.

8. August: Die StäV wird wegen des Ansturms von Ausreisewilligen (über 100) geschlossen.

13. August: Die bundesdeutsche Botschaft in Budapest muss ebenfalls wegen Überfüllung (181 Flüchtlinge) schließen.

19. August: Während des „Pan-Europäischen Picknicks“ an der ungarisch-österreichischen Grenze fliehen mehrere hundert DDR-Bürger nach Österreich.

22. August: Die bundesdeutsche Botschaft in Prag wird wegen Überfüllung (140 Flüchtlinge) geschlossen.

24. August: Mit Duldung der ungarischen Regierung und Hilfe des Roten Kreuzes können 108 der Botschaftsbesetzer aus Budapest über Wien in die Bundesrepublik ausreisen. Im August gelangen rund 3.000 DDR-Bürger über die „grüne Grenze“ in den Westen.

8. September: Alle 117 DDR-Bürger verlassen die StäV ohne ausdrückliche Zusicherung einer Ausreise; es wird ihnen aber Anwaltshilfe in Aussicht gestellt.

11. September: Ungarn öffnet die Schlagbäume an der Grenze zu Österreich. Innerhalb von drei Tagen gelangen 15.000 DDR-Bürger in die Bundesrepublik.

12. September: 250 von 400 DDR-Bürgern verlassen die Botschaft in Prag und treten die Rückreise in die DDR an, nachdem ihnen Straffreiheit und Anwaltshilfe zur Ausreise zugesagt wurden.

18. September: Die Zahl der Ausreisewilligen in der Prager Botschaft steigt erneut auf rund 400. In Warschau sind es bereits 100.

19. September: Die Botschaft in Warschau muss ebenfalls für den Publikumsverkehr geschlossen werden.

23. September: Die DDR nimmt bezüglich der Botschaftsflüchtlinge direkten Kontakt mit der Bundesregierung auf.

26. September: Etwa 200 von 1.200 Prager Botschaftsbesetzern kehren unter Zusagen in die DDR zurück. Die Zurückgebliebenen fordern eine direkte Ausreise in die Bundesrepublik.

HdG/ZFL – A. Forbrig/I. Langer

27. September: Bundesaußenminister Hans-Dietrich Genscher erreicht in Verhandlungen mit der UdSSR und der DDR die Ausreise der Flüchtlinge in Prag und Warschau.

30. September: Genscher verkündet in Prag die Ausreiseerlaubnis für die etwa 6.000 Botschaftsflüchtlinge. Dies gilt auch für die 600 DDR-Bürger in der Warschauer Botschaft. Sie alle müssen in Sonderzügen über das Territorium der DDR ausreisen, damit deren Regierung dies offiziell als „Ausweisung“ deklarieren kann.

3. Oktober: Die DDR und die ČSSR setzen den pass- und visafreien Reiseverkehr zwischen beiden Staaten aus. Mehrere tausend Botschaftsbesetzer dürfen jedoch noch über DDR-Gebiet ausreisen.

4. Oktober: Die 2. Massenausreise aus Prag beginnt mit Verspätung, weil Menschen in der DDR Gleise und Bahnhöfe besetzt halten, um auf die Flüchtlingszüge aufspringen zu können. Am Hauptbahnhof Dresden kommt es zu gewalttätigen Auseinandersetzungen zwischen mehr als 3.000 Demonstranten und Sicherheitskräften.

5. Oktober: 633 Zufluchtsuchende aus der Botschaft in Warschau werden mit einem Sonderzug der DDR-Reichsbahn nach Hannover gebracht.

17. Oktober: Eine Sondermaschine der polnischen Fluggesellschaft bringt weitere 125 Flüchtlinge nach Düsseldorf.

20. Oktober: Eine 2. Sondermaschine aus Warschau trifft in der Bundesrepublik Deutschland ein. Die Zahl der Flüchtlinge in der Warschauer Botschaft steigt auf über 1.700. In der Botschaft in Prag sind es erneut 70.

1. November: Die Visumpflicht der DDR-Bürger für die ČSSR wird wieder aufgehoben. Erneut wollen Tausende über die bundesdeutsche Botschaft ausreisen.

3. November: Die DDR gestattet eine direkte Ausreise der etwa 4.500 DDR-Bürger von Prag in die Bundesrepublik.

5. November: Rund 15.000 DDR-Bürger gelangen innerhalb von zwei Tagen über die ČSSR in die Bundesrepublik.

9. November: Das Bundesinnenministerium gibt bekannt, dass 1989 bisher 225.233 Übersiedler aus der DDR in die Bundesrepublik gekommen sind, davon 48.177 seit der Öffnung der Grenze zur ČSSR am 3. November.

Nach: Der Fischer Weltalmanach – Sonderband DDR. Frankfurt/Main 1990 (Fischer Taschenbuchverlag), S. 137 f.

[2] Seit dem Mauerbau 1961 bis Ende 1988 haben insgesamt 616.066 Menschen die DDR in Richtung Bundesrepublik verlassen. 62,1 Prozent siedelten mittels Ausreiseantrag über, 4,8 Prozent waren freigekaufte Häftlinge, 26,6 Prozent flüchteten über andere Länder und 6,5 Prozent überwanden die innerdeutsche Grenze zur Bundesrepublik oder Westberlin.

Auf der Leipziger Montagsdemonstration vom 30. Oktober 1989 wenden sich
Forums“ mit Megafonen an die Demonstranten, Rundfunk und Presse stehen

„Die Stunde der Bürgerbewegung“

Die Opposition formiert sich

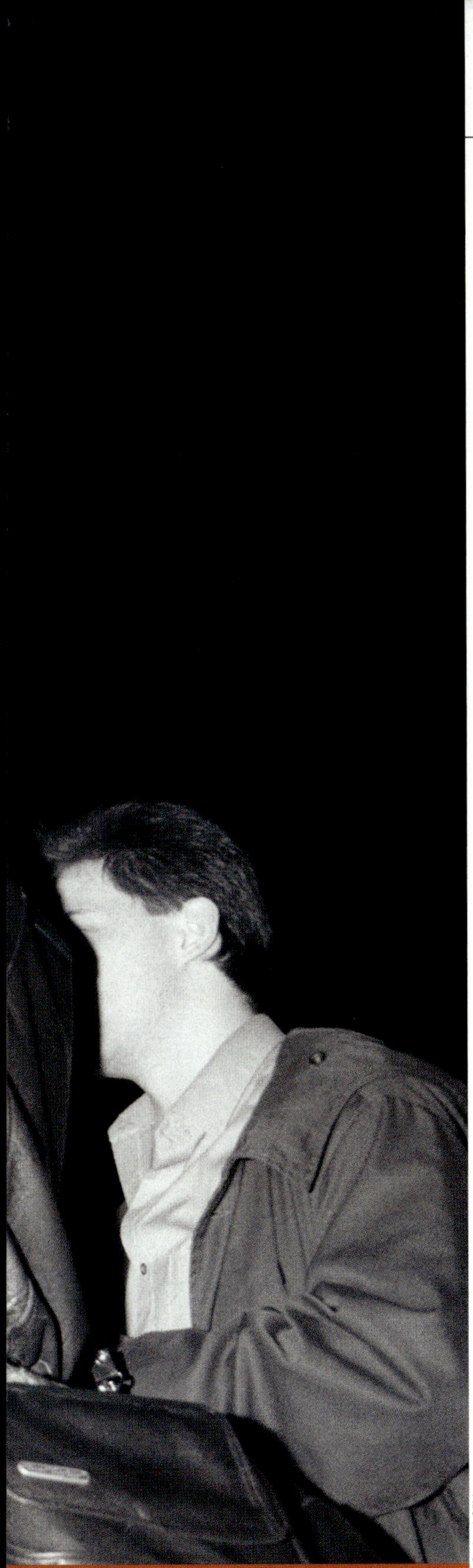
Gerhard Gäbler

Mitglieder des „Neuen

nicht zur Verfügung.

Am 24. Juli 1989 verfassten die evangelischen Theologen Martin Gutzeit und Markus Meckel einen Aufruf, der die Bildung einer Sozialdemokratischen Partei in der DDR (SDP) zum Ziel hatte. Noch musste der Umweg über eine Initiativgruppe gewählt werden, weil die Bildung einer neuen Partei, wie sie damals feststellten, „zur Zeit legal nicht möglich ist“ (Gutzeit/Meckel 1994, S. 367). Doch meinte ihr Aufruf letztlich mehr als nur die Gründung einer Partei. Ziel war „eine ökologisch orientierte soziale Demokratie“ (ebd.). Dafür bedurfte es jedoch eines grundlegenden Demokratisierungsprozesses der DDR-Gesellschaft sowie vieler „Bürger, die dafür die notwendige Kompetenz mitbringen bzw. gewinnen“ (ebd., S. 365).

Es genügte nicht mehr, den Veränderungsprozessen in Osteuropa große Sympathien entgegenzubringen oder auf einen Mann wie Gorbatschow zu warten. Die Zeit drängte, selbst etwas zu tun. Gutzeit und Meckel suchten sich in den beiden Theologen Helmut Becker und Arndt Noack sowie dem Historiker Ibrahim Böhme weitere Verbündete. Ende August wurde dann ihr auf wesentliche Aussagen konzentrierter Aufruf erstmals einer größeren Öffentlichkeit zugänglich gemacht.

Zugleich war es nur eine von mehreren Grundsatzerklärungen verschiedener Gruppierungen – namentlich des „Neuen Forums“ (NF) und von „Demokratie Jetzt“

Steffen Reiche

Im Pfarrhaus von Schwante, nordwestlich von Berlin, wird am 7. Oktober 1989 die Sozialdemokratische Partei in der DDR (SDP) gegründet.
Unten: Aufruf der Initiativgruppe der SDP von Ende August 1989

Zum Aufruf
der Initiativgruppe
"Sozialdemokratische Partei in der DDR"

So kann es nicht weitergehen!

Viele warten darauf, daß sich etwas ändert.
Das aber reicht nicht aus!

Wir wollen das unsere tun.
Die notwendige Demokratisierung der DDR hat die grundsätzliche Bestreitung des Wahrheits- und Machtanspruchs der herrschenden Partei zur Voraussetzung.
Wir brauchen eine offene geistige Auseinandersetzung über den Zustand unseres Landes und seines künftigen Weges.
Das bedarf programmatischer Bemühungen und solcher Bürger, die die dafür notwendige Kompetenz mitbringen bzw. gewinnen wollen.

Wir, die Unterzeichnenden, halten für den künftigen Weg unserer Gesellschaft die Bildung einer s o z i a l d e m o k r a t i s c h e n p a r t e i für wichtig.

Unser Ziel:
eine ökologisch orientierte soziale Demokratie

Das erfordert die klare Trennung von Staat und Gesellschaft und

- die sozialen, kulturellen und politischen Grundrechte der Bürger und die ihnen entsprechende Wahrnahme von Verantwortung zu ermöglichen, zu stärken und zu schützen;
- den Schutz der natürlichen Umwelt und die Sicherung von Ressourcen und Lebensmöglichkeiten für kommende Generationen zu gewährleisten.

Wir fordern alle, die den nachfolgenden unverzichtbaren programmatischen Orientierungen zustimmen, auf, sich vor Ort zusammenzuschließen.

+ Rechtsstaat und strikte Gewaltenteilung
+ parlamentarische Demokratie und Parteienpluralität
+ relative Selbständigkeit der Regionen (Länder), Kreise, Städte und Kommunen (finanziell, wirtschaftlich, kulturell)
+ soziale Marktwirtschaft mit striktem Monopolverbot zur Verhinderung undemokratischer Konzentration ökonomischer Macht
+ Demokratisierung der Strukturen des Wirtschaftslebens
+ Freiheit der Gewerkschaften und Streikrecht

Wir suchen mit allen, die sich zu diesen Grundprinzipien zusammenfinden, solidarische und verbindliche Organisationsformen.

Wer sich mit uns nicht in Übereinstimmung sieht, erkläre sich und bestimme seine eigene demokratische Perspektive.
Wir suchen ein Bündnis mit allen, die an einer grundlegenden Demokratisierung unseres Landes mitarbeiten wollen.

Martin Gutzeit Breite Str. 20 Marwitz 1421	Markus Meckel W.-Rathenau-Str. 19a Niederndodeleben 3107
Arndt Noack Karl-Marx-Platz 15 Greifswald 2200	Ibrahim Böhme Chodowieckistr. 41 Berlin 1058

Archiv Bernd Lindner

(DJ)[➲] –, die in diesen Tagen in der DDR kursierten und der sich formierenden Bürgerbewegung zunehmend Profil gaben. Seit dem 4. September machte bereits der Appell „Für eine Vereinigte Linke in der DDR" (VL) die Runde. Verfasst hatten ihn Mitglieder der sogenannten „Böhlener Plattform", ein „Treffen von Vertretern verschiedener sozialistischer Tendenzen, darunter Christen und Marxisten. (...) Auch Mitglieder der Sozialistischen Einheitspartei Deutschlands waren anwesend" (in: Oktober 1989, S. 11). Der Name der Industriestadt Böhlen, südlich von Leipzig, war Synonym für eine „grundlegende Gesellschaftsreform im Sinne eines freiheitlichen Sozialismus" unter Beibehaltung „des gesellschaftlichen Eigentums an Produktionsmitteln" (ebd., S. 14).

Besondere Breitenwirkung erlangte jedoch von all diesen, nahezu zeitgleich erarbeiteten und veröffentlichten Aufrufen der „Aufbruch 89" des „Neuen Forums" (NF). Ihm gelang es, den von allen Seiten geforderten Minimalkonsens für eine „übergreifende Initiative" von „Menschen aus allen Berufen, Lebenskreisen, Parteien und Gruppen" (ebd., S. 19) zu stiften. Der Text war auf der Gründungs-

➲ Zwar existierte seit Juni 1989 bereits auch eine Initiativgruppe zur Gründung des „Demokratischen Aufbruchs" (DA). Mit einer eigenen Erklärung trat diese Gruppierung aber erst nach dem 1. Oktober 1989 an die Öffentlichkeit.

> Während der Gründungsversammlung des „Neuen Forums“ am 9./10. September 1989 in Grünheide bei Berlin mit (v.l.n.r.) Olaf Freund, Rolf Henrich, Hans-Jochen Tschiche (halb verdeckt) und Martin Böttcher, rechts ein später enttarnter IM der Staatssicherheit. Unten: Der massenwirksame Aufruf des NF „Aufbruch 89“, der in Grünheide erarbeitet wurde.

HdG/ZFL – A. Forbrig/I. Langer

Robert-Havemann-Gesellschaft

versammlung des NF am 9./10. September 1989 in Grünheide bei Berlin, dem letzten Wohnort des Bürgerrechtlers Robert Havemann (1910–1982), erarbeitet worden. Beteiligt waren daran Menschen aus unterschiedlichen sozialen Schichten, wobei Vertreter der Intelligenz eindeutig dominierten. Zu den 30 Erstunterzeichnern gehörten u. a. Michael Arnold (Student), Bärbel Bohley (Malerin), Katrin Eigenfeld (Bibliothekarin), Katja Havemann (Heimerzieherin), Jens Reich (Arzt und Molekularbiologe), Reinhard Schult (Betonfacharbeiter), Hans-Jochen Tschiche (Pfarrer), die Physiker Martin Böttger und Sebastian Pflugbeil, die Medizinerinnen Erika Dress und Eva Reich sowie der durch sein Buch „Der vormundschaftliche Staat“ bekannt gewordene Rechtsanwalt Rolf Henrich. Sie kamen aus Leipzig, Berlin, Zwickau, Stendal, Halle, Eisenhüttenstadt, Magdeburg und vielen anderen Orten der DDR.

Die Verfasser all dieser unterschiedlichen Aufrufe zum selbstständigen Handeln stimmten in der Erkenntnis überein, dass die dringend notwendige politische Veränderung nicht mehr aus den Reihen der herrschenden Staatspartei zu erwarten war. „Nichts (...) deutet darauf hin, dass die SED-Führung zum Umdenken bereit ist. Es scheint, als spekuliere sie auf ein Scheitern der Reformen in der Sowjetunion. Es kommt aber darauf an, die demokratische Umgestaltung mitzuvollziehen“ (Aufruf „Demokratie Jetzt“, in: Oktober 1989 S. 20).

Aufbruch 89 - NEUES FORUM

In unserem Lande ist die Kommunikation zwischen Staat und Gesellschaft offensichtlich gestört. Belege dafür sind die weitverbreitete Verdrossenheit bis hin zum Rückzug in die private Nische oder zur massenhaften Auswanderung. Fluchtbewegungen dieses Ausmaßes sind anderswo durch Not, Hunger und Gewalt verursacht. Davon kann bei uns keine Rede sein.
Die gestörte Beziehung zwischen Staat und Gesellschaft lähmt die schöpferischen Potenzen unserer Gesellschaft und behindert die Lösung der anstehenden lokalen und globalen Aufgaben. Wir verzetteln uns in übelgelaunter Passivität und hätten doch Wichtigeres zu tun für unser Leben, unser Land und die Menschheit.
In Staat und Wirtschaft funktioniert der Interessenausgleich zwischen den Gruppen und Schichten nur mangelhaft. Auch die Kommunikation über die Situation und die Interessenlage ist gehemmt. Im privaten Kreis sagt jeder leichthin, wie seine Diagnose lautet und nennt die ihm wichtigsten Maßnahmen. Aber die Wünsche und Bestrebungen sind sehr verschieden und werden nicht rational gegeneinander gewichtet und auf Durchführbarkeit untersucht. Auf der einen Seite wünschen wir uns eine Erweiterung des Warenangebots und bessere Versorgung, andererseits sehen wir deren soziale und ökologische Kosten und plädieren für die Abkehr von ungehemmtem Wachstum. Wir wollen Spielraum für wirtschaftliche Initiative, aber keine Entartung in eine Ellenbogengesellschaft. Wir wollen das Bewährte erhalten und doch Platz für Erneuerung schaffen, um sparsamer und weniger naturfeindlich zu leben. Wir wollen geordnete Verhältnisse, aber keine Bevormundung. Wir wollen freie, selbstbewußte Menschen, die doch gemeinschaftsbewußt handeln. Wir wollen vor Gewalt geschützt sein und dabei nicht einen Staat von Bütteln und Spitzeln ertragen müssen. Faulpelze und Maulhelden sollen aus ihren Druckposten vertrieben werden, aber wir wollen dabei keine Nachteile für sozial Schwache und Wehrlose. Wir wollen ein wirksames Gesundheitswesen für jeden; aber niemand soll auf Kosten anderer krank feiern. Wir wollen an Export und Welthandel teilhaben, aber weder zum Schuldner und Diener der führenden Industriestaaten noch zum Ausbeuter und Gläubiger der wirtschaftlich schwachen Länder werden.
Um all diese Widersprüche zu erkennen, Meinungen und Argumente dazu anzuhören und zu bewerten, allgemeine von Sonderinteressen zu unterscheiden, bedarf es eines demokratischen Dialogs über die Aufgaben des Rechtsstaates, der Wirtschaft und der Kultur. Über diese Fragen müssen wir in aller Öffentlichkeit, gemeinsam und im ganzen Land, nachdenken und miteinander sprechen. Von der Bereitschaft und dem Wollen dazu wird es abhängen, ob wir in absehbarer Zeit Wege aus der gegenwärtigen krisenhaften Situation finden. Es kommt in der jetzigen gesellschaftlichen Entwicklung darauf an,
- daß eine größere Anzahl von Menschen am gesellschaftlichen Reformprozeß mitwirkt,
- daß die vielfältigen Einzel- und Gruppenaktivitäten zu einem Gesamthandeln finden.

Wir bilden deshalb gemeinsam eine politische Plattform für die ganze DDR, die es Menschen aus allen Berufen, Lebenskreisen, Parteien und Gruppen möglich macht, sich an der Diskussion und Bearbeitung lebenswichtiger Gesellschaftsprobleme in diesem Land zu beteiligen. Für eine solche übergreifende Initiative wählen wir den Namen

NEUES FORUM

Die Tätigkeit des NEUEN FORUM werden wir auf gesetzliche Grundlagen stellen. Wir berufen uns hierbei auf das in Art. 29 der Verfassung der DDR geregelte Grundrecht, durch gemeinsames Handeln in einer Vereinigung unser politisches Interesse zu verwirklichen. Wir werden die Gründung der Vereinigung bei den zuständigen Organen der DDR entsprechend der VO vom 6.11.1975 über die "Gründung und Tätigkeit von Vereinigungen" (GBl I, Nr. 44, S. 723) anmelden.
Allen Bestrebungen, denen das NEUE FORUM Ausdruck und Stimme verleihen will, liegt der Wunsch nach Gerechtigkeit, Frieden und Demokratie sowie Schutz und Bewahrung der Natur zugrunde. Es ist dieser Impuls, den wir bei der kommenden Umgestaltung der Gesellschaft in allen Bereichen lebensvoll erfüllt wissen wollen. Wir rufen alle Bürger und Bürgerinnen der DDR, die an der Umgestaltung unserer Gesellschaft mitwirken wollen, auf, Mitglieder des NEUEN FORUM zu werden.
Die Zeit ist reif.

Archiv Bernd Lindner

v. l.: Robert-Havemann-Gesellschaft/Ostkreuz – Harald Hauswald; ullstein bild

^ Für die Vervielfältigung ihrer Texte standen der Opposition in der DDR, wie hier in der Umweltbibliothek Berlin, nur einfache Vervielfältigungsgeräte aus kirchlichen Beständen oder aus dem Westen eingeschmuggelt zur Verfügung.
Rechts: Arbeitssitzung von Mitgliedern des „Neuen Forums" in der Wohnung von Bärbel Bohley (links), mit Jens Reich (rechts).

In den verschiedenen, vorerst nur in Stichworten formulierten Programmansätzen fanden sich – unabhängig davon, ob sie sich politisch mehr nach links oder zur Mitte hin orientierten, kirchlich gebunden waren oder nicht – folgende weitgehend übereinstimmende Forderungen für dringend nötige Veränderungen in Staat, Wirtschaft und Gesellschaft:

- eine schonungslose Bestandsaufnahme der politischen, wirtschaftlichen und ökologischen Situation in der DDR,
- das Recht auf freie Meinungsäußerung und damit die Aufhebung des Wahrheitsmonopols des Staates,
- Rechtsstaatlichkeit und strikte Gewaltenteilung,
- die Zulassung weiterer Parteien und demokratischer Organisationen,
- freie Wahlen,
- die Herstellung eines breiten öffentlichen Diskurses, auch in den Medien,
- Vereinigungs- und Versammlungsfreiheit – einschließlich des Streikrechts,
- Spielraum für wirtschaftliche Initiative „von unten",
- die Kontrolle des Polizei- und Sicherheitsapparates.

All diese Forderungen waren zwar deutlich, zugleich aber mit der (noch) nötigen Vorsicht formuliert. In keinem der Papiere wurde die Position der SED direkt infrage gestellt. Im Aufruf des „Neuen Forums" wird sie nicht einmal beim Namen genannt. Eher wurde von den Vertretern der Bürgerbewegung ein unabhängiges Aktionsfeld „neben" der alles beherrschenden Staatspartei eingeklagt. Dabei galt ihnen der Terminus „‚Sozialismus' häufiger als Metapher für eine sozial gerechtere Ordnung – auch gerechter als die soziale Marktwirtschaft der Bundesrepublik" (Eckert 2007, S. 116). Erst Wochen nach dem Rücktritt Honeckers wurde eine strikte Trennung von Staat und Partei bzw. der Verzicht der SED auf ihr Machtmonopol zur zentralen Forderung der Bürgerbewegung.

Auch eine weitere wesentliche Forderung – die nach der Einführung von Reisefreiheit und freier Wahl des Wohnortes für alle DDR-Bürger – fehlte in den ersten programmatischen Erklärungen der Bürgerbewegungen, obwohl sie auf dem Höhepunkt der Massenflucht veröffentlicht wurden. Dies resultierte aus einer einseitigen Haltung vieler Bürgerrechtler zu den Ausreiseantragstellern. Lange Zeit konnten sie in ihnen nur einen Verlust für das widerständige Potenzial in der DDR sehen. „Ich dachte", so erinnert sich Friedrich Schorlemmer noch heute, „die sind bekloppt! Die sollen hier bleiben und hier gegen das System kämpfen!" (in: Schönfelder 2009, S. 74). Dementsprechend wollten die Bürgerrechtsgruppen mit ihren ersten Appellen das Hierbleiben und Sich-Einmischen, nicht das Verlassen der DDR befördern. In diesem Geist waren die Texte verfasst. Sie begaben sich damit zugleich in Widerspruch zu den Wünschen eines Großteils der Bevölkerung. Doch weil die Aufrufe der Bürgerbewegungen von vielen Menschen in der DDR generell als mutige Signale begrüßt wurden, hatte das Fehlen von Forderungen nach Reisefreiheit unmittelbar keine negativen Folgen für sie. Im Kern trugen diese Texte damit jedoch bereits eine wesentliche Ursache für das spätere Scheitern der Bürgerbewegungen in sich. Zugleich kommt ihnen das Verdienst zu, „in jener historisch herangereiften Situation (...) den entscheidenden Schritt" getan und „dem SED-Regime mit dem Anspruch einer oppositionellen Alternative entgegengetreten" zu sein (Hans-Jürgen Fischbeck in: Findeis/Pollack/Schilling 1994, S. 90). Sie taten dies zugleich mit dem Anspruch, „sich an der Diskussion und Bearbeitung lebenswichtiger Gesellschaftsprobleme in diesem Land zu beteiligen" („Aufbruch 89" des „Neuen Forums", >Seite 67), um ein gemeinsames Nachdenken „über unsere Zukunft, über eine solidarische Gesellschaft" als „Alternative zur westlichen Konsumgesellschaft" (Aufruf „Demokratie Jetzt") zu initiieren. Sie zielten damit eindeutig auf eine Reformierung der DDR. Noch im Oktober 1989 formulierte der „Demokratische Aufbruch": „Das politische Ziel ist eine demokratische, soziale und ökologische Gesellschaft in der Fortführung der sozialistischen Tradition" (in: Oktober 1989, S. 23). Damit machten die Aufrufe all jenen, die ähnlich empfanden, Mut, sich öffentlich zu artikulieren.

Von Hand vervielfältigt oder auf privaten Schreibmaschinen abgetippt, wurden die Aufrufe der Bürgerbewegungen quer durchs Land weitergereicht. Auch in den Büros der Künstlerverbände hingen sie, entgegen staatlicher Weisungen, aus. Rundfunk und Fernsehen der Bundesrepublik informierten ausführlich über ihre Inhalte. Erstmals berichteten sie am 31. August 1989 über das Papier zum SDP-Gründungsaufruf, verlasen es z. T. im vollen Wortlaut. Der Gründungsaufruf des „Neuen Forums" wurde am 13. September 1989 in der „Frankfurter Rundschau" erstveröffentlicht. Zugleich wurde er über viele westliche Sender verbreitet. RIAS und Deutschlandfunk, in der DDR besonders häufig gehörte „West-Sender", führten zudem telefonische Live-Interviews mit Bärbel Bohley, Jens Reich, Rolf Henrich und anderen Bürgerrechtlern. Auch über das ZDF („Kennzeichen D") und die ARD („Kontraste") wurden ihre Statements mithilfe von außer Landes geschmuggelten Videoaufzeichnungen verbreitet. Dies alles hatte große Wirkung, wurden dadurch doch auch viele jener DDR-Bürger erreicht, die bisher keinen Kontakt zur Bürgerbewegung hatten.

Zur wichtigsten Informationsquelle in jenen Tagen wurden jedoch die Kirchen. Viele Bürger fanden erstmals oder nach langer Zeit wieder in die Gotteshäuser,

I. KIRCHE UND BÜRGERBEWEGUNG – EIN SPANNUNGSREICHES VERHÄLTNIS

Die kirchliche Friedensarbeit hatte einen recht großen Anteil an der Wende im Herbst 1989, wobei es die kirchliche Friedensarbeit im engeren Sinne gab, die von der Institution Kirche mitgetragen wurde, und eine Friedensarbeit im weiteren Sinne. Diese betraf vor allem die Basisgruppen, in denen auch viele Nichtchristen gleichberechtigt mitarbeiteten. Es gab, glaube ich, drei Phasen:

Die erste Phase begann, als Anfang der 1980er Jahre die ersten Friedensgruppen aus dem Boden schossen. Diese waren plötzlich da und beanspruchten, in Kirche und Gesellschaft wirksam zu werden. Das hat die etablierte Kirche zunächst aufgeschreckt. In dieser ersten Phase war intensive Reibung da.

Die zweite Phase begann 1983/84, als die Kirchen immer stärker bereit waren, sich in die politischen Prozesse einzumischen. Vorreiter waren hier die Synoden. Mit ihren Erklärungen schafften sie den nötigen Rahmen für eine aktive theologische und politische Arbeit. In dieser Phase ließen sich die Kirchen auf einen produktiven Austausch mit den Basisgruppen ein. Es gab jedoch innerhalb der verschiedenen Landeskirchen erhebliche Unterschiede.

Die dritte Phase begann ca. Anfang 1987, in der die Kirchen die noch relativ spontane und nicht immer zielgerichtete Arbeit durch den konziliaren Prozess, durch die Ökumenische Versammlung für Gerechtigkeit, Frieden und Bewahrung der Schöpfung, bündelten und sich eigentlich zum Vorreiter, auch organisatorisch, dieser Ideen machten. In der Ökumenischen Vollversammlung waren aus den kirchlichen Basisgruppen ca. 30% als Delegierte dabei. Die waren sozusagen der Motor. (...) Auf der abschließenden Vollversammlung in Dresden im April 1989 wurden dann Texte verabschiedet, in denen in sehr konzentrierter Weise Anliegen und Forderungen formuliert wurden. Sie wurden zur Richtschnur für die weiteren kirchlichen Entscheidungen und das kirchliche Verhalten. Im ganzen Land verteilt, leisteten sie einen erheblichen Schub für die Wende im Herbst 1989, wo aus den kleinsten Dorfkirchen nach einem Friedensgottesdienst die öffentlichen Demonstrationen begannen. (...) Und hier waren es vor allem die Basisgruppen, die den Weg aus den Kirchen auf die Straßen und Plätze wagten. Aus der kirchlichen Friedensarbeit wurde eine politische Bewegung, eine Bürgerbewegung.

Interview mit Dietlind Glüer (NF Rostock) am 4. November 1990, in: Lothar Probst: „Der Norden wacht auf." Bremen 1993 (Edition Temmen), S. 127 f.

> Friedensgebet in der Peter-Pauls-Kirche in Teterow im Oktober 1989

HdG/ZFL – Thomas Borstel

um sich dort über das Anliegen der Bürgerbewegungen zu informieren. Damit ging eine Saat auf, die mancherorts über Jahrzehnte gepflegt worden war. So resümierte im Herbst 1989 Pfarrer Walter Schilling aus Braunsdorf bei Rudolstadt, einer der entschiedenen Verfechter der „Offenen Arbeit" innerhalb der evangelischen Kirchen, nicht ohne Genugtuung: „Die Gruppen der Offenen Arbeit sind in der ganzen DDR als Vorstufe der autonomen Friedensbewegung anzusehen – und nicht nur der!!! Wenn ich die letzten 20 Jahre an mir vorbeiziehen lasse, dann komme ich ins Staunen: aus diesem kleinen Pflänzlein Offene Arbeit ist eben doch eine ganze Bewegung neuen Denkens und Handelns gewachsen. Und nicht nur in der Kirche und ihren Gruppen – weit darüber hinaus, bis in die Bevölkerung des Landes" (Offene Arbeit Erfurt 1991, S. 238).

Die (vornehmlich evangelischen) Kirchen waren für die Bürgerrechtsgruppen schützendes Dach und Veranstaltungsort zugleich. „Die Kirche gab uns das Zuhause", erinnert sich Rainer Eppelmann. Sie „brauchte ihre Gottesdienste und Gemeindeveranstaltungen nicht eigens anzumelden. Und irgendwann begriffen wir, welche Chance uns dadurch geboten wurde" (in: Brummer 2009, S. 19 f.). Dennoch wird die Bedeutung der Kirche für die Entwicklung der Bürgerbewegung in der DDR – auch und gerade von den Bürgerrechtlern selbst – durchaus unterschiedlich gesehen. Für die einen hatte die

II. VOM „BEGRENZTEN POLITISCHEN MANDAT DER KIRCHE"

Ab 1985 und ganz verstärkt nach der Gründung des Gesprächskreises „Hoffnung für Ausreisewillige" 1987, kamen mehr und vor allem ständig neue Vorwürfe vom Staat. Unsere Arbeit und die Aktivitäten hätten nichts mehr mit Kirche zu tun. Was da an der Nikolaikirche ablaufe, das seien eindeutig staatsfeindliche Veranstaltungen. Es lag also in unserem ureigenen Interesse, den Friedensgebeten weiterhin Struktur zu verleihen, um uns gegen derartige Vorwürfe zu schützen.

Unsere wichtigsten Gesprächspartner blieben die Basisgruppen als die Gestalter der Montagsgebete. Für die Friedensgebetsarbeit in der Kirche waren die jungen Menschen sehr wichtig, weil sie die treibenden Kräfte waren. Sie brachten die verschiedenen Themen inhaltlich voran. Verliehen den Gebeten immer neue Impulse. (...) Aber es gab auch Spannungen. (...) Bei uns galt und gilt das Motto „Nikolaikirche – offen für alle". Es lautet jedoch nicht „offen für alles". (...) Es brauchte Regeln, an die sich jeder zu halten hatte, der unter dem Dach der Kirche ein Friedensgebet veranstaltete. Nur so bliebe uns das Friedensgebet erhalten."

Christian Führer: Und wir sind dabei gewesen. Die Revolution, die aus der Kirche kam. Berlin 2008 (Ullstein), S. 189 f.

Andreas Schoelzel

‹ Fastenaktion in der Ost-berliner Gethsemanekirche am 8./9. Oktober 1989

Kirche einen stark fördernden Charakter: Ohne sie „hätte es diesen Angstüberwindungsprozess nicht gegeben, in dem die Kirche den Gruppen nicht nur ein Dach gegeben, sondern ihnen zum Teil auch Stimme verliehen hat“ (Fischbeck in: Findeis/Pollack/Schilling 1994, S. 85). In diesem Sinne war die Kirche für die Bürgerbewegung eine „Schule demokratischer Umgangsformen“ (Dusdal in: ebd., S. 64). Hier konnte sie „Demokratieerfahrungen machen und freien Meinungsaustausch ohne Zensur“ üben (Birthler in: ebd., S. 36), auch wenn im Laufe der Jahre das „christliche Element“ in den Aktivitäten der Bürgerbewegungen „schwächer geworden, und das politische (...) sich mehr verselbstständigt“ hat (Herdzin in: ebd., S. 121). Das schließt eine Kritik am zögerlichen Verhalten der Kirchenleitungen nicht aus, weil „das, was sich in (ihrer) Politik progressiv gezeigt hat, auf Druck der Basis hin geschehen ist. (...) Ohne die Kirche wären möglicherweise Fragestellungen deutlicher und dringlicher“ gestellt worden (Birthler in: ebd., S. 40).

Andere Bürgerrechtler sehen die Kirchen – auch im Nachhinein – lediglich als Instrument ihres Handelns: „Wir haben (...) die Kirche benutzt, um Öffentlichkeit herzustellen. Das waren unsere einzigen Möglichkeiten damals. Wir haben gleichzeitig darauf gedrängt, dass Kirche nicht die Rolle spielen kann, die eigentlich eine Opposition in einer solchen Gesellschaft spielen sollte“, nimmt Werner Fischer (in: ebd., S. 101) für die „Initiative Frieden und Menschenrechte“ (IFM) in Anspruch. Und Jochen Läßig führt für seine Situation in Leipzig aus: „Ich war mir dessen bewusst, das ich unter dem Deckmantel der Kirche handelte und sie dadurch in Beschlag nahm, sie aufforderte, die Aktivitäten meiner Gruppe zu ermöglichen (...)“ (in: ebd., S. 130). Er ist noch heute davon überzeugt, dass manch ein Pfarrer, „die Kirche nur aufgeschlossen (hat), wir aber hatten einen richtigen Plan, ein Netzwerk der intellektuellen Köpfe, das vorhatte, den Staat DDR nach dem Vorbild von Solidarność und Perestroika zu verändern“ (in: LVZ, 19. Juni 2008).

Damit stießen die Bürgerrechtler immer wieder an die Toleranzgrenzen verantwortlicher Kirchenvertreter. Ende August 1988 kündigte der Superintendent der Leipziger Nikolaikirche, Friedrich Magirius, den Basisgruppen nach heftigen inhaltlichen Auseinandersetzungen – aus „Sorge um (...) eine politische Radikalisierung“ der Friedensgebete – die „bestehende Praxis der Eigenverantwortung“ bei deren Gestaltung auf (Führer 2008, S. 192). Mitglieder von Leipziger Basisgruppen protestierten in einem offenen Brief an Landesbischof Hempel dagegen.

Friedrich Magirius (geb. 1930), evangelischer Theologe, ab 1982 Superintendent der Evangelischen Kirche in Leipzig-Ost und Pfarrer an der Nikolaikirche, von Juli 1990 bis 1994 Stadtpräsident von Leipzig, später Abgeordneter für Bündnis 90/Die Grünen im Leipziger Stadtparlament.

III. ZUR BEDEUTUNG DER BÜRGERBEWEGUNG FÜR DEN VERLAUF DES HERBSTES '89

Das Empfinden und die Bereitschaft dafür, dass sich jetzt etwas ändern müsse, war so groß geworden, dass es nur noch eines Anstoßes bedurfte. In dieser Situation allerdings spielten die Bürgerbewegungen, die von kirchlichen Gruppen initiiert wurden und von daher zunächst ihre Motive und Impulse empfingen, eine bestimmende Rolle. Sie haben die Meinungsführerschaft angetreten und haben sich gewissermaßen an die Spitze der Demokratiebewegung in der DDR gesetzt. (...) In den politisch alternativen Gruppen bereitete sich die Bildung der Bürgerbewegungen vor. (...) Es sind Gemeindegruppen gewesen oder Gruppen unter dem Dach der Kirche, die gesagt haben: Wir versammeln hier das „Neue Forum". Dann sind viele Leute gekommen, zunächst, weil sie einfach durch ihre Unterschrift das „Neue Forum" unterstützen wollten. Das war die Rolle der Gruppen. (...) die eigentliche Ursache für die Wende ist (aber) die Destabilisierung des Machtsystems der DDR gewesen, die ihre lang andauernde Grundlage in dem ökonomischen Versagen des staatssozialistischen Systems hat.

Hans-Jürgen Fischbeck (Demokratie Jetzt/Berlin)

Die Gruppen waren für das Zustandekommen der Wende nicht unwichtig. (...) Ihre Bedeutung in der Wende würde ich darin sehen, dass sie das kurzzeitig vorhandene Machtvakuum und die Sprachlosigkeit der Machthaber nutzen konnten, um dort hinein zu sprechen. Es waren keine anderen Trägergruppen da gewesen, die auf so eine Situation vorbereitet gewesen wären. (...) Und als die alten Machtstrukturen infrage gestellt waren und niemand mehr auf die Machthaber hörte, gab es eigentlich nur noch die moralisch integren Gruppen oder Persönlichkeiten aus diesen Gruppen, die in dieser Zeit Gehör fanden und einige Popularität erhielten. In dieser Übergangsphase ist der wesentliche Beitrag der Gruppen zu verorten. (...) Diese Bedeutung aber haben sie bald verloren. (...) Die Erschütterung der Umbruchszeit machte die Suche nach neuen Angeboten und Orientierungen notwendig. Da wirkten die durch den Westen gestützten Ostparteien, denen Identifikationsanleihen gegeben wurden – Genscher für die LDPD, Kohl für die CDU –, verlässlicher, sicherer in ihren Angeboten und ihrem Selbstverständnis als diese doch recht diffus erscheinenden Gruppen, wo überhaupt nicht klar war, was die eigentlich wollten und wo jeder etwas anderes sagte.

Edgar Dusdal (Neues Forum/Leipzig)

Für eine latente Politisierung haben die Gruppen in jedem Fall gesorgt. Alles in allem würde ich aber die Rolle der Gruppen bei diesem ganzen Prozess als sehr gering einschätzen. (...) Das heißt, nicht die Gruppen haben den Umbruch bewirkt, sondern etwas, das ihnen in ihren politischen Zielen zunächst wahnsinnig geschadet hat, nämlich die ganzen Ausreiser.

Martin Schramm (Vereinigte Linke/Berlin)

Die gesamte Opposition – und dazu zähle ich natürlich auch die Gruppen, die unter dem Dach der Kirche agiert haben – hat eine Vorleistung erbracht, ob es die Kirchenleitung nun wollte oder nicht. Sie haben dafür gesorgt, dass der Boden bereitet werden konnte für die jetzige Situation. (...) Ich denke zum Beispiel an die ökologisch orientierten Gruppen, in denen sachbezogene Arbeit geleistet worden ist, die heute dazu beiträgt, dass kompetente Beiträge und Vorschläge für die ökologische Umgestaltung der Gesellschaft vorliegen. Auch die Gruppen, die sich mit Menschenrechtsfragen befasst haben, haben eine Vorarbeit geleistet, die jetzt umgesetzt werden kann.

Werner Fischer (Initiative Frieden und Menschenrechte/Berlin)

In: Hagen Findeis/Detlef Pollack/Manuel Schilling: Die Entzauberung des Politischen. Leipzig/Berlin 1994 (Evangelische Verlagsanstalt), S. 64 f.

Darin warfen sie Superintendent Magirius vor, dass er „bewusst Missverständnisse schafft und Voreingenommenheit bei den Pfarrern gegen unsere Arbeit erzeugt, um unser Engagement zu behindern", weil er statt einer „christlichen Motivation (...) andere Interessen vertritt" (zitiert nach Schwabe 1998, S. 8). An den folgenden Montagen versammelten sich die Bürgerrechtler im hinteren Teil der Nikolaikirche und trugen demonstrativ Mundtücher mit der Aufschrift „Redeverbot". Die notwendigen politischen Diskussionen verlegten sie fortan nach draußen – auf den Nikolaikirchhof. Noch heute hält der Streit um Ursachen und Folgen dieses Rauswurfes an. Für Gunter Weißgerber, den Mitbegründer der SPD in Leipzig und späteren Bundestagsabgeordneten, wurde dadurch „eine Kommunikation zwischen Oppositionellen und Bevölkerung" geradezu erzwungen und der revolutionäre Prozess der Straße erst in Gang gesetzt. Zugespitzt gesagt: „Ohne ‚die nach draußen Gewiesenen' auf dem Nikolaikirchhof würden ‚die da drinnen' vielleicht noch immer in der Nikolaikirche beisammen sitzen, Fürbittgottesdienste und Friedensgebete innerhalb der DDR abhalten" (in: LVZ, 2. Juni 2009).

Den Mitgliedern der IFM wurde es in der Kirche schon weitaus früher zu eng. Bereits unmittelbar nach ihrer Gründung 1985 zogen sie die Konsequenzen und verließen „den geschützten Kirchenraum". Sie begaben sich bewusst in die um vieles gefährlichere Öffentlichkeit, weil man „die Bevölkerung über kirchliche Veranstaltungen nicht erreichte" (Bärbel Bohley in: Findeis/Pollack/Schilling 1994, S. 52). Es gehörte zur Ironie der Geschichte, dass die IFM gerade deshalb 1989 von der Masse der Bürger kaum zur Kenntnis genommen wurde. Ihr bereits im März des Jahres veröffent-

➲ Die größte Wirkung erzielte die Gruppe über ihre illegal herausgegebene Zeitschrift „grenzfall" und weitere Samisdat-Publikationen.

Sieghard Liebe

< Leipzig, 20. November 1989: Vertreter des „Neuen Forums“ auf der Kundgebung vor der Montagsdemonstration; im Hintergrund das Hochhausgebäude der Universität

lichter Aufruf führte zwar zu einer DDR-weiten Ausbreitung der Initiative, ihr Wirkungsradius blieb dennoch begrenzt.

Das beförderte im Herbst ’89 auch den Übergang einiger ihrer wichtigsten Aktivistinnen und Aktivisten wie Bärbel Bohley, Martin Böttger, Katrin und Frank Eigenfeld, Katja Havemann und Reinhard Schult in das „Neue Forum“. Andere waren an der Gründung von „Demokratie Jetzt“ (Ulrike Poppe) oder der SDP (Ibrahim Böhme, Stephan Hilsberg) beteiligt. „In dieser ‚Bereitstellung‘ von politischen Aktivisten mit Oppositionserfahrung“ für die neuen Bürgerrechtsgruppen „ist wohl eine der wichtigsten Funktionen der IFM im politischen Umbruch des Herbstes 1989 zu sehen“ (Templin/Weißhuhn 1992, S. 158).

Zum großen Bekanntheitsgrad des „Neuen Forums“ trug das hartnäckige Bemühen seiner Gründer bei, die Tätigkeit der Gruppierung legalisieren zu lassen; ebenso aber auch die harsche Zurückweisung dieses Ansinnens durch die SED-Führung. Bereits in ihrem Gründungsaufruf kündigten die Bürgerrechtler an, die Tätigkeit des NF „auf gesetzliche Grundlage zu stellen. Wir berufen uns hierbei auf das in Art. 29 der Verfassung der DDR geregelte Grundrecht, durch gemeinsames Handeln in einer Vereinigung unser politisches Interesse zu verwirklichen“ (in: Oktober 1989, S. 19). Am 19. September 1989 beantragten Mitglieder des NF – sowohl beim Innenministerium der DDR als auch in den Bezirken – dessen Zulassung als „Vereinigung“. Die SED-Führung ließ dazu am 21. September über ADN verlautbaren: Ziele und Anliegen des „Neuen Forums“ widersprächen der Verfassung der DDR, die beantragte Vereinigung stelle eine „staatsfeindliche Plattform“ dar. Doch statt der erhofften Einschüchterung löste die Staatsmacht damit eine gewaltige Welle der Zustimmung für das NF aus.

„Neues Forum, zulassen!“ war eine der zentralen Losungen der ersten Demonstranten, die gerade die Straßen und Plätze des Landes zu erobern begannen. Zwei Wochen später, am Vorabend des 40. Jahrestages der DDR, hatten bereits tausende Menschen Willenserklärungen zur Legalisierung des NF unterschrieben. In einer Erklärung stellten dessen Gründer fest: „Die zehntausend Unterschriften sind weit davon entfernt, eine staatsfeindliche Handlung zu sein – sie sind ein Akt staatsbürgerlicher Verantwortung. Wir protestieren gegen die Versuche der Regierung, uns als Sozialismusfeinde darzustellen. Das Neue Forum ist eine Stätte für neues Denken. Das ist in der DDR ebenso wenig sozialismusfeindlich wie in

Thomas Härtrich

^ Leipzig 30. Oktober 1989: Montagsdemonstranten fordern die Zulassung des „Neuen Forums".

der Sowjetunion" (Rein 1989, S. 15). Aus heutiger Kenntnis waren „die damals angegebenen (Mitglieder)Zahlen (...) fast durchweg, aus guten Gründen, übertrieben." Der Vorteil daran war, „dass nicht nur die Westmedien und DDR-Menschen sie glaubten und verbreiteten, sondern auch die SED und das MfS" (Kowalczuk 2009, S. 387).

Die SED-Führung reagierte übernervös auf diese Entwicklung. Eine zentrale Parteiinformation sollte „alle Grundorganisationen der SED über (...) die notwendigen, grundsätzlichen Maßnahmen zur Unterbindung derartiger Bestrebungen" unterrichten sowie die Genossen „zur offensiven politisch-ideologischen Auseinandersetzung mit feindlichen, oppositionellen und anderen negativen Kräften, ihren Konzeptionen, Plattformen und Argumenten" befähigen (MfS-Information 416/89, 19. September 1989). Dazu kam es aber offensichtlich schon nicht mehr, denn die unteren Leitungsebenen im Lande mussten sich mit selbst zusammengezimmerten „Argumentationen" zum NF behelfen. So verbreitete die SED-Kreisleitung Plauen Mitte Oktober ein Papier unter der gestelzten und zugleich ihre ganze Unsicherheit verratenden Überschrift „Was wollen die Leute mit dem

IV. PROFILE DER BÜRGERBEWEGUNGE

Initiative Frieden und Menschenrechte (IFM)

Die IFM war die älteste, von Staat und Kirchen unabhängig arbeitende Oppositionsgruppe in der DDR. Aus verschiedenen Friedens- und Umweltgruppen hervorgegangen, wurde sie an der Jahreswende 1985/86 in Berlin gegründet. Die ersten Sprecher der IFM waren Peter Grimm, Ralf Hirsch und Wolfgang Templin (Hirsch und Templin wurden im Februar 1988 wegen Beteiligung an der Luxemburg-Liebknecht-Demonstration aus der DDR ausgewiesen). Im Interesse des Schutzes ihrer (formell nicht erfassten) Mitglieder verzichtete die IFM später auf feste Organisationsstrukturen („Legitimität vor Legalität").

Ihre Themenschwerpunkte waren die globale Abrüstung und die Menschenrechte, insbesondere deren Verletzung in der DDR. Mit der Herausgabe der Samisdat-Zeitschrift „grenzfall" und anderer Publikationen sowie unterschiedlichen Aktionen (z. B. Appell zum UNO-Jahr des Friedens, offener Brief aus Anlass des XI. Parteitags der SED 1986 zu Frieden und Menschenrechten) versuchte die IFM, die Regierenden und die breite Öffentlichkeit in der DDR direkt anzusprechen. Dies geschah z. T. auch auf dem „Umweg" über die westlichen Medien. Sie arbeitete intensiv mit den Bürgerbewegungen Osteuropas zusammen (z. B. „Gemeinsame Erklärung zum 30. Jahrestag der ungarischen Revolution"). Als einzige Bürgerbewegung verzichtete die IFM auf eine Reformierung des Sozialismus als Ziel ihrer Arbeit. Perspektive war die „Errichtung eines demokratischen Gemeinwesens aus ökonomisch und politisch emanzipierten Menschen". Ein Thesenpapier der IFM vom 11. März 1989 kann als Vorläufer der Gründungsaufrufe weiterer Bürgerrechtsgruppen der DDR gesehen werden, ohne dass es bereits die gleiche Breitenwirkung erzielen konnte.

Aus der IFM gingen im Herbst 1989 wesentliche Initiatoren für weitere Bürgerbewegungen und neue Parteien hervor (vgl. S. 73).

Sozialdemokratischen Partei (SDP/SPD)

Die SDP wurde am 7. Oktober 1989 in Schwante/Kreis Oranienburg formell gegründet. Ihr ging seit Juli 1989 die Arbeit einer Initiativgruppe um die evangelischen Pastoren Martin Gutzeit und Markus Meckel voraus, die sich ab Ende August/Anfang September mit Aufrufen an die Öffentlichkeit wandte. So forderten sie bereits am 12. September zur Bildung eigenständiger, regionaler Parteigruppen auf und machten damit der SED das politische Monopol als Partei der vereinten Arbeiterklasse streitig.

Erster Geschäftsführer und später erster Vorsitzender der SDP wurde Ibrahim Böhme (im März 1990 als langjähriger IM der Staatssicherheit enttarnt). Ende November 1989 hatte die SDP etwa 10.000 Mitglieder; territoriale Schwerpunkte lagen im Raum Berlin und in Sachsen. Auf der ersten Delegiertenkonferenz am 13. Januar 1990 wurde die Partei in SPD umbenannt. Ihre Ziele (> Seite 66) waren eine „ökologisch orientierte soziale Demokratie" und eine „soziale Marktwirtschaft mit striktem Monopolverbot". Sie strebte eine „Demokratisierung der DDR" und in der Folge einen föderativen deutschen Staat in einem vereinten Europa an. Suchte sie anfangs die Zusammenarbeit mit anderen Gruppen der Bürgerbewegung, so kündigte sie bereits Mitte Januar 1990 das mit ihnen vereinbarte Wahlbündnis wieder auf. Gegenüber der SED/PDS wie auch ehemaligen Mitgliedern aus deren Reihen fuhr sie von Beginn an einen strikten Abgrenzungskurs.

Neues Forum (NF)

Das NF wurde am 9./10. September 1989 von 30 Vertretern aus den Bezirken der DDR in Grünheide bei Berlin gegründet. Den Gründungsaufruf verfassten u. a. die Malerin Bärbel Bohley und der Molekularbiologe Jens Reich (später die bekanntesten Vertreter des NF), der Rechtsanwalt Rolf Henrich, der Physiker Sebastian Pflugbeil und der Direktor der Evangelischen Akademie Magdeburg, Hans-Jochen Tschiche. Das NF setzte sich zum Ziel, eine politische Plattform für die ganze DDR zu bilden, „die es Menschen aus allen Berufen, Lebenskreisen, Parteien und Gruppen möglich macht, sich an der Diskussion und Bearbeitung lebenswichtiger Gesellschaftsprobleme in diesem Land zu beteiligen" (> Seite 67). Das NF arbeitete basisdemokratisch und bewusst nicht als Partei, um möglichst breite Bevölkerungskreise in einen „demokratischen Wandel in der DDR" einzubeziehen. Der Antrag des NF auf Registrierung als „Vereinigung" (19. September 1989) wurde vom Innenministerium der DDR zunächst abgelehnt, weil dafür „keine gesellschaftliche Notwendigkeit" bestünde und es sich zugleich beim NF um eine „staatsfeindliche Plattform" handele. Unbeeindruckt davon legte das NF am 1. Oktober einen „Problemkatalog" zur Lage in der DDR vor. Auf Druck aus der Bevölkerung kam es Mitte Oktober zu einer Tolerierung des NF durch die DDR-Behörden, seine endgültige Zulassung erfolgte jedoch erst am 8. November 1989. Das NF setzte sich in der Folgezeit verstärkt für freie und demokratische Wahlen ein. Bis Mitte November 1989 hatten bereits 200.000 Menschen den Gründungsaufruf des NF unterschrieben, feste Mitglieder zählte es ca. 10.000. Es kam rasch zur Bildung von Ortsgruppen des NF. Aktionsschwerpunkte der oft in thematische Untergruppen (Volksbildung, Wirtschaft, Ökologie u. a.) zerfallenden Basis waren die Städte des Landes.

Im Januar 1990 kam es nach langen Grundsatzdebatten zu einer Abspaltung von Mitgliedern aus den Südbezirken der DDR in eine „Deutsche Forumpartei" (DFP), die sich ausdrücklich „gegen weitere Sozialismusprojekte" wendete. Sie ging später ein Wahlbündnis mit der LDP/FDP ein.

Demokratie Jetzt (DJ)

DJ ging unmittelbar aus der „Initiative für Absage an Praxis und Prinzip der Abgrenzung" um Ludwig Mehlhorn und Stephan Bickhardt hervor. Am 13. August 1989 riefen sie im kirchlichen Rahmen anlässlich eines Sonntagsgespräches der Treptower Bekenntnisgemeinde vor ca. 400 Besuchern zur Bildung einer landesweiten „oppositionellen Sammlungsbewegung zur demokratischen Erneuerung der DDR" auf. Am 12. September 1989 trat dann DJ mit einem „Aufruf zur Einmischung in eigener Sache" und programmatischen Thesen zur demokratischen Umgestaltung der DDR an eine größere Öffentlichkeit. Dafür gab es Zuspruch und Unterstützung unterschiedlichster Persönlichkeiten, unter ihnen der Konsistorialpräsident Manfred Stolpe und die Schriftstellerin Christa Wolf. Die ersten Sprecher von DJ waren der Physiker Hans-Jürgen Fischbeck, die Mitbegründerin von „Frauen für den Frieden", Ulrike Poppe, der Regisseur Konrad Weiß und der Dozent für Kirchengeschichte Wolfgang Ullmann.

DJ wollte keine Partei werden, verstand sich anfangs sogar ausdrücklich als informeller Arbeitszusammenschluss, besaß jedoch stets stark programmatischen Charakter. Der Gruppe ging es um „Reformkonzepte von unten". Der Sozialismus sollte „seine eigentliche, demokratische Gestalt finden", damit er als Alternative zur „westlichen Konsumgesellschaft (...) geschichtlich nicht verloren" geht. Der Sozialismusbegriff von DJ trug dabei stark protestantisch-sozialethische Züge. Die Mitgliederzahl der Vereinigung stieg nie über 4.000.

Inhaltlich knüpfte DJ an die Proteste gegen die Wahlfälschungen an und nannte als zentrales Ziel eine Reform des Wahlrechts. Aus dieser Gruppe stammten auch die ersten Ideen für die Einsetzung eines „vierseitigen Tisches", an dem sowohl die SED und die alten Blockparteien wie auch Vertreter der Bürgerbewegungen und der Kirchen über die weitere Entwicklung des Landes beraten sollten. Sie regte eine Unterschriftensammlung für einen Volksentscheid zur Änderung des „Artikels 1" der DDR-Verfassung an, in dem die führende Rolle der SED festgeschrieben war. Ende November 1989 hatte DJ hierfür bereits 75.000 Unterschriften gesammelt.

Demokratischer Aufbruch – sozial – ökologisch (DA)

Der DA geht auf eine im Juni 1989 gegründete Initiativgruppe zurück, die ausnahmslos von kirchlichen Mitarbeitern ins Leben gerufen worden war. Nach einer von der Polizei behinderten Gründungsversammlung am 1. Oktober 1989, auf der – im deutlich erweiterten Kreis – der Entwurf einer „Programmatischen Erklärung" vorgelegt wurde, konstituierte sich der DA am 29./30. Oktober 1989 bei einer Delegiertenversammlung mit Vertretern aus allen DDR-Bezirken vorläufig als Partei. Die Mitgliederzahl stieg rasch auf über 10.000 an. Die endgültige Parteigründung erfolgte am 16./17. Dezember 1989 in Leipzig. Erster Vorsitzender wurde der Rostocker Rechtsanwalt Wolfgang Schnur (im März 1990 als langjähriger IM der Staatssicherheit enttarnt). →

→ Weitere prominente Mitglieder des DA waren der Ostberliner Pfarrer Rainer Eppelmann, der Weimarer Theologe Edelbert Richter, der Erfurter Probst Heino Falcke und der Mitarbeiter der Theologischen Studienabteilung des DDR-Kirchenbundes Ehrhart Neubert. Mit seinem „Leipziger Programm" sagte sich der DA von der „Vision einer sozialistischen Gesellschaftsordnung" los. Wichtigstes Programmziel war von nun an das „Recht der Deutschen auf Einheit", die sich über einen Staatenbund vollziehen müsse. Der DA sprach sich zugleich für eine sozial-ökologische Marktwirtschaft aus. In der Folgezeit verließen viele, eher links orientierte Gründungsmitglieder wie der Wittenberger Pfarrer Friedrich Schorlemmer (trat zur SPD über) oder die Schriftstellerin Daniela Dahn die Partei.

Vereinigte Linke (VL)

Die VL trat erstmals am 4. September 1989 mit der „Böhlener Plattform" an die Öffentlichkeit. Darin rief sie zu einer „linken, sozialistischen Alternative" in der DDR auf. In ihr schlossen sich Vertreter linker oppositioneller Initiativen – wie etwa von der Gruppe „Gegenstimmen", die parallel zur IFM entstand – zusammen. Die VL wollte eine „Erneuerung des Sozialismus" unter Beibehaltung des gesellschaftlichen Eigentums an Produktionsmitteln. Am 2. Oktober 1989 – statt wie ursprünglich geplant im Juni – traf sich die Koordinierungsgruppe der VL in der Berliner Umweltbibliothek. Dieses Datum gilt als eigentlicher Gründungstag der VL. Sprecher der VL waren Marion Seelig und Thomas Klein. In einer Erklärung vom 13. Oktober 1989 wandte sich die VL scharf gegen das „Dialog"-Angebot des SED-Politbüros und forderte dessen sofortigen Rücktritt. Im Laufe der nächsten Wochen wurde die VL zum Sammelbecken linksorientierter Gruppen und Einzelpersonen – von der „Kirche von unten" bis zu ehemaligen Mitgliedern der SED. Im Dezember 1989 zählte die VL ca. 1.500 Mitglieder, darunter aber fast keine Arbeiter.

Grüne Partei/Grüne Liga (Grüne)

Im November 1989 trat eine Initiativgruppe zur Gründung einer Grünen Partei an die Öffentlichkeit. Aus Sorge um den katastrophalen Zustand der Umwelt in der DDR wurden alle ökologisch engagierten Bürger und bestehenden Basisgruppen aufgefordert, sich zu einer Partei zusammenzuschließen. Zu den Initiatoren des Aufrufes zählten Vertreter des unabhängigen „Netzwerkes Arche" sowie verschiedene im Schutze der Kirchen tätige Umweltgruppen und Mitglieder der „Gesellschaft für Natur und Umwelt", die im Rahmen des Kulturbundes aktiv waren.

Diese breite ökologische Basis war sich jedoch uneins über die Notwendigkeit einer Parteigründung. Die Mehrheit war der Meinung, dass ein Unabhängiger Umweltbund die bessere Organisationsstruktur sei. Am 26. November 1989 kam es daher zur Konstitution der Grünen Liga. Deren Mitglieder wollten sich themenbezogen in die Politik einbringen, ohne selbst eine politische Partei zu werden. Zwei Tage zuvor war bereits die Gründung der Grünen Partei erfolgt. Zum ersten, noch provisorischen Sprecherrat gehörten u. a. Marianne Dörfler, Carlo Jordan (der bereits 1988 zu den Mitbegründern von „Arche – grün-ökologisches Netzwerk in der Evangelischen Kirche" gehörte), Henry Schramm und die 1988 aus der DDR ausgewiesene Vera Wollenberger, die gerade aus Großbritannien zurückgekehrt war.

Der Programmparteitag der Grünen Partei fand vom 9. bis 11. Februar 1990 in Halle statt. Sie besaß zu diesem Zeitpunkt etwa 3.000 Mitglieder. Die Grüne Liga führte ihre ordentliche Gründungsversammlung am 3. Februar 1990 in Schkopau bei Halle durch; sie verstand sich als überparteilicher Dachverband der Umweltbewegungen in der DDR.

Die Nelken

Die am 13. Januar 1990 gegründete Gruppierung verstand sich als Sammelbecken für parteilose Kommunisten, in der Hauptsache ausgetretene bzw. zu DDR-Zeiten ausgeschlossene SED-Mitglieder. Vorsitzende waren Brigitte Kahnwald, Michael Czollek und Rainer Bartscher. Als ihr Hauptziel sah die Partei den Kampf für einen sozialistischen Weg an. Sie befürwortete zwar die Marktwirtschaft, wollte aber zur „Sicherung der Bedürfnisse der Menschen" an einer „gesellschaftlichen Rahmenplanung" festhalten. Die Nelken gingen später ein Wahlbündnis mit der VL ein.

Deutsche Soziale Union (DSU)

Die DSU wurde am 20. Januar 1990 als Zusammenschluss von zwölf christlichen, liberalen und konservativen Oppositionsgruppen, die sich überwiegend bereits im November/Dezember 1989 gebildet hatten, in Leipzig gegründet. Die bayerische CSU stand bereits bei der Gründung Pate. Vorsitzender der Partei wurde der Leipziger Pfarrer Hans-Wilhelm Ebeling. Bekanntestes Mitglied war der spätere Innenminister der letzten DDR-Regierung, der Rechtsanwalt Peter Michael Diestel. Die DSU ging später das Wahlbündnis „Allianz für Deutschland" mit der CDU und dem DA ein.

Unabhängiger Frauenverband (UFV)

Die unabhängige Frauenbewegung konnte auf lange Traditionslinien in der DDR zurückgreifen: „Frauen für den Frieden", Anfänge einer feministischen und einer Lesben-Bewegung u. a. Viele regionale Gruppen drängten seit November 1989 auf organisatorische Vereinigung. Auf einem Frauenkongress in der Berliner Volksbühne wurde am 2. Dezember das „Manifest für eine autonome Frauenbewegung" verabschiedet. Der Gründungskongress des UFV fand aber erst am 17. Februar 1990 in Ostberlin statt. Die Delegierten sprachen sich für das bereits am 14. Februar vereinbarte Wahlbündnis mit der Grünen Partei der DDR aus. Sprecherinnen des UFV wurden Tatjana Böhm und Ina Merkel.

Die Angaben wurden zusammengestellt aus:

Fischer Weltalmanach: Sonderband DDR. Frankfurt am Main 1990 (Fischer Taschenbuchverlag), S. 293 f.

Hubertus Knabe (Hrsg.): Aufbruch in eine andere DDR. Reformer und Oppositionelle zur Zukunft ihres Landes. Reinbek bei Hamburg 1989 (rororo aktuell), S. 156–170.

Helmut Müller-Enbergs/Marianne Schulz/Jan Wielgohs (Hrsg.): Von der Illegalität ins Parlament. Berlin 1992 (Ch. Links Verlag).

Ehrhart Neubert: Geschichte der Opposition in der DDR 1949–1989. Bonn/Berlin 1997 (bpb und Ch. Links Verlag), S. 835–840.

Ders.: Unsere Revolution. Die Geschichte der Jahre 1989/90. München/Zürich 2009 (Piper Verlag), S. 74–91.

Namen ‚Neues Forum'?" Besonders in der Forderung, nicht länger „einen Staat von Bütteln und Spitzeln" ertragen zu wollen, meinten die Plauener Genossen die „konterrevolutionären Ziele" dieser Vereinigung entdeckt zu haben. Und wie um sich selbst zu trösten, heißt es am Schluss des Pamphlets: „Ganz nebenbei bemerkt, nicht viele haben Plattform 89 gelesen."

Hier irrten die Genossen gewaltig. Überall im Land gärte es. Künstler unterschiedlicher Sparten verfassten, inspiriert vom Aufruf des NF, eigene Protestresolutionen, die sie bei Ausstellungseröffnungen oder allabendlich vor ihren Theateraufführungen und Konzerten auf offener Bühne verlasen. So auch die Schauspieler des Dresdner Theaters[1] oder viele namhafte Rockmusiker, Liedermacher und Schlagersänger der DDR, darunter Tamara Danz, André Herzberg, Toni Krahl, Frank Schöbel, Gerhard Schöne, Hans-Eckardt Wenzel. In dem gemeinsam verfassten und am 18. September unterzeichneten Aufruf, der als „Rocker-Resolution" in die Geschichte des Herbstes 1989 einging,[2] heißt es: „Wir, die Unterzeichner dieses Schreibens, sind besorgt über den augenblicklichen Zustand unseres Landes, über den massenhaften Exodus vieler Altersgenossen, (...) über die unerträgliche Ignoranz der Staats- und Parteiführung, die vorhandene Widersprüche bagatellisiert und an einem starren Kurs festhält (...). (Wir haben) den Aufruf des Neuen Forums zur Kenntnis genommen und finden in dem Text vieles, was wir selber denken, und noch mehr, was der Diskussion und des Austauschs wert ist. (...) Wir wollen in diesem Land leben, und es macht uns krank, tatenlos mit ansehen zu müssen, wie Versuche einer Demokratisierung, Versuche der gesellschaftlichen Analyse kriminalisiert bzw. ignoriert werden. Wir fordern jetzt und hier sofort den öffentlichen Dialog mit allen Kräften" (zitiert nach Lindner 2008, S. 201). Die gesellschaftliche Breitenwirkung der Rocker-Resolution war enorm. Bereits drei Wochen später musste die Stasi eingestehen, dass sie bis dahin „etwa 30.000 Teilnehmern öffentlicher Veranstaltungen zur Kenntnis gebracht" worden war (ebd., S. 202). „Das Publikum reagierte", so erinnert sich Toni Krahl, „generell mit Gejohle und Gepfeife – eben positiv. Die standen (nach dem Konzert) backstage, wo mein Kleinbus parkte, Schlange. Da hatte ich 'nen Computer drin, der wie wild druckte", um die Resolution für die Fans zu vervielfältigen (in: Eichhorn 2005, S. 127).

Selbst in den bis dahin stets linientreuen Blockparteien LDPD und CDU wurden erste Proteste laut. Bereits am 10. September schickten die Mitglieder der Thüringischen Landeskirche, Martina Huhn, Christine Lieberknecht, Martin Kirchner und Gottfried Müller, die „sich als Sprachrohr der Parteibasis verstanden" (Buchstab 1995, S. 536), ihren „Brief aus Weimar" an die Mitglieder und Vorstände der CDU: „Wir bitten sie, mit uns darüber nachzudenken, welchen Beitrag die CDU für die Lösung der akuten gesellschaftlichen und politischen Probleme leisten kann. Wir sind davon überzeugt, dass die Partei mehr vermag, als sie sich

1 Seit dem 4. Oktober 1989 verlasen sie allabendlich „einen Aufruf, in dem u. a. das Recht auf Information, Pluralismus im Denken und Reisefreiheit gefordert wurden" (Richter 2009, S. 222).

2 Bei Toni Krahl – Sänger der Gruppe „City" und Vorsitzender der Sektion Rock beim Komitee für Unterhaltungskunst – war das Gefühl herangereift, „dass man nicht stumm zusehen dürfe, wie das Land den Bach runtergeht." Zusammen mit anderen Musikern suchte er am 14. September 1989 Bärbel Bohley auf. Die gab ihnen den Aufruf des NF und ließ sie allein. „Dann fing die Eierei an. Jeder fand irgendwelche Lücken oder eine Stelle, die ihm nicht so recht zusagte. Ich hatte das Gefühl: Keiner ist mutig genug, zu unterschreiben." Vier Tage später trafen sie sich erneut in einem größeren Kreis, um einen eigenen Text zu verfassen. „Wir waren so an die 50 Leute. Wer sich einen Text ausgedacht hatte, las den vor, und danach wurde diskutiert" (in: Eichhorn 2005, S. 126 f.). Am Ende stand die Resolution, und die Musiker ließen sich künftig weder durch Einschüchterungsversuche staatlicher Stellen noch durch Konzertabsagen davon abbringen, sie öffentlich zu verlesen.

15. Oktober 1989: In der mit 3.000 Besuchern überfüllten Berliner Erlöserkirche solidarisieren sich bekannte DDR-Musiker, u. a. von den Bands „Pankow" (Jürgen Ehle und André Herzberg, außen r.) und „Silly"(Tamara Danz, Mitte), offen mit der Opposition.

ullstein bild

G e m e i n s a m e   E r k l ä r u n g

Am 4. Oktober 1989 haben sich Vertreter

der Bürgerbewegung Demokratie Jetzt,
des Demokratischen Aufbruchs,
der Gruppe Demokratischer SozialistInnen,
der Initiative Frieden und Menschenrechte,
der Initiativgruppe Sozialdemokratische Partei in der DDR,
des Neuen Forums
sowie Vertreter von Friedenskreisen

zusammengefunden, um Möglichkeiten gemeinsamen politischen Handelns zu besprechen.
Wir begrüßen die sich entwickelnde Vielfalt der Initiativen als Zeichen des Aufbruchs und des wachsenden Mutes, eigene politische Positionen öffentlich zu vertreten.
Uns verbindet der Wille, Staat und Gesellschaft demokratisch umzugestalten.
Es kommt darauf an, einen Zustand zu beenden, in dem Bürgerinnen und Bürger dieser Gesellschaft nicht die Möglichkeit haben, ihre politischen Rechte so auszuüben, wie es die Menschenrechtskonventionen der Vereinten Nationen und die KSZE- Dokumente verlangen.
Wir erklären uns solidarisch mit allen, die wegen ihres Einsatzes für diese Ziele verfolgt werden. Wir setzen uns ein für die Freilassung der Inhaftierten, die Aufhebung ergangener Urteile und die Einstellung laufender Ermittlungverfahren.
Wir halten es für vorrangig, in unserem Lande eine Diskussion darüber zu eröffnen, welche Mindestbedingungen für eine demokratische Wahl einge - halten werden müssen :

Sie muß unterschiedliche politische Entscheidungen ermöglichen.
Sie muß geheim sein, d.h. die Wähler sind verpflichtet, eine Wahlkabine zu benutzen. Sie muß frei sein, d.h. niemand darf durch Druck zu einem bestimmten Wahlverhalten genötigt werden.

Die nächsten Wahlen sollten unter UNO- Kontrolle stattfinden.
Wir wollen zusammenarbeiten und prüfen, in welchem Umfang wir ein Wahl - bündnis mit gemeinsamen eigenen Kandidaten verwirklichen können.
Um unser Land politisch zu verändern, bedarf es der Beteiligung und der Kritik aller. Wir rufen alle Bürgerinnen und Bürger der DDR auf, an der demokratischen Erneuerung mitzuwirken.

Angelika Barbe (Initiativgruppe SDP)
Marianne Birthler (Initiative Frieden und Menschenrechte)
Ibrahim M. Böhme (Initiativgruppe SDP)
Rainer Eppelmann (Demokratischer Aufbruch)
Martin Gutzeit (Initiativgruppe SDP)
Barbara Hähnchen (Friedenskreis Pankow)
Heinz Küchler (Demokratie Jetzt)
Kathrin Menge (Neues Forum)
Rudi Pahnke (Demokratischer Aufbruch)
Sebastian Pflugbeil (Neues Forum)
Gerd Poppe (Initiative Frieden und Menschenrechte)
Ulrike Poppe (Demokratie Jetzt)
Werner Schulz (Friedenskreis Pankow)
Dr. Wolfgang Ullmann (Demokratie Jetzt)
Reinhard Weidauer (Demokratischer Aufbruch)
und ein Vertreter der Gruppe Demokratischer SozialistInnen

Archiv Bernd Lindner

selbst bis jetzt zutraut. (...) 1. innerparteilich, 2. in der Gemeinschaft des Demokratischen Blockes, 3. in der gesamten Gesellschaft" (in: Victor 1992, S. 128 f.). Gefordert wurden auch hier öffentliche Meinungsbildung, Rechtsstaatlichkeit und eine kritische Überprüfung des „historisch überholten" Wahlverfahrens der DDR (ebd., S. 131). Im Gegensatz zu den Erklärungen der Bürgerbewegungen spielen in dem Brief aus Weimar aber auch „Reisefragen" eine wichtige Rolle: „Die Möglichkeit, nach eigenem Ermessen ins Ausland reisen zu können, stellt für die meisten DDR-Bürger einen außerordentlich hohen Wert dar. Der Reisefrage kommt daher bei politischen Entscheidungen eine hohe Priorität zu" (ebd., S. 132). Die Parteispitze der CDU schwieg dazu.

Als erster führender Politiker innerhalb des „Demokratischen Blockes" stellte der LDPD-Vorsitzende Manfred Gerlach bereits ab Juni 1989 in verschiedenen Artikeln der Parteizeitung „Der Morgen" die Informations- und Medienpolitik der SED infrage. Mit den ebenfalls im „Morgen" veröffentlichten Worten „Widerrede ist nicht Widerstand" solidarisierte er sich dann am 30. September sowohl mit den Bürgerrechtlern als auch mit den (ersten) Demonstranten auf den Straßen der DDR. Mitte Oktober 1989 stellte er dann das Machtmonopol der SED nachdrücklich infrage und forderte grundlegende Reformen. All dies brachte Gerlach für kurze Zeit in eine innenpolitische Sonderrolle und trug ihm den Ruf eines Reformers ein. Auch im Westen wurde er verstärkt beachtet. Sechs Wochen später trat er den Vorsitz des Staatsrates (6. Dezember 1989 bis März 1990) an.[1]

Unbeeinflusst durch die Absatzbewegungen der ehemaligen „Blockflöten"[2] von der SED-Macht, setzte sich die Flucht- und Ausreisebewegung aus der DDR fort. Die Massendemonstrationen in Leipzig und anderswo bekamen zunehmend Gewicht; aber auch der Formierungsprozess der Bürgerbewegung war noch nicht abgeschlossen. Nachteilig be-

1 Zwei Jahre später, im Februar 1992, wurde gegen Gerlach ein Parteiverfahren eingeleitet, weil er in der SBZ Mitglieder der LDPD bei den sowjetischen Militärbehörden denunziert haben soll. Dem Ausschluss aus der F.D.P., der er seit August 1990 angehörte, kam er durch Austritt zuvor. Später wurde auch gerichtlich gegen ihn vorgegangen.

2 Spottname der Bevölkerung für die Mitglieder der Blockparteien in der DDR.

Robert-Havemann-Gesellschaft/Matthias-Domaschk-Archiv – Jürgen Nagel

‹ Links: „Gemeinsame Erklärung“ der verschiedenen Gruppen der Bürgerbewegung vom 4. Oktober 1989. Rechts: Verlesung der „Gemeinsamen Erklärung“ am 6. Oktober 1989 in der Berliner Erlöserkirche im Rahmen der Zukunftswerkstatt „Wie weiter DDR?“; v. r. n. l.: Ibrahim Böhme (SDP), Hans-Jürgen Fischbeck (DJ), Ehrhart Neubert (DA), Rainer Eppelmann (DA), Wolfram Hülsemann (DA), Ulrike Poppe (DJ) und Werner Fischer (IFM)

merkbar machte sich beizeiten ihre Zersplitterung in viele kleine Gruppen. Sie zu überwinden gab es mehrere Anläufe. Am 24. September 1989 trafen sich in der Leipziger Markuskirchengemeinde rund 50 Vertreter der unterschiedlichen oppositionellen Gruppen zu einer Beratung über das weitere Vorgehen. Die von den Leipziger Veranstaltern geplante gemeinsame „Demokratische Initiative“[3] kam aber nicht verbindlich zustande. Verfasst wurde jedoch eine gemeinsame Protestresolution gegen die Entscheidung des DDR-Innenministeriums, das NF nicht zuzulassen.

Am 4. Oktober versammelte Pfarrer Rainer Eppelmann in Berlin Vertreter aller Bürgerbewegungen und verschiedener Berliner Basisgruppen (insbesondere vom „Friedenskreis Pankow“), um „Möglichkeiten gemeinsamen politischen Handelns“ (zitiert nach Rein 1989, S. 122) zu besprechen. Eine „Gemeinsame Erklärung“ wurde beschlossen. In ihr wird die „sich entwickelnde Vielfalt der Initiativen als Zeichen des Aufbruches und des wachsenden Mutes“ begrüßt und von der Regierung die Einhaltung der KSZE-Verpflichtungen und der UNO-Menschenrechtskonvention gefordert. Vor allem zielte das Papier aber auf eine „demokratische Wahl“ und ein Wahlbündnis der Bürgerbewegungen mit gemeinsamen eigenen Kandidaten.

Die Erklärung wurde erstmals am 6. Oktober 1989 in der Berliner Erlöserkirche im Rahmen der Zukunftswerkstatt „Wie weiter DDR?“ vor ca. 2.000 Besuchern verlesen. Sie richtete sich an die gesamte Bevölkerung, verfasst hatten sie jedoch überwiegend kritische Intellektuelle. Sie dominierten klar die Strategien und Handlungsmuster der unterschiedlichen Bürgerbewegungen.

Es gibt nur wenige Angaben über die soziale Zusammensetzung der DDR-Opposition; sie stammen zudem aus sehr unterschiedlichen Quellen. In der Mehrzahl wurden sie erst im Nachhinein erhoben, tragen also die Gefahr gewisser Verzeichnungen in sich. Die frühesten Angaben lieferte die Staatssicherheit. So kam die Bezirksbehörde Erfurt im Oktober 1989 in einer Analyse der Mitgliederstrukturen des NF und des DA in ihrem Bezirk zu der Einschätzung, „dass sich unter ihnen ca. 30% Pfarrer und kirchliche Mitarbeiter, ca. 30% Angehörige der Intelligenz, ca. 13% Arbeiter, ca. 10% Studenten und ca. 8% Angestellte befinden. Zahlreiche Personen sind Mitglieder der SED bzw. der befreundeten Parteien. Von der altersmäßigen Zu-

3 Der vollständige Name der Gruppe lautete: „Demokratische Initiative – Initiative zur demokratischen Erneuerung der Gesellschaft“ (DI).

Bernd Weu

> Gründungsveranstaltung des „Demokratischen Aufbruchs" am 29. Oktober 1989 im Evangelischen Diakoniewerk „Königin Elisabeth" in Ostberlin. Pfarrer Friedrich Schorlemmer im Gespräch mit der Autorin Daniela Dahn.

HdG/ZFL

Wahlplakat des „Demokratischen Aufbruchs" (DA) zur Volkskammerwahl am 18. März 1990

sammensetzung befinden sich bisher ca. 50% der Teilnehmer im Alter von 25 bis 40 Jahren, ca. 30% im Alter zwischen 16 und 25 Jahren und ca. 20% im Alter über 40 Jahre. Dabei ist festzustellen, dass sich der Anteil von Personen über 25 Jahren weiter erhöht" (zitiert nach Dornheim 1995, S. 30).

Diese Angaben decken sich weitgehend mit den Ergebnissen einer Befragung von 356 Teilnehmern der Vollversammlung der Berliner Sektion des NF im Dezember 1989. Hier betrug der Anteil der Intelligenz 39%, 19% waren Angestellte, 12% Arbeiter, je 10% waren Auszubildende (Studenten, Lehrlinge, Schüler), „Leiter" oder gehörten zu sonstigen Gruppen (Hausfrauen, Freiberufler, Handwerker). Der Anteil der Intelligenz war, gemessen am Bildungsabschluss, aber tatsächlich noch höher, „denn die Hälfte (...) wies eine Hochschul- und 21% eine Fachschulausbildung aus" (Schulz 1992, S. 20 f.). Die altersmäßig stärkste Gruppe stellten mit 37% die 26- bis 35-Jährigen. Nur 5% waren über 55 Jahre. Alle anderen Altersgruppen (16 bis 25, 36 bis 45, 45 bis 55 Jahre) waren mit ca. 20% im „Neuen Forum" vertreten. Die Mehrzahl der Mitglieder (63%) waren Männer. Zum Zeitpunkt der Erhebung zeigten die Mitglieder und Sympathisanten eine hohe Bereitschaft, sich in den politischen Gestaltungsprozess einzubringen. 84% erklärten ihre Bereitschaft, themenbezogen mitzuarbeiten.

Im Verlauf des Herbstes '89 kamen mit den Grünen, den linksorientierten „Nelken", dem Unabhängigen Frauenverband (UFV), der konservativen Deutschen Sozialen Union (DSU) u. a. weitere Gruppen mit einem spezifischen Profil und einer speziellen Klientel zur Bürgerbewegung hinzu (> Seite 75/76). Diese „ausgeprägte Arbeitsteilung" behielten die Gruppen auch in der anschließenden Phase „ihrer Institutionalisierung" (vgl. Blattert/Rink/Rucht 1994) bei.

Gerade diese hochgradige Spezialisierung wie auch das weitgehende Fehlen territorialer Strukturen waren weitere Gründe dafür, dass die Bürgerbewegungen im Verlauf des nächsten halben Jahres schrittweise ihren Einfluss auf den Umgestaltungsprozess in der (Noch-)DDR verloren. Zugleich hätte dieser Prozess ohne ihren entschiedenen Einsatz in der Frühphase der Friedlichen Revolution kaum je das Potenzial für einen politischen Umsturz entfalten können. Auch wenn es monatelang schwierig war, „eine hinreichende interne Kommunikation herzustellen", gelang „den neuen Organisationen" doch ein „Aufbrechen der Erstarrung", in die das Land verfallen war. Und „fast überall entstand eine neue Art der öffentlichen Präsentation" (Neubert 2008, S. 73 ff.).

BÜRGERBEWEGUNGEN UND NEUE PARTEIEN 1989/90

1989

Februar 1989: Der evangelische Theologe Hans-Jochen Tschiche findet bei einem Treffen des Netzwerks „Frieden konkret“ in Greifswald keine Mehrheit für seinen Vorschlag, eine „Vereinigung zur Erneuerung der Gesellschaft“ zu gründen.

11. März: Die „Initiative Frieden und Menschenrechte“ (IFM) veröffentlicht einen Aufruf, mit dem sie ihre republikweite Ausbreitung vorbereitet.

21./22. Juni: Eine Initiativgruppe kirchlicher Mitarbeiter, darunter Rainer Eppelmann und Edelbert Richter, verständigt sich über die Bildung einer oppositionellen Gruppe, aus der später der „Demokratische Aufbruch“ (DA) hervorgeht.

24. Juli: Die evangelischen Theologen Martin Gutzeit und Markus Meckel verfassen einen Aufruf zur Bildung einer Sozialdemokratischen Partei in der DDR (SDP) und bringen ihn in Umlauf.

13. August: Mitglieder der „Initiative für Absage an Praxis und Prinzip der Abgrenzung“ und anderer Gruppen sprechen bei einem Treffen in der Berliner Bekenntnisgemeinde erstmals öffentlich von der Bildung einer „oppositionellen Sammlungsbewegung zur demokratischen Erneuerung der DDR“.

31. August: Die „Initiative zur Gründung einer Sozialdemokratischen Partei“ in der DDR“ (SDP) wird über die Medien der Bundesrepublik in der DDR bekannt.

4. September: Ein Appell „Für eine Vereinigte Linke in der DDR“ der „Böhlener Plattform“ beginnt in der DDR in hektografierten Abzügen zu kursieren.

9./10. September: Gründungsversammlung des „Neuen Forums“ (NF) in Grünheide bei Berlin. Ihren Aufruf „Aufbruch 89“ unterzeichnen im Verlauf des Herbstes '89 etwa 200.000 Menschen in der DDR.

10. September: „Brief aus Weimar“ an die Mitglieder und Vorstände der Ost-CDU, der ein stärkeres Engagement der Blockpartei für Veränderungen in der Gesellschaft einklagt.

12. September: Gründung der Bürgerbewegung „Demokratie Jetzt“ (DJ) in Berlin.

14. September: Der DA tritt erstmals mit einem Flugblatt in Erscheinung.

15. September: DJ veröffentlicht während der Bundessynode der Evangelischen Kirche in der DDR in Eisenach den „Aufruf zur Einmischung in eigener Sache“.

18. September: 50 bekannte Unterhaltungskünstler der DDR solidarisieren sich mit dem NF und verfassen ihre „Rocker-Resolution“, die von nun an vor ihren Konzerten überall im Land verlesen wird.

19. September: Mitglieder des NF beantragen beim Innenministerium der DDR und in den Bezirken die Zulassung des NF als „Vereinigung“.

21. September: Die SED-Führung lehnt diesen Antrag ab und bezeichnet das NF als „staatsfeindliche Plattform“; seine Anhänger werden damit kriminalisiert.

24. September: Ca. 50 Vertreter unterschiedlicher oppositioneller Gruppen treffen sich in der Leipziger Markuskirchengemeinde zu einer Beratung über ihr weiteres Vorgehen.

30. September: LDPD-Vorsitzender Manfred Gerlach äußert sich im „Morgen“ vorsichtig-kritisch zur Politik der SED.

1. Oktober: Die Gründungsversammlung des DA – von der Polizei stark behindert – legt eine „Programmatische Erklärung“ vor.

2. Oktober: Treffen der Koordinierungsgruppe der „Vereinigten Linken“ (VL) in der Berliner Umweltbibliothek.

4. Oktober: Vertreter aller Bürgerbewegungen und verschiedener Berliner Basisgruppen beraten in Berlin über Möglichkeiten gemeinsamen politischen Handelns und verabschieden eine Erklärung.

6. Oktober: Erklärung des „Neuen Forums“ zum 40. Jahrestag der DDR; bereits ca. 10.000 Unterschriften für dessen Legalisierung liegen vor.

7. Oktober: In Schwante/Kreis Oranienburg wird die SDP gegründet.

29./30. Oktober: Der DA wird auf der Delegiertenversammlung vorläufig als Partei konstituiert.

8. November: Das Innenministerium der DDR bestätigt die Anmeldung des NF als Vereinigung.

26. November: Konstitution der „Grünen Liga“.

16./17. Dezember: Endgültige Parteigründung des DA auf dem Parteitag in Leipzig 1989.

1990

13. Januar: Gründung der marxistischen Partei „Die Nelken“ in Berlin.

20. Januar: Die „Deutsche Soziale Union“ (DSU) wird als Zusammenschluss von zwölf christlichen, liberalen und konservativen Gruppen in Leipzig gegründet.

27./28. Januar: Das NF verabschiedet in Ostberlin Programm und Statut.

3. Februar: Gründungsversammlung der „Grünen Liga“ in Schkopau.

9.–11. Februar: Programmparteitag der „Grünen Partei“ in Halle.

17. Februar: Gründungskongress des „Unabhängigen Frauenverbandes“ (UFV) in Berlin.

KAPITEL 7

Leipzig, 9. Oktober 1989: Angst und Unsicherheit liegen über der Stadt.
70.000 mutige Bürger zur Montagsdemonstration und erzwingen den Rückzug

Gille

„Wir bleiben hier!“

Reformwille und erste Demonstrationen

Trotzdem kommen der Staatsmacht.

Die staatlichen Behörden und die SED-Bezirksleitung Leipzig hatten im Juli/August 1989 alles versucht, um die Wiederaufnahme der Friedensgebete nach der Sommerpause „auf unbestimmte Zeit“ auszusetzen. Doch der Kirchenvorstand von Sankt Nikolai ließ sich nicht einschüchtern und bestand auf dem termingerechten Beginn am 4. September 1989. Ende August schrieb Pfarrer Christian Führer an den Oberbürgermeister: „Seit zwei Monaten ist der Termin öffentlich bekannt. (...) Die Menschen kommen am Montag, 17 Uhr. Ein Aussetzen unsererseits würde auf völliges Unverständnis stoßen und zu einer Verschärfung der Situation führen. (...) Ein Missbrauch des Montagsgebetes ist von uns nicht festgestellt worden.“ Eher seien vor der Sommerpause „durch die sichtbare Polizeipräsenz (...) steigende Spannungen zu verzeichnen“ gewesen (in: Dietrich/Schwabe 1994, S. 379).

Nach langen Auseinandersetzungen mit dem Kirchenvorstand der Nikolaikirche

Josef Liedke

Christian Führer, Pfarrer der Leipziger Nikolaikirche, 15. Januar 1989

konnten sich die Basisgruppen ab März 1989 wieder an der Gestaltung der Friedensgebete beteiligen. Damit wurde ihnen erneut Brisanz verliehen. Der Staat reagierte mit einer Vorladung zum 25. August. Pfarrer Führer bat seinen Amtskollegen Rolf-Michael Turek[1] ihn zu begleiten. „Sobald ein Verhör oder Ähnliches anstand, befolgten wir alle eine einfache Regel: unbedingt einen Zeugen mitnehmen. Allein wegen des Gedächtnisprotokolls." Leipzigs Staatsanwalt hielt ihnen vor, „die Sachlage gar nicht durchschauen" zu können, denn längst seien die Kirchen in der DDR „zu einem manipulierten Instrument der westlichen Geheimdienste" geworden, „um in der DDR Unruhe zu stiften und den sozialen Frieden und Sozialismus zu gefährden. Wir bitten Sie daher, diesem Spuk ein Ende zu bereiten. Die Friedensgebete sind Ihnen längst aus dem Ruder gelaufen" (Führer 2008, S. 201). Beide Pfarrer verließen das Büro des Staatsanwalts kommentarlos. Weitere „Einbestellungen" folgten; ihr Ton wurde immer schärfer. Ein leitender Offizier der Staatssicherheit notierte auf einer zentralen Dienstversammlung am 2. September: „Total verhärtete Situation (...) Thema ist so ausgereizt, dass wir kaum Neues machen können. Alle Bedingungen für weitere Provokation sind gesetzt. (...) Auf heißen Montagabend einstellen. Kirche wird voll sein zum Bersten, umlagert von Journalisten. Magirius wird harmlose Rede halten, aber es genügt einziger Funke, um es ‚Denen mal zu zeigen', um eine große Stori [sic!] zu machen. (...) Es darf uns nicht außer Kontrolle geraten" (in: Dietrich/Schwabe 1994, S. 379).

Zu wach waren seinerzeit bei der Staatssicherheit noch die Erinnerungen an die Ereignisse während der Frühjahrsmesse. Am 14. März 1989 waren ca. 300 Ausreisewillige nach dem montäglichen Friedensgebet mit Rufen wie „Lasst uns raus!" und „Stasi raus!" durch das Leipziger Stadtzentrum gezogen. Ein Plakat mit der Aufschrift „Reisefreiheit statt Behördenwillkür" war zu sehen, gefilmt

[1] Turek, seit 1984 Pfarrer der Leipziger Markuskirchengemeinde, war im Mai 1989 federführend an der Aufdeckung der Manipulationen bei den Kommunalwahlen beteiligt. Er stellte sein Pfarrbüro samt Telefon und Vervielfältigungsgerät den Leipziger Basisgruppen und später dem „Neuen Forum" zur Verfügung. Seit Februar 1989 existierte in seinem Gemeindehaus bereits die Leipziger Umweltbibliothek.

[2] Geheime Information des MfS vom Frühjahr 1989; abgedruckt in: „Protest am Messemontag", Leipziger Volkszeitung, 13. März 2009.

I. GERHARD SCHÖNE: DAS WEISSE BAND

Gerhard Schöne, ein bekannter Liedermacher in der DDR, sang dieses Lied erstmals im Juli 1989 auf dem Kirchentag in Leipzig.

An manchen Autos weht heute
ein schlohweißes Band.
Das ist das Zeichen der Leute,
die nichts hält mehr im Land.
Die uns signalisieren,
dass sie kapitulieren,
dass sie es nun aufgeben,
hier noch weiter zu leben.
Trotzig flattert die Binde
wie ein Vorwurf im Winde.
Ich schwöre mir heimlich und leis:
Nie hisse ich Weiß!

Ein schwarzes Band werd ich hissen.
Ich leg Trauer an,
um alle, die uns verließen
und noch gehn irgendwann.
Die sich gern mit uns stritten,
mit uns lachten und litten,
die das Fernweh fortwehte,
die der Wohlstand verdrehte,
die 'ne Lippe riskierten,
irgendwann resignierten
und zogen den trennenden Strich.
Um die trauer ich.

Ein graues Band muss ich tragen
wie ein aschenes Kleid.
Werd nach den Gründen uns fragen.
Wieso kam es so weit?
Vielleicht sind wir mitschuldig,
sind zu lasch, zu geduldig,
leben nicht überzeugend,
fremdem Willen uns beugend,
statt uns wild aufzubäumen.
Bleiben klein, selbst in Träumen.
Und unsre geschlossene Tür
ist ein Grund dafür.

Ein rotes Band lass ich wehen.
Das heißt: Ich bleib hier!
Man kann es nicht übersehen.
Damit sage ich dir:
Ich will hier was bewegen,
mich zur Ruhe nicht legen.
Nicht die Freunde verlieren,
sie mit Mut infizieren.
Wenn ich fall, mich erheben
und es noch nicht aufgeben.
Das Salz auf dem Brot will ich sein,
nicht Zucker im Wein.

Vielleicht knüpf ich noch ein grünes
Band. Wie find'st du das?
So ein verwegenes, kühnes,
wie das Unkraut, das Gras.
Grün kann Hoffnung anstiften,
lässt sich nie ganz vergiften,
quillt aus Ritzen und Mauern,
wird sie einst überdauern.
Es blüht auf und vermehrt sich,
ja, es wuchert und wehrt sich.
Ach, es tut meinen Augen so gut
und macht wieder Mut.

In: Jörg Swoboda: Die Revolution der Kerzen. Christen in der Umwälzung der DDR. Wuppertal/Kassel 1992 (Oncken Verlag), S. 121 f.

HdG/ZFL

Nicht erst seit dem Herbst 1989 galt: „Nikolaikirche offen für alle!"

von westlichen Kamerateams. Auch der massive Einsatz von 850 MfS-Mitarbeitern, Polizisten etc. rund um die Nikolaikirche konnte dies nicht verhindern. Die Demonstranten nutzten geschickt die zur Messe „in der Stadt anwesenden westlichen Journalisten, um Öffentlichkeit für ihre Forderungen herzustellen" (Eckert 2009, S. 215). Zugleich garantierte deren Präsenz auch Schutz, denn die Staatssicherheit scheute sich „während der Messe (...) Maßnahmen" zu treffen, „die zu einer verleumderischen Kampagne führen könnten."[2]

Auch das 1. Friedensgebet im Herbst 1989 fiel mit einem Messetermin zusammen. Am Abend des 4. September kam es zu der erwarteten Eskalation. Bürgerrechtler entfalteten nach dem Friedensgebet auf dem überfüllten Nikolaikirchhof drei Transparente, auf denen zu lesen stand: „Für ein offenes Land mit freien Menschen", „Reisefreiheit statt Massenflucht" und „Versammlungsfreiheit – Reisefreiheit". Diese Losungen waren nach all den Ereignissen des Jahres 1989 aus „der Erkenntnis heraus entstanden, dass mit den Machthabern in der DDR nicht mehr zu reden war. Eine Erneuerung oder Veränderung konnten wir uns mit ‚denen da oben' nicht mehr vorstellen", erinnert sich der Bürgerrechtler Uwe Schwabe (1994, S. 9). Und Gesine Oltmanns, Mitinitiatorin der Aktion, ergänzt an anderer Stelle: Wir wollten damit „nicht mehr nur den Zustand, der uns bedrückt, beschreiben, sondern klar formulieren, welche Forderungen wir stellen. Wir wollten (...) diese Forderungen so formulieren, dass sich viel Leute dahinter stellen können, dass sie annehmbar sind für Leute, die hier in diesem Land etwas verändern wollen" (in: Hollitzer/Bohse 2000, S. 354).

Nur ein, zwei Minuten, dann hatten Stasi-Mitarbeiter in Zivil die drei Transparente wieder heruntergerissen. Die Ausreisewilligen unter den Demonstranten reagierten mit Sprechchören: „Wir wollen raus! Wir wollen raus!" und „Freiheit! Freiheit!" Sie skandierten ihre Losungen direkt in die auf Autodächern stehenden Kameras westdeutscher Fernsehsender, die (eigentlich) zur Berichterstattung über die Herbstmesse in der Stadt weilten.

Leipzig, 11. September 1989, Festnahmen nach dem Friedensgebet

Marko Lakomy

HdG/ZFL – A. Forbrig / I. Langer

Aufkleber aus dem Herbst 1989

Plötzlich schallte ihnen vom anderen Ende des Platzes – wie ein trotziges Echo – zum ersten Mal der Ruf „Wir bleiben hier!" entgegen.[1] Zwei Stunden später bereits eröffnete die ARD-„Tagesschau" mit den dramatischen Bildern ihre Hauptnachrichtensendung: „Guten Abend, meine Damen und Herren. In Leipzig ist es am Abend nach einem Gottesdienst in der Nikolaikirche zu einer Demonstration von mehreren hundert Menschen gekommen", verkündete der Sprecher. Und der Filmkommentar präzisierte: „Über 1.000 Demonstranten, zur Hälfte Ausreisewillige, zur Hälfte oppositionelle Gruppen, die bleiben wollen, aber für Reformen im Land auf die Straße gehen und dafür hohe Geldstrafen und neuerdings auch Haftstrafen riskieren" (Hollitzer/Bohse 2000, S. 352), seien dort versammelt gewesen. An diesem Tag erreichte – sichtbar für Millionen an den Bildschirmen in Ost und West – die Eroberung der Straße als Aktionsfeld des politischen Protestes in der DDR eine neue Dimension.[2]

Die Leipziger Montagsdemonstration vom 4. September gilt daher zu Recht als Beginn einer langen Reihe von Protestzügen, die im Herbst 1989 – unter ständig wachsenden Teilnehmerzahlen[3] – nach und nach das ganze Land erfassten. Auch wenn ein von Bürgerrechtlern für diesen Tag geplanter Zug um die Innenstadt (noch) nicht zustande kam,[4] enthielt diese erste größere Demonstration auf dem Nikolaikirchplatz bereits viele der Elemente, die in den folgenden Wochen – nicht nur in Leipzig – eine tragende Rolle in der Friedlichen Revolution spielen sollten. Denn trotz aller sich in den folgenden Wochen nach und nach herausbildenden regionalen Spezifika weist der Verlauf der Demonstrationen in der DDR dennoch eine Reihe übergreifender Gemeinsamkeiten auf:

- Nach einem Friedensgebet (oder ähnlichen Veranstaltungen in kirchlichen Räumen) kommt es rund um die Kirche zu einer Menschenansammlung, die zum Ausgangspunkt einer Demonstration wird;
- Losungen und Sprechchöre werden von Demonstranten skandiert, später auch Transparente entfaltet;
- ermutigt vom Erfolg dieser ersten Protestaktion kommen nun wöchentlich zunehmend mehr Demonstranten am gleichen Ort zusammen, bis die Staatsmacht vor ihnen kapituliert.

Anders als in anderen Orten der DDR wurde der Beginn der Montagsdemonstrationen in Leipzig jedoch dadurch begünstigt, dass Kameras westlicher Fernsehstationen den Hergang der Ereignisse filmten. Die Ausstrahlung der Bilder wirkte als zentraler Multiplikator der Botschaften der Demonstranten nach „innen" (in die DDR hinein) wie nach „außen". Zugleich verhinderte die Anwesenheit der westlichen Medien an diesem 4. September die polizeiliche „Zuführung" von Demonstranten.

Die so in Gang gekommene Abfolge der revolutionären Ereignisse im Herbst 1989 und Frühjahr 1990 in der DDR gliedert sich – übergreifend betrachtet – in vier, sich zeitlich zum Teil überlagernde Etappen:

- 1. Etappe: die Bewusstwerdung der eigenen Kraft (4. September – 9. November 1989);
- 2. Etappe: die Politisierung der Unpolitischen (Ende September – 9. November 1989);
- 3. Etappe: das (Schock-)Erlebnis Pluralismus (9. November 1989 – Januar 1990);
- 4. Etappe: die Rückdelegierung des politischen Handelns an die Berufspolitiker (Januar – März 1990).

Politischer Protest gegen die SED-Herrschaft war in der DDR lange Zeit eine Sache von Minderheiten. Viele suchten für sich in der Flucht oder der Übersiedlung in den Westen einen individuellen Ausweg aus den als unerträglich empfundenen Umständen. Die Mehrheit der Bevölkerung jedoch schwieg und richtete

1 Wie bei vielen zentralen Losungen des Herbstes 1989 reklamierten später mehrere Demonstranten die Urheberschaft für diesen Ruf; unter ihnen Pfarrer Führer: „ (...) und ich sagte unter dem Eindruck des ‚Wir wollen raus': ‚Wir bleiben hier'. Die unten [vor dem Balkon des Pfarrhauses – B.L.] freuten sich, lachten und sagten: ‚Wir bleiben hier.' Also so eine Art Verständigung" (in: Hollitzer/Bohse 2000, S. 356). Anders erinnert sich Johannes Pietsch, damals Abiturient an der Dimitroff-Oberschule, der einem seiner Mitschüler (F. K.) die Erfindung der Losung zuschreibt (Erlebnisbericht, 2004; diese Version bestätigt ein namenloser junger Zeitzeuge in: Kuhn 1992, S. 18). Albrecht Döhnert und Paulus Rummel wollen an diesem Tag dagegen nur den Ruf eines einzelnen Demonstranten: „Ich bleibe hier!" gehört haben, der jedoch „noch keine identifizierbare Wirkung" erzielte (in: Grabner/Heinze/Pollack 1990, S. 149). Als dieser Demonstrant outete sich 2009 Sebastian Hundt aus dem Umfeld der Leipziger Bürgerbewegung (vgl. www.figaro.de/radiotag).

2 Zuvor konnten Bürgerrechtler in der DDR lediglich einmal mit Spruchbändern und Transparenten öffentlich ihre Meinung demonstrieren – im September 1987 während des Olof-Palme-Friedensmarsches. Die um internationale Reputation bemühte SED-Führung hatte damals im Umfeld des Honecker-Besuches in der Bundesrepublik zähneknirschend dafür die Erlaubnis erteilt.

3 Die Angaben der Teilnehmerzahlen bei Demonstrationen und Kundgebungen schwanken bei MfS, Polizei, SED, in den Medien und in den nach 1990 veröffentlichten Chroniken z. T. beträchtlich. Die vorliegende Publikation stützt sich hauptsächlich auf eine von Uwe Schwabe zusammengestellte DDR-weite Chronik der Ereignisse vom August 1989 bis zum April 1990 (in: Ahbe/Hofmann/Stiehler 1999, S. 129–230). Schwabe hat dafür über 50 staatliche, mediale und regionale Quellen ausgewertet. Eine auf das Territorium des heutigen Freistaates Sachsen beschränkte Übersicht des Hannah-Arendt-Instituts findet sich im Internet unter www.hait.tu-dresden.de. Die Sächsische Akademie der Wissenschaften veröffentlichte 2009 ein „Kartenblatt Friedliche Revolution 1989/90 in Sachsen".

sich ein. Erst im Herbst 1989 war auch bei einem größeren Teil von ihr das Maß des Erduldens voll. Die Bereitschaft zum öffentlichen Protest wuchs nun gerade unter denen, die zum Bleiben in der DDR entschlossen waren. Für wenige Wochen schien es, als ob „das Volk“ willens sei, von den Bürgerrechtlern zu lernen. Nicht zuletzt die lautstarken Sprechchöre „Neues Forum zulassen!“ stehen dafür.

Auf den Straßen und Plätzen stellte sich für viele ein vollkommen neues Gefühl ein: Die Bewusstwerdung der eigenen Kraft, wenn man zusammensteht! Der Einzelne erlebte sich als Teil einer von Woche zu Woche anschwellenden Menschenmenge, vereint durch die Unzufriedenheit mit den bestehenden Verhältnissen. So wie es war, konnte es nicht weitergehen! Noch aber wurde nicht hinterfragt, von welcher Position aus die Kritik am „real existierenden Sozialismus“ jeweils erfolgte. Wichtig war vorerst allein der Solidarisierungseffekt, der Wille dazuzugehören.

Keine andere Losung brachte dies so auf den Punkt wie der Ruf „Wir sind das Volk!“. Sie symbolisiert das zentrale mobilisierende Moment der Wochen von Anfang September bis zur Maueröffnung am 9. November 1989. „Die Demonstranten hatten damit eine Selbstbezeichnung gefunden, wie sie treffender nicht hätte sein können“ (Schuller 2009, S. 306).

Viel ist schon über den Ursprung dieser Losung gerätselt worden. Historisch weit zurückliegende Quellen wurden angeführt: Hartmut Zwahr verweist auf Schiller und auf Quellen der Revolution von 1848 (Zwahr 1996, S. 425). Die hat auch Ilko-Sascha Kowalczuk im Blick, wenn er Ferdinand Freiligraths berühmtes Gedicht „Trotz alledem!“ zitiert: „Wir sind das Volk, die Menschheit wir, Sind ewig drum, trotz alledem! (...) Ihr hemmt uns, doch ihr zwingt uns nicht – Unser ist die Welt, trotz alledem!“ (Kowalczuk 2009, S. 403).[5]

Wenn schon nach unterschwellig wirkenden „Zitaten“ gesucht wird, lägen aktuellere wohl näher: Sei es der Film „Taxi Driver“ von Martin Scorsese (entstanden 1975), in dem sein Hauptheld, der New Yorker Taxifahrer Travis, sich in die Wahlkampfhelferin eines konservativen Politikers verliebt, dessen Kampagne unter dem Slogan „We are the people!“ steht.[6] Sei es der Song „Prügelknaben“ der ostdeutschen Punkband „Schleim-Keim“, die schon 1984 sang: „Wir wollen nicht mehr, wie ihr wollt / Wir wollen unsere Freiheit / Wir sind das Volk, wir sind die Macht / (...) / Es ist zu spät, wenn es erstmal kracht“ (vgl. Lindner 2008, S. 166 ff.).

Nachgewiesenermaßen zum ersten Mal im Herbst 1989 wurde die Losung „Wir

4 Lediglich ein Teil der Ausreisewilligen lief, von Sicherheitskräften unbehelligt, unter dem Motto „Freie Fahrt nach Gießen!“ bis zum Vorplatz des Hauptbahnhofes.

5 Vgl. dazu auch Hubert Spiegel: „Wir waren das Volk“, in: Frankfurter Allgemeine Zeitung, 7. Mai 2009, S. B3.

6 In der Synchronfassung auch als „Wir sind das Volk!“ übersetzt.

Großdemonstration am 4. November 1989 in Berlin: Die Losung „Wir sind das Volk!“ ist längst zum Synonym für das neue Selbstbewusstsein der DDR-Bevölkerung geworden, die Privilegien der alten Machthaber schwinden. Rechts vorn: die Schauspieler Jörg Gudzuhn und Jutta Wachowiak.

ullstein bild

Gerhard Gäbler

1 Bestätigt werden Datum und Ort durch weitere Quellen: So die detaillierten Aufzeichnungen von acht Leipzigern, darunter der Autor dieses Buches, die Montag für Montag die Losungen und Transparente der Leipziger Demonstrationen notierten (vgl. Leipziger Demontagebuch 1990, S. 42 ff.). Oder die Notizen von Pfarrer Turek, der damit ausländische Journalisten belieferte (vgl. dazu „Wir sind ein Volk!", Rundfunkfeature von DR Kultur, Erstsendung 2004, http://www.dradio.de/dkultur/sendungen/laenderreport/1031727, und Siegfried Stadler: „Der gute Ruf von Leipzig", in: Süddeutsche Zeitung, 2. Oktober 2004). Die Losung verbreitete sich schnell in der DDR. Bereits am 7. Oktober 1989 erklang sie in Berlin vor dem Palast der Republik, in dem die SED-Führung sich selbst feierte, während das Volk davor seinem Unmut Luft machte (vgl. DR Kultur, a. a. O., sowie MfS BV Rostock, Akte Nr. 111). Am 8. Oktober erklang der Ruf dann auch in Dresden (vgl. Richter 2009, S. 350). Seine rasche Verbreitung wurde durch den engen Kontakt befördert, den die Demonstranten einzelner Städte untereinander hatten. So berichteten Leipziger Montagsdemonstranten regelmäßig in Dresdner Kirchen über die Ereignisse in ihrer Stadt. Auch waren laut MfS unter den Belagerern des Dresdner Hauptbahnhofes am 4. Oktober viele Leipziger Demonstranten, die dort ihre „Erfahrungen feindlich-negativen Wirkens (...) vordemonstrierten" (in: ebd., S. 268). Denkbar ist aber auch, „dass der Ruf aus verschiedenen Anlässen nahezu gleichzeitig entstanden ist. Er lag bei der Fülle der Gelegenheiten in der Luft und verbreitete sich in Windeseile" (Schuller 2009, S. 306).

sind das Volk!" am 2. Oktober in Leipzig gerufen, als der Demonstrationszug auf dem Innenstadtring kurz vor dem „Konsument"-Warenhaus von einer Sperrkette der Volkspolizei mit Hundestaffel am Weiterziehen gehindert wurde. „Als die Polizisten den Lautsprecher einschalteten und sagten: ‚Hier spricht die Volkspolizei', antwortete die Menge: ‚Wir sind das Volk'" (Martin Jankowski in: Hollitzer/Bohse 2000, S. 439; vgl. auch ders. 2007, S. 63).[1]

Eine Losung von ungeheurer Kraft, die schnell die Massen ergriff und dem einzelnen Demonstranten das Gefühl von Zugehörigkeit und Stärke vermittelte, wie sich die Leipzigerin Eva Günther erinnert: „Für mich persönlich war der größte Moment der, als ich ganz allein, ganz für mich in die Menge gelaufen bin und erst leise und dann immer lauter gerufen habe: ‚Wir sind das Volk! Wir sind das Volk!' Ich weiß noch, das war in der Nähe vom Bahnhof. Ich habe Polizei gesehen, aber keine Angst gehabt. Ich habe mich stark gefühlt und die Arme hochgerissen und mir die Seele aus dem Leib geschrien" (in: Lindner/Grüneberger 1992, S. 51). Eva Günther bezieht sich mit ihrer Schilderung offensichtlich auf den 9. Oktober, als die Losung von den Leipziger Demonstranten dann massenhaft gerufen wurde.

Generell sind bei Demonstrationen zwei Typen von skandierten Losungen zu unterscheiden: situative und programmatische. Letztere werden – meist schon vorab von führenden Köpfen der Protestbewegung konzipiert – gezielt als Leitsprüche in Demonstrationen hineingetragen. Massenhaft gerufen, wird ihr Inhalt tatsächlich zum Programm. Für den Verlauf der Demonstrationen in den ersten Wochen des Herbstes 1989 war dagegen typisch, dass aus situativ entstandenen Losungen – hier in direkter Konfrontation mit der bewaffneten Staatsmacht, die sich anmaßte, für das Volk zu stehen – spontan programmatische Leitsprüche wurden, weil ihr Inhalt der noch amorphen Masse der Demonstranten Stabilität und Richtung gab. Denn „die Montagsdemonstranten haben keinen Führer“ (Funken 2008, S. 115) und so entschieden die Demonstranten selbst „im Gang der Ereignisse, einem spontanen Auswahlverfahren des Augenblicks, welcher Text zum Massenruf und zum Massengesang“ taugte (Zwahr 1995, S. 215). Nach und nach kam es zur Herausbildung eines neuen „Wir-Gefühls“, das sich – zeitlich versetzt – in der gesamten DDR als politischer Anspruch ausbreitete. Doch zuvor mussten noch einige angstvolle Wochen durchgestanden werden.

Hielten sich die Sicherheitskräfte in Leipzig am 4. September 1989 – ob der westlichen Medienpräsenz – noch zurück, so setzten sie am darauffolgenden Montag ein bisher nicht gekanntes Potenzial staatlicher Gewalt frei, trotz der appellierenden Rufe der Demonstranten „Keine Gewalt!“. Die Leipziger Bürgerrechtlerin Katrin Hattenhauer berichtet: „Am 11. September war eigentlich nach dem Friedensgebet die Luft raus. Ich wollte nach Hause gehen. Doch man provozierte die Demonstration, indem man für weit über 1.000 Menschen, die aus der Kirche kamen, nur einen schmalen Weg ließ. Es war nicht mehr möglich, zur Seite auszuweichen – gegen Leute, die das versucht haben, wurde Gewalt angewendet. An einer Seite wurden Hunde eingesetzt, man hörte Schreckensrufe. Und dann brach natürlich eine Panik aus. (...) Die Demonstration war dann ein einziger großer Viehtrieb. (...) Dann wickelte sich so ein Mensch meine Haare dreimal ums Handgelenk, und ich fand mich auf dem Lastwagen wieder“ (in: Neues Forum Leipzig 1989, S. 297). Es kam an diesem Tag zu 89 Verhaftungen, darunter auch von zufällig in die Demonstration geratenen Passanten. In Schnellverfahren wurden 22 Personen zu Geldstrafen bis zu 5.000 (DDR-)Mark verurteilt. Insgesamt beliefen sich die Strafsummen auf 63.500 Mark. Weitere 19 Demonstranten wurden per Strafbefehl ohne mündliche Verhandlung zu Haftstrafen zwischen vier und sechs Monaten verurteilt. Sie sollten erst fünf Wochen später wieder freikommen.

In Leipzig schmückten Bürger die Fenster der Nikolaikirche solidarisch mit Blumen. Aber auch überall im Land erhob sich Protest. Zwischen Rostock und Plauen, Magdeburg und Forst wurde mit Fürbittgottesdiensten und Eingaben um die Freilassung der Inhaftierten gekämpft. Eine wachsende Zahl von Menschen war jetzt bereit, Solidarität mit politisch Inhaftierten zu üben.[2] Immer mehr Menschen hatten in diesen Wochen selbst aus nächster Nähe oder im (West-)Fernsehen gesehen, wie friedliche Demonstranten, aber auch Unbeteiligte brutal zusammengeschlagen worden waren. Es konnte jeden treffen! Das mobilisierte Widerstandswillen. Im Gästebuch der Nikolaikirche findet sich unter dem 6. Oktober 1989 der Eintrag: „Ich bleibe hier! Komme was da wolle. Ich will keine Lügen mehr! Komme was da wolle. Ich bin gegen jede Art von Gewalt! Komme was da wolle“ (in: Dietrich/Schwabe 1994, S. 451).

Die Metamorphose des Rufes „Wir wollen raus!“ zu „Wir bleiben hier!“ belegt die entscheidende Entwicklung in den ersten Septemberwochen. Zugleich signalisiert sie eine Veränderung in der Zusammensetzung der Teilnehmerschaft bei den Leipziger Demonstrationen. Die jetzt in und um die Nikolaikirche Versammelten zählten nun mehrheitlich zu den „Hierbleibern“. Gerade das aber spitzte die Situation in den Augen der Machthaber weiter zu, riefen die Demonstranten doch jetzt mehrheitlich „Gorbi, Gorbi!“, „Schließt euch an!“ oder „Freiheit, Gleichheit, Brüderlichkeit!“ und sangen die Internationale. Der Wille zu Reformen im Land wurde immer größer und ließ sich nicht mehr unterdrücken. Der Staat reagierte überall – nicht nur in Leipzig – mit Gewalt.

2 Bereits im November 1987 bzw. im Januar 1988 war es als Reaktion auf die Erstürmung der Berliner Umweltbibliothek durch das MfS bzw. die Verhaftungen von Demonstranten in Berlin bei der Luxemburg-Liebknecht-Demonstration zu landesweiten Fürbittgottesdiensten gekommen (> Seite 13 ff.).

< Als bei der Montagsdemonstration am 2. Oktober 1989 in der angespannten Situation auf dem Leipziger Ring die Losung „Wir sind das Volk!“ zum ersten Mal gerufen wird, ist noch nicht entschieden, wie die Konfrontation mit der Staatsmacht ausgehen wird.

∨ Am 7. Oktober 1989, dem 40. Jahrestag der DDR, lässt die SED in Leipzig Polizisten mit Schlagstöcken und Wasserwerfern gegen wehrlose Passanten vorgehen.

Gerhard Gäbler

Gerhard Gäbler

Gerhard Gäbler

Johannes Beleites

^ Am 25. September 1989 gelingt es Demonstranten in Leipzig erstmals, den innerstädtischen Ring ein Stück zu umrunden. In der Nähe der Reformierten Kirche kehren sie jedoch um. Noch wagen sie sich nicht an der „Runden Ecke", der Bezirksbehörde der Staatssicherheit, vorbei.

v Landesweite Solidarität: Aufruf des Ökumenischen Friedenskreises aus Forst/Neiße zur Fürbittandacht für inhaftierte Leipziger Demonstranten

Maria und Günter Nooke

Der Kordon, den die Polizei um den Nikolaikirchplatz zog, wurde Montag für Montag dichter. Aber auch die Zahl der Menschen, die zum Friedensgebet dorthin strömten, wuchs ständig. Schon längst konnte die Nikolaikirche nicht mehr alle aufnehmen.

Die SED-Führung wurde immer nervöser. Erich Honecker, der nach monatelanger Krankheit am 25. September 1989 wieder in seine Führungspositionen zurückkehrte, ließ die 1. Sekretäre der SED-Bezirksleitungen schon vorab per Fernschreiben wissen, „dass diese feindlichen Aktionen im Keim erstickt werden müssen, dass keine Massenbasis dafür zugelassen wird" (in: Hollitzer/Bohse 2000, S. 383).

Dennoch erlitt er bereits an diesem Tag einen weiteren Rückschlag. Einer seiner standhaftesten Gegner, der „hinlänglich bekannte Pfarrer Wonneberger/Leipzig" (in: Mitter/Wolle 1990, S. 174), wandte sich in seiner Friedensgebetsandacht in der Nikolaikirche gegen jede Form von

ARTE

Gewaltanwendung. Dem Staat schrieb er ins Stammbuch: „Wer Gewalt übt, mit Gewalt droht und sie anwendet, wird selbst ein Opfer der Gewalt. Wer das Schwert nimmt, wird durchs Schwert umkommen. (...) Wer einen Gummiknüppel schwingt, sollte besser einen Schutzhelm tragen. Wer andere blendet, wird selbst blind. Wer andere willkürlich der Freiheit beraubt, hat bald selbst keinen Fluchtweg mehr.“ Wonneberger schloss mit dem Satz: „Wir können auf Gewalt verzichten!“ (in: Hollitzer/Bohse 2000, S. 384). Über 2.000 Menschen verließen friedlich die Kirche, vor der – in den angrenzenden Straßen – bereits weitere tausende Demonstrationswillige auf sie warteten. Die Polizeiketten rund um den Nikolaikirchplatz rissen unter dem Druck der Menge. Die skandierte: „Los gehn, Los gehn!“, bahnte sich den Weg zum nahen Karl-Marx-Platz und von dort auf den innerstädtischen Ring. Am 25. September 1989 kommt es in Leipzig zur ersten großen Montagsdemonstration, die sich über den Nikolaikirchplatz hinaus auf den Ring erstreckte.

Die mehrspurige Ringstraße um die Leipziger Innenstadt erwies sich in den folgenden Wochen als ideale Demonstrationsstrecke, führte sie doch direkt an wichtigen Machtzentralen in der Stadt vorbei – dem Gebäude der Bezirksbehörde der Staatssicherheit (im Volksmund „Runde Ecke“ genannt) und der unmittelbar angrenzenden Bezirksbehörde der Volkspolizei sowie dem Rathaus –, tangierte Universität, Hauptpostamt und Bahnhof ebenso wie die Reformierte Kirche und die Thomaskirche, bevor sie wieder auf den Karl-Marx-Platz stieß. Zwischen Oper und Gewandhaus gelegen, sollte dieser wenige Wochen später zum Ort zentraler Kundgebungen vor den Montagsdemonstrationen werden. Am 25. September zogen insgesamt ca. 8.000 Demonstranten am Hauptbahnhof vorbei bis zum „Konsument“-Warenhaus, etwa ein Drittel des gesamten Ringes. Bis zum Gebäude der Staatssicherheit, nur einige hundert Meter weiter, trauten sie sich an diesem Montag intuitiv nicht. Noch waren die Folgen unberechenbar.

^ Der Plan vollzieht den Zug der Demonstranten um die Leipziger Innenstadt am 9. Oktober 1989 nach. Wichtige Gebäude am Ring und die Uhrzeit, wann sie passiert wurden, sind darin verzeichnet. Berücksichtigung fand dabei auch die SED-Bezirksleitung im Süden der Stadt. Die Karte entstand für die 2010 mit dem Grimme Online Award ausgezeichnete Website „Das Wunder von Leipzig“ von ARTE und dem MDR.

Die Rolle und Bedeutung Wonnebergers in der und für die Protestbewegung in Leipzig ist lange nur ungenügend wahrgenommen worden. Nicht zuletzt hat die Kirchenleitung selbst daran mitgewirkt. Von einem Gehirnschlag, der den Pfarrer der Lukasgemeinde am 30. Oktober 1989 ereilte, gerade genesen, wurde er 1991 von seiner Landeskirche in den Ruhestand versetzt. Andere hatten sich an seiner statt längst in den Mittelpunkt der Medienöffentlichkeit gestellt. Erst 20 Jahre nach der Friedlichen Revolution wurde dem „Vergessenen“ (Focus, 41/2009), dem „verstummten Revolutionär“ (Die Zeit, 42/2009) die gebührende Aufmerksamkeit zuteil: „Wonneberger und nicht Führer war der wichtigste Mann hinter den Friedensgebeten“ (Der Spiegel, 43/2009).

Günter Nooke

> Forst/Neiße, 1. September 1989: Mitglieder des Friedenskreises mischen sich mit ihrem Transparent „Friedensbrücken statt Friedensgrenzen" in eine offizielle Kundgebung zum Weltfriedenstag ein.

So unbestreitbar die Bedeutung Leipzigs für den Verlauf des Herbstes '89 auch sein mag, der Zusammenbruch des SED-Staates wäre nie in dieser atemberaubenden Geschwindigkeit erfolgt, hätten nur die Bürger dieser Stadt demonstriert. Bereits Wochen, bevor in Leipzig die ersten Demonstranten ihre Transparente entrollten, hatten sich seit dem 6. August in Gittersee bei Dresden mehrfach hunderte Umweltschützer und besorgte Bürger versammelt zum Protest gegen den geplanten Bau eines Reinst-Siliziumwerkes, ein Industrieprojekt, das die ganze Umgebung „durch Havariefälle, Mängel in der Investitionsvorbereitung, die Nichteinhaltung von Gesetzen und Grenzwerten" akuten Gefahren aussetzte. Erreicht werden sollte die „Schaffung einer unabhängigen Untersuchungskommission (...) mit dem Ziel der Revision des Standortes" (Keszler 1994, S. 183).

In Neuruppin und Stralsund kam es am 1. September 1989 – dem Weltfriedenstag – zur öffentlichen Einforderung einer wirklichen Friedenspolitik seitens des Staates. Eine Handvoll junger Leute brachte am gleichen Tag in der Grenzstadt Forst an der Neiße den Mut auf, sich mit eigenen Transparenten und Losungen für einen zivilen Wehrersatzdienst in die offizielle Kundgebung des Staates einzubringen. Mit dem Transparent „Friedensbrücken statt Friedensgrenzen" klagten sie zugleich die Schaffung tatsächlicher Verbindungen zu den polnischen Nachbarn statt ideologischer Phrasen ein. „Wir bestanden darauf, an dieser Veranstaltung, zu der offiziell in der Presse eingeladen wurde, teilnehmen zu können" (Nooke 1994, S. 109).

Erste Zeichen waren gesetzt. Angeregt (auch) durch die Ereignisse in Leipzig, kam es dann bis Anfang Oktober in Potsdam, Weißenfels, Bad Schandau, Pirna, Dresden, Werdau, Karl-Marx-Stadt, Magdeburg, Plauen zu ersten, oft noch spontanen Protestaktionen. Hervorgehoben seien die Ereignisse im thüringischen Arnstadt. Hier brachte das Flugblatt eines mutigen jungen Mannes eine ganze Stadt auf die Beine. Im Frühjahr erst war Günther Sattler von seinem Armeedienst zurückgekehrt. Zutiefst unzufrieden mit den Zuständen in der DDR, schrieb er auf einer geborgten Schreibmaschine einen Text in Gedichtform: „Was für ein Leben?" (> Seite 93). Verbunden war dieses Flugblatt, das Sattler ab dem 20. September 1989 nachts heimlich in der Stadt verteilte, mit der Aufforderung, sich zehn Tage später auf dem Arnstädter Holzmarkt zu einer Protestdemonstration einzufinden. Mehrere Hundert Bürger kamen. Günther Sattler fehlte in diesem Moment der Mut, sich zu seinem Aufruf zu bekennen. Andere sprangen spontan ein. „Die Anwesenheit von einigen hundert Menschen gab einem enorme Kraft, über seinen eigenen ängstlichen Schatten zu springen, ich spürte das erste Mal, dass ich nicht mehr alleine bin", so Arnd Effenberger, der spätere Mitbegründer des „Neuen Forums" in Arnstadt (in: Leyh 1994, S. 94).

Viele andere Orte, in denen es Anfang Oktober 1989 zu Protesten kam, lagen nicht zufällig entlang der Bahnlinien, auf denen die Züge mit den Botschaftsflüchtlingen aus Prag und Warschau in die Bundesrepublik fuhren; zuerst in der Nacht vom 30. September zum 1. Oktober, in der sechs Züge mit 5.283 Personen über den Grenzübergang Gutenfürst und 842 über Marienborn ausreisten (vgl. Richter 2009, S. 251). Tausende versammelten sich hier in der Hoffnung, noch auf die Züge aufspringen zu können; nur wenigen gelang es (ebd.). Nachdem die Regierungen der DDR und der ČSSR am Nachmittag des 3. Oktober gemeinsam die Aussetzung des visafreien Reiseverkehrs beschlossen hatten, schien dies die letzte Möglichkeit zu sein, noch

II. „DIE LEUTE WACHRÜTTELN …“

Arnstadt im Herbst 1989

Diese erste Demonstration kam nach einem anonymen Flugblatt zustande, welches seit dem 20.9.1989 in Arnstadt kursierte. Wochenlang suchte die Stasi fieberhaft den Verfasser. (...) Günther Sattler (geb. 1964) (...) wusste nicht, wie er seine Unzufriedenheit mit dem Staat DDR für sich lösen konnte. „Ich habe mit Bekannten darüber gesprochen, alle haben geschimpft. Aber keiner hat sich irgendwie getraut, was zu machen. (...) ich wollte mich nicht ständig selbst belügen. (...) irgendwann war es dann soweit.“ (...)

Eine Einzelaktion sollte es werden, die die „Leute wachrüttelt. (...) Da ist mir das mit den Flugblättern eingefallen.“ Von einem Bekannten lieh er sich unter einem Vorwand am 17.9.1989 dessen Schreibmaschine. Im Laufe von drei Abenden schrieb er seine ersten Entwürfe. Am Mittwochabend, es war der 20.9.1989, unternimmt er die erste Klebetour (...). Von 23.00 Uhr an läuft er durch die Stadt (...). „Als ich zur Sparkasse zurückkam, stellte ich fest, dass die ersten Flugblätter bereits fehlten. Polizeiwagen standen umher. Ich bin wieder nach Hause gegangen, die innere Aufregung abzubauen.“ (...) setzt er sich an die Maschine und tippt erneut. „Überall war Polizei, so viele habe ich in Arnstadt ganz selten gesehen. Gegen fünf kam ich nach Hause. (...) Nervös erlebt Günther S. den nächsten Tag. Bei jedem Klingeln zuckt er zusammen. Vor Augen sieht er, wie die Polizei seine Fingerabdrücke von den Flugblättern abnimmt. (...) In allen öffentlichen Institutionen werden die Schreibmaschinen überprüft, ein ganz bestimmter Typ, eine Mercedes, wird gesucht. (...)

Das Flugblatt beginnt in Arnstadt Wirkung zu zeigen. Bürger vervielfältigen das Flugblatt, die darin enthaltene Information vom Treffen am 30.9.1989 am Holzmarkt wird durch Mundpropaganda weitergegeben. Über Arnstadt hinaus taucht in Gaststätten der umliegenden Dörfer das von Günther S. verfasste Flugblatt auf, ohne dass er je dort gewesen ist. Zwei Schüler werden kurzzeitig verhaftet, als sie beim Verteilen der Flugblätter erwischt werden. Für Günther S. ist dies alles Bestätigung der Richtigkeit seines Tuns. Er setzt die „Produktion“ fort. (...) Endlich kommt der erwartete Tag.

Günther S. geht bereits eine Stunde vor seinem angesetzten Termin zu einem Bekannten, der direkt auf dem Holzmarkt wohnt. Allmählich beginnen sich Menschen am Holzmarkt zu sammeln. Polizisten kommen hinzu, die Staatssicherheit ist „unauffällig“ in allen Nischen und Eingängen umliegender Geschäfte und Häuser zu finden. Über dem Kino wird heimlich gefilmt. Ca. 200 Bürger trudeln langsam aber zielstrebig auf dem Holzmarkt ein. Eine Veranstaltungskonzeption gibt es nicht, wird auch nicht gebraucht. Reden sind nicht vorbereitet, die Anwesenheit ist für viele das Entscheidende. Eine Frau fasst sich ein Herz, beginnt über die niedrige Rente zu sprechen. Andere folgen ihrem Beispiel. Gespräche entwickeln sich, für viele der Anwesenden der erste Schritt aus ihrer eigenen Anonymität. Günther S. bleibt jedoch anonym. Immer wieder stellt er sich die Frage: „Soll er sich zu erkennen geben?“ Die Präsenz der Stasi schreckt ihn ab. Er tritt nicht als Redner auf. (...) Die deutlich größer gewordene Teilnehmerzahl (am 7. Oktober) zeigte, dass die Vereinbarung vom 30.9.1989: „Jeder bringt einen mit“, Erfolg hatte.

Manfred Leyh: Arnstadt im Herbst 1989, in: Bernd Lindner (Hrsg.): Zum Herbst '89. Demokratische Bewegung in der DDR. Leipzig 1994 (Forum Verlag Leipzig), S. 94 ff.

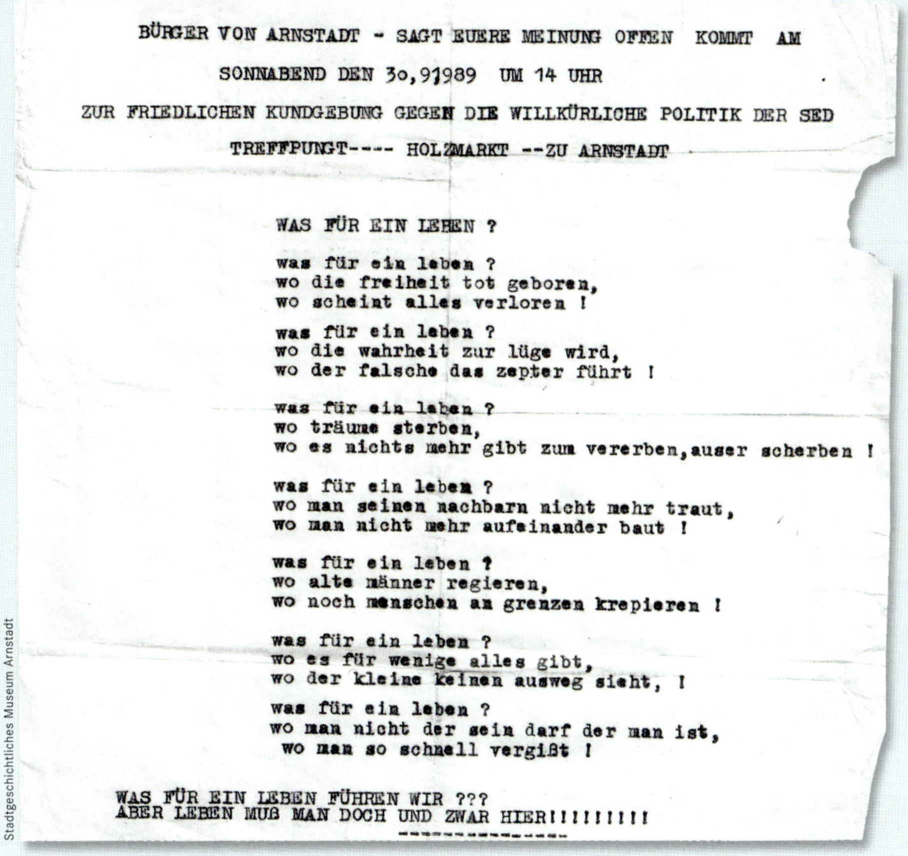
BÜRGER VON ARNSTADT - SAGT EUERE MEINUNG OFFEN KOMMT AM
SONNABEND DEN 30,91989 UM 14 UHR
ZUR FRIEDLICHEN KUNDGEBUNG GEGEN DIE WILLKÜRLICHE POLITIK DER SED
TREFFPUNGT---- HOLZMARKT --ZU ARNSTADT

WAS FÜR EIN LEBEN ?

was für ein leben ?
wo die freiheit tot geboren,
wo scheint alles verloren !

was für ein leben ?
wo die wahrheit zur lüge wird,
wo der falsche das zepter führt !

was für ein leben ?
wo träume sterben,
wo es nichts mehr gibt zum vererben,auser scherben !

was für ein leben ?
wo man seinen nachbarn nicht mehr traut,
wo man nicht mehr aufeinander baut !

was für ein leben ?
wo alte männer regieren,
wo noch menschen an grenzen krepieren !

was für ein leben ?
wo es für wenige alles gibt,
wo der kleine keinen ausweg sieht, !

was für ein leben ?
wo man nicht der sein darf der man ist,
wo man so schnell vergißt !

WAS FÜR EIN LEBEN FÜHREN WIR ???
ABER LEBEN MUß MAN DOCH UND ZWAR HIER!!!!!!!!!

Stadtgeschichtliches Museum Arnstadt

^ Flugblatt von Günther Sattler mit seinem Protestaufruf …

v … und die Demonstration auf dem Holzmarkt in Arnstadt am 30. September 1989, die er damit auslöste.

Günther Sattler

III. DURCHFAHRT DER BOTSCHAFTSZÜGE

Heute nun, mit unbestimmter Zeit, war die Durchfahrt weiterer Transporte angekündigt. Seit den frühen Morgenstunden standen Posten der Transportpolizei an der Strecke. Ungewisses, Sensationelles lag in der Luft, auch angesichts der Tatsache, dass niemand verstand, warum auch diese Reise über das Gebiet der DDR verlaufen musste. (...) Auf dem Bahnhof standen vereinzelt Mitarbeiter der Transportpolizei. Ihren Gesichtern sah man die Unbehaglichkeit angesichts dieser Besetzung an. Sie verständigten sich untereinander kurz mit Blicken, dann zogen sie sich zurück. Die Jugendlichen [die den Bahnhof in Freiberg belagerten – B. L.] werteten das als ihren Sieg. „Angsthasen, Feiglinge. Nur im Rudel stark!" Ihr Ton änderte sich. Er schlug in leichte Aggressivität gegen die Bahnpolizisten um. Verachtung schwang mit im Tonfall. „Verlassen Sie unverzüglich den Bahnsteig. Wir fordern Sie auf, sofort den Bahnsteig zu räumen!" Die Jugendlichen, inzwischen ungefähr 300 an der Zahl, verstummten auf diese Aufforderung. (...) Unbemerkt hatten die Transportpolizisten Verstärkung bekommen. Vom Ende des Bahnsteigs rückten sie in breiter Front gegen die Meute vor, Schlagstöcke in den Händen, die Pistolentaschen provozierend ins Blickfeld gerückt. (...)

Auf dem Bahnhofsvorplatz wartete eine neue Überraschung auf die Menge. Die Eingangstür wurde links und rechts von Polizeitrupps flankiert. Diese waren ausgerüstet, wie sie es noch nie gesehen hatten: Weiße Helme mit Plexiglasvisier, Schutzschilde, Schlagstöcke. (...) Nunmehr sollte auch der Bahnhofsvorplatz geräumt werden. „Wir bleiben hier, haut ihr ab!" – „Ihr habt uns nichts zu sagen." – „Bullenschweine!" Wut und Feindseligkeit schlugen den Polizisten entgegen. Fahrräder, die vor dem Bahnhof abgestellt waren, wurden demoliert. Bierflaschen flogen durch die Luft, eine traf einen Polizisten am Helm. Durch den Kordon der Polizisten ging ein Ruck. Viele von ihnen waren kaum älter als die, die vor ihnen standen. Ihre Angst wurde durch Schild und Knüppel verdeckt. Sie lösten sich aus ihrer Spalierstellung und bildeten eine breite Kette, in der sie gegen die Jugendlichen vorgingen. Wahllos schlugen nun die Polizisten um sich. Aus den hinteren Reihen flogen Steine, Stöcke, Fahrradklingeln, alles, dessen man habhaft werden konnte. (...) Doch eine neue Überraschung machte dem Ganzen schlagartig ein Ende. Aus einer Seitenstraße kam ein Überfallkommando, stoppte im Rücken der Leute. Die heraussprangen, hielten Waffen in den Händen. Scheinbar wahllos zerrten sie Einzelne ins Auto. (...) Den Zug, der im Hintergrund gespenstisch dunkel und fast lautlos vorbeifuhr, sah niemand.

Margit Naulin: An einem Mittwoch, in: „Denk ich an Deutschland ...". Menschen erzählen von ihren Hoffnungen und Ängsten. Hamburg 1991 (Luchterhand Literaturverlag), S. 25 f.

IV. KEIN ZURÜCK

Christiane (22), Anlagenfahrerin in einem Chemiebetrieb im Bezirk Halle am 3. Oktober 1989 auf dem Dresdner Hauptbahnhof:

Wirst sehen, wenn de hier bleibst. Die machen balde dicht hier. Das sagt mer mein Verstand. (...) Wieso war denn der Krenz in China? Was hat der sich da angeguckt? Die Mauer, aber doch nicht die chinesische, die als Weltwunder, sondern die aus Panzern auf dem Platz da vom himmlischen Frieden oder wie der heißt. (...)

Also wenn ich mit dem Zug jetzt nich wegkomme (...). Nach Prag will ich nich erst. Lieber gleich rauf, wenn die Züge durchkommen. Die halten doch an hier, in so 'nem großen Bahnhof müssen die anhalten. Hätte ich mal eher schon wegmachen sollen. 'n Kumpel, Lehrling noch der Bursche, aber schlauer als ich und viele, der hat's vor drei Tagen schon gepackt. Als die ersten Züge durchkamen. Is mit dem Moped von Wittenberg bis hierher gefahren. Nachts, und kalt war's. Hat sich noch Benzin gepumpt von 'nem Kumpel. Von dem wissen wir's. Aber der hat dicht gehalten bis gestern, weil wir erzählten, dass wir auch weg wollen. Na, meine Freundin, die hat's sich noch anders dann überlegt. Aber bei mir gibt's nischt. Nix drin mehr. Kein Zurück. Nie.

In: Eckhard Bahr: Sieben Tage im Oktober. Aufbruch in Dresden. Leipzig 1990 (Forum Verlag Leipzig), S. 19.

In der Nacht vom 30. September zum 1. Oktober kommen in sechs Zügen 5.283 Flüchtlinge aus der Prager Botschaft über den Grenzübergang Gutenfürst in die Bundesrepublik.

Frankenpost

David Adam

> In der Nacht vom 3. zum 4. Oktober 1989 passieren weitere Züge aus Prag den Dresdner Hauptbahnhof. Tausende Bürger belagern ihn, um auf sie aufspringen zu können.

in den Westen zu kommen, zumal zeitgleich bekannt wurde, dass bald weitere Züge aus Prag via Dresden in die Bundesrepublik fahren sollten.[●] Viele Menschen kamen aber auch an die Bahnstrecken, um ihrem Protest gegen den Staat Ausdruck zu verleihen, der meinte, Tausenden von Flüchtlingen „keine Träne nachweinen“ zu müssen. Sie hätten, wie der ADN am 1. Oktober in einem zynischen Kommentar verbreiten ließ, „die moralischen Werte mit Füßen getreten und sich selbst aus unserer Gesellschaft ausgegrenzt.“

Der Dresdner Hauptbahnhof glich in den Tagen vom 3. bis 5. Oktober einer belagerten Festung, in der sich Einheiten der Bereitschafts-, Transport- und Volkspolizei verschanzt hatten. Immer wieder drangen Ausreisewillige in den Bahnhof ein, der daraufhin von den Sicherheitskräften brutal geräumt wurde. Die Zahl der Protestierenden stieg von anfangs 2.000 im Laufe eines Tages auf ca. 20.000 an. Steine flogen, Wasserwerfer kamen zum Einsatz, Polizeiautos gingen in Flammen auf. 432 Demonstranten wurden festgenommen.

Am 4. Oktober gegen 22 Uhr rief der 1. Sekretär der SED-Bezirksleitung Dresden, Hans Modrow, die Armee zu Hilfe. Zwei Bataillone der 7. Panzerdivision und der Offiziershochschule in Löbau, 100 Absolventen der in Dresden ansässigen Militärakademie der NVA und sieben Hundertschaften der Kampfgruppen wurden bereitgestellt. „Jeder Soldat erhielt dreißig Schuss Munition für Maschinenpistolen und zwölf für Pistolen. Es galt jedoch Schießverbot“ (Richter 2009, S. 274). Bürgerkriegsstimmung lag in der Luft. „Unfassbar das, was sich dann auf dem Hauptbahnhof abspielte. Jugend, die jahrzehntelang im Blauhemd in Reih und Glied marschiert war, Studenten, Arbeiter (...), sie alle wollten deutlich machen, dass sie nicht mehr bereit sind, Diener dieses Staates zu sein. Parolen wurden intoniert, heftige Debatten waren im Gange, doch plötzlich rückte, wie auf ein unsichtbares Signal hin, die Polizeikette vor. Waren die Züge in der Nähe? (...) Steine flogen, Gummiknüppel tobten – Chaos!

V. „WAS ICH MIR NIE SO RECHT HATTE VORSTELLEN KÖNNEN ...“

Eckhard Bahr über die Ereignisse am 4. Oktober auf dem Dresdner Hauptbahnhof:

Was ich mir nie so recht hatte vorstellen können – auch hier in der sogenannten Deutschen Demokratischen Republik gibt es Sturmtruppen, Helme, Schlagstöcke und Schilde zu Tausenden, deren Träger trainiert sind im Einsatz gegen Menschen.

Eng an eng, dicht an dicht, Rücken an Rücken rücken sie an. Hinter den Bereitschaftspolizisten die Offiziere in Uniform, die in Zivil. Auch sie nicht nur Täter, sondern Opfer zugleich. Sonst stünden sie jetzt nicht im Hagel der Steine mit Angst im Leib und aufgehetzt, aufhetzend. Tierinstinkte gewinnen bei manchen Oberhand. Keiner kann sagen, von welchem Arm der erste Stein geschleudert wurde, wer die Prügelei in den Bahnhofshallen begann. (...) Scheiben splitterten im Innern des Bahnhofs, Schreie von Wut und Angst und Schmerz im Getöse der Stöcke.

So geht es schon seit dem Nachmittag. Zu über Tausend oft erbitterten, enttäuschten Ausreisewilligen, Rückkehrer von der geschlossenen Grenze wie aus dem ganzen Land den Zügen entgegengereist, kommen ein paar Dutzend Leute, die gar nicht weg wollen, Randalierer. Vor dem Bahnhof die Menge hat die Neugier hergetrieben, einige sind vielleicht vom Parteisekretär instruiert. Viele auch denken wie meine Freunde und ich. So geht es nicht weiter; es muss etwas geschehen! Aber was? Uns alle – zu Tausenden – zu schlagen, werden sie nicht wagen. Nicht ahnend, in welche Gefahr wir uns begeben würden, bahnen wir uns den Weg durch die Menge, bis wir Auge in Auge mit den Polizisten stehen. Nur das Visier ist zwischen ihnen und uns. Ich versuche, einen der jungen Burschen anzusprechen. Er schaut weg. Doch Hass sehe ich nicht in seinen Augen, eher Angst, Unsicherheit.

In: Eckhard Bahr: Sieben Tage im Oktober. a. a. O., S. 38.

● Am 4. Oktober 1989 zählte das MfS allein im Bezirk Karl-Marx-Stadt „3.500 Personen, die versuchten, auf fahrende Züge zu springen“ (Richter 2009, S. 267).

Noch am Morgen war der Hauptbahnhof eine Wüstenei. Zerschlagene Scheiben, zersplitterte Anzeigetafeln – ein Bahnhof der Gewalt“ (Flade 1991, S. 24). Unter Einsatz von Tränengas wurde er geräumt. Die Flüchtlingszüge passierten den Dresdner Hauptbahnhof in den frühen Morgenstunden des 5. Oktober „ohne Vorkommnisse“. Dafür sammelten sich entlang des weiteren Streckenverlaufs die Menschen: In Karl-Marx-Stadt ca. 800, in Plauen 500 und ebenso viele in Reichenbach. Transport- und Bereitschaftspolizei wurden „zur Sicherung der Gleisanlagen“ eingesetzt. „Mithilfe von Hubschraubern versuchte die Volkspolizei Personen (...) ausfindig zu machen“, die auf die Züge aufspringen wollten, und ging brutal gegen sie, aber auch andere Demonstranten vor. „Polizeihunde wurden ohne Beißkorb gegen Personen eingesetzt, die wehrlos am Boden lagen“ (Richter 2009, S. 272).

Ostkreuz, Harald Hauswald

In Dresden fanden sich Tag für Tag weiterhin Tausende Demonstrierende im Stadtzentrum ein, um gegen die Politik der SED zu protestieren. Immer wieder eskalierte die Situation. Jugendliche wurden von Sicherheitskräften „gejagt, geschlagen“, eine Gewalt, die „eigentlich erst durch das martialische Auftreten der Polizei erzeugt“ wurde (Rosenlöcher 1990, S. 20). Täglich erfolgten weitere Festnahmen. Im Dresdner Theater traten seit dem 6. Oktober 1989 jeden Abend vor den Vorstellungen Schauspieler auf die Bühne, um ihren Protest zu artikulieren: „Wir treten aus unseren Rollen heraus. Die Situation in unserem Land zwingt uns dazu. Ein Land, das seine Jugend nicht halten kann, gefährdet seine Zukunft. Eine Staatsführung, die mit ihrem Volk nicht spricht, ist unglaubwürdig. Eine Parteiführung, die ihre Prinzipien nicht mehr auf Brauchbarkeit untersucht, ist zum Untergang verurteilt. Ein Volk, das zur Sprachlosigkeit gezwungen wurde, fängt an, gewalttätig zu werden. Die Wahrheit muss an den Tag. Unsere Arbeit steckt in diesem Land. Wir lassen uns das Land nicht kaputt machen“ (in: Kromer 1990, o. S.). Die Schauspieler forderten – wie zuvor bereits in vielen Inszenierungen – das Recht auf Information und Widerspruch, Pluralismus im Denken, das Recht, sich einzumischen und staatliche Leitungen zu überprüfen. Nach den Aufführungen diskutierten sie mit dem Publikum darüber. All dies – vor allem aber der nicht nachlassende Druck der Straße – hinterließ Spuren in den regionalen Machtetagen. Der SED-Bezirkschef von Dresden, Hans Modrow, setzte – anders als Honecker – nun verstärkt auf eine Deeskalation des Konflikts und nutzte dafür seine (relative) Eigenverantwortlichkeit vor Ort. Der Oberbürgermeister der Stadt, Wolfgang Berghofer, erklärte sich nach einer Intervention von Superintendent Christof Ziemer und Landesbischof Johannes Hempel bereit, am 9. Oktober 1989 eine Abordnung der Demonstranten zu empfangen. Spontan wurde sie am Vorabend aus den Reihen der Demonstrierenden auf der Prager Straße gebildet: die Geburtsstunde der „Gruppe der 20“. Ausgerüstet mit den Forderungen der Menge nach Reise-, Presse- und Demonstrationsfreiheit, Zu-

Legendär wurden vor allem die Inszenierungen von Christoph Heins „Die Ritter der Tafelrunde“ oder Volker Brauns „Die Übergangsgesellschaft“, nach dessen Aufführung am 7. Oktober 1989 Schauspieler und Theaterangestellte, zusammen mit den Zuschauern, „eine Schweigeminute für die Opfer der Polizeieinsätze in den vergangenen Tagen“ einlegten (Kowalczuk 2009, S. 349). Am 13. Oktober stellte Intendant Wolfgang Engel dann in der Zeitung „Die Union“ klar: „Die Zeit des Bittens ist vorbei (...) wir haben jetzt das Recht und die Pflicht zu fordern, von uns selbst wie von der SED-Partei und der Staatsführung.“

ZFL – Bernd Hanke

„Mit dem Gesicht zum Volk!“, Grafik von Bernd Hanke, November 1989. Das Piktogramm stellt einen hinter einem Schild verschanzten Polizisten dar.

Uwe Fischer

lassung des „Neuen Forums“ und des Zivildienstes, freien Wahlen und Freilassung politischer Gefangener, suchten sie das Gespräch mit den Mächtigen, um „den drohenden Kreislauf der Gewalt zu unterbrechen“ (aus: Erklärung der „Gruppe der 20“). Ihr gehörten Bürger aus unterschiedlichen Altersgruppen und Berufen an: Lehrlinge und Studenten ebenso wie Arbeiter, Handwerker und Ingenieure. Über Wochen rangen sie mit Berghofer zäh um die Durchsetzung der Bürgerforderungen, auch wenn schnell deutlich wurde, dass die staatlichen Stellen den „Dialog“ dazu nutzen wollten, Zeit zu gewinnen und Reformen zu verschleppen.

Die „Gruppe der 20“ war eine der vielen Stimmen im Prozess der Demokratiegewinnung, die der Herbst ’89 in der DDR hervorgebracht hat. Als Mittlerin zwischen den Staatsorganen und der Dresdner Bevölkerung gaben der Gruppe bald nach ihrer Gründung über 100.000 Bürger ihre symbolische Zustimmung durch die Einzahlung einer Mark auf ein Postscheckkonto.

In Plauen, mit 73.000 Einwohnern kommunales und wirtschaftliches Zentrum des Vogtlandes, sahen sich bereits am 7. Oktober 1989 – erstmals in der DDR – Vertreter der Staatsmacht dazu gezwungen, dem Druck der Straße nachzugeben. Etwa 10.000 Demonstranten waren vor das Rathaus gezogen. Superintendent Thomas Küttler trug dem Bürgermeister den Protest der Demonstranten vor. Daraufhin wurden ein bedrohlich über dem Tal kreisender Hubschrauber wie auch „die Kampfgruppe mit MP im Anschlag abgezogen. (...) Erhobenen Hauptes gingen die Menschen heim.“ In der Woche danach wurde „eine Führungsgruppe, nach Dresdner Vorbild ‚Gruppe der 20‘ genannt, (...) gebildet, um mit der Stadtverwaltung zu verhandeln und auf den Sonnabenddemonstrationen die Reformen in Stadt und Gesellschaft voranzubringen“ (Küttler 1995, S. 150 f.).

All diese Erfahrungen standen später in vielen anderen DDR-Kommunen Modell bei der Lösung regionaler Konflikte. In Dresden und Plauen war deutlich geworden: Miteinander reden ist möglich! Ge-

^ Links: Demonstration in Berlin am 7. Oktober 1989. Im Hintergrund das Rote Rathaus, bis 1990 Sitz des Ostberliner Magistrats.
Rechts: Plauen, 7. Oktober 1989: Mitbürger bringen einen verletzten Demonstranten in Sicherheit.

VI. PLAUEN: 7. OKTOBER 1989

Steffen Kretzschmar (Werkzeugmacher), Gründungsmitglied der Plauener „Initiative zur demokratischen Umgestaltung":

Der Staat war schon darauf eingestellt, dass an diesem Tag was passieren würde. Sie haben ja unsere Flugblätter auch gelesen. Die Bereitschaftspolizei war aus Halle und anderen Orten herangefahren worden. An deren Absperrungen kam keiner vorbei. (...)

Wir sind gegen 13 Uhr durch die Stadt gelaufen und haben auf dem Polizeihof die LO's gezählt und haben von da aus hochgerechnet, dass so ca. 120–130 Bereitschaftspolizisten da sein müssten. Dann

BstU, Außenstelle Chemnitz

^ Wasserwerfereinsatz gegen Demonstranten in Plauen am 7. Oktober 1989

ging es auf dem Theaterplatz los. Erst wurden einige Losungen gerufen, dann setzte ein tüchtiges Gebrülle ein. Als dann die Bereitschaftspolizei kam, gab es vorn natürlich Auseinandersetzungen. Knaller explodierten, es sind auch Flaschen geschmissen worden. Es haben sich dann auch Leute hingelegt, um die Polizei-Autos aufzuhalten. Die Soldaten haben mir teilweise sehr leid getan. Das waren z. T. einfache Wehrpflichtige, die haben mehr geheult als Mut gehabt. Man hat ihnen angesehen, dass sie ihre Uniform liebend gern ausgezogen hätten. (...)

Die Polizei war angesichts der Masse der Demonstranten deutlich in der Unterzahl. (...) Es wurden weiterhin Losungen gerufen. Bis dann die städtische Feuerwehr auftauchte und ihre erste Ladung verspritzte. Die Leute waren pitschenass. Sie haben empört gebrüllt: „Ihr Nazis, ihr Verbrecher ..." Die Leute hatten in dem Moment einen Hass, der war unbeschreiblich. (...)

Die Leute sind dann hoch zum Rathaus gelaufen. Die Ersten waren schon drin im Rathaus, obwohl davor Polizisten mit Helm und Schild standen und auf die Leute einprügelten. (...) Dann gab es die ersten Verletzten. (...) Wir haben versucht, drauf einzuwirken, dass sich das nicht hochschaukelt. Denn wenn Steine geworfen werden, das bringt nichts.

Und dann hat irgendeiner vor'm Rathaus gesagt: „So kommen wir nicht weiter. Wir drehen jetzt um und ziehen einfach die Bahnhofstraße rauf." Und wie auf einen Befehl setzte die Kehrtwendung ein. Wir haben die Polizisten einfach stehen lassen. (...)

Der Zug verlief ganz geordnet. Wir marschierten hoch zum Bahnhof und über die Friedensbrücke wieder runter. Das war ein langer Zug. Wenn die Straße mal durch eine Senke verlief und man drehte sich um, dann sah man das Ende des Zuges kaum, so lang war er. (...) Und durch die Tallage war das ein Gedröhn und Gebrüll. (...) Mir hat es einen eiskalten Schauer den Rücken heruntergejagt. Das war Wahnsinn. Als wir dann wieder am Rathaus waren, sind wir den Polizisten ausgewichen. Die haben dagestanden und auf ihre Schilder gekloppt, wie die alten Römer. Und mit einmal hat dieser ganze Riesenzug gebrüllt: „Keine Gewalt!"

(...) So gegen 4 Uhr nachmittags hat dann unser Superintendent Küttler gesprochen, hatte sich ein Megafon besorgt. (...) Er hat sich noch einmal dafür bedankt, dass die Leute so friedvoll waren. Am Schluss hat er aber auch gesagt, dass das natürlich nicht alles sein darf. (...) Da haben die Leute gerufen: „Nächste Woche kommen wir wieder!" (...)

Für mich war dieser Tag so ein wahnsinniges Erlebnis, weil keiner wusste, was wird, und trotzdem haben alle gemacht, was nötig war.

In: Bernd Lindner: Zum Herbst '89. Demokratische Bewegung in der DDR. Leipzig 1994 (Forum Verlag Leipzig), S. 129 ff.

walt konnte überwunden, eine Eskalation verhindert werden. Zugleich ging aus vielen dieser Bürgergruppen dann im Frühjahr 1990 eine neue Riege künftiger Kommunalpolitiker hervor.

Trotz staatlicher Willkür und Behinderungstaktik setzten die Demonstranten – Woche für Woche – Kraft, Energie und Kreativität in einem Umfang frei, wie es zuvor in der DDR kaum einer für möglich gehalten hatte. Sie begaben sich damit bewusst in Widerspruch zur Starrheit der Staats- und Parteiführung und zum lang anhaltenden „gespenstischen Schweigen der Zeitungen" (Rosenlöcher 1990, S. 12).

Der bevorstehende 40. Jahrestag der DDR wurde mit großem propagandistischem Aufwand vorbereitet, als ob nichts geschehen sei. Ausgerechnet in Leipzig verkündete der 2. Sekretär der SED-Bezirksleitung, Helmut Hackenberg: „Genossinnen und Genossen, wir haben Großartiges geschaffen bis zu diesem 40. Jubiläum. (...) Mit dieser Zuversicht bereiten wir uns auch in unserem Bezirk intensiv auf den Jahrestag unserer Deutschen Demokratischen Republik" vor. Noch bestand seitens der Demonstranten die Hoffnung, dass auch die SED-Führung daran interessiert wäre, den Jahrestag ohne weitere Zuspitzung der Lage zu begehen. Noch am 25. September hatte Leipzigs MfS-Chef, Generalleutnant Manfred Hummitzsch, nach einem Telefonat mit Erich Mielke notiert: „Vor 7. Oktober können wir nichts machen, (außer) Antragsteller rausschmeißen" (in: Hollitzer/Bohse 2000, S. 385). Doch schon wenige Tage später, am 5. Oktober, machte Mielke intern in einem Rundschreiben klar: „Feindlich-negative Aktivitäten sind [während der Feierlichkeiten zum DDR-Jubiläum – B. L.] mit allen Mitteln entschlossen zu unterbinden. (...) Keine Überraschungen zulassen! Dem Gegner keine Möglichkeit geben" (in: Mitter/Wolle 1990, S. 199).

Der „Gegner", das waren all jene Bürgerinnen und Bürger, die sich an diesem Tag in Arnstadt, Plauen, Karl-Marx-Stadt,

VII. DIE DRESDNER „GRUPPE DER 20"

Friedrich Boltz, Gründungsmitglied der „Gruppe der 20", erinnert sich:

Am Abend des 8. Oktober (...) kam ich gegen 20.00 Uhr mit dem Demonstrationszug auf der Prager Straße an. Plötzlich befand ich mich zusammen mit etwa 800 Leuten in einem Kessel. Die Straße war (...) durch einen Kordon Polizisten mit Schild, Helmen und Knüppeln abgeriegelt. Es war kein Durchkommen mehr. (...) Wir setzten uns auf die Straße, mit brennenden Kerzen in den Händen. Zu den Sperrketten blieb ein Abstand von etwa zehn Metern frei. Unterdessen wurde die Absperrung verstärkt, eine Hundestaffel herangeholt. (...) Die Eingekesselten sangen Lieder. Keiner wusste, wie es ausgehen würde. Mir war jedenfalls recht flau zumute (...) wir mussten ja nach den Erfahrungen der letzten Tage davon ausgehen, dass die Polizei versuchen würde, die Demonstration gewaltsam aufzulösen.

Kaplan Richter und Kaplan Leuschner begannen, mit den Polizisten zu verhandeln. Nach mehreren Versuchen (...) konnten (sie) mit einem verantwortlichen Offizier sprechen. Sie forderten, die Polizei möge von Gewalt absehen, da auch von den Demonstranten keine Gewalt ausgehe. Zugleich baten sie den Offizier, sich um einen kompetenten Gesprächspartner von staatlicher Seite zu bemühen. (...)

Kaplan Richter forderte die Demonstranten auf, Vertreter für ein Gespräch zu benennen. Spontan stürzte ein ganzer Trupp, vor allem Jugendliche, nach vorn. Dann wurden Rufe laut, dass auch einige Ältere mitgenommen werden sollten. So kam ich mit in die Gruppe. Durch Zurufe aus der Menge wurden die Forderungen und Themen für das Gespräch unter Beifall bestätigt und von einem Mitglied der Gruppe notiert. (...) Von den ca. 20 Personen der Gruppe kannten sich nur zwei und auch die nur von der Demonstration am Vortage. Es war also wirklich eine ganz spontan und unorganisiert gebildete Gruppe, und es war kein inoffizieller Mitarbeiter des MfS dabei. (...) Es war alles so überraschend abgelaufen, dass nichts gesteuert werden konnte.

Gegen 21.30 Uhr kam Superintendent Christof Ziemer auf die Prager Straße. (...)

Rigo Pohl

^ Bildung der „Gruppe der 20" (links vorn) in Dresden am 8. Oktober 1989

gab unter Beifall bekannt, dass für Montag, den 9. Oktober, 9.00 Uhr, ein Gespräch der Gruppe mit dem OB [Oberbürgermeister Wolfgang Berghofer – B.L.] vereinbart worden sei. Nach der Zusicherung, dass am Abend in verschiedenen Dresdner Kirchen über das Gespräch informiert würde, löste sich die Demonstration friedlich auf. (...) Von der Gruppe, die sich am 8. Oktober abends gefunden hatte, war auch keiner richtig für die Macht zu gebrauchen weder für die alte noch für die neue. (...) Diejenigen, die später mit dem Namen „Gruppe der 20" agierten und ihre politische Karriere starteten, waren am 8.10. abends in der Gruppe nicht dabei. (...)

Eine „Gruppe von Bürgern" hatte ja keine Legitimation und das wurde von Berghofer bei jeder Gelegenheit betont. Deshalb habe ich den Vorschlag zu der Eine-Mark-Aktion gemacht (...), dass alle, die das Anliegen (...) unterstützen wollen, 1,00 Mark überweisen sollten. Eine Mark gleich eine Stimme (...). Einen Stapel von 50 solchen kleinen Zetteln habe ich vor der Kreuzkirche verteilt. Viele haben sie dann weiter vervielfältigt. Ich hatte die Nummer meines Postscheckkontos angegeben. Das Konto hat später der Schatzmeister der Gruppe übernommen. Nach drei bis vier Tagen erhielt ich ein Schreiben der Post, dass ich mich sofort melden solle, der ganze Postbetrieb würde durch diese Aktion lahmgelegt. Das Postscheckamt habe nur noch mit den Einzahlungen auf dieses Konto zu tun. Nach drei bis vier Wochen waren weit über 100.000 Mark auf dem Konto eingegangen.

In: Werner Kaulfuss/Johannes Schulz: Dresdner Lebensläufe. Zeitzeugen berichten vom Leben und vom Umbruch im Bezirk Dresden. Leipzig 1993 (GNN-Verlag), S. 31 f.

VIII. „WIR WERDEN EUCH DEMOKRATIE SCHON BEIBRINGEN“

Auszüge aus Berliner Gedächtnisprotokollen vom 6. und 7. Oktober 1989:

„Plötzlich wurde auch die Dänenstraße in Höhe Seelower Straße abgeriegelt. (...) Wir rannten in einen Hausflur. Ohne dass wir geklingelt hatten, baten uns Hausbewohner in ihre Wohnungen. Viele Bewohner schauten aus ihren Fenstern und kommentierten das Vorgehen der Sicherheitskräfte. Sie riefen „Arbeiterverräter!“, „Steuerfresser!“, „Wir haben vierzig Jahre lang für dieses Land gearbeitet, und ihr schlagt alles kaputt!“ Plötzlich wurde gegen die Tür getreten und die Wohnung aufgebrochen. Wir waren sehr schockiert. Es stürmten Zivilisten in die Wohnung und riefen: „Na, da sind wir ja alle. Los, alles mitkommen!“ Alle in der Wohnung Anwesenden, auch der Wohnungsinhaber und seine Tochter, wurden verhaftet.“

„Als das Fahrzeug hielt und die hintere Klappe geöffnet wurde, erkannte ich (...) einen etwa 5 bis 8 Meter langen Gang auf dem etwa 20 Polizisten und 2 bis 3 Helfer der VP mit Gummiknüppeln rechts und links verteilt, eine Gasse bildend, standen. Sie brüllten: „Los runter, im Laufschritt!“ und prügelten auf die Ersten vor mir los. (...) Schläge auf den Rücken, Hintern und Oberschenkel. Ich hielt die Arme vor dem Gesicht, kam auf einen Hof, hörte Kommandos. „An die Wand stellen, Beine breit, Gesicht zur Wand, Arme hoch, Hände an die Wand.“ (...) Ich merke, wie ein Polizist von hinten auf mich zukommt. Er tritt mir gegen die Waden und brüllt: „Weiter weg vom Tor, Beine und Arme weiter auseinander!“ (...) So stehe ich ca. eineinhalb Stunden. In dieser Zeit werden die Personalausweise eingesammelt und Leute geschlagen, die nicht „richtig“ stehen. (...) in der Garage werde ich durch eine besonders extreme Körperhaltung gequält. Ich musste mich an die Wand stellen, in „gewohnter“ Stellung. Dann kam ein Polizist von hinten und forderte mich mit den Worten „Wir werden euch Demokratie schon beibringen“ auf, von der Wand wegzukommen und die Beine noch weiter auseinander zu machen. (...) Mir wurden Schläge angedroht, falls ich zusammenbräche. Ich brach nach ca. 20 Minuten zusammen. Die Polizisten lachten und sagten, sie seien human, ich dürfe mich hinknien.“

^ Demonstrant mit Platzwunde am Kopf, Berlin, 7. Oktober 1989

„Seit ungefähr 30 Stunden hatten wir keine Informationen von draußen, und mir selbst kam es schon fast so vor, als ob im Land ein Putsch (...) stattgefunden hätte. (...) Danach wurde ich zum Verhör gebracht. (...) Ich musste begründen, warum ich schwarze Kleidung trage, warum sich an meinem Sweatshirt ein Gorbatschow-Anstecker befindet, warum ich diesen Zettel aus der Gethsemane-Kirche in meiner Tasche habe. Ich wurde gezwungen, eine Erklärung zu schreiben, die beinhaltete, dass das Neue Forum verfassungsfeindlich sei und dass ich mit Ordnungswidrigkeitsbestrafung bzw. mit strafrechtlicher Verfolgung zu rechnen hätte, wenn ich die Ideen des Neuen Forums verbreitete oder mich mit ihnen identifizierte.“

„Spätestens seit dem gestrigen Tag habe ich das Vertrauen zu unserem humanistischen Staat verloren. Ich dachte, dass wir den Militarismus spätestens seit 1949 abgebaut hätten. Ich glaube, dass 50 Prozent der jetzt Inhaftierten mit dem Gedanken spielen, einen Ausreiseantrag zu stellen.“

In: „taz“ vom 24. Oktober 1989.

Leipzig, Magdeburg, Dippoldiswalde, Torgau und 17 weiteren Städten der DDR in unterschiedlicher Zahl – von nur 20 bis zu 30.000 Menschen – zusammenfanden, um ihren Protest gegen die Selbstgefälligkeit der Parteiführung zu artikulieren. Überall ließ der Staat seine Sicherheitskräfte mit Gewalt reagieren: Gummiknüppel, Wasserwerfer, „Zuführungen“, z. T. in eigens vorbereiteten, abseits gelegenen Objekten (wie Turnhallen, Großgaragen, Pferdeställen), Schikanen gegen die Verhafteten.

Besonders drastisch gingen die „Ordnungskräfte“ in Berlin vor. Hier wurden abseits der Protokollstrecke zum Republikjubiläum über 700 Bürger festgenommen. Vom Alexanderplatz waren zuvor „Dutzende junge Männer und Frauen“, die dort „wie an jedem 7. eines Monats gegen die Wahlfälschung“ protestierten, zum nahen Palast der Republik gezogen, „wo sich die gesamte Führungsriege gerade zum Feiern aufhielt. Dem spontanen Demonstrationszug schlossen sich schnell (tausende) Passanten an“, nach „Gorbi“ und „Freiheit“ rufend. Einsatzkräfte drängten „die Menge in Richtung Prenzlauer Berg ab“, wo es „zu zahlreichen Übergriffen auf Demonstranten“ kam (Kowalczuk 2009, S. 391). Der Berliner Schüler Martin M. schilderte seine Eindrücke von den Ereignissen wie folgt: „(...) die Polizei stand links und rechts Spalier und hat auf die Leute eingeknüppelt (...) wie Spießrutenlaufen. Da hab ich den ersten Hieb abgekriegt. Ich wusste gar nicht, wie hart so'n Gummiknüppel ist. Und in dem Augenblick hab ich gedacht: Ja, ist richtig, dass ich hier bin! In dem Augenblick stand fest, dass ich bis zum Ende mitgehen werde“ (in: Oktober 1989, S. 49). So wie Martin M. haben an diesem Tag viele empfunden, unabhängig davon, ob sie die Knüppel der Polizei selbst gespürt haben oder mit ansehen mussten, was anderen geschah. Die Staatsführung der DDR hatte ausgerechnet an dem für sie so wichtigen Jubiläum endgültig bewiesen, wie tief ihr Verhältnis zum Volk schon gestört war. Bereits in den frühen Nachmittagsstunden dieses 7. Oktober hatte Michail Gorbatschow, während eines Empfangs des SED-Politbüros im Gästehaus der Regierung in Berlin-Niederschönhausen das entscheidende Urteil gesprochen: „Wenn wir zurückbleiben, bestraft uns das Leben sofort" (in: Küchenmeister 1993, S. 256).[1] Doch den Zeitpunkt, dies zu begreifen, hatten die Machthaber längst verpasst! Das ließ für die nächsten Tage und Wochen das Schlimmste befürchten. Insbesondere in Leipzig drohte die Situation zu eskalieren.

Werktätige des Bezirkes fordern:

Staatsfeindlichkeit nicht länger dulden

Die Angehörigen der Kampfgruppenhundertschaft „Hans Geiffert" verurteilen, was gewissenlose Elemente seit einiger Zeit in der Stadt Leipzig veranstalten. Wir sind dafür, daß die Bürger christlichen Glaubens in der Nikolaikirche ihre Andacht und ihr Gebet verrichten. Das garantiert ihnen unsere Verfassung und die Staatsmacht unserer sozialistischen DDR. Wir sind dagegen, daß diese kirchliche Veranstaltung mißbraucht wird, um staatsfeindliche Provokationen gegen die DDR durchzuführen. Wir fühlen uns belästigt, wenn wir nach getaner Arbeit mit diesen Dingen konfrontiert werden.

Deshalb erwarten wir, daß alles getan wird, um die öffentliche Ordnung und Sicherheit zu gewährleisten, um die in 40 Jahren harter Arbeit geschaffenen Werte und Errungenschaften des Sozialismus in der DDR zu schützen und unser Aufbauwerk zielstrebig und planmäßig zum Wohle aller Bürger fortgesetzt wird. Wir sind bereit und Willens, das von uns mit unserer Hände Arbeit Geschaffene wirksam zu schützen, um diese konterrevolutionären Aktionen endgültig und wirksam zu unterbinden. Wenn es sein muß, mit der Waffe in der Hand!

Wir sprechen diesen Elementen das Recht ab, für ihre Zwecke Lieder und Losungen der Arbeiterklasse zu nutzen. Letztlich versuchen sie damit nur, ihre wahren Ziele zu verbergen.

Kommandeur GÜNTER LUTZ im Auftrag der Kampfgruppenhundertschaft „Hans Geiffert"

Leipziger Volkszeitung

^ „Leserbrief" eines Kampfgruppenkommandeurs an die Leipziger Volkszeitung vom 6. Oktober 1989

Am 6. Oktober war dem „Leserbrief" eines Kampfgruppenkommandeurs – abgedruckt in der „Leipziger Volkszeitung" – unmissverständlich zu entnehmen, dass von Seiten der bewaffneten Kräfte alles getan würde, „um die öffentliche Ordnung und Sicherheit zu gewährleisten, um die in 40 Jahren harter Arbeit geschaffenen Werte und Errungenschaften zu schützen. (...) Wenn es sein muss, mit der Waffe in der Hand!" Und die nächste Montagsdemonstration stand unmittelbar bevor.

Am 9. Oktober 1989 lag eine unerträgliche Spannung über Leipzig. „Seit dem frühen Morgen war die Stadt voller Gerüchte und voller Angst. Militärfahrzeuge hatten am Stadtrand Aufstellung genommen. (...) in den Betrieben und Schulen wurde ständig gemahnt, ab spätem Nachmittag das Stadtzentrum zu meiden. Die Geschäfte wurden angewiesen, ab 17 Uhr zu schließen. Die Krankenhäuser räumten Betten, Blutplasma stand bereit, die Ärzte hatten erhöhte Bereitschaft und waren aufgefordert, sich auf Schussverletzungen einzustellen" (Sievers 1990, S. 69).[2]

Belegt wird dies durch ein jüngst aufgefundenes Dokument: In einer Beratung der Universitätsleitung „zur Sicherung der Arbeitsbereitschaft" ihrer Kliniken „am 9. Oktober im Zusammenhang mit zu erwartenden Ausschreitungen nach dem Montagsgebet" wurden die leitenden Ärzte auf einen „erhöhten Anfall in Chirurgie" und die „Absicherung ausreichenden Vorhandenseins technischer Gase für mögl. erhöhte OP" eingestellt (in: LVZ, 27. Oktober 2009).

Von Leipzig war der Funke der friedlichen Demonstrationen ausgegangen, in Leipzig sollte er wieder erstickt werden. In einem vom Generalmajor Gerhard Straßenburg bestätigten Entschluss des Volkspolizeikreisamtes (VPKA) Leipzig wurde für den 9. Oktober ein „Ordnungseinsatz" angekündigt, dessen Ziel „in der Auflösung rechtswidriger Menschenansammlungen und unmittelbar nachfolgend in der dauerhaften Zerschlagung gegnerischer Gruppierungen sowie der Festnahme deren [!] Rädelsführer" bestand (in: Schwabe 1998, S. 18). Junge Bereitschaftspolizisten[3] wurden von ihrem Politoffizier mit den Worten in den Einsatz eingewiesen: „Genossen, ab heute ist Klassenkampf. Die Situation entspricht dem 17. Juni '53. Heute entschei-

1 Gorbatschows Worte formten die Medien später in den publicityträchtigeren Spruch „Wer zu spät kommt, den bestraft das Leben!" um.

2 Auch wenn sich im Nachhinein viele der Befürchtungen nicht bewahrheiteten, dementiert wurden sie von den Verantwortlichen im Vorfeld jedoch nicht. Sie hofften, so Gewandhauskapellmeister Kurt Masur, „dass allein die Drohung ausreichen würde, um die Menschen wieder zur Raison zu bringen". Von den SED-Funktionären wurde billigend in Kauf genommen, „dass die Menschen in Todesangst auf die Straße gegangen sind" (in: Kuhn 1992, S. 148).

3 Das waren Wehrpflichtige, die in der Uniform der Volkspolizei ihren Wehrdienst ableisten mussten.

1 Virtuell nachzuvollziehen ist die legendäre Leipziger Montagsdemonstration vom 9. Oktober 1989 unter www.mdr.de/damals bzw. http://Leipzig1989.arte.tv.

2 3.100 Polizisten, acht Hundertschaften der Kampfgruppe und 1.500 NVA-Soldaten (Focus, 43/2009, S. 44 f.)

det es sich – entweder die oder wir. Seid deshalb klassenwachsam. Wenn die Knüppel nicht ausreichen, wird die Waffe eingesetzt" (in: Neues Forum Leipzig 1989, S. 92). Der Staat setzte mit martialischen Drohgebärden auf Einschüchterung. Jeder Bürger musste unter diesen riskanten Bedingungen selbst entscheiden, ob er an diesem Abend zur Demonstration gehen würde. Gudrun Fischer (damals 32 Jahre alt), Schriftsetzerin und Mutter einer sechsjährigen Tochter: „Es war Wahnsinn, in welcher Menge Polizei, Armee und Kampfgruppen seit dem Vormittag ausgerückt sind. Ich war erschrocken, als ich von der Arbeit nach Hause fuhr und das sah. (...) Das hat mich wütend gemacht. (...) Bisher ging es ja 40 Jahre glatt, aber irgendwie muss man doch mal mitreden. Spätestens dann, wenn die Volkspolizei ihr Volk verprügeln will" (in: ebd., S. 84). So wie Gudrun Fischer dachten viele.

Die Abschreckungsstrategie der „Ordnungskräfte" ging nicht auf. Am 9. Oktober 1989 versammelten sich rund 70.000 Menschen in den Straßen rund um die Nikolaikirche und auf dem Karl-Marx-Platz. In drei weiteren Kirchen der Leipziger Innenstadt fanden zusätzlich Friedensgebete statt. Der Zug der Demonstranten brauchte angesichts dieser Menschenmenge einige Zeit, um sich zu formieren. Erst gegen 18:50 Uhr setzte er sich vor der Hauptpost in Richtung Bahnhof in Bewegung, um sich an diesem Tag erstmals entschlossen den Weg auf dem gesamten Innenstadtring zu bahnen. [1] Jubel machte sich breit, als gegen 19:25 Uhr die Spitze des Zuges die Bezirksbehörde der Staatssicherheit passiert hatte, ohne dass es zu Ausschreitungen kam. „Keine Gewalt!" wurde zu einer der am häufigsten skandierten Losungen an diesem Montag. „Sie war nicht nur an die Adresse der Staatsmacht gerichtet, son-

Harald Kirschner

Jugendliche mit ihren Losungen an der Spitze des Demonstrationszuges am 23. Oktober 1989 dern die Demonstranten ermahnten sich so untereinander immer wieder zur Friedfertigkeit" (Döhnert/Rummel 1990, S. 153). Meter für Meter wuchs ihre Zuversicht. Der Demonstrant Jürgen Jänel erinnert sich, dass plötzlich „so ein Gefühl da (war), dass heute nichts passieren würde. Woher das kam? Wir waren einfach so viele, die konnte man nicht mehr einkesseln. (...) Das war so befreiend. (...) Ich bin von da an jede Woche dabei gewesen" (in: Lindner/Grüneberger 1992, S. 34).

Der von allen befürchtete Einsatzbefehl blieb aus! Die Staatsmacht hatte mit 30.000 bis 50.000 Demonstranten gerechnet und deshalb in Leipzig 5.400 bewaffnete Polizisten, Kampfgruppenangehörige und NVA-Soldaten zusammengezogen.[2] Hinzu kamen die in die Tausende zählenden Kräfte des MfS. Die tatsächliche Zahl der Demonstranten setzte jedoch jegliche militärische Planung außer Kraft. Der Minister des Innern, Friedrich Dickel, stellte wenige Tage später im Kreis seiner Führungsriege resignierend fest: „Was sollen wir machen? (...) Sollen wir dazwischen gehen bei 20.000, 30.000, 40.000 Bürgern? Wissen Sie, was das bedeutet? Da können wir gleich SPW oder Panzer einsetzen. Aber jeder wird verstehen, dass das in der gegenwärtigen Situation und bei der weiteren Entwicklung unmöglich ist" (in: Hollitzer 1999, S. 286).

Und ein Stasioffizier erklärte: „Am 9. Oktober überstieg ja erstmals die Zahl der Demonstranten alles, was man erwartet hatte. (...) noch nie sah man in der DDR so viele Menschen mit einer so eindeutigen Ausrichtung gegen das Herrschaftssystem" (in: Kuhn 1992, S. 131 f.). Es waren vor allem der Mut und die Disziplin der Demonstranten, die Schlimmeres ver-

VG Bild-Kunst – Manfred Butzmann

^ „Ich zeige an!", Lithografie des Grafikers Manfred Butzmann, 1990

IX. LEIPZIGER LOSUNGEN AUS DER ZEIT VOM 4. SEPTEMBER BIS 16. OKTOBER 1989

Montag, 4. September 1989
(800 Demonstranten sind in und um die Nikolaikirche versammelt.)

Transparente:
Für ein offenes Land mit freien Menschen!
Reisefreiheit statt Massenflucht!
Versammlungsfreiheit – Reisefreiheit!

Sprechchöre:
Freiheit! Freiheit! / Stasi raus!
Gerufen in die westlichen TV-Kameras:
Nehmt uns mit in die BRD!
Wir wollen raus!
Wir bleiben hier!

Montag, 11. September 1989
(500 Demonstranten sind in und um die Nikolaikirche versammelt.)

Neue Sprechchöre:
Keine Gewalt!
Wir sind keine Rowdys!

Montag, 18. September 1989
(3.000 Demonstranten sind in und um die Nikolaikirche versammelt.)

Keine neuen Sprechchöre

Montag, 25. September 1989
(erste große Montagsdemonstration, 8.000 Teilnehmer)

Neue Sprechchöre:
Neues Forum zulassen! / Gorbi, Gorbi!
Schließt euch an!

Montag, 2. Oktober 1989
(ca. 15.000 Teilnehmer)

Neue Sprechchöre:
Wir sind das Volk!
Demokratie – Jetzt oder Nie!
Freiheit, Gleichheit, Brüderlichkeit!
Reiht euch ein!
Inhaftierte freilassen!
An die Polizeisperrketten gerichtet:
Lasst uns durch! / Schämt Euch was!

Montag, 9. Oktober 1989
(ca. 70.000 Teilnehmer)

Erstmals wieder vier kleinformatige Transparente:
Freie Wahlen! / Freiheit!!!
Pressefreiheit! / Neues Forum!

Neue Sprechchöre:
Freie Wahlen! / Führungswechsel!
Wir wollen Reformen!

An die Sicherheitskräfte gerichtet:
Zieht Euch um! Schließt Euch an!

Montag, 16. Oktober 1989
(ca. 120.000 Teilnehmer)

Neue Transparente:
Die führende Rolle dem Volk!
Wir sind erwachsen, Vater Staat!
Worten sollen endlich Taten folgen!
Reformen à la Hager sind uns zu mager!
Keine Kosmetik, sondern Chirurgie!
Rechtssicherheit statt Staatssicherheit!
Neue Männer braucht das Land!

Neue Sprechchöre:
SED, das tut weh!
Stasi in die Volkswirtschaft!
Wir verdienen Euer Geld! / Schämt Euch!

Gesammelt und als Auswahl zusammengestellt von Bernd Lindner.

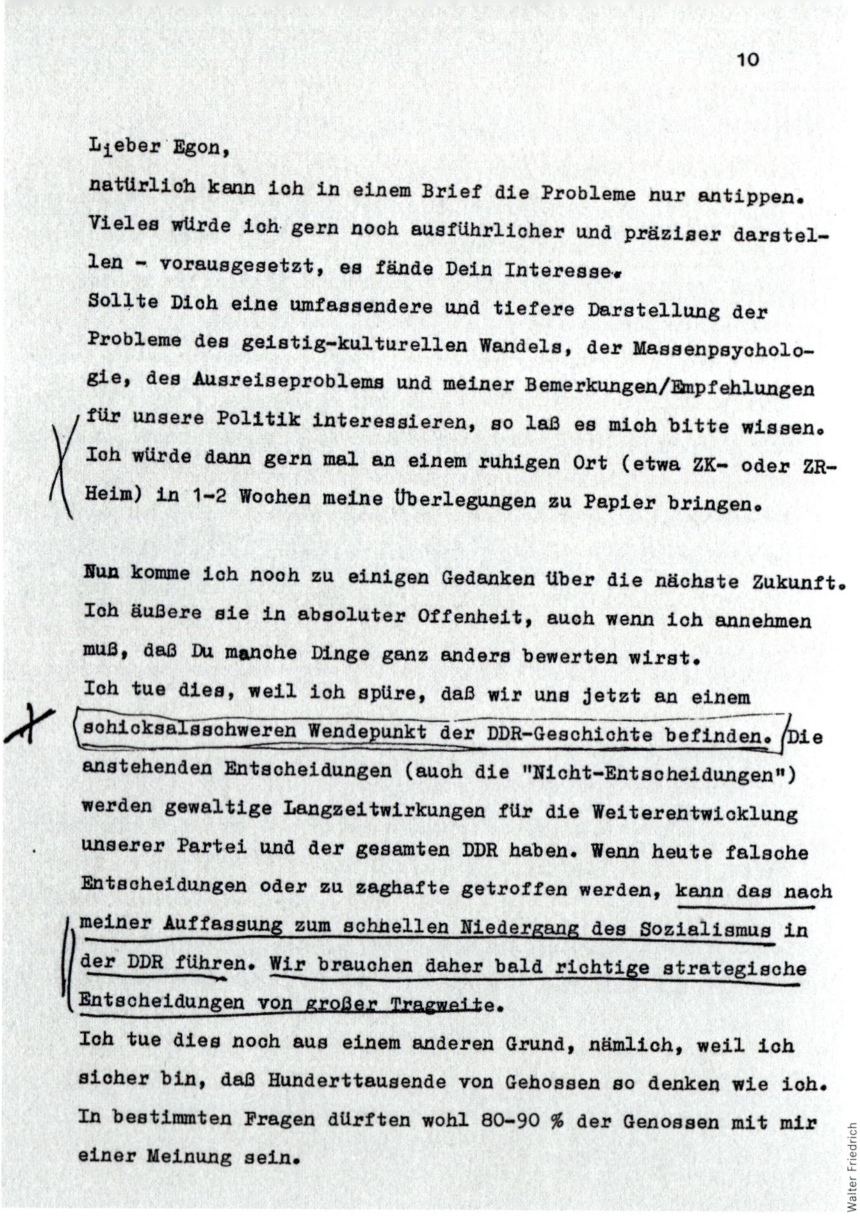

10

Lieber Egon,
natürlich kann ich in einem Brief die Probleme nur antippen.
Vieles würde ich gern noch ausführlicher und präziser darstellen – vorausgesetzt, es fände Dein Interesse.
Sollte Dich eine umfassendere und tiefere Darstellung der Probleme des geistig-kulturellen Wandels, der Massenpsychologie, des Ausreiseproblems und meiner Bemerkungen/Empfehlungen für unsere Politik interessieren, so laß es mich bitte wissen.
Ich würde dann gern mal an einem ruhigen Ort (etwa ZK- oder ZR-Heim) in 1-2 Wochen meine Überlegungen zu Papier bringen.

Nun komme ich noch zu einigen Gedanken über die nächste Zukunft.
Ich äußere sie in absoluter Offenheit, auch wenn ich annehmen muß, daß Du manche Dinge ganz anders bewerten wirst.
Ich tue dies, weil ich spüre, daß wir uns jetzt an einem schicksalsschweren Wendepunkt der DDR-Geschichte befinden. Die anstehenden Entscheidungen (auch die "Nicht-Entscheidungen") werden gewaltige Langzeitwirkungen für die Weiterentwicklung unserer Partei und der gesamten DDR haben. Wenn heute falsche Entscheidungen oder zu zaghafte getroffen werden, kann das nach meiner Auffassung zum schnellen Niedergang des Sozialismus in der DDR führen. Wir brauchen daher bald richtige strategische Entscheidungen von großer Tragweite.
Ich tue dies noch aus einem anderen Grund, nämlich, weil ich sicher bin, daß Hunderttausende von Genossen so denken wie ich.
In bestimmten Fragen dürften wohl 80-90 % der Genossen mit mir einer Meinung sein.

Walter Friedrich

< Ausschnitt aus dem Bericht Walter Friedrichs zur Lage in der DDR, den er Egon Krenz am 9. Oktober 1989 persönlich übergab …

hüteten! Die vor Ort zuständige Bezirkseinsatzleitung in Leipzig kapitulierte „ausschließlich angesichts der unerwarteten Menschenmenge von über 70.000 Demonstranten und ging zur ‚Eigensicherung' über" (Hollitzer 1999, S. 249).

Dem ist zuzustimmen. Zugleich ist auch zu berücksichtigen, dass die Befehlshaber vor Ort mental erst in eine Gefühlslage versetzt werden mussten, die ihnen – entgegen ihrer bisherigen Dogmen (!) – am Ende festzustellen erlaubte, „vom Prinzip" her ihre „Aufgabe nicht erfüllt", aber dennoch „richtig gehandelt" zu haben; so der damalige Oberkommandierende des VPKA Leipzig, Generalmajor Straßenburg (in: Kuhn 1992, S. 140).

Direkt und indirekt darauf Einfluss genommen haben im Verlauf des 9. Oktober couragierte Einzelne, die sich beschwörend an die Zentralen der Macht – bis hinauf ins ZK der SED – wandten, um zu verhindern, dass auf der bevorstehenden Montagsdemonstration Blut fließen würde. „Es darf in Leipzig nicht geschossen werden", so seinerzeit der Direktor des dort ansässigen Zentralinstitutes für Jugendforschung, Prof. Walter Friedrich, der am Morgen des 9. Oktober dem Politbüromitglied Egon Krenz – im ZK zuständig für Sicherheitsfragen – persönlich einen aktuellen Bericht zur Lage im Land übergab (in: ebd., S. 91 ff.). Friedrich warf – ohne Rücksicht auf die eigene Gefährdung – seine ganze wissenschaftliche Autorität in die Waagschale, um über Krenz zu erreichen, dass in Leipzig „keine Lösung durch Gewalt" gesucht würde. Er schreckte dabei auch nicht vor der Forderung nach Honeckers Abdankung zurück.[1] Das hinterließ Eindruck bei Krenz. Er versprach Friedrich, alles zu tun, um „diese Dinge (zu) klären, bevor heute Abend was passieren könnte" und setzte sich sofort nach dessen Abreise „mit Wolfgang Herger in Verbindung",[2] telefonierte „mit den zuständigen Ministern, und wir waren uns alle einig, es wird keine Gewalt in Leipzig eingesetzt" (in: ebd., S. 88 f.). Krenz' wichtigster Beitrag dazu blieb allerdings, dass er für die lokalen Entscheidungsebene(n) an diesem Abend kaum erreichbar war.

Besonders bekannt geworden ist in diesem Zusammenhang der Aufruf der „Leipziger Sechs". Gemeinsam mit dem Kabarettisten Bernd-Lutz Lange, dem Theologen Peter Zimmermann und den drei Sekretären der SED-Bezirksleitung, Kurt Meyer, Jochen Pommert und Ro-

1 Friedrich schrieb in einem Zusatzbrief zu dem angeforderten Papier, das Krenz nach dem Lesen – ob seiner Brisanz – sofort in den Reißwolf steckte: „Das Folgende fällt mir schwer zu sagen, aber ich muß es tun. Meines Erachtens sollte Genosse Honecker bald zurücktreten." Er sei „den neuen Anforderungen nicht mehr gewachsen" (in: Kuhn 1992, S. 109).

2 Herger war damals Leiter der Abteilung Sicherheitsfragen des ZK der SED. Ihm spricht Friedrich (im Gespräch mit dem Autor) einen entscheidenden Einfluss auf das Unterbleiben eines zentralen Einsatzbefehls an diesem Tag zu, was durch Auszüge aus dessen Tagebuch von 1989 (verlesen in dem Doku-Drama „Das Wunder von Leipzig – Wir sind das Volk", ARTE/MDR 2009) belegt wird.

> … und in dem sich Friedrich nachdrücklich dafür einsetzt, dass in Leipzig keine Gewalt gegen die Demonstranten ausgeübt wird.

11

Andererseits kann und will ich natürlich hier keine politische Konzeption vorstellen, sondern nur auf einige Schwerpunkte verweisen. Ich hebe folgende hervor:

1. Keine Lösung durch Gewalt suchen.
   Das ist für mich heute das akuteste Problem.
   Wir sollten die Vorkommnisse, Demonstrationen zwar konsequent kontrollieren, rowdyhafte Ausschreitungen mit allen Mitteln (wenn notwendig, auch mit Wasserwerfern) unterbinden, aber nicht politische Proteste als kriminelle, staatsfeindliche Aktionen behandeln und mit Gewalt zu liquidieren trachten.
   Ich habe die letzten Leipziger Montag-Demonstrationen persönlich genau verfolgt und bin mit dem bisherigen Vorgehen der Sicherheitskräfte einverstanden. Auch mit der gewaltsamen Auflösung der letzten Reste der Demonstrationszüge (mit vielen Randalieren). Doch darf die Gewalt der Polizei, Kampfgruppen, vielleicht gar der Armee nicht gegen die breite Masse der Protestanten nach dem Kirchbesuch (auf dem Karl-Marx-Platz oder Bahnhofsvorplatz) eingesetzt werden. Alles deutet hier darauf hin, daß dies in Leipzig geschehen soll.
   Ich sage mit aller Leidenschaft und Verantwortung für die DDR: Lieber Egon, es darf kein Blut fließen. Es darf in Leipzig nicht geschossen werden.
   Wir müssen lernen, mit solchen Protestversammlungen zu leben. Sollte hier harte Gewalt eingesetzt werden, sollte Blut fließen, dann – so befürchte ich aus der Kenntnis der Szenerie heraus – könnte Leipzig für die DDR zu einem Fanal wie Danzig für Polen werden.

Walter Friedrich

land Wötzel, hatte der allseits beliebte Gewandhauskapellmeister Prof. Kurt Masur[3] am Nachmittag des 9. Oktober einen Aufruf verfasst, dessen Text während der Friedensgebete in den Kirchen verlesen und kurz nach 18 Uhr – von Masur selbst auf Band gesprochen – auch über den Stadtfunk sowie über den Sender Leipzig ausgestrahlt wurde. Die sechs, von Stand und Weltanschauung sehr unterschiedlichen Personen, hatten – betroffen von der Entwicklung in Leipzig – zusammengefunden, um gemeinsam nach einer Lösung zu suchen. In dem Aufruf heißt es: „Wir alle brauchen einen freien Meinungsaustausch über die Weiterführung des Sozialismus in unserem Land.“ Deshalb versprachen sie „allen Bürgern, ihre ganze Kraft und Autorität dafür einzusetzen, dass dieser Dialog nicht nur im Bezirk Leipzig, sondern auch mit unserer Regierung geführt wird. Wir bitten sie dringend um Besonnenheit, damit der friedliche Dialog möglich wird“ (in: Neues Forum Leipzig 1989, S. 82 f.).

Auch wenn es sich hier eindeutig um einen Kompromisstext handelt, „für die damalige Zeit war es schon sehr viel. Es war das erste Mal, dass Funktionäre dieser Partei die Sprachlosigkeit überwunden hatten“ (Bernd-Lutz Lange in: Kuhn 1992, S. 118).

Viel Widersprüchliches ist über die Wirkung des Aufrufes an diesem Abend berichtet worden. Etwa 6.000 Besucher der Friedensgebete haben ihn in den vier Kirchen gehört. „Einen Moment lang entspannten sich alle“, als er verlesen wurde, erinnert sich Susanne Rummel, damals Teilnehmerin am Friedensgebet in der Nikolaikirche, „ein kurzes Aufatmen. Das hielt nicht an, denn von draußen drangen die gewaltigen Sprechchöre zu uns hinein (…)“ (in: Neues Forum Leipzig 1989, S. 83). Dennoch gingen viele von ihnen „gestärkt durch den dort verlesenen Aufruf“ auf den Ring, wie es die Rentnerin Sybille Freitag erlebte (in: ebd., S. 85). Auch viele Demonstranten auf der Straße „haben Beifall geklatscht, weil es war die erste öffentliche Anteilnahme von führenden Persönlichkeiten an dem, was uns bewegte. Es war eine große Erleichterung (…)“ (Gudrun Fischer in: ebd., S. 85). Auch Angehörige der Kampfgruppen spürten, wie „mit Bekanntwerden des Aufrufs der sechs Persönlichkeiten (…) Entspannung eingesetzt hat (…) auch im Verhältnis zu den Demonstranten“ (Theo Kuhirt in: Neues Forum Leipzig 1989, S. 91).

3 Gestiegen war seine Wertschätzung in der Bevölkerung noch, als Masur am 2. Oktober 1989 in einer Fernsehsendung der ARD „auf die Frage nach dem Vorgehen der Sicherheitskräfte gegen Teilnehmer des Friedensgebetes in der Nikolaikirche antwortete: ‚Ich schäme mich.‘“ Er forderte dort „einen sinnvollen Dialog (…) zwischen allen Mitgliedern der Gesellschaft“, indem „auch anders denkende Menschen die Möglichkeit haben, sich öffentlich zu äußern. Wir müssen die Probleme beim Namen nennen und dürfen nicht so tun, als gäbe es keine“ (in: Briefe an Kurt Masur 1990, S. 19 f.). Als daraufhin von der SED gesteuerte Medienangriffe auf Masur einsetzten, stellten sich das gesamte Orchester und alle Mitarbeiter des Gewandhauses in einer öffentlichen Willenserklärung hinter ihn.

Appell von Leipziger Bürgerrechtlern am 9. Oktober 1989 an die Demonstranten und die Sicherheitskräfte, sich selbst friedlich zu verhalten und auf Gewalt zu verzichten.

Viele der Demonstrationsteilnehmer aber „vernahmen ihn nicht“ (Tetzner 2009, S. 195), weil die Lautsprecherboxen, ob der geräuschvollen Atmosphäre auf dem Ring, nur eine beschränkte Reichweite hatten.

Wichtiger als die Wirkung nach außen war jedoch die Wirkung des Aufrufs nach innen, in den lokalen Parteiapparat hinein. Die Unterschrift der drei Sekretäre isolierte den damals amtierenden 2. Sekretär der SED-Bezirksleitung Leipzig, Helmut Hackenberg ⊙. Er galt als Hardliner. Zugleich hatte er an diesem Tag den obersten Einsatzbefehl über die Truppen vor Ort. Doch dann das: Die drei wichtigsten Genossen seiner Bezirksleitung Mitverfasser des Aufrufs; aus Berlin keine eindeutigen Befehle; 70.000 Demonstranten auf dem Ring – da wagte auch Hackenberg nicht, den Einsatzbefehl auszulösen. Gerhard Straßenburg, der damals als Polizeipräsident nach eigenen Angaben „vom ‚Aufruf der Sechs‘ und den Appellen zur Gewaltlosigkeit (...) erst gegen 19 Uhr“ erfahren haben will (in: ebd., S. 191), erklärt dazu: „(...) hier sind keine Forderungen gestellt worden, nicht durch Herrn Krenz und auch nicht durch Herrn Hackenberg, nicht zur Beruhigung und nicht zur Eskalation, (...) ich habe dann um 18.25 Uhr den Befehl zur Selbstverteidigung und zur Rückziehung der Kräfte erteilt“ (in: Kuhn 1992, S. 133 f.).

Vieles davon bleibt bis heute undurchsichtig. So auch, warum der SED-Bezirkssekretär Roland Wötzel, den der aus Berlin zurückgekehrte Walter Friedrich an Masurs Haustür über sein Gespräch mit Egon Krenz informierte, dessen beruhigende Nachricht nicht an die anderen Vertreter der ‚Leipziger Sechs‘ weitergab, sie dafür aber anschließend an Hackenberg übermittelte (Tetzner 2009, S. 165). Zehn Jahre nach dem Mauerfall hat er allerdings bekannt, dass Friedrichs Information „uns half, dieses Signal zu setzen“ (in: Ahbe/Hofmann/Stiehler 1999, S. 107).

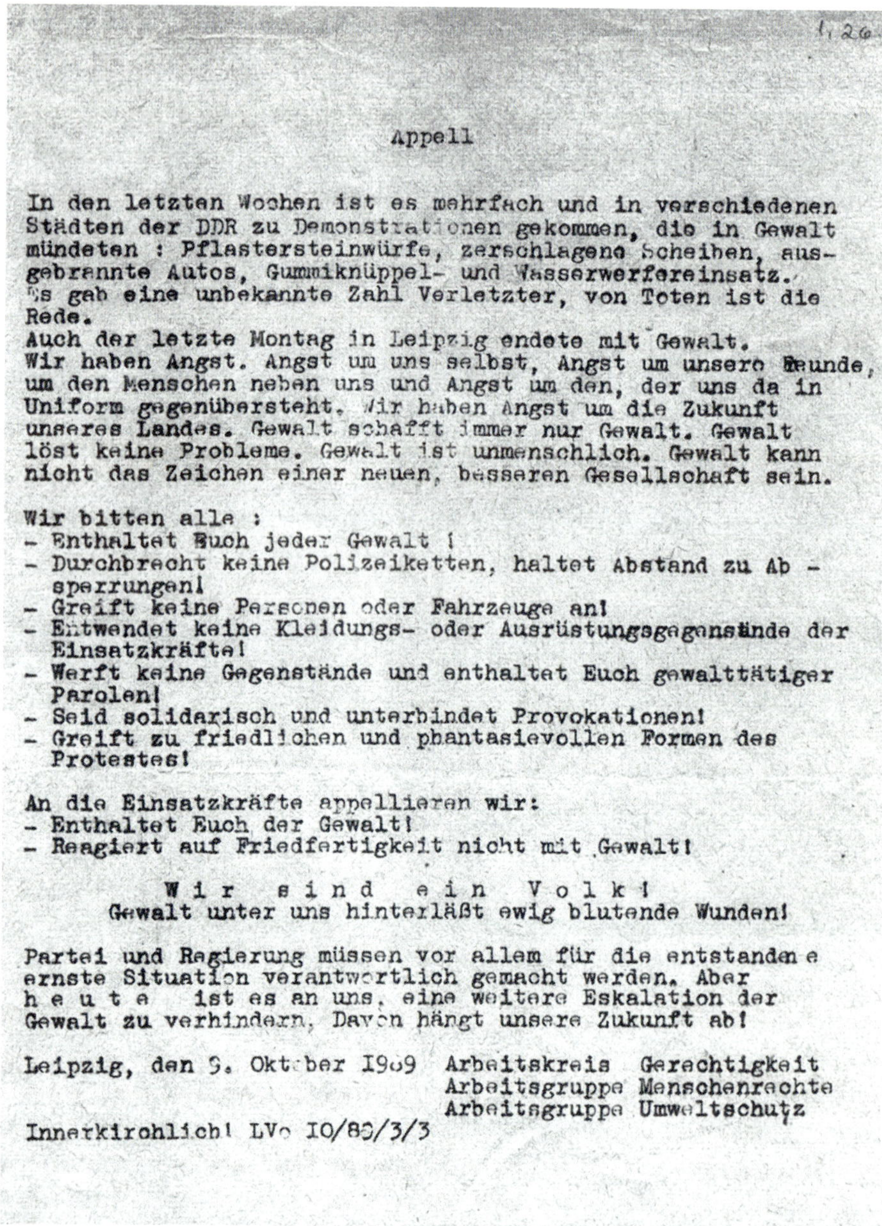

1,26

Appell

In den letzten Wochen ist es mehrfach und in verschiedenen Städten der DDR zu Demonstrationen gekommen, die in Gewalt mündeten : Pflastersteinwürfe, zerschlagene Scheiben, ausgebrannte Autos, Gummiknüppel- und Wasserwerfereinsatz. Es gab eine unbekannte Zahl Verletzter, von Toten ist die Rede.
Auch der letzte Montag in Leipzig endete mit Gewalt.
Wir haben Angst. Angst um uns selbst, Angst um unsere Freunde, um den Menschen neben uns und Angst um den, der uns da in Uniform gegenübersteht. Wir haben Angst um die Zukunft unseres Landes. Gewalt schafft immer nur Gewalt. Gewalt löst keine Probleme. Gewalt ist unmenschlich. Gewalt kann nicht das Zeichen einer neuen, besseren Gesellschaft sein.

Wir bitten alle :
- Enthaltet Euch jeder Gewalt !
- Durchbrecht keine Polizeiketten, haltet Abstand zu Absperrungen!
- Greift keine Personen oder Fahrzeuge an!
- Entwendet keine Kleidungs- oder Ausrüstungsgegenstände der Einsatzkräfte!
- Werft keine Gegenstände und enthaltet Euch gewalttätiger Parolen!
- Seid solidarisch und unterbindet Provokationen!
- Greift zu friedlichen und phantasievollen Formen des Protestes!

An die Einsatzkräfte appellieren wir:
- Enthaltet Euch der Gewalt!
- Reagiert auf Friedfertigkeit nicht mit Gewalt!

Wir sind ein Volk!
Gewalt unter uns hinterläßt ewig blutende Wunden!

Partei und Regierung müssen vor allem für die entstandene ernste Situation verantwortlich gemacht werden. Aber heute ist es an uns, eine weitere Eskalation der Gewalt zu verhindern. Davon hängt unsere Zukunft ab!

Leipzig, den 9. Oktober 1989 Arbeitskreis Gerechtigkeit
Arbeitsgruppe Menschenrechte
Arbeitsgruppe Umweltschutz

Innerkirchlich! LVo 10/89/3/3

Archiv Bürgerbewegung Leipzig

⊙ Der 1. Sekretär der SED-Bezirksleitung Leipzig, Horst Schumann, war seit längerer Zeit krank.

David Adam

Gille

Gille

Oben: Leipzig am 9. Oktober 1989: Die Polizei wartet auf ihren Einsatz. Die Innenstadt gleicht einem Heerlager. Darunter: Der befürchtete Einsatzbefehl bleibt aus. Tausende Menschen ziehen friedlich vom Karl-Marx-Platz (heute Augustusplatz) erstmals rund um die Leipziger Innenstadt.

Entscheidenden Einfluss auf den Verlauf und die spätere Außenwirkung der Leipziger Demonstration vom 9. Oktober 1989 nahmen aber auch Bürgerrechtler. Christoph Wonneberger berichtet für den „Arbeitskreis Gerechtigkeit" und die beiden Arbeitsgruppen „Menschenrechte" und „Umweltschutz": „Wir haben auch selber Flugblätter und Plakate gedruckt, vor allem für den 9. Oktober. Da haben wir ungefähr 50.000 Flugblätter gedruckt, weil wir meinten, an diesem Tag kommt es darauf an" [1] (in: Opposition in der DDR 1999, S. 256). Mit ihrem in der Leipziger Innenstadt massenhaft verteilten „Appell für Gewaltlosigkeit" wandten sie sich an die Demonstranten mit Forderungen wie „Durchbrecht keine Polizeiketten (...)! Greift keine Personen oder Fahrzeuge an! (...) Werft keine Gegenstände und enthaltet Euch gewalttätiger Parolen! Seid solidarisch und unterbindet Provokationen! Greift zu friedvollen und phantasievollen Formen des Protestes!" ebenso wie an die „Einsatzkräfte" mit der Aufforderung: „Reagiert auf Friedfertigkeit nicht mit Gewalt!" In diesem Flugblatt findet sich zum ersten Mal auch der Satz „Wir sind ein Volk!", der sich an die staatlichen Sicherheitskräfte wendete. Weiter heißt es: „Gewalt unter uns hinterlässt ewig blutende Wunden! Partei und Regierung müssen vor allem für die entstandene ernste Situation verantwortlich gemacht werden. Aber heute ist es an uns, eine weitere Eskalation der Gewalt zu verhindern. Davon hängt unsere Zukunft ab!" (in: Kuhn 1992, S. 83 f.; > Seite 106). Parallel dazu kreiste ein weiterer Aufruf – unterzeichnet mit „Für eine Vereinigte Linke" – unter den Demonstranten,[2] der zu „Dialog statt Gewalt" und „Einsatz für Demokratie mit demokratischen Mitteln" aufforderte. Dafür sollten sich „alle demokratischen Kräfte" zusammenschließen und „die Reformkräfte der SED" nicht ausgeschlossen werden: „Stellt alles Trennende zurück! Das ‚Neue Forum' kann die Plattform dafür sein. (...) Die Demokratische Bewegung kann nur friedlich und gewaltfrei ihren Weg gehen. Zeigen wir uns gemeinsam solidarisch handelnd auf der Höhe der Zeit" (in: ebd., S. 82 f.).

Westlichen Korrespondenten war seit Anfang September 1989 der Zugang zu den Leipziger Ereignissen systematisch verwehrt worden. Ihre Quellen für Angaben zur wachsenden Stärke der Demonstrationen wie auch für gelegentliches Bildmaterial (Flugblätter und Fotos) waren von nun an Vertreter der Bürgerbewegung. In engem Zusammenspiel mit westlichen Journalisten hatten sie eine erstaunliche Logistik der Nachrichtenübermittlung entwickelt. Eine wahre Meisterleistung gelang jedoch den beiden „geheimen Filmern der Revolution" (LVZ, 6. Oktober 2008): Siegbert Schefke und Aram Radomski. Mit einer über den ehemaligen DDR-Bürgerrechtler Roland Jahn [3] und Westdiplomaten eingeschleusten Videokamera schlugen sich die beiden von der Staatssicherheit observierten Ostberliner Oppositionellen am 9. Oktober 1989 bis nach Leipzig durch. Der Pfarrer der direkt am Ring gelegenen Reformierten Kirche, Hans-Jürgen Sievers, gewährte ihnen Zugang zum Turm des Gotteshauses. Von dort oben filmten sie heimlich den Zug der 70.000 Demonstranten über den Leipziger Ring. Noch am selben Abend übergaben sie in

Gerhard Gäbler

Ostberlin das Band heimlich an einen vertrauten SPIEGEL-Journalisten, der es in seiner Unterwäsche nach Westberlin schmuggelte. Am nächsten Abend wurden die beeindruckenden Aufnahmen in den ARD-„Tagesthemen" gesendet. Die Bilder gingen um die Welt und kündeten

[1] An anderer Stelle ist von 30.000 Flugblättern die Rede (vgl. Hollitzer 1999, S. 276). Der Appell war zudem am 9. Oktober bereits in der bundesdeutschen Tageszeitung „taz" erschienen.

[2] Dessen Auflagenhöhe ist nicht übermittelt.

[3] 1983 war Jahn zwangsweise in die Bundesrepublik abgeschoben worden, dort war er u. a. Mitarbeiter beim ARD-Magazin „Kontraste".

vom Mut und dem Sieg der Leipziger Demonstranten über eine hochgerüstete Staatsmacht.

Am 18. Oktober 1989 muss Erich Honecker von allen seinen Posten zurücktreten.

^ 70.000 Menschen formieren sich am 9. Oktober 1989 in Leipzig zur bis dahin größten Montagsdemonstration und zwingen die Staatsmacht zum Rückzug.

CHRONIK

PROTESTAKTIONEN UND DEMONSTRATIONEN IN DER DDR (AUSWAHL)

13. August: Gittersee bei Dresden: Demonstration gegen den Bau des Reinst-Siliziumwerkes (1.500 Teilnehmer). Die Polizei schreitet brutal ein, zahlreiche Festnahmen.

1. September: Arnsdorf/Dresden: Schweigemarsch mit 23 Teilnehmern.

> Forst/Neiße: Eine Gruppe junger Leute demonstriert an der Grenze zu Polen für reale Friedenspolitik.

> Neuruppin: „Weg des Friedens" zum Gedenken an den 50. Jahrestag des Überfalls auf Polen (120 Teilnehmer).

> Stralsund: Schweigemarsch mit Kerzen zwischen Nikolai- und Jakobikirche mit 200 Teilnehmern und anschließendem Gesprächsforum.

4. September: Leipzig: Nach dem Friedensgebet in der Nikolaikirche versammeln sich 800 Teilnehmer auf dem Kirchplatz, Bürgerrechtler entfalten Transparente, Ausreisewillige skandieren: „Wir wollen raus!", reformorientierte Demonstranten antworten mit: „Wir bleiben hier!"

10. September: Potsdam: Jugendliche nehmen mit eigenen Plakaten an der offiziellen Kundgebung zum Internationalen Gedenktag für die Opfer faschistischen Terrors teil, es kommt zu zahlreichen Festnahmen.

11. September: Leipzig: Friedensgebet; die Polizei prügelt auf dem abgesperrten Nikolaikirchhof wahllos auf die ca. 500 Teilnehmer ein, 89 Verhaftungen.

18. September: Leipzig: Friedensgebet; erneut wird der Nikolaikirchhof abgesperrt, ca. 3.000 Teilnehmer, 31 Festnahmen.

23. September: Weißenfels: 20 Jugendliche veranstalten einen Sitzstreik auf einer Hauptverkehrsstraße, sie rufen u. a. „Wir wollen raus!", „Wir fordern das Neue Forum!", fünf Festnahmen.

25. September: Leipzig: Nach dem Friedensgebet demonstrieren erstmals ca. 8.000 Teilnehmer auf einem Teil des Innenstadtrings, sechs Festnahmen.

30. September: Arnstadt: Ausgelöst durch ein Flugblatt kommt es zur Demonstration auf dem Holzmarkt, ca. 200 Teilnehmer.

2. Oktober: Berlin: Mahnwache in der Gethsemanekirche für die politischen Gefangenen in der DDR.

> Leipzig: 2. Demonstration auf dem Ring mit ca. 15.000 Teilnehmern; ein Teil der Demonstranten läuft in eine Falle der Sicherheitskräfte, die – erstmals mit Schilden und Hunden ausgerüstet – im Zentrum Jagd auf sie machen, 20 Festnahmen.

3. Oktober: In Bad Schandau und Dresden versammeln sich 500 bzw. 1.200 Ausreisewillige an den Bahnhöfen, z. T. Sitzstreik, 33 Personen werden „zugeführt".

> In Eisenach, Ruhla, Seebach kommt es erstmals zu Arbeitsniederlegungen.

4. Oktober: Dresden: Etwa 20.000 Ausreisewillige und Schaulustige versammeln sich am Hauptbahnhof; die Polizei setzt Schlagstöcke und Wasserwerfer ein, ca. 200 Personen greifen die Polizisten mit Pflastersteinen an, Polizeifahrzeuge werden umgestürzt, 224 Personen werden „zugeführt".

> In Bad Schandau, Pirna und Heidenau: Ansammlungen von ca. 400 Personen an der Bahnstrecke; in Freiberg, Karl-Marx-Stadt, Zwickau, Reichenbach, Plauen und Werdau geht die Polizei brutal gegen Ausreisewillige vor, die auf die Durchfahrt der Botschaftszüge aus Prag warten.

5. Oktober: Dresden: Erneut ca. 5.000 Demonstranten, gewalttätige Auseinandersetzung mit Sicherheitskräften, 155 Personen werden verhaftet.

> Magdeburg: Demonstration mit 120 Teilnehmern, 80 Festnahmen.

> Rostock: 1. Fürbittandacht für inhaftierte Demonstranten aus Leipzig.

> Plauen: Friedensandacht vor und in der Markuskirche mit über 2.000 Teilnehmern.

> Wilthen: Demonstration von Jugendlichen, 17 Festnahmen.

6. Oktober: Dresden: Demonstration auf der Prager Straße, ca. 5.000 Teilnehme fordern mehr „Freiheit"; gewaltsamer Polizeieinsatz, 361 „Zuführungen".

> Aschersleben: 50 Personen versammeln sich zu einer Demonstration vor der Stephanikirche.

> Bautzen: Schweigemarsch von Antragstellern auf Ausreise (150 Teilnehmer) wird von der Polizei verhindert, 15 Personen inhaftiert.

> Görlitz: 1. Friedensgebet in der Frauenkirche.

> Zwönitz: Demonstrationszug von 25 Personen durch die Kleinstadt.

7. Oktober: In 24 Orten der DDR kommt es zu Demonstrationen. Überall gehen Sicherheitskräfte brutal sowohl gegen Demonstranten als auch unbeteiligte Passanten vor. In nicht wenigen Orten – wie in Plauen und Karl- Marx-Stadt – sind die Protestzüge Auftakt einer langen Folge von Demonstrationen. Demonstriert wird u. a. in:

> Arnstadt: 600 Demonstranten im Stadtzentrum, 32 Festnahmen; Berlin: Tausende Demonstranten ziehen vom Zentrum in die Schönhauser Allee, 700 z. T. mehrtägige „Zuführungen" in vorbereitete Objekte; Dresden: Demonstration zum Fucikplatz, es schließen sich ca. 30.000 Personen an, 129 Festnahmen; Erfurt: Demonstration mit 150 Teilnehmern; Halle: 100 Demonstranten auf dem Marktplatz, 48 Teilnehmer „zugeführt"; Karl-Marx-Stadt: Demonstration mit 1.000 Teilnehmern, gewaltsame Auflösung; Leipzig: ca. 10.000 Demonstranten, 210 Festnahmen, die Inhaftierten werden in Pferdeställen auf dem Agra-Gelände festgehalten; Magdeburg: ca. 500 Demonstranten vor dem Dom,

130 „Zuführungen"; Plauen: 10.000 Demonstranten ziehen durch die Stadt zum Rathaus, das fast gestürmt wird, die Feuerwehr setzt Löschzüge als Wasserwerfer ein, Verhaftete werden bis zu einer Woche festgehalten; Potsdam: Demonstration mit ca. 2.000 Teilnehmern, 106 Festnahmen.

> Kleinere Demonstrationen – vornehmlich Jugendlicher – finden statt in: Aschersleben, Dippoldiswalde, Guben, Hainichen, Ilmenau und Torgau; Proteste auch in Jena, Dessau, Roßlau und Suhl.

8. Oktober: Fortsetzung der Proteste in Berlin (ca. 1.000 Teilnehmer); Guben (Mahnwache zur Freilassung am Vortag Festgenommener); Lindow (Jugendliche errichten eine Barrikade). Neu hinzu kommen als Orte von (Jugend-)Demonstrationen: Bischofswerda, Lindow, Markneukirchen, Meerane (Schweigemarsch), Plessow, Prenzlau und Treuen.

> Höhepunkt wiederum Dresden: Auf Plätzen der Stadt versammeln sich bis zu 25.000 Teilnehmer, ca. 260 Festnahmen. Nach Gesprächszusage von OB Berghofer wird die Demonstration friedlich abgebrochen; die „Gruppe der 20" konstituiert sich.

9. Oktober: Leipzig: Montagsdemonstration mit 70.000 Teilnehmern nach Friedensgebeten in vier Kirchen, erstmals über den gesamten Innenstadtring; zuvor Appelle und Flugblattaktionen zur Gewaltlosigkeit. Sicherheitskräfte schreiten nicht ein.

> Dresden: In vier Kirchen wird vor 22.000 Besuchern über das 1. Gespräch zwischen der „Gruppe der 20" und Vertretern der Stadt informiert.

> Halle: Kerzendemonstration mit 2.000 Teilnehmern, 39 „Zuführungen".

> Magdeburg: Vor dem Gebet im Dom Festnahme zahlreicher Jugendlicher.

> Lindow: Nach einem Friedensgebet ziehen 500 Demonstranten mit der Forderung zum Rathaus, alle Inhaftierten freizulassen.

10. Oktober: Dresden: Dialog geht weiter, Freilassung von 500 Demonstranten.

> Halle: Mahnwache auf dem Gelände der St. Georgengemeinde für die Freilassung der Inhaftierten.

> Ilmenau: Demonstration in der Innenstadt, zahlreiche „Zuführungen".

> Nordhausen: erneut Demonstration.

> Wernigerode: Aus einer Gruppe von 40 demonstrierenden Jugendlichen werden 7 festgenommen.

11. Oktober: Berlin: 300 Studenten der Humboldt-Universität fordern Reformen im Hochschulsystem.

> Halberstadt: Protestaktion vor und in der Martinikirche mit 5.000 Teilnehmern.

> Rostock: Erste Informationsveranstaltung des „Neuen Forums" in der Methodistenkirche.

> Weißenfels: 1. Friedensandacht mit 150 Teilnehmern.

13. Oktober: Karl-Marx-Stadt: Kundgebungen mit 5.000 Teilnehmern zum Thema „Wirtschaftsprobleme" vor zwei Kirchen.

> Klingenthal: Demonstration mit 500 Teilnehmern zur Ev.-Luth. Kirche.

14. Oktober: Arnstadt: Demonstration mit 400 Teilnehmern.

> Plauen: 2. Demonstration durch die Innenstadt mit 20.000 Teilnehmern.

15. Oktober: Halle: Demonstration mit 20.000 Teilnehmern.

> Suhl: Tausende demonstrieren in und um die Stadtkirche für gesellschaftliche Erneuerung.

16. Oktober: Berlin: Demonstration mit 3.000 Teilnehmern für die Zulassung des „Neuen Forums", freie Wahlen sowie Presse- und Meinungsfreiheit.

> Dresden: Demonstration vor dem Rathaus mit 10.000 Teilnehmern.

> Halle: Schweigedemonstration vor der Marktkirche mit 5.000 Teilnehmern, anschließend Diskussionen in zwei Kirchen.

> Leipzig: Montagsdemonstration mit ca. 120.000 Teilnehmern, erstmals Berichterstattung darüber in den DDR-Medien.

> Waren, Wurzen und Zwickau: Demonstration nach einem Friedensgebet mit bis zu 400 Teilnehmern.

17. Oktober: Dresden: In fünf Kirchen erhalten 20.000 Bürger Informationen über das Gespräch der „Gruppe der 20" mit OB Berghofer, anschließend Demonstration durch die Innenstadt.

18. Oktober: Eberswalde-Finow: Demonstration.

> Greifswald: Demonstration mit 3.000 Teilnehmern nach Friedensgebet im Dom.

> Markneukirchen: Schweigemarsch mit 1.200 Teilnehmern für Reisefreiheit, anschließend Diskussion in der Kirche.

> Mühlhausen: 150 Teilnehmer diskutieren in der Georgikirche über die Lage in der DDR.

> Neubrandenburg: Schweigemarsch mit 10.000 Teilnehmern nach einer kirchlichen Veranstaltung in der Johanniskirche.

> Suhl: Demonstration des „Neuen Forums" mit 1.300 Teilnehmern.

Zusammenstellung nach Uwe Schwabe: Chronik – Demonstrationen, Kundgebungen und Streiks in der DDR, in: Thomas Ahbe/Michael Hofmann/Volker Stiehler (Hrsg.): „Wir bleiben hier!" Erinnerungen an den Herbst '89. Leipzig 1999 (Gustav Kiepenheuer Verlag), S. 129–137.

Aufbruchstimmung in Leipzig: Eine Demonstrantin erhebt bei der Montagsdemonstration am 23. Oktober 1989 befreit die Hand zum Victoryzeichen.

ZB-Fotoreport

„... nun sind die Veränderungen nicht mehr aufzuhalten!“

Die Massenproteste erzwingen einen politischen Kurswechsel

Montag, 9. Oktober 1989: ca. 70.000 Demonstrationsteilnehmer; Montag, 16. Oktober: ca. 120.000; Montag, 23. Oktober: ca. 200.000; Montag, 30. Oktober: ca. 300.000; Montag, 6. November: schätzungsweise bis zu 500.000 Personen. Allein die Entwicklung der Teilnehmerzahlen an den Leipziger Montagsdemonstrationen in diesen vier Wochen macht deutlich, welche gewaltige Bewegung in der Bevölkerung in Gang gekommen war. Das galt aber nicht nur für Leipzig, sondern auch für die vielen anderen Orte in der DDR, in denen nun – mehr oder minder regelmäßig – demonstriert wurde. Sonnabend für Sonnabend gingen die Menschen in Plauen auf die Straße. Der Montag war auch in Zwickau und vielen anderen Städten der DDR zum Wochenhöhepunkt geworden. In Greifswald wurde der Mittwoch zum regelmäßigen Demonstrationstermin, in Erfurt und Rostock der Donnerstag, in Dessau der Freitag etc. In der DDR hatte sich binnen weniger Wochen eine eigenständige politische „Kultur der Straße“ herausgebildet.

Das Land kam nicht mehr zur Ruhe. Große Teile der Bevölkerung wollten, dass es nicht mehr zur Ruhe kommt! Sie vollzogen einen „kollektiven Übergang zur demokratischen Revolution" (Zwahr 1994, S. 429). Die Meinungsbildung fand in der DDR für Wochen vornehmlich auf den Straßen und Plätzen statt. Von dort ging Druck auf die Regierenden aus, dem diese sich immer wieder aufs Neue beugen mussten. Lange versuchte die SED-Führung, diese Entwicklung öffentlich zu diskreditieren, indem sie „besorgte Bürger" in den Medien fragen ließ, ob denn die Straße der „rechte Ort" für die Verständigung über die Probleme des Landes sei. Die „schweren Störungen von Ruhe und Ordnung" seien – so der Kommentator des „Neuen Deutschland" (ND) noch am 26. Oktober 1989 – nicht länger hinnehmbar.

Drei Tage später schon musste der SED-Bezirkssekretär Günter Schabowski einlenken: „Die Demo wird zur politischen Kultur in Berlin gehören", verkündete er angesichts der 22.000 Menschen, die zu einem „Sonntagsgespräch" mit dem Ostberliner Oberbürgermeister Erhard Krack auf dem Platz vor dem Roten Rathaus zusammengekommen waren. Mit gönnerhafter Pose versuchte der führende SED-Funktionär, „dem Volk" etwas zuzubilligen, was es sich – spätestens seit der historischen Demonstration vom 9. Oktober 1989 in Leipzig – längst selbst genommen hatte und das bereits auch andernorts Schule machte. „Erst nachdem in Leipzig die Demonstrationen stattgefunden hatten, gingen wir in Berlin viel breiter auf die Straße" (W. Herdzin in: Findeis/Pollack/Schilling 1994, S. 121). Die SED-Führung sollte, trotz intensivster Bemühungen, das Heft des Handelns nie wieder fest in die Hand bekommen.

Der noch unter Führung Honeckers angebotene „Dialog" fand keine Resonanz mehr in der Bevölkerung. Seit der Erklärung des Politbüros „Zur Lage in der DDR nach dem 40. Jahrestag" vom 11. Oktober 1989 wurde das Schlagwort zwar von den Funktionären unablässig im Munde geführt, doch war allzu durchschaubar, dass damit lediglich die Wogen des Unwillens in der Bevölkerung geglättet werden sollten. Man kann keinen „offenen Dialog" anbieten und zugleich weiterhin allein über die Art und Weise der Diskussion bestimmen wollen: „Wir haben alle erforderlichen Formen und Foren der sozialistischen Demokratie. Wir rufen auf, sie noch umfassender zu nutzen" (zitiert nach ND, 12. Oktober 1989). Doch was tun, wenn die ausgewählten Säle nicht mehr ausreichten, um all diejenigen zu fassen, die ihre Meinung äußern wollten? Die SED musste schließlich jenes Forum akzeptieren, das sich die Bevölkerung schon längst als Schauplatz für ihre öffentlichen Debatten gewählt hatte: die Straße.

Sprechchöre – Losungen – Transparente – öffentliche Foren – Runde Tische – Fahnen – Wahlplakate: Jede Etappe des Veränderungsprozesses zwischen September 1989 und März 1990 war durch spezifische Formen der Kommunikation gekennzeichnet. Deshalb ist es auch möglich, anhand der wechselnden Losungen und Transparente des Herbstes 1989 den Charakter einzelner Entwicklungsphasen der Volksbewegung zu beschreiben.

In der 1. Phase, ab Anfang September, wurden die Botschaften der Demonstranten vor allem über gerufene Losungen transportiert. Das Tragen von Transparenten erwies sich damals als noch zu riskant. Zu groß war die Gefahr, damit die Aufmerksamkeit der Sicherheitskräfte auf sich zu lenken. Am bekanntesten von allen Sprechchören sollten die beiden zentralen Selbstbehauptungsrufe des Herbstes '89 werden: „Wir bleiben hier!" und „Wir sind das Volk!" (vgl. Kapitel 7). An-

VG Bild-Kunst, Martin Naumann

dere Losungen zielten vor allem auf Gewaltlosigkeit sowie auf das Bemühen, den Kreis der Demonstranten beständig zu vergrößern. „Schließt Euch an!“ wurde der noch abseits stehende Teil der Bevölkerung aufgefordert. Der Ruf richtete sich aber auch an die Phalanx der Uniformierten – die Angehörigen der Kampfgruppen wie die jungen Wehrpflichtigen der Bereitschaftspolizei. Sie sollten ihre Uniformen ausziehen und mitdemonstrieren. Obwohl unter permanentem Befehlsdruck, standen viele der jungen „Polizisten“ innerlich auf der Seite der Demonstranten. „Aus meinen Erlebnissen heraus kann ich bloß sagen, dass es (...) eine extreme Situation war, die auf viele von uns eingestürzt ist, weil wir da praktisch aufgefordert wurden, den Platz zu räumen. Ich war tief erschüttert, mir standen die Tränen in den Augen, da ich schon vorher gemerkt habe, dass das nicht irgendwelche randalierenden Rowdys sind, asoziale Elemente, wie uns erzählt wurde, sondern normale Leute aus sämtlichen Altersgruppen. Uns wurde gesagt, das ist eine unangemeldete Demonstration, sie ist nicht genehmigt und wir haben die Ordnung und Sicherheit herzustellen“, berichtete einer der in Leipzig eingesetzten Wehrpflichtigen später (in: Oktober 1989, 1/1990, S. 74).

^ Leipzig, 30. Oktober 1989. Montagsdemonstration mit ca. 300.000 Teilnehmern auf dem Karl-Marx-Platz

v Titelseiten der „Spiegel“-Ausgaben vom 14. August und 30. Oktober 1989

Spiegel-Verlag

Spiegel-Verlag

Mit ihren Sprechchören machten sich die Demonstranten anfangs selbst Mut, denn mindestens bis zum Rücktritt Honeckers war der friedliche Ausgang der Demonstrationen ungewiss. Selbst am 9. Oktober waren im Leipziger Demonstrationszug nur vier Transparente kleineren Formats zu sehen. Auf ihnen wurden „Freiheit“, „Freie Wahlen“, Pressefreiheit und die Zulassung des „Neuen Forums“ gefordert. Ab Mitte Oktober nahm dann die Zahl der Transparente beständig zu. Mit ihren vielstimmigen, originellen Forderungen klagten sie Veränderungen ein. Spätestens Ende Oktober war die Fülle der Transparente überall im Land nur noch schwer zu überschauen. Fantasie und Volkswitz kamen in ihnen ebenso zum Ausdruck wie die wachsende Entrüstung der Demonstranten über immer neue Enthüllungen aus dem Leben der SED-Bonzen (Stichworte: Privilegien, Vetternwirtschaft, Wandlitz[1] u. a.). Sie reagierten damit spontan auf Ereignisse des Tages, wurden so zu einem fortlaufenden Volkskommentar des Zeitgeschehens.

Die Leipziger Losungen lieferten auch für die Gestaltung von Transparenten in anderen Orten des Landes Vorlagen und Inspirationen. Nicht wenige Menschen kamen Montag für Montag z. T. von weit her nach Leipzig, um hier die Demonstrationen mitzuerleben. Verschiedene Schätzungen gehen davon aus, dass bis zu einem Drittel der Teilnehmer an den Leipziger Montagsdemonstrationen von außerhalb kam.[2] Die dort aufgenommenen Anregungen wurden dann in den Heimatorten auf die lokalen Bedingungen übertragen und in die eigenen Protestzüge eingebracht. Aber auch andere Städte wie Plauen, Dresden, Greifswald oder Stendal entwickelten sich rasch zu regionalen Demonstrationszentren, die regelmäßig Menschen aus einem weiten Umkreis anzogen.

Der Übergang von den gerufenen Losungen zu den Transparenten – ab Anfang Oktober 1989 – war zugleich mit einer Änderung des Hauptadressaten verbunden. Von nun an wandten sich die Demonstranten direkt an die SED-Führung und deren Erfüllungsgehilfen im Staatsapparat. Nach dem Rücktritt Honeckers wurde sogleich dessen Nachfolger, Egon Krenz, Ziel des Angriffes und des Spottes. Die Wortspiele, die mit seinem Namen angestellt wurden, machten deutlich, dass die Mehrheit der Demonstranten ihm keine Lösung der aktuellen Probleme zutraute. Krenz konnte schon deshalb das Vertrauen der Bevölkerung nicht für sich gewinnen, weil mit seinem Namen all jene Ereignisse des Jahres 1989 verbunden waren, die die DDR-Führung den letzten Rest an Glaubwürdigkeit gekostet hatten. Dazu zählten u. a. die Fälschung bei den Kommunalwahlen am 7. Mai (vgl. Kapitel 3) und die Zustimmung zum Massaker von Peking (vgl. Kapitel 4). „Egon Krenz, wir sind nicht deine Fans!“,[3] hallte es über den Leipziger Ring. Noch deutlicher formulierte es ein Transparent, auf dem bereits am 23. Oktober 1989 – wenige Tage nach Krenz’ „Inthronisierung“– „eGOn!“ zu lesen stand.

Die Demonstranten waren nicht mehr gewillt, sich eine eilfertig gewendete politische Führung einfach vorsetzen zu lassen. „Neue Männer braucht das Land“ lautete vielmehr ihre Forderung. Die Diskussion um den Alleinvertretungsanspruch der Partei stand auf der Tagesordnung, die Machtfrage war offen gestellt. Die Losung „SED, das tut weh!“ fand rasche

> Leipziger Demonstranten am 6. November 1989 mit Transparenten auf den Stufen der Bezirksbehörde der Staatssicherheit, im Volksmund „Runde Ecke“ genannt.

1 Wandlitz war die Wohnsiedlung der SED-Politbüro-Mitglieder, nordöstlich von Berlin. Sie war von der Außenwelt hermetisch abgeriegelt.

2 Am 16. Oktober 1989 registrierte die Volkspolizei die Anreise von „600 Personen aus den Hauptrichtungen Magdeburg, Zwickau und Karl-Marx-Stadt“. Eine Woche später wurde von der Bahnpolizei nach der Demonstration bereits die Abreise von ca. 8.700 Personen in alle Himmelsrichtungen gemeldet; besonders voll waren die Züge in Richtung Zwickau und Bitterfeld mit über 1.000 Demonstranten (zitiert nach Schwabe 1999, S. 720 f.). Trotz der vom MfS vielerorts eingeleiteten „Maßnahmen zur Unterbindung der Anreise“ (zitiert nach Richter 2009, S. 386), die bis zu „vorsorglichen“ Verhaftungen reichten, konnte der Strom nach Leipzig nicht gebremst werden. Im sächsischen Kamenz wurde das Friedensgebet in der Gemeinde sogar auf den Dienstag verschoben, um den Bürgern eine Teilnahme an den montäglichen Demonstrationen in Leipzig und Dresden zu ermöglichen (ebd., S. 388).

3 In Umkehrung des FDJ-Slogans, der Mitte der 1970er Jahre lautete: „Wir sind die Fans von Egon Krenz!“

Karte zum bevorstehenden Jahreswechsel 1989/90. Siebdruck von Bernd Hanke, Dresden, Oktober 1989

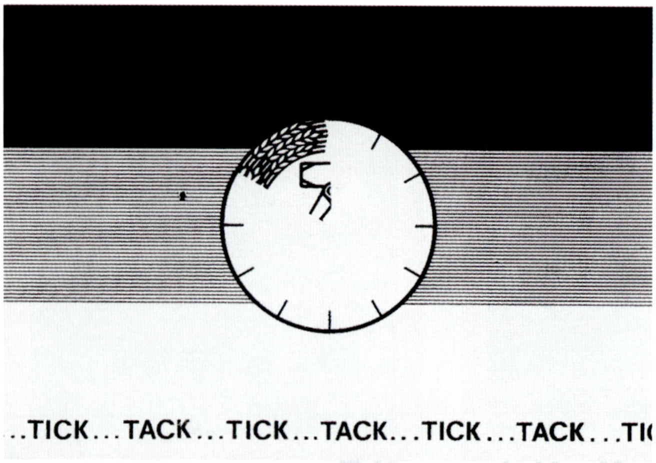

Bernd Hanke

Gerhard Gäbler

I. LEIPZIGER LOSUNGEN AUS DER ZEIT VOM 23. OKTOBER BIS 6. NOVEMBER 1989

Montag, 23. Oktober 1989
(ca. 200.000 Teilnehmer)

Neue Transparente:
> Egon, wer 40 Jahre blind war, lernt nicht von heute auf morgen sehen!
> Noch gestern ließ er uns diskriminieren und heute will er uns regieren!?
> Krenz, mach Schluss mit den Mördern von Peking!
> Krenzt das Neue Forum nicht aus!
> eGOn!
> Wir brauchen die Partei nicht, aber die Partei braucht uns!
> Die Karre steckt zu tief im Dreck, die alten Kutscher müssen weg!
> Wir fordern freie Wahlen – keine erneute Machtanballung!
> Nur geteilte Macht ist gute Macht!
> Nur durch Pluralismus zu einem zeitgemäßen Sozialismus!
> Visafrei von Rostock bis Shanghai!

Neue Sprechchöre:
> Egon Krenz, wir sind nicht deine Fans!
> Egon, mach die Grenze auf!
> Egon leit' Reformen ein, sonst wirst du der Nächste sein!
> Das ZK ins Altersheim!
> Mindestrente fürs ZK!
> Die Mauer muss weg!
> Stasi in den Tagebau! (auch als Massengesang)

Montag 30. Oktober 1989
(ca. 300.000 Teilnehmer)

Neue Transparente:
> Die Demokratie in ihrem Lauf, halten weder Ochs noch Esel auf!
> Wir haben kein Vertrauen mehr nach 40 Jahren DDR!
> 40 Jahre Mist gemacht. Jetzt müssen andere an die Macht!
> Mündige Bürger brauchen freie Wahlen + Reisefreiheit + saubere Umwelt + Zivildienst + freie Marktwirtschaft!
> SED gib' acht, das Volk ist die Macht!
> SED in die Opposition!
> Der Fisch fängt vom Kopf an zu stinken!
> So viel Macht in einer Hand gehört nicht in dieses Land!
> Im Interesse aller Kinder Glück, Margot Honecker tritt zurück!
> Wir fordern: Freistellung von Frau Honecker zur Pflege ihres Mannes!
> Weg mit den Wendehälsen, Rücktritt von Hager!
> Schnitzlers Visage bringt alle in Rage!
> Macht aus Wandlitz und Niederschönhausen FDGB-Ferienheime!
> Sichere Zukunft durch starke Opposition!
> »Neues Forum« – ist des Volkes Wille, Egon, schlucke diese Pille!
> Neues Forum – neue Hoffnung!
> Neues Forum: Es geht nur ohne Gewalt!
> Brücken statt Mauer und Feindbild!
> MAUER-Steine für Eigenheime!
> Sinnvoller Zivildienst statt sinnloser Wehrdienst!

Montag, 6. November 1989
(ca. 500.000 Teilnehmer)

Neue Transparente:
> Das Reisegesetz beweist: Es herrscht der alte Geist!
> Visa ohne Geld, da lacht die ganze Welt!
> Visapflicht, das passt uns nicht!
> Reisefreiheit ohne Gründe und 30 Tage Bearbeitung!
> Erich, Egon, Eberhard[4], wo habt Ihr unser Geld verscharrt?
> Egon, hau Du ab, dann bleiben täglich Tausende im Lande!
> Egon, jetzt wollen wir Taten sehen, oder sollen wir in den Westen gehen?
> Wenn freie Wahlen sind in Sicht, verlassen wir die Heimat nicht!
> SED, gib deine Führung ab, sonst werden hier die Leute knapp!
> Wenn's Volk nicht auf der Straße wär', wo kämen dann Reformen her?
> Leipzig, Heldenstadt der DDR!
> Sind die Reformen erst in Trab, treten Ochs und Esel ab!
> Wann endlich Sicherheit vor der Sicherheit?
> Eine Schlange häutet sich, bleibt aber eine Schlange!
> Vorwärts zu neuen Rücktritten!
> S – Staatssicherheit, E – Entmündigung, D – Diktatur!
> Es ist so mancher Funktionär uns allen viel zu reich, das Volk setzt nun den Hobel an und hobelt alle gleich!

[4] Gemeint sind Erich Honecker, Egon Krenz und der 1. Sekretär des FDJ-Zentralrates, Eberhard Aurich. Honecker und Krenz hatten ihre politische Karriere ebenfalls mit diesem Amt begonnen.

Eine Übersicht über alle in Leipzig getragenen und gerufenen Losungen findet sich in: Leipziger Demontagebuch: Demo – Montag – Tagebuch – Demontage. Wolfgang Schneider, Bernd Lindner u.a., Leipzig/Weimar 1990 (Gustav Kiepenheuer Verlag).

Gerhard Gäbler

Ein Leipziger Demonstrant erinnert am 6. November 1989 mit seiner Losung an den „Prager Frühling“ von 1968, ein wichtiges Symbol für die DDR-Bürgerbewegung.

Verbreitung. Als einer der Ersten musste der Chefagitator des DDR-Fernsehens, Karl-Eduard von Schnitzler, seinen Posten räumen. Zwar wurde er nicht, wie in Leipzig vom Massengesang gefordert, „in den Tagebau“ geschickt; seine berühmt-berüchtigte Hetz- und Propagandasendung „Schwarzer Kanal“ lief jedoch bereits am 30. Oktober 1989 zum letzten Mal im DDR-Fernsehen. Weitere „Bauernopfer“ im Versuch, die Macht der SED zu erhalten, waren der Wirtschaftssekretär Günter Mittag und der Sekretär für Agitation und Propaganda, Joachim Herrmann – sie waren beide bereits mit Honecker abgetreten –, die Volksbildungsministerin Margot Honecker und der Gewerkschaftschef Harry Tisch – ihre Rücktritte wurden am 2. November bekannt – sowie eine Reihe von 1. Sekretären der SED-Bezirksleitungen. Auch die Blockparteien CDU und NDPD bemühten sich durch die Entlassung ihrer Vorsitzenden Gerald Götting und Heinrich Homann um eine schnelle „Reinwaschung“.

Am 7. November 1989 trat schließlich der gesamte Ministerrat unter Willi Stoph zurück. Einen Tag später folgte das Politbüro der SED. Durch die Berufung des als reformfreundlich geltenden 1. Bezirkssekretärs von Dresden, Hans Modrow,[1] in das neue, verschlankte Politbüro hoffte die SED-Führung auf mehr Zuspruch aus der Bevölkerung. Diese schien jedoch zunehmend in zwei Gruppen auseinanderzufallen: in die Demonstranten und in jene, die weiterhin ihre Koffer packten, um über die (wieder geöffnete) Grenze zur ČSSR in Richtung Bundesrepublik zu ziehen. Tag für Tag verließen noch immer ca. 10.000 Menschen die DDR. Das Land drohte auszubluten. Seine Existenz war, wenige Wochen nach dem 40. Jahrestag und dem Beginn der Massendemonstrationen, bereits massiv infrage gestellt. Spätestens mit der Vorlage des Entwurfes eines neuen Reisegesetzes am 6. November 1989 versetzte sich die DDR-Führung selbst den Todesstoß. Dieser Text zeigte deut-

1 Seit 1973 in dieser Funktion, wurde Modrow nach Entsendung einer internen Parteikontrollkommission um die Jahreswende 1988/89, die im Bezirk Dresden „große Unterlassungssünden“ und einen Mangel an „politisch-ideologischer Arbeit“ (Kaulfuss/Schulz 1993, S. 208) registrierte, von den Medien der Bundesrepublik zu einem „Gorbatschow der DDR“ hochstilisiert.

lich, dass sie unfähig war, zu begreifen, welche dramatischen Umbruchprozesse in der DDR in Gang gekommen waren. Immer noch sah sie in den Bürgern lediglich Bittsteller, die Wochen auf die Entscheidung der Ämter zu warten hatten, ob sie in den Westen ausreisen durften oder nicht, ausgestattet mit einem Devisen-Almosen. „Das Reisegesetz beweist: Es herrscht der alte Geist!“ war die Antwort der Demonstranten. Zu der Leipziger Montagsdemonstration am 6. November kamen, trotz strömenden Regens, so viele Menschen wie nie zuvor. Schätzungen zufolge waren es bis zu 500.000 Demonstranten. Am Sonnabend zuvor, dem 4. November 1989, hatte sich in Ostberlin bereits mehr als eine halbe Million Menschen zur größten Demonstration in der Geschichte der DDR auf dem Alexanderplatz versammelt.

Die Protestwelle in der DDR war auf ihrem Höhepunkt angelangt. Sie weitete sich bis zum April 1990 auf insgesamt 3.115 Demonstrationen, Kundgebungen und Protestaktionen aus.[2] In der Mehrzahl handelte es sich dabei um reine Demonstrationen (insgesamt 2.129). Bei 459 Demonstrationen war eine Kundgebung vorausgegangen oder bildete den Abschluss. 306 Kundgebungen fanden ohne begleitende Demonstration statt.[3] Kundgebungen – vor oder nach den Protestzügen – wurden erst seit Ende Oktober, verstärkt dann nach der großen Berliner Demonstration vom 4. November, durchgeführt. Zu Streiks kam es insgesamt 206-mal, zwölf Betriebe wurden vorübergehend besetzt. Die Zahl der ausschließlich durch die Kirchen organisierten Veranstaltungen lag im gesamten Zeitraum von August 1989 bis April 1990 dagegen lediglich bei 643 (vgl. insgesamt Schwabe 1999, S. 722).

Allein diese grobe Klassifizierung spiegelt die Vielgestaltigkeit des Bürgerprotestes in der Spätphase der DDR. Zugleich wird deutlich, dass zwar in vielen Orten des Landes protestiert wurde, beileibe aber nicht in allen. Das Statistische Jahrbuch der DDR von 1989 weist insgesamt 7.563 Gemeinden, davon 649 mit über 3.000 Einwohnern aus. Demonstrationen, Kundgebungen und Protestaktionen fanden jedoch „nur“ in 522 verschiedenen Orten statt. Und auch dort waren kaum alle Bürger auf der Straße. Es wäre also falsch, davon auszugehen, dass im Herbst 1989 die gesamte Bevölkerung der DDR auf den Beinen war. „Der eigentliche Umsturz ist gar nicht von der Mehrheit der Bevölkerung aktiv vollzogen worden, sondern nur von denjenigen, die eben bereit waren, auf die Straße zu gehen. (...) Die Mehrheit der Bevölkerung war zu Hause geblieben“ (Hans-Jürgen Fischbeck in: Findeis/Pollack/Schilling 1994, S. 91). Viele DDR-Bürger erlebten die entscheidenden Umbrüche jener Wochen, obwohl sie die Demonstrationen selbst positiv beurteilten, nur vor ihrem Fernsehgerät, ebenso wie die Westdeutschen.

Gerade das unterstreicht aber nachdrücklich den Mut jener, die den Protest gewagt haben. Am stärksten konzentrierten sich die Demonstrationen und Kundgebungen im Bezirk Karl-Marx-Stadt. Allein vom 10. Oktober bis 3. Dezember 1989 fanden dort 251 Protestmärsche und Kundgebungen statt. Namentlich stehen dafür Städte wie Markneukirchen, Oelsnitz, Werdau, Zwickau und die Bezirksstadt selbst. Vor allem ragt aber die

2 Von August 1989 bis April 1990 wurden die Daten kontinuierlich vom Operativen Stab des Ministeriums des Innern, der Nachrichtenabteilung im DDR-Ministerrat, den Behörden der Volkspolizei sowie den Organen der Staatssicherheit erhoben. Außerdem wurden Übersichten, Presseberichte und eine Vielzahl regionaler Chroniken zu den Ereignissen in den verschiedenen Bezirken und Orten der DDR ausgewertet (vgl. insgesamt Schwabe 1999).

3 Etwa ein Sechstel davon waren Wahlkundgebungen im Vorfeld der ersten freien Wahlen in der DDR am 18. März 1990.

Josef Liedke

Der Kabarettist Bernd-Lutz Lange spricht am 6. November 1989 zu Leipziger Demonstranten; rechts neben ihm Roland Wötzel, neu gewählter Chef der SED-Bezirksleitung Leipzig.

DEMONSTRATIONEN IN DER DDR – AUGUST 1989 BIS APRIL 1990

● Mehr als 10 Demonstrationen
○ Weniger als 10 Demonstrationen
— Bezirksgrenzen 1989

Es wurden nur Orte mit mehr als 4 registrierten Aktivitäten berücksichtigt.

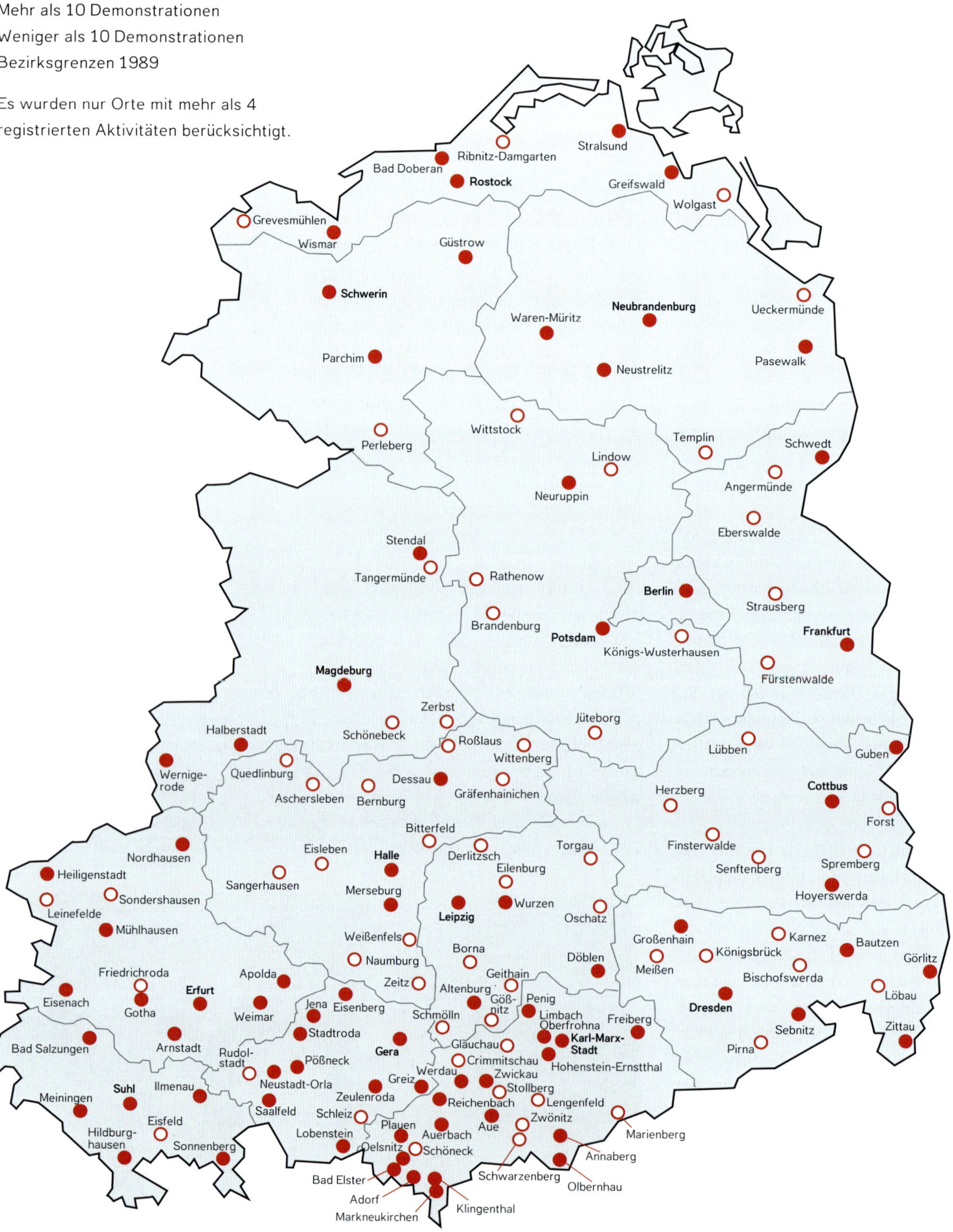

Quelle: Uwe Schwabe: Chronik. Demonstrationen, Kundgebungen und Streiks in der DDR vom August 1989 bis zur ersten freien Volkskammerwahl am 18. März 1990, in: Ahbe/Hofmann/Stiehler 1999, S. 129–230.

> Von oben: Demonstration am 21. Oktober 1989 in Rostock. Der bunte Schmetterling wurde den Demonstrationen dort stets voran getragen. Der Schriftsteller Wulf Kirsten spricht am 19. November 1989 auf einer Kundgebung vor dem Nationaltheater in Weimar. Demonstration in Suhl am 4. November 1989.

Dieter Weidler

Claus Bach

Reinhard Wenzel

Vogtlandmetropole Plauen hervor, die von allen Städten der DDR die längste, ununterbrochene Folge von Demonstrationen aufzuweisen hat. Vom 7. Oktober 1989 bis 17. März 1990 demonstrierten dort jeden Sonnabend – insgesamt zweiundzwanzig Mal (!) – jeweils über 10.000 Menschen und weitaus mehr. Die ersten Impulse gingen hier, anders als in den meisten großen Städten der DDR, von den Arbeitern aus. Sie gründeten in Betrieben der Stadt eine „Initiative für demokratische Umgestaltung“. Mit mühsam auf Schreibmaschinen vervielfältigten Flugblättern, die in Fernsprechzellen, Buswartehäuschen, Hauseingängen und Kirchen ausgelegt wurden, riefen sie zur ersten Demonstration am 7. Oktober 1989 auf (vgl. Zeitzeugenbericht von Steffen Kretzschmar, S. 98). Und in keiner anderen Stadt der DDR verlangten die Demonstranten zugleich so früh und so massiv nach der deutschen Einheit wie in Plauen!

Nach Karl-Marx-Stadt reihen sich in der Rangfolge der Bezirke hinsichtlich der Konzentration von Demonstrationen und Kundgebungen mit Abstand Erfurt, Halle und Gera an. Erst an 5. Stelle steht der Bezirk Leipzig. Die Montagsdemonstrationen haben viele Aktivitäten im regionalen Umfeld der Stadt einfach absorbiert. Die Übersichtskarte (> Seite 120) verdeutlicht die Gesamtverteilung der Demonstrationen auf dem Territorium der DDR und benennt zugleich die Hochburgen des Bürgerprotestes: In 79 Orten fanden mehr als zehn Demonstrationen statt. Auffällig dabei ist das große Süd-Nord-Gefälle. Die Demonstrationswelle nahm (überwiegend) in den bevölkerungsreichen Industriebezirken im

II. „ES LEBE DIE OKTOBERREVOLUTION 1989!“

Dessau

Nach dem Segen läuteten die Glocken – es war 19.45 Uhr –, und unter dem Gesang von Dona nobis pacem verließen die meisten die Kirche. (...) Fast zwei Stunden hatten über Tausend stehen müssen. Etwa 700 blieben zum Gespräch zurück. Wobei unter Gespräch die Abgabe von Meinungen am Mikrofon zu verstehen ist. Die Statements der fast ausschließlich jungen Leute waren für viele ein Durchbruch aus dem Angstkreis, der freies Reden in unserem Land bisher eingeengt hat. Die Sprecher nannten deshalb bewusst laut ihren Namen.

Die geäußerten Meinungen spiegelten das ganze Spektrum der Enttäuschung und des Leides und des Zorns wider, der allgemein überall zur Sprache kommt. Das Misstrauen gegen die von Egon Krenz eingeleitete Politik artikulierte sich deutlich. Häufig wurde geäußert, dass ein wirkliches Bekenntnis der SED zu ihren Fehlern vermisst wurde. Immer wieder kam die Forderung nach der Zulassung von politischen Gruppierungen wie das Neue Forum. Diese Zulassung wäre ein Beleg für eine Sinnesänderung der führenden Partei. (...) Gegen 21 Uhr ging das Gespräch zu Ende. Kaum einer war weggegangen, obwohl die Sprechchöre einer durch die Innenstadt ziehenden Demonstration auch in der Kirche zu hören waren. Diese Demonstration von über 2.000 Menschen hatte sich nach Ende des Gottesdienstes gebildet. Sie verlief friedlich. Auf den Straßen gab es keine Polizei.

Bericht vom 20. Oktober 1989, in: Die Revolution im Herbst 1989 und im ersten Halbjahr 1990 in der Stadt Dessau. Dessau 1990 (Eigenverlag), S. 8.

Dresden

Für Demokratisierung unseres Lebens
Schätzungsweise 100.000 Dresdner waren am Sonntagmittag auf den traditionsreichen Theaterplatz vor der Semperoper gekommen, um nach einer einstündigen (...) Demonstration durch die Stadt einem Aufruf der Kultur- und Kunstschaffenden des Bezirks Dresden zu folgen. Sie wollten damit für Medien- und Meinungsfreiheit, für Demonstrations- und Versammlungsrecht, gegen die Bevormundung der Künste, gegen alles, was einer menschlichen sozialistischen Demokratie im Wege stand und steht, eintreten. (...) Auf mitgeführten Plakaten (...) wurde auf ideenreiche und originelle Weise u. a. Abschaffung des Stalinismus in Denken und Tat, freie Wahlen, Abschaffung der Führungsrolle der SED, Abschaffung von Waffen und der Staatssicherheit in ihrer jetzigen Form (...) u. Ä. gefordert. Mit Empörung wandte man sich auch gegen den blutigen Gesinnungsterror in Prag und das menschenverachtende Regierungssystem in Rumänien (...).

In: „Die Union“ (Tageszeitung der CDU, Dresdner Ausgabe), 20.11.1989. Der komplette Originalton aller auf der Kundgebung gehaltenen Reden findet sich auf der Doppel-CD „Herbst 1989 – Dokumente des XX. Jahrhunderts: Dresden. Theaterplatz. 19. November 1989“. Hrsg. von der Stiftung zur Aufarbeitung der SED-Diktatur.

Erfurt

Nach der ersten kleinen Demonstration kam es am 26.10.89 zur ersten großen. (...) die Lorenz- und die Predigerkirche (waren) zu den Friedensgebeten überfüllt. Anschließend formierten sich die Demonstrationszüge, die sich am Wenigemarkt vereinigten und immer größer wurden. Mit brennenden Kerzen in den Händen erreichte der Zug den Domplatz. Zunächst erst zaghaft und vereinzelt, dann aber immer lauter und sicherer ertönten die Sprechchöre über den Platz. „Wir sind das Volk!“ und „Stasi raus!“ waren die Rufe, die noch so oft über den Platz hallen sollten.

In: Andreas Dornheim: Politischer Umbruch in Erfurt 1989/90. Weimar/Köln 1995 (Böhlau Verlag), S. 65.

Leipzig

Als wir am 9. Oktober über den Ring zogen, war das ein überwältigendes Gefühl! In der Masse solch einen Moment zu erleben, zu spüren, dass man stärker als die da ganz oben ist. Und das nach 40 Jahren. (...) Was soll ich sagen? Es war ja weniger ein Gefühl der Überlegenheit, sondern mehr, dass man sich selbst gezeigt hat, dass man noch was unternehmen kann. Man ist ja hier im Osten immer stark gedrückt worden. Und nun konnte man plötzlich das zeigen, was man die ganze Zeit nur gefühlt hat. Das war ein Gefühl der inneren Befreiung, das sich an den nächsten Montagen noch gesteigert hat. (...) Ich bin schon etwas stolz darauf, dass ich schon in einer Phase dabei gewesen bin, als es noch relativ kritisch war. Ich wäre nicht so befriedigt, wenn ich erst vier Wochen später dazugestoßen wäre. Das wäre zwar auch in Ordnung gewesen: Aber ich war halt eher dabei!

Lothar Scholler, Ingenieur, in: Bernd Lindner/Ralph Grüneberger (Hrsg.): Demonteure. Biographien des Leipziger Herbst. Bielefeld 1992 (Aisthesis Verlag), S. 256.

Der für mich beeindruckendste Tag war der 19. Oktober 1989. Am Vortag musste Honecker zurücktreten und Krenz rückte an seine Stelle. Ich hatte an diesem Tag Dienst als Morgenmoderator und zum ersten Mal wollten wir ein Telefonforum machen. Die Hörer sollten uns einfach anrufen und sagen, was sie von diesem Wechsel hielten. Vier von fünf Anrufern sagten, Krenz sei keine Alternative, man wolle nun richtige Veränderungen, richtige Freiheit.

Unmittelbar nach dieser dreistündigen Sendung (...) rief die SED-Bezirksleitung im Funkhaus (...) an und forderte die Absetzung der verantwortlichen Redakteure. Nicht wegen der gesendeten Meinung, sondern weil man sich nicht vorstellen konnte, dass sich so viele Anrufer negativ über den Wechsel von Honecker zu Krenz geäußert haben. Man glaubte, die (...) Meinungen seien von der Redaktion manipuliert worden. Die Herren Funktionäre sind dann im Funkhaus erschienen, wir haben ihnen unsere Telefonaufzeichnungen und Notizen gezeigt, sie sind kopfschüttelnd gegangen und nie wieder gekommen.

Jürgen Vogel (Journalist): Oktober 1989: Der Aufbruch in eine neue Medienwelt, in: Meinungsfreiheit – Medienfreiheit, Zeitenwende – Wendezeiten. Stadt Leipzig 1996 (Eigenverlag), S. 43 f.

Magdeburg

Die Friedensgebete nahmen seit dem 18. September einen rasanten Zulauf, innerhalb von 6 Wochen von 130 Teilnehmern zu 8.000 bis 10.000 Menschen, die im Dom gar keinen Platz mehr fanden und auf (...) den Kreuzgang und den Raum vor den Portalen auswichen. Jedes Montagstreffen begann mit einem halbstündigen Gebet um gesellschaftliche Erneuerung, an das sich die Vorstellung der neuen Bürgerinitiativen und eine offene politische Diskussion über Mikrofone anschloss. (...) Observierung und Störversuche durch die Staatssicherheit geschahen überall.

Der eigentliche Höhe- und Wendepunkt für die Magdeburger war der 9. Oktober, wo nach vorangegangener Gewalt am 5. und 7. durch die Staatsorgane ein Blutbad drohte. Trotz massiver Hetze in allen Betrieben, Schulen und Einrichtungen kamen doppelt so viele Menschen wie an dem vorhergehenden Montag. Um die 4.000 Betenden im Dom stand eine unsichtbare Armee von Polizei, Staatssicherheit, Bereitschaftspolizei und Kampfgruppen. (...) Ohne zu demonstrieren gingen die Friedensgebetsbesucher nach Hause. (...)

Die erste Demonstration fand relativ spät, am 23. Oktober 1989, statt. (Sie) war für 20.000 Menschen wie eine Befreiung, gelöst und still, fast heiter, als am Ende des Innenstadtringes die Ersten wieder auf die stießen, die als Letzte gerade den Dom verließen. Ein letzter Höhepunkt (...) war das Bürgerforum am 6. November auf dem Alten Markt mit 50.000 bis 60.000 Menschen, das wenige Tage später zum Rücktritt des Oberbürgermeisters führte (...).

Domprediger Giselher Quast in: Bernd Lindner (Hrsg.): Zum Herbst '89. Leipzig 1994 (Forum Verlag), S. 116 f.

Weißenfels

(Am) 11.10. gab es – in verkleinerter Ausgabe gegenüber Leipzig – die erste Friedensandacht in Weißenfels in einer kleinen Kirche. Ich ging und fand mich plötzlich eingekeilt in den Kirchenbänken zwischen schrankgroßen Stasi-Leuten. Der Pfarrer bat um 7 Wünsche der Gemeindemitglieder, und so nahm ich allen Mut zusammen und bat: „Ich wünsche mir, dass keinem ein Leid geschieht, der seine Meinung sagt.“ Es folgten weitere, still aber bestimmt gesprochene Bitten anderer, denen man die Angst, aber den größeren Mut anmerkte. Etwa 100 Menschen waren in der Kirche, die Hälfte Partei, FDJ, Stasi. Draußen warteten Polizeiwagen. Aber es wurde nicht eingegriffen. Beim nächsten Friedensgebet, das ich am 11.11. besuchte, waren bereits 1.500 Menschen in der großen Stadtkirche. Auch meine Tochter mit beiden Kindern dabei (Sebastian, 12, Anna, 10). Mitten bei den Gebeten steht Anna bleich aber mutig auf, geht zum Mikrofon und spricht laut: „Ich wünsche mir, dass ich in der Schule immer die Wahrheit sagen darf.“ Und erhält brausenden Beifall. Danach ziehen wir mit Kerzen durch die Stadt, stellen sie bei Polizei, Rathaus, Partei und Staatssicherheit nieder und rufen unentwegt: „Wir sind das Volk!“

In: Wende in Weißenfels. Dokumente und Erinnerung. Landkreis Weißenfels 1994 (Eigenverlag), S. 11.

Zwickau

Die öffentlichen Aktionen begannen in Zwickau dann am 16. Oktober 1989. (...) Von diesem Tag an wurden die Friedensgebete und Demonstrationen in Zwickau, wie überall im Land, zur Tradition und bis weit in das Jahr '90 regelmäßig jeden Montag durchgeführt. Ein besonders schönes Ereignis war dann die Ankündigung von unserer Seite beim Rat der Stadt und beim Rat des Kreises, dass wir am 25. Oktober die Anmeldung des „Neuen Forum“ vornehmen wollen, auf Kreisebene. In Schreiben an den Oberbürgermeister und an den Vorsitzenden des Rates des Kreises baten wir darum, dass jeweils an diesem Tag, 16.00 Uhr, Verantwortliche anwesend wären und die Anmeldung entgegennehmen könnten. Die SED-Kreisleitung, die Staatssicherheit und die Verwaltung entwickelten daraufhin eine fieberhafte Aktivität, um an diesem 25. Oktober eine halbe Stunde vor dem von uns genannten Termin eine Demonstration der so genannten „Reformkräfte“ zu organisieren, die die Politik von Modrow und Krenz unterstützen sollten. (...) Auf dem Hauptmarkt waren von den vielleicht 8.000 Leuten, die gekommen waren, die Hälfte Sympathisanten des „Neuen Forum“. Die andere Hälfte waren die Parteigenossen. (...) Wir sind um 16.00 Uhr dann ins Rathaus gegangen und haben gesagt, dass wir gleich die Nagelprobe auf die viel gerühmte Demokratie machen wollten und darum bitten, in die Rednerliste aufgenommen zu werden. Dann haben wir den Gründungsaufruf des „Neuen Forum“ öffentlich verlesen. Wir haben dort einige Forderungen, z. B. nach den „Runden Tischen“, aufgemacht, und daraus ist ein Dialog geworden, der dann auch die bekannten Formen annahm. (...)

Wir hatten vom 25. Oktober an offizielle Polizeibegleitung mit Toni 17, Sprechfunk und allem Drum und Dran. Ich hatte vor der 2. Demonstration mit dem Chef der Kreispolizei eine sehr offene Aussprache. In der habe ich ihm gesagt, dass er ja nun wohl auch einsehen muss, dass seine persönliche Zukunft ausschließlich davon abhängt, wie er sich zu uns stellt. Er hat auch sehr rasch eingesehen, dass dieser Prozess unumkehrbar ist. (...) Und da stand dann also montags auf jeder Kreuzung immer die Polizei und hat den Verlauf der Demonstration gesichert. Wenn sie besonders gut waren, haben sie am nächsten Tag von uns zwei Kisten Bier bekommen.

Erwin Killat, Anlagenbauingenieur, Mitbegründer des „Neuen Forums“ in Zwickau, im Gespräch mit Uwe Schwabe und Bernd Lindner, 1994.

Stadtgeschichtliches Museum Arnstadt (l.); Siegried Wittenburg (r.)

^ Demonstration in Arnstadt, Dezember 1989
Rechts: Demonstration in Rostock am Neuen Markt, November 1989

Süden des Landes ihren Anfang. Im Norden des Landes erwachte dagegen der Protestwille in der Bevölkerung erst spät: „Die Norddeutschen sind nun mal nicht diejenigen, die sich am ehesten aus dem Sessel erheben, und sie mussten doch im Grunde erst von den Sachsen angestachelt werden. Bei der ersten Demonstration riefen dann einige auch ganz stolz: ‚Der Norden wacht auf!'", kommentierte Joachim Gauck den Vorgang im Nachhinein (in: Probst 1994, S. 107).

Die Übersichtskarte (> Seite 120) macht zudem deutlich erkennbar, dass nicht nur in größeren Städten dauerhaft demonstriert wurde, wie etwa in Arnstadt und Plauen (vgl. Kapitel 7). Hier lassen sich auch die thüringischen Städte Eisenach und Gotha einreihen, ebenso wie Bad Doberan und Stralsund an der Ostseeküste oder Görlitz und Zittau an der Grenze zu Polen. In all diesen Orten haben sich – von den überregionalen Medien kaum wahrgenommen – Protestgeschichten ganz eigener Art zugetragen, die der Demonstrationsgeografie der DDR 1989/90 insgesamt ihr Gepräge gaben. Viele regionale Publikationen geben darüber inzwischen Auskunft.

Lokale Besonderheiten spiegelten sich verstärkt auch in den Transparenten wieder, die von den Demonstranten vor Ort getragen wurden. Ohnehin ging es ab Ende Oktober/Anfang November 1989 in deren Texten landesweit immer häufiger um konkrete Sachprobleme. Da wurde in dem einen Ort die Schließung einer gefährlichen Deponie (Wismar) oder andernorts von umweltverschmutzenden Produktionsanlagen (Leuna-Merseburg, Borna) gefordert. Im brandenburgischen Neuruppin ging es vornehmlich um die Stilllegung eines Truppenübungsplatzes, der seit Jahrzehnten zu Bombenabwürfen genutzt wurde. In Erfurt und Rostock geriet die Wut der Einwohner durch aufgedeckte Korruption so in Wallung, dass sie nicht eher ruhten, bis die entsprechenden Funktionäre aus ihren Ämtern gejagt waren.

Häufigster Ausgangspunkt der Protestmärsche waren Kirchen. Die Routen, die von dort aus eingeschlagen wurden, kristallisierten sich jedoch oftmals erst im Verlaufe mehrerer Demonstrationen heraus. Nicht selten mussten die Demonstranten große „Umwege" laufen, um wichtige Gebäude der SED sowie ihrer Stadt-, Kreis- oder Bezirksverwaltungen in ihren Protestmarsch miteinbeziehen zu können.

Auch wurden – wie in Leipzig (vgl. Kapitel 7) – bestimmte „neuralgische Punkte" erst nach und nach Ziel der Demonstrationen. Das galt besonders für die regionalen Zentralen der Staatssicherheit oder der Volkspolizei. Aus naheliegenden Gründen stellten die Demonstranten gerade dort brennende Kerzen auf und bildeten Schutzketten vor diesen Gebäuden,

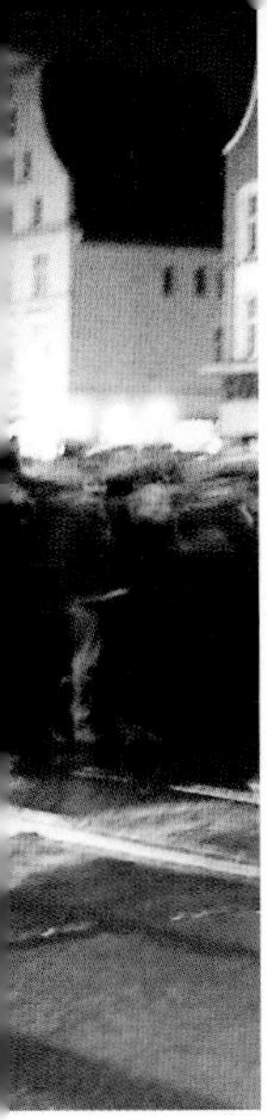

Stadtarchiv Erfurt

< Künstlerdemonstration in Erfurt am 9. November 1989

um mögliche Übergriffe zu verhindern. Noch bei der staatlich genehmigten Demonstration vom 4. November 1989 in Ostberlin galt zwischen allen beteiligten Seiten das stillschweigende Übereinkommen, die Mauer auf keinen Fall zum Anlaufpunkt der Demonstranten werden zu lassen. Wie berechtigt die Angst der Machthaber davor war, sollte sich bereits fünf Tage später zeigen, am Abend des 9. November, als die Mauer unter dem Druck der anstürmenden Bevölkerung geöffnet werden musste.

Für die große Berliner Demonstration vom 4. November 1989 hatten ihre Veranstalter – Schauspieler, Musiker, Bildende Künstler – am 16. Oktober beim zuständigen VP-Kreisamt Mitte die Genehmigung beantragt. Allein dies spricht für die Ambivalenz der Lage in jenen Wochen, aber auch für die bestehenden regionalen Unterschiede. In den meisten Städten im Süden der DDR wären die Demonstranten nie auf die Idee gekommen, ihren Protest zuvor behördlich genehmigen zu lassen – auch wenn sie später oft eine „Sicherheitspartnerschaft“ mit der örtlichen Polizei suchten und fanden. Anders als dort war die Berliner Demonstration nicht aus einer Folge von Straßendemonstrationen heraus – also quasi „von unten“ – entstanden. Das prägte ihren besonderen Charakter. Die Organisatoren gaben der Kundgebung ein Motto vor; demonstriert wurde für die Einhaltung der Artikel 27 und 28 der DDR-Verfassung, die (formal) Meinungs-, Presse- und Versammlungsfreiheit garantierten. Lokale Komponenten fehlten in den Forderungen der Berliner Demonstration dagegen weitgehend. Das Wort ergriffen bei der abschließenden Kundgebung ausschließlich Künstler: Schauspieler, darunter Johanna Schall, Ulrich Mühe, Tobias Langhoff, Steffi Spira, und Schriftsteller wie Stefan Heym, Christa Wolf, Christoph Hein, Heiner Müller sowie Angehörige der Intelligenz, so der Rektor der Potsdamer Filmhochschule, Lothar Bisky, und der Rechtsanwalt Gregor Gysi. Der vordergründige Versuch der SED, durch Auftritte vermeintlich „reformorientierter“ Funktionäre wie Günter Schabowski (1. Sekretär der SED-Bezirksleitung von Berlin) und des ehemaligen Chefs der Auslandsspionage im MfS, Markus Wolf, Punkte bei der Bevölkerung zu sammeln, griff ins Leere. Ihre Reden gingen im Pfeifkonzert der Demonstranten nahezu unter. Lediglich dem LDPD-Vorsitzenden und stellvertretenden Staatsratsvorsitzenden Manfred Gerlach gelang es (noch einmal), als „Reformer“ durchzugehen.

Die Kundgebung auf dem Alexanderplatz bot aber auch erstmals Vertretern der Bürgerbewegungen ein breites, öffentliches Podium. Für sie sprachen Marianne Birthler, Jens Reich und Friedrich Schorlemmer. Jedoch nur Jens Reich gab sich dezidiert als Sprecher des „Neuen Forums“ zu erkennen. Die gesamte Kundgebung wurde live vom Fernsehen der DDR übertragen; diese Entscheidung war ein deutliches Indiz für die veränderten innenpolitischen Verhältnisse, aber auch für die (falschen) Hoffnungen, welche die SED-Führung mit einem solchen Zugeständnis verband.

Nicht alles, was an diesem 4. November gesagt wurde, hatte programmatischen Charakter. Und doch war für jeden Bürger nun sicht- und hörbar, dass unterschiedliche Vorstellungen für die künftige

Jürgens Ost + Europa Photo (l., r.); ullstein bild (M.)

∨ Bei der Demonstration auf dem Berliner Alexanderplatz am 4. November 1989 kommen zahlreiche Künstler zu Wort; von links: Heiner Müller, Stefan Heym, Christa Wolf.

Ostkreuz – Harald Hauswald

< Ostberlin, 4. November 1989. Mehr als eine halbe Million Menschen nimmt an der größten Demonstration in der Geschichte der DDR teil.

Entwicklung der DDR im Raum standen. Es war, „als habe einer die Fenster aufgestoßen nach all den Jahren der Stagnation, der geistigen, wirtschaftlichen, politischen. Den Jahren von Dumpfheit und Mief, von Phrasengewäsch und bürokratischer Willkür, von amtlicher Blindheit und Taubheit“, wie Stefan Heym es formulierte (in: 40 Jahre DDR – TschüSSED 1990, S. 36). Entscheidungen rückten näher.

Parallel zur Ausbreitung der Demonstrationen und Kundgebungen in der DDR gewann ab Anfang Oktober noch eine weitere Kommunikationsform an Bedeutung: die Foren und Podiumsdiskussionen. Auf der Straße konnte der angestaute Unmut zwar lauthals artikuliert werden, doch war es dort kaum möglich, über seine Ursachen und die notwendigen Konzeptionen für deren Überwindung eine differenzierte Verständigung herbeizuführen. Deshalb wurde schnell der Ruf nach Diskussionsforen laut. Zuerst öffneten sich kulturelle und künstlerische Institutionen dafür. Einzelne Intendanten von Theatern und Konzerthäusern nutzten ihr „Hausrecht“ und öffneten ihre Spielstätten für die unterschiedlichsten Podien. Am 14. Oktober fand in dem vollkommen überfüllten Kabarettkeller der „Academixer“ das erste Bürgerforum dieser Art in Leipzig statt. Der Leipziger Gewandhausdirektor Kurt Masur ließ die Veranstaltungen in seinem Hause auf einer eigens dafür auf dem Karl-Marx-Platz installierten Litfaßsäule plakatieren. Diese wurde alsbald zur „Anschlagfläche“ für vielfältige Diskussionsbeiträge zu den Vorgängen im Land und ging als „Säule der Demokratie“ in die Geschichte des Leipziger Herbstes 1989 ein. Am 22. Oktober startete dann im Kleinen Saal des Gewandhauses die erste von fünf thematischen Diskussionen zu Problemen der Wirtschaft und Politik, der Stadtentwicklung, Ökologie und Gesundheit oder der Kunst, Kultur und Bildung. Später musste wegen des großen Andranges ins Hauptfoyer ausgewichen werden. Viele Interessierte konnten die Veranstaltungen nur über Lautsprecher verfolgen. Bis zu 3.000 Besucher kamen zu diesen „Sonntagsgesprächen“. „Damals lag eine unglaubliche Spannung in der Luft“, erinnerte sich Masur später, „die Zukunft schien völlig offen zu sein, und die Menschen stritten um die besten Lösungen. (...) Begeisterung und ein heute seltsam wirkendes Wir-Gefühl griffen um sich (...)“ (in: Ahbe/Hofmann/Stiehler 1999, S. 8). Das Leipziger Opernhaus und die Universität folgten dem Beispiel, die Veranstaltungsreihe „Dialog am Karl-Marx-Platz“ entstand.

„Dialog“-Veranstaltungen gab es ebenfalls in Neuruppin, Bad Elster, Heiligenstadt, Rostock und vielen anderen Orten der DDR. Auch in Kirchen fanden Foren statt: Am 27. Oktober in der Dessauer Johanniskirche, am 28. Oktober in der Marienkirche in Mühlhausen, am 3. November im Dom zu Güstrow usw. Mit sogenannten Rathausgesprächen in Berlin, Dresden, Karl-Marx-Stadt und anderen Großstädten versuchte aber auch der alte Staatsapparat, noch einmal Einfluss auf den „Dialog“ zu nehmen. Welchen Stellenwert hatten die Bürgerbewegungen in den Ereignissen dieser Wochen? Bei vielen Demonstrationen im ganzen Land waren sie (Mit-)Organisatoren oder zumindest durch die Sprechchöre der Demonstranten „anwesend“. Dies gilt vor allem für das „Neue Forum“ und die SDP. Sie meldeten sich über Flugblätter und mittels erster eigener „Publikationsorgane“ – kleiner, hektografierter Informationsblättchen – zu Wort. Überall fehlte es an Papier und Vervielfältigungsgeräten. Jeder, der mehr erfahren wollte, musste sich persönlich „vor Ort“ informieren. Die regionalen Informationsbü-

III. „LIEBE MÜNDIG GEWORDENE MITBÜRGER ...“

Auszüge aus den Reden vom 4. November 1989 bei der Kundgebung auf dem Berliner Alexanderplatz:

Jens Reich (Molekularbiologe), „Neues Forum“:

Ja, es stimmt, wir haben die Sprache wiedergefunden und die Welt kennt seitdem dieses verschlafene Land nicht wieder. Wir wollen dabei aber nicht außer Acht lassen, der Dialog ist nicht das Hauptgericht, sondern die Vorspeise (Klatschen). Und er wird nicht mit Zuckerwatte zubereitet, sondern mit Pfeffer und Paprika. Es geht nämlich nicht um artiges Gerede, sondern darum, dass die Konflikte in unserer Gesellschaft und mit den Regierenden ohne Umschweife ausgetragen werden. Natürlich in demokratischen Formen. Es geht nicht um Dampf ablassen und dann wieder schläfrig werden (Klatschen), sondern wir müssen Druck erzeugen, damit es endlich vorwärts geht in unserem Lande (Klatschen).

(...) Noch wichtiger ist aber, dass wir alle uns die Freiheit nehmen, die uns zusteht. Freiheit, so hat man uns in der Schule erzählt, sei Einsicht in die Notwendigkeit. Ist da nicht zu viel Sklavengeist dabei? (Klatschen) Da gefällt mir ein anderes Wort viel besser. Freiheit ist immer auch die Freiheit der Andersdenkenden (langes Klatschen).

Friedrich Schorlemmer (Pfarrer), „Demokratischer Aufbruch“:

Heute sind wir hierhergekommen, offener, aufrechter, selbstbewusster. Wir finden zu uns selbst. Wir werden aus Objekten zu Subjekten des politischen Handelns. Wir können stolz sein (starker Applaus). Lebten wir gestern noch in der stickigen Luft der Stagnation, die atemberaubend war, so erleben wir jetzt Veränderungen, die atemberaubend sind. (...) Wir brauchen eine Koalition der Vernunft, die quer durch die bisherigen Parteien und quer durch die neuen Bewegungen geht. Aber dazu gehört auch, dass die neuen Bewegungen alle zuge-

→

^ Transparent der Demonstration am 4. November 1989 auf dem Berliner Alexanderplatz

→

lassen werden (Applaus). Der Wandel ist schon unübersehbar, aber noch ist er umkehrbar. Hatten die Herrschenden bisher die Signale unserer gesellschaftlichen Krise nicht gehört, höchstens abgehört, so haben die dramatischen Widersprüche sie jetzt gezwungen (Klatschen), von ihren Tribünen herabzusteigen und den gleichberechtigten Dialog zu beginnen. (...) Aber bitte keine Rachegedanken. Wo persönliche Verantwortung oder Schuld vorliegt, ist strikte Gesetzlichkeit einzuhalten. Tolerieren wir nirgendwo Stimmen und Stimmungen der Vergeltung (Applaus).

Christa Wolf (Schriftstellerin):

Jede revolutionäre Bewegung befreit auch die Sprache. Was bisher so schwer auszusprechen war, geht uns auf einmal frei von den Lippen. Wir staunen, was wir offenbar schon lange gedacht haben. Und was wir uns jetzt laut zurufen: Demokratie jetzt oder nie! Und wir meinen Volksherrschaft. Und wir erinnern uns der steckengebliebenen oder blutig niedergeschlagenen Ansätze in unserer Geschichte und wollen die Chance, die in dieser Krise steckt, da sie alle unsere produktiven Kräfte weckt, nicht wieder verschlafen (Klatschen).

(...) Ja, die Sprache springt aus dem Ämter- und Zeitungsdeutsch heraus, in das sie eingewickelt war, und erinnert sich ihrer Gefühlswörter. Eines davon ist: Traum. Also träumen wir mit hellwacher Vernunft: Stell dir vor, es ist Sozialismus und keiner geht weg! (Starker Applaus)

(...) Unglaubliche Wandlung. Das Staatsvolk der DDR geht auf die Straße, um sich als Volk zu erkennen. Und dies ist für mich der wichtigste Satz dieser letzten Wochen – der tausendfache Ruf: Wir sind das Volk! (Starker Applaus) Eine schlichte Feststellung und die wollen wir nicht vergessen. (Applaus)

Christoph Hein (Schriftsteller):

Liebe mündig gewordene Mitbürger. Es gibt für uns alle sehr viel zu tun und wir haben wenig Zeit für diese Arbeit. Die Strukturen dieser Gesellschaft müssen verändert werden, wenn sie demokratisch und sozialistisch werden sollen. Und dazu gibt es keine Alternative. Es ist auch von den schmutzigen Händen, von den schmutzigen Westen zu sprechen. Verfilzung, Korruption, Amtsmissbrauch, Diebstahl von Volkseigentum, das muss aufgeklärt werden, und diese Aufklärung muss auch bei den Spitzen des Staates erfolgen, sie muss dort beginnen (Klatschen). Hüten wir uns davor, die Euphorie dieser Tage mit den noch zu leistenden Veränderungen zu verwechseln. Die Begeisterung und die Demonstrationen waren und sind hilfreich und erforderlich. Aber sie ersetzen nicht die Arbeit. Lassen wir uns nicht von unserer eigenen Begeisterung täuschen.

In: 40 Jahre DDR – TschüSSED (Katalog), hrsg. von Initiativgruppe 4.11.1989, Berlin-Ost/Stiftung Haus der Geschichte der Bundesrepublik Deutschland, Bonn 1990, S. 31ff.

HdG/ZFL – Bertram Kober/PUNCTUM

> Transparent der Demonstration am 4. November 1989 auf dem Berliner Alexanderplatz (Künstler Joachim Hamster Damm)

ros des NF hatten einen großen Besucherandrang zu bewältigen. Einer der Mitbegründer des „Neuen Forums" in Plauen, der Goldschmied Steffen Kollwitz, erinnert sich, dass nach der Nennung seiner Wohnanschrift als Kontaktadresse „der Wahnsinn los (war). Ich habe einen Zettel an die Wohnungstür gemacht: ‚Sprechzeiten von 18 – 20 Uhr'. Da standen sie Schlange im Treppenhaus, stundenlang" (in: Lindner 1994, S. 135). Jeder Besucher wurde dennoch ausführlich über Ziel und Zweck der Bürgerbewegung informiert.

Viel Kraft steckten die Bürgerrechtler auch in die Schaffung lokaler Untersuchungsausschüsse zur Aufklärung des brutalen Vorgehens von Sicherheitskräften gegen Demonstranten am 40. Jahrestag der DDR, denn „Schweigen ist Einwilligung (...). All das ist hier, in dieser Stadt und in eurer Gegenwart, passiert, in den Straßen dort, hinter jenen Mauern, in dem Keller da, in diesem Block gegenüber eures Fensters" (Holger Teschke in: Oktober 1989, 1/1990, S. 135). Und „es ist auf Befehl geschehen. Es ist geplant, vorbereitet und befohlen worden", wie es Marianne Birthler am 4. November 1989 auf dem Alexanderplatz aussprach. Zu diesem Zeitpunkt war das NF offiziell noch immer nicht zugelassen. Seine Tätigkeit wurde vom Staat bestenfalls – nach außen hin – toleriert. Nach innen arbeitete der Sicherheitsapparat weiter gemeinsam mit der SED an Strategien, wie der Einfluss der Bürgerbewegungen zurückzudrängen sei. Noch Anfang Oktober hatten die Bezirks- und Kreisbehörden der Staatssicherheit – ausgehend von bereits vorhandenen Planungen für „Spannungsperioden im Innern“ – Vorschlagslisten von im „Ernstfall“ zu inhaftierenden und in „zentrale Isolierungsobjekte“ [sprich: Lager – B.L.] zu verbringenden Bürgerrechtlern erarbeitet. Allein in Leipzig existierte eine solche Liste mit 122 Namen und war Ende Oktober 1989 noch in Gebrauch.

In internen Parteiinformationen der SED wurde das NF aber weiterhin verunglimpft, „das Geschäft der Feinde des Sozialismus“ (Neues Forum Leipzig 1989, S. 184) zu betreiben. Davon ahnten die meisten Mitarbeiter und Sympathisanten des NF und anderer Bürgerbewegungen damals allerdings noch wenig. Im Oktober 1989 hatten sich allein in Leipzig ca. 20.000 Bürgerinnen und Bürger in die Listen des NF eingeschrieben. Diese alle sinnvoll in die Arbeit der Bürgerbewegung zu integrieren, erwies sich jedoch als nicht durchführbar. Die fehlenden Infrastrukturen im NF führten dazu, dass „diejenigen, die sich der Koordinierung der Arbeit angenommen“ hatten, sich dieser „Aufgabe kaum gewachsen“ sahen. Es blieben nur Appelle: „Eigeninitiative ist jetzt wichtig. Jeder sollte versuchen, in seinem Umfeld schon feste Basisgruppen zu gründen“ (ebd., S. 144).

Dem anhaltenden Zuspruch diametral entgegengesetzt war der öffentliche Raum, welcher den Bürgerbewegungen tatsächlich für ihre Arbeit zur Verfügung stand. Ihre Büros waren in abbruchreifen, dezentral gelegenen Häusern oder privaten Wohnungen untergebracht. Die alte Staatsmacht überwachte nach wie vor die Vergabe von Sälen und Versammlungsräumen für Veranstaltungen. So blieb den Bürgerrechtlern nichts anderes übrig, als sich in die seit Mitte Oktober laufenden öffentlichen Foren mit eigenen Statements einzubringen. Unbeirrt stellten sie ihre Forderungen an die Vertreter der alten Macht, wenn diese – wie bei den Rathausgesprächen – in den Podien saßen.

IV. BERLINER LOSUNGEN VOM 4. NOVEMBER 1989

Eure Politik ist zum Davonlaufen!

Stasi in die Produktion, nur für Arbeit gibt es Lohn!

Das Volk sind wir, gehen sollt ihr visafrei bis Hawaii!

Die Straße ist die Tribüne des Volkes!

Skepsis bleibt die erste Bürgerpflicht!

Eine Lüge tötet hundert Wahrheiten!

Dem Land ein neues Antlitz, ohne Kalk aus Wandlitz!

Rechtssicherheit ist die beste Staatssicherheit!

Volksauge sei wachsam!

Stasi an die Stanze!

Macht die Volkskammer zum Krenz-Kontrollpunkt!

Öko-Daten ohne Filter!

Gebt Ausländerhass keine Chance!

Für harte Arbeit hartes Geld!

Kein Artenschutz für Wendehälse!

SED allein – das darf nicht sein!

Pässe für alle – der SED den Laufpass!

Rücktritt ist Fortschritt!

Sägt die Bonzen ab – nicht die Bäume!

Wir wollen endlich Taten sehen, sonst sagen wir Auf Wiedersehen!

Mein Vorschlag für den 1. Mai: Die Führung zieht am Volk vorbei!

Es lebe die Oktoberrevolution 1989!

In: Hannes Bahrmann/Christoph Links: Die Chronik der Wende (Bd. 1). Berlin 1994 (Ch. Links Verlag), S. 78.

Der Staat besaß auch das Monopol für Lautsprecher und Verstärkeranlagen, mit denen sich die Plätze beschallen ließen. Deshalb musste Jochen Läßig eine Erklärung des NF an die Leipziger Montagsdemonstranten am 30. Oktober 1989 noch per Megafon, zehnmal – an wechselnden Orten – verlesen, um überhaupt einen Teil der Demonstranten ansprechen zu können. Selbst nach der Anfang November erfolgten Zulassung des „Neuen

Pressemitteilung des Forschungszentrums zu den Verbrechen des Stalinismus in der DDR, Dresden, 5. Juni 1992.

„Dialog im Gewandhaus“ am 5. November mit (v.l.n.r.) Superintendent Friedrich Magirius, Komponist Siegfried Matthus, DDR-Kulturminister Hans-Joachim Hoffmann und Gewandhauskapellmeister Kurt Masur.

Gerhard Hopf

Forums“ versuchten staatliche Stellen, ihm (wo nur immer möglich) weiterhin eine breite Öffentlichkeit zu verwehren. So durfte die erste Kundgebung des NF in Leipzig am 18. November nicht wie gewünscht auf dem Marktplatz, sondern nur auf dem weniger zentral gelegenen Dimitroff-Platz stattfinden.

Die Bürgerbewegung stand aber vor einem noch viel weiter reichenden Problem. Nachdem so viele Menschen aus Protest gegen die Zustände in der DDR auf die Straßen gegangen waren, stellte sich – spätestens nach dem Rücktritt Honeckers – nachdrücklich die Frage, welche politischen Ziele diesen rasanten Veränderungsprozess bestimmen sollten. Der neu erwachte politische Wille breiter Bevölkerungskreise suchte Orientierungspunkte, an denen er sich ausrichten konnte. Viele Demonstranten – eigener politischer Willensbildung in den Jahrzehnten der SED-Herrschaft weitgehend entwöhnt – schlossen sich (erst einmal) den Bürgerbewegungen an, ohne jedoch deren Entwicklung und die damit verbundenen Erfahrungen geteilt zu haben. Das führte bei einigen Gruppierungen zu einer deutlichen Änderung ihrer inhaltlichen Ausrichtung. So bewegte sich der „Demokratische Aufbruch“ durch den nach seiner Gründung einsetzenden Mitgliederzulauf von einer „links-ökologischen“ Grundposition entschieden hin zur politischen Mitte. Der Austritt einer Reihe seiner Mitbegründer (wie Edelbert Richter, Friedrich Schorlemmer u. a.) war die Folge.

Zugleich erwiesen sich, bei genauerem Hinsehen, die „Programme“ des NF wie auch aller anderen Bürgerbewegungen als wenig präzise und den wachsenden Aufgaben kaum angemessen. Pfarrer Martin Kind, ein Mitglied des 1. Sprecherrates des NF in Leipzig, resümierte: „Im Prozess selbst kamen wir nicht zur Besin-

V. „DIE EREIGNISSE ÜBERSTÜRZEN SICH“

Ingrid Ebert (Forst), Journalistin bei der Tageszeitung „Märkische Union“, schreibt in ihren Tagebuchaufzeichnungen aus dem Oktober/November 1989:

7. Oktober 1989: 40 Jahre DDR – Zehntausende haben das Land in den letzten Wochen und Monaten verlassen, Zehntausende gehen Montag um Montag auf die Straßen, demonstrieren Unzufriedenheit und den Willen zu Reformen. Aber Honecker lässt die Jugend aufmarschieren zum „machtvollen Bekenntnis“. Der Fackelzug gestern Abend in Berlin, ein einziger Selbstbetrug. Wer macht wem etwas vor? Ich habe kaum bisher in meinem Leben Widerspruch so stark erlebt. Und die Ängste sind spürbar. Ängste nicht bei denen, die in den letzten Wochen stundenlang verhört wurden, engagierte Christen – Ängste nicht bei denen, die mit hohen Ordnungsgeldern unter Druck gesetzt wurden – Ängste nicht bei denen, die in ihren Friedenskreisveranstaltungen bespitzelt wurden – nein, Ängste sind spürbar auf der Seite derer, die unter Druck setzen, die bespitzeln, die verhören. (...)

24. Oktober 1989: Die Ereignisse überstürzen sich. (...) Honecker ist zurückgetreten, angeblich aus gesundheitlichen Gründen, und das Befürchtete trat ein: Egon Krenz nimmt seinen Platz ein. Heute wählte ihn die Volkskammer. Ich hoffe, es ist nur eine Übergangslösung. Denn was ist gewonnen mit einem Mann an der Spitze, der eine bisher unrühmliche Rolle gespielt hat? Er müsste heute ehrlich Stellung nehmen zum Wahlbetrug, zum Beifall für China. Er hat sich unglaubwürdig gemacht. (...)

Vor einigen Tagen nahm ich an einer Redaktionssitzung teil. (...) Es gibt keine Anweisungen mehr, jeder arbeitet auf Eigenverantwortung, es gibt keine Tabus mehr, es kann, es soll über alles berichtet werden, wahrheitsgetreu. Ich kann es kaum fassen. Geschieht im Land wirklich Veränderung? Menschen reden offener, Masken fallen. Ist das wirklich wahr? Oder wird das böse Erwachen kommen? (...)

4. November 1989: Viele Wörter sind Mode geworden, Dialog, Wende, doch auch Wendehälse. Jetzt geht es nicht mehr nur um Reise- und Pressefreiheit, es geht auf tausenden Füßen gegen den Führungsanspruch der SED. Ich bezweifle, dass die Genossen so ohne Weiteres abtreten. Aber ich glaube auch, für ein gewaltsames Eindämmen der Rufe ist es zu spät. Es sind zu viele, die hinter ihren Öfen hervor gekrochen sind und sich nun im aufrechten Gang üben. Es sind zu viele, die nicht mehr länger schweigen wollen. (...)

8. November 1989: Jeder ist aufgeregt. Jeder möchte reden. Es gibt nur ein Thema: die Revolution im Lande. Ob beim Brotkaufen, ob in der Straßenbahn, ob in einer Geburtstagsrunde, ob beim Spazierengehen – geredet wird über die gesellschaftlichen Veränderungen. Jeder ist beteiligt. Es geht ja auch um unsere Zukunft. Wie bisher kann und wird es nicht mehr weitergehen. (...)

10. November 1989: Das gibt's nicht! Das ist der helle Wahnsinn! Die Grenzen zur Bundesrepublik und zu Westberlin sind offen. Ein Freudentaumel ist ausgebrochen. Die Welt steht kopf. Oder kommt sie jetzt auf die Beine?

12. November 1989: Auf einmal ist alles so einfach. Der Personalausweis genügt, ein Stempel genügt. Lange Warteschlangen vor den Polizeiämtern. Alle wollen reisen, möglichst sofort. Wer weiß, ob es wirklich bei den offenen Grenzen bleibt. Hauptsächlich locken auch die hundert Mark Begrüßungsgeld. (...) Freudentränen auf beiden Seiten. Menschen fallen sich in die Arme. Sektkorken fliegen. Volksfest in Berlin. Ich kann es nicht beschreiben. Es ist unwirklich, verrückt ... Hätte mir einer im Sommer gesagt, dass dies möglich sein wird, ich hätte ihn ausgelacht. Die Mauer hat Löcher bekommen. Massen zwängen sich hindurch. (...) Ein Ablenkungsmanöver? Die Regierenden haben eine Schleuse geöffnet. Der Druck soll heraus. Wer auf dem Ku'damm spazieren geht, kann nicht gleichzeitig demonstrieren.

In: Jörg Swoboda: Die Revolution der Kerzen. Wuppertal/Kassel 1992 (Oncken Verlag), S. 92 ff.

nung. Wir schliefen zwei, drei, manchmal vier Stunden pro Tag. Und dabei haben wir immer nur das gemacht, was gerade anfiel. Das war dann auch meine Frage an die Arbeit des Neuen Forums; dass wir kein Programm hatten, sondern immer nur ableisteten, was uns von außen aufgegeben wurde. Sicher war auch von programmatischer Arbeit die Rede, doch die lief nebenher. Wir holten die Zeit nicht ein“ (in: Lindner/Grüneberger 1992, S. 214). Das vor allem emotional geprägte Bündnis zwischen der Bürgerbewegung und größeren Teilen der Bevölkerung bekam in dieser Phase erste massive Risse. Sie sollten sich als bleibend erweisen.

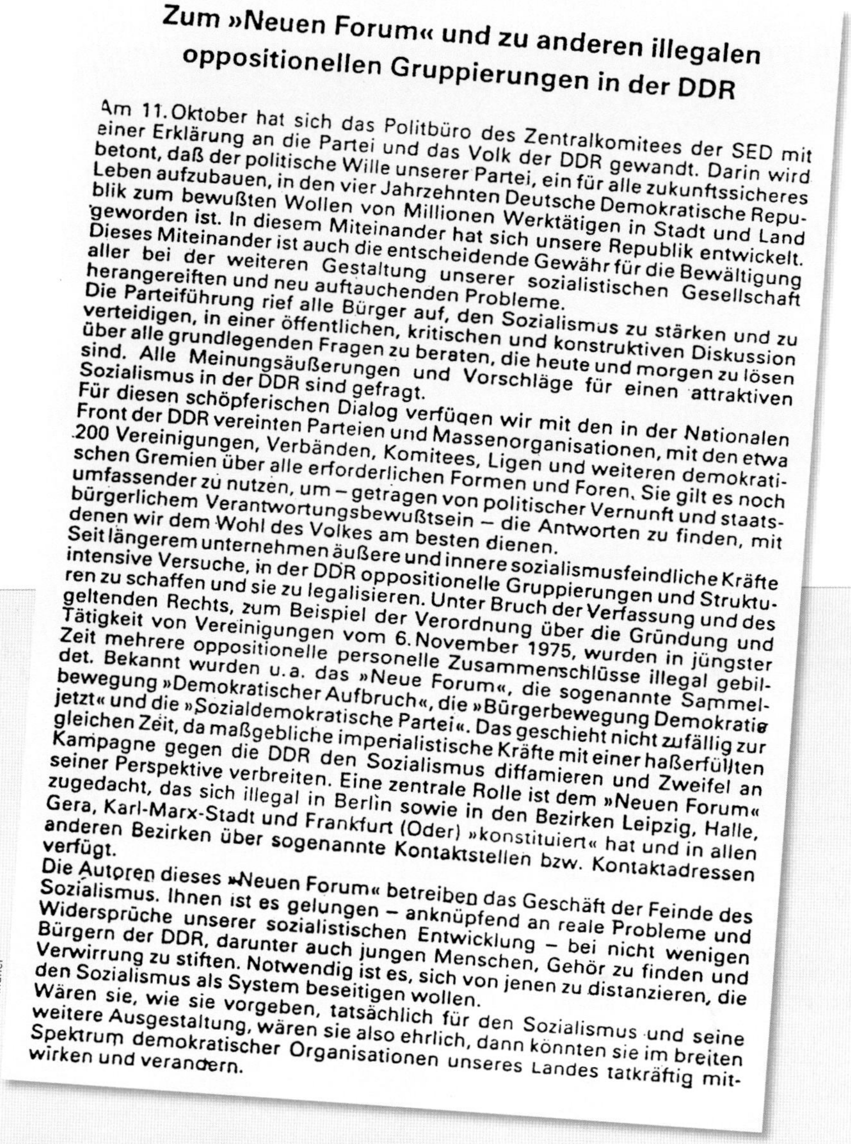

Zum »Neuen Forum« und zu anderen illegalen oppositionellen Gruppierungen in der DDR

Am 11. Oktober hat sich das Politbüro des Zentralkomitees der SED mit einer Erklärung an die Partei und das Volk der DDR gewandt. Darin wird betont, daß der politische Wille unserer Partei, ein für alle zukunftssicheres Leben aufzubauen, in den vier Jahrzehnten Deutsche Demokratische Republik zum bewußten Wollen von Millionen Werktätigen in Stadt und Land geworden ist. In diesem Miteinander hat sich unsere Republik entwickelt. Dieses Miteinander ist auch die entscheidende Gewähr für die Bewältigung aller bei der weiteren Gestaltung unserer sozialistischen Gesellschaft herangereiften und neu auftauchenden Probleme.
Die Parteiführung rief alle Bürger auf, den Sozialismus zu stärken und zu verteidigen, in einer öffentlichen, kritischen und konstruktiven Diskussion über alle grundlegenden Fragen zu beraten, die heute und morgen zu lösen sind. Alle Meinungsäußerungen und Vorschläge für einen attraktiven Sozialismus in der DDR sind gefragt.
Für diesen schöpferischen Dialog verfügen wir mit den in der Nationalen Front der DDR vereinten Parteien und Massenorganisationen, mit den etwa 200 Vereinigungen, Verbänden, Komitees, Ligen und weiteren demokratischen Gremien über alle erforderlichen Formen und Foren. Sie gilt es noch umfassender zu nutzen, um – getragen von politischer Vernunft und staatsbürgerlichem Verantwortungsbewußtsein – die Antworten zu finden, mit denen wir dem Wohl des Volkes am besten dienen.
Seit längerem unternehmen äußere und innere sozialismusfeindliche Kräfte intensive Versuche, in der DDR oppositionelle Gruppierungen und Strukturen zu schaffen und sie zu legalisieren. Unter Bruch der Verfassung und des geltenden Rechts, zum Beispiel der Verordnung über die Gründung und Tätigkeit von Vereinigungen vom 6. November 1975, wurden in jüngster Zeit mehrere oppositionelle personelle Zusammenschlüsse illegal gebildet. Bekannt wurden u.a. das »Neue Forum«, die sogenannte Sammelbewegung »Demokratischer Aufbruch«, die »Bürgerbewegung Demokratie jetzt« und die »Sozialdemokratische Partei«. Das geschieht nicht zufällig zur gleichen Zeit, da maßgebliche imperialistische Kräfte mit einer haßerfüllten Kampagne gegen die DDR den Sozialismus diffamieren und Zweifel an seiner Perspektive verbreiten. Eine zentrale Rolle ist dem »Neuen Forum« zugedacht, das sich illegal in Berlin sowie in den Bezirken Leipzig, Halle, Gera, Karl-Marx-Stadt und Frankfurt (Oder) »konstituiert« hat und in allen anderen Bezirken über sogenannte Kontaktstellen bzw. Kontaktadressen verfügt.
Die Autoren dieses »Neuen Forum« betreiben das Geschäft der Feinde des Sozialismus. Ihnen ist es gelungen – anknüpfend an reale Probleme und Widersprüche unserer sozialistischen Entwicklung – bei nicht wenigen Bürgern der DDR, darunter auch jungen Menschen, Gehör zu finden und Verwirrung zu stiften. Notwendig ist es, sich von jenen zu distanzieren, die den Sozialismus als System beseitigen wollen.
Wären sie, wie sie vorgeben, tatsächlich für den Sozialismus und seine weitere Ausgestaltung, wären sie also ehrlich, dann könnten sie im breiten Spektrum demokratischer Organisationen unseres Landes tatkräftig mitwirken und verändern.

Archiv Bernd Lindner

^ Zur Indoktrination der Parteimitglieder verbreitet die SED-Führung Mitte Oktober 1989 dieses Informationsblatt.

VI. NACH DER JANKA-LESUNG

Am 28. Oktober 1989 las der Schauspieler Ulrich Mühe im Deutschen Theater in Berlin aus Walter Jankas Erinnerungen „Schwierigkeiten mit der Wahrheit“, die zuvor nur im Westen erschienen waren. Janka, ehemaliger Leiter des Aufbau-Verlages, war unter der Anschuldigung, Ulbricht stürzen zu wollen, im Dezember 1956 verhaftet und wegen „Bildung einer konterrevolutionären Gruppe“ 1957 zu fünf Jahren Zuchthaus verurteilt worden.

Ich habe mich nach der Janka-Lesung gefragt, was hast du eigentlich die ganzen Jahre hier gemacht. Ich bin nicht mehr 17, ich bin 26, habe auch selbst Verantwortung für das, was man all die Jahre hier getan hat. Da bin ich mit mir ins Gericht gegangen und habe festgestellt, ich hätte so weiter gelebt, wenn nichts passiert wäre (...).

Seit ich aus der Schule raus bin, hat bei mir ein permanenter Rückzug aus dem öffentlichen Leben stattgefunden. Nicht, dass ich dadurch unpolitisch geworden bin, um Gottes willen, ich habe meine Freunde gehabt und meine Eltern, wir haben viel gelesen (...), die Bücher, die man unter der Hand weitergibt.

Aber so nach draußen was tun, sich nach draußen zu engagieren, ich bin beispielsweise bis heute nicht aus der FDJ ausgetreten oder aus der DSF. Ich habe immer alles laufen lassen, habe immer Meins gemacht, mich aufs Studium und Theater gestürzt.

Das war so ein Punkt, wo ich mich fragte, warum bist du selber nicht mal in eine Initiative wie die „Gesellschaft für die Menschenrechte“ eingetreten? Habe mich dann immer so rausgeredet, mit Kirche wollte ich nie was zu tun haben, bin ja eben auch durch meine Genossen Eltern in diese Richtung erzogen worden. Und ich stelle auf einmal fest (...), wie ich abgebaut habe. Mit welchen Idealen ich angefangen habe, (...) alles weg, ich mache jetzt Meins. Mir wurde bewusst, wie so eine Selbstzensur bei mir einsetzte. (...) Ich hatte nach der Janka-Lesung die permanente Krise, habe fast zwei Wochen geheult.

Renate K., Studentin, in: Ralph Oehme/Karl-Heinz Schmidt-Lauzemis: Ich war kein Held. Leben in der DDR. Protokolle. Berlin 1993 (Morgenbuch Verlag), S. 109 f.

CHRONIK

DEMONSTRATIONEN, MACHTWECHSEL UND RÜCKTRITTE

Bundesarchiv – Rainer Mittelstädt

^ Ostberlin: Tribüne zum 40. Jahrestag der DDR mit SED-Führung und Gästen

7. Oktober 1989: 40. Jahrestag der DDR. Während die SED-Führung sich unverdrossen feiern lässt, demonstrieren überall im Land die unzufriedenen Bürger. Der Staat geht brutal gegen sie vor.

8. Oktober: Erneut gehen in mehreren Orten Bürger auf die Straße. Bewaffnete Kräfte sind einsatzbereit. In Dresden wird durch die Bildung der „Gruppe der 20" eine Eskalation der Ereignisse verhindert.

9. Oktober: Ca. 70.000 Menschen auf Leipzigs Straßen. Der friedliche Verlauf der Montagsdemonstration bringt den entscheidenden Durchbruch.

11. Oktober: Erklärung des Politbüros zur Lage in der DDR. Jetzt erst bietet die SED-Führung dem Volk einen „Dialog" an. 13. Oktober: Erich Honecker empfängt die Vorsitzenden der „befreundeten Parteien" Manfred Gerlach (LDPD), Günther Maleuda (DBD), Gerald Götting (CDU), Heinrich Homann (NDPD) sowie Lothar Kolditz, den Präsidenten des Nationalrates der „Nationalen Front" der DDR, zu einer „Beratung über aktuelle Aufgaben bei der weiteren Gestaltung der entwickelten sozialistischen Gesellschaft in der DDR". Die Blockparteien gehen nicht auf Distanz zur SED. Unter dem Druck der Öffentlichkeit werden in Berlin die um den 7. Oktober festgenommenen Demonstranten (bis auf 11) aus der Haft entlassen.

15. Oktober: In der Ostberliner Erlöserkirche führen bekannte Musiker und Künstler ein Benefizkonzert für die Opfer der Polizeiübergriffe durch. Sie verlesen Ausschnitte aus Gedächtnisprotokollen Verhafteter und rufen zur Demonstration am 4. November auf.

16. Oktober: In Leipzig demonstrieren ca. 120.000 Menschen. Auch in vielen anderen Städten gehen die Bürger für Reformen auf die Straße. In Dresden trifft OB Wolfgang Berghofer (SED) erstmals mit der „Gruppe der 20" zusammen.

18. Oktober: Das ZK der SED entbindet Erich Honecker „aus gesundheitlichen Gründen" von seinem Amt als Generalsekretär und wählt Egon Krenz zum Nachfolger. Honecker gibt auch den Vorsitz des Staatsrates und des Nationalen Verteidigungsrates sowie seinen Sitz im Politbüro auf. Günter Mittag, im Politbüro für Wirtschaft zuständig, und Joachim Herrmann, Sekretär für Agitation und Propaganda, verlieren ihre Posten. Am Abend verliest Krenz im Fernsehen eine Rede an die Bevölkerung, die aber keinen deutlichen Kurswechsel erkennen lässt.

19. Oktober: Krenz besucht Arbeiter im VEB Werkzeugmaschinenkombinat „7. Oktober" in Ostberlin. Am Werbellinsee trifft er anschließend mit führenden Vertretern der evangelischen Kirche (Werner Leich, Manfred Stolpe, Christoph Demke) zu einer Beratung zusammen. Im Fernsehen der DDR findet die erste Live-Diskussion mit Politikern statt.

20. Oktober: Die elf Monate zuvor von der Postzeitungsliste gestrichene sowjetische Zeitschrift „Sputnik" wird wieder zugelassen. Im Leipziger Gewandhaus findet ein erstes öffentliches Forum statt.

23. Oktober: Erneut Montagsdemonstration in Leipzig (ca. 200.000 Teilnehmer). In Schwerin scheitert kläglich der Versuch der SED-Bezirksleitung, eine Demonstration des NF für sich zu instrumentalisieren. Bürgerrechtsgruppen übergeben dem Generalstaatsanwalt eine 100-seitige Dokumentation zu den Ausschreitungen vom 7./8. Oktober und fordern Konsequenzen.

24. Oktober: Egon Krenz wird von der Volkskammer zum Vorsitzenden des Staatsrates und zum Vorsitzenden des Nationalen Verteidigungsrates gewählt; erstmals in der DDR-Geschichte gibt es zahlreiche Gegenstimmen bei solch einer Wahl. In Berlin protestieren bis zu 12.000 Demonstranten gegen Krenz' Wahl. Im „Haus der Jungen Talente" findet unter dem Thema „DDR – wie ich sie träume" erstmals eine Podiumsdiskussion mit Künstlern und Politikern statt, an der sich auch Vertreter des NF (Bärbel Bohley und Jens Reich) beteiligen können.

27. Oktober: Der Staatsrat beschließt Amnestie für alle Bürger, die flüchten wollten oder bei Demonstrationen „Straftaten gegen die öffentliche Ordnung" begangen haben sollen. Sie werden bis zum 30. November freigelassen. Der Ministerrat hebt „die zeitweilige Aussetzung des pass- und visafreien Reiseverkehrs für Bürger der DDR" in die ČSSR ab 1. November auf.

28. Oktober: Im Deutschen Theater in Ostberlin findet eine Lesung aus Walter Jankas Buch „Schwierigkeiten mit der Wahrheit" statt. Janka, der 1957 zu fünf Jahren Zuchthaus verurteilte SED-Reformer, wird damit moralisch rehabilitiert. Die Lesung wird später auch vom Rundfunk ausgestrahlt.

29. Oktober: Unter riesigem Andrang beginnen in Berlin unter dem Motto „Offene Türen – offene Worte" Sonntagsgespräche zwischen Politikern und der Bevölkerung.

30. Oktober: In Leipzig demonstrieren ca. 300.000 Menschen. Die „Aktuelle Kamera" berichtet erstmals live darüber. Der „Schwarze Kanal" Karl-Eduard von Schnitzlers wird mit der 1.519. Sendung eingestellt. Leipzigs Oberbürgermeister, Bernd Seidel (SED), erkennt das NF als Gesprächspartner an.

31. Oktober: Egon Krenz trifft in Moskau mit Michail Gorbatschow zu einer Unterredung zusammen. Beide stimmen überein, dass die Wiedervereinigung „nicht auf der Tagesordnung" stehe.

2. November: Tag der Rücktritte: Harry Tisch (SED) tritt als Vorsitzender des FDGB zurück. Die Parteivorsitzenden der CDU, Gerald Götting, und der NDPD, Heinrich Homann, legen ihr Amt nieder. Mehrere 1. Sekretäre von Bezirksleitungen der SED treten ebenfalls zurück. Margot Honecker (SED) hatte bereits am 20. Oktober um Entbindung von ihrem Amt als Volksbildungsministerin gebeten. In Dresden werden wegen Übergriffen auf Demonstranten Ermittlungsverfahren gegen 70 Angehörige der Sicherheitskräfte eingeleitet.

3. November: In einer Fernsehansprache teilt Krenz mit, dass das Politbüro ein „Aktionsprogramm" beschlossen hat, in dem u. a. die Schaffung eines Verfassungsgerichtes und die Einführung eines zivilen Wehrersatzdienstes vorgesehen seien.
Er kündigt den Rücktritt der Politbüromitglieder Hermann Axen, Kurt Hager, Erich Mielke, Erich Mückenberger und Alfred Neumann an. Im Kreisgericht Dresden funktioniert die SED-Justiz weiter. Drei Männer werden wegen „Rowdytum, Zusammenrottung und Widerstand gegen staatliche Maßnahmen" vor dem Hauptbahnhof am 4. Oktober zu Freiheitsstrafen bis zu 4 Jahren verurteilt. In Ostberlin setzt das Stadtparlament eine Kommission ein, die die Polizeiübergriffe vom 7. und 8. Oktober untersuchen soll.

4. November: Über 500.000 Menschen zie-hen bei der größten Demonstration in der Geschichte der DDR durch Ostberlin. 26 Redner (darunter Stefan Heym, Christoph Hein, Christa Wolf, Heiner Müller, Marianne Birthler, Jens Reich, Friedrich Schorlemmer) fordern auf dem Alexanderplatz Reformen in der DDR. Die SED-Redner Günter Schabowski und Markus Wolf werden ausgepfiffen.

6. November: Der Entwurf des neuen Reisegesetzes wird veröffentlicht; aufgrund seiner vielen einschränkenden Regelungen erntet er harte Kritik. In Leipzig gehen aus Protest dagegen schätzungsweise bis zu 500.000 Menschen auf die Straße. Die Ausreisewelle über die ČSSR erreicht einen neuen Höhepunkt. Rudi Mittig, stellvertretender Minister für Staatssicherheit, kündigt im Fernsehen an, das MfS wolle „gründlich überprüfen, inwieweit unsere Arbeit den gegenwärtigen und absehbaren Bedingungen noch entspricht".

ullstein bild

DDR-Regierungssprecher nach Bekanntgabe des Rücktritts des Ministerrates am 7. November 1989 im Gespräch mit Journalisten

7. November: Der Ministerrat unter Willi Stoph tritt geschlossen zurück. Erstmals demonstrieren tausende Menschen vor dem ZK der SED; sie kritisieren den Wahlbetrug vom 7. Mai und fordern freie Wahlen.

8. November: Das ZK der SED nimmt den Rücktritt des alten Politbüros an; das neue umfasst nur noch 11 Mitglieder (statt bisher 21). Bestätigt werden u.a. Egon Krenz, Günter Schabowski. Neu werden Hans Modrow, Wolfgang Herger, Wolfgang Rauchfuß und Gerhard Schürer gewählt. Vor dem ZK-Gebäude demonstrieren SED-Mitglieder unter dem Motto „Wir sind die Partei". Sie bestreiten dem ZK das Recht, ein neues Politbüro zu wählen.

In der „Aktuellen Kamera" verliest die Schriftstellerin Christa Wolf einen Appell an die Bürger der DDR, im Lande zu bleiben. Tag für Tag verlassen immer noch etwa 10.000 Menschen die DDR.

9. November: Auf einer live im Fernsehen übertragenen Pressekonferenz teilt der ZK-Sekretär, Günter Schabowski, eher beiläufig mit, dass „Privatreisen nach dem Ausland ohne Vorliegen von Voraussetzungen" kurzfristig genehmigt werden können. Tausende von Ostberlinern versammeln sich vor den Grenzübergangsstellen nach Westberlin. Unter ihrem Druck wird am späten Abend – nach über 28 Jahren – die Mauer geöffnet.

KAPITEL 9

Auf der Pressekonferenz am Abend des 9. November 1989 verliest ZK-Sekretär
ein folgenschweres Papier zu neuen Ausreiseregelungen für Bürger der DDR.

Mauerfall und Runde Tische

Neue Strukturen und Perspektiven

Günter Schabowski

Bundesarchiv – Thomas Lehmann

Am 9. November 1989 um 18.53 Uhr verlas SED-Politbüromitglied Günter Schabowski, auf der gerade eingeführten, täglichen Pressekonferenz – die vom DDR-Fernsehen und im Radio live übertragen wurde – eher beiläufig eine Meldung, die ihm Egon Krenz eine Stunde zuvor zugesteckt hatte. Auslöser für Schabowskis fahrigen, mit über 30 „Äh"s gespickten Vortrag war die Nachfrage des italienischen Journalisten Riccardo Ehrman, ob das zu Wochenbeginn veröffentlichte Reisegesetz „nicht ein Fehler" gewesen sei. Bei dem, was der frisch ernannte Sekretär für Informationswesen des ZK der SED daraufhin von einem zweiseitigen Papier ablas, handelte sich um einen Beschluss des Ministerrates der DDR „zur Veränderung der Situation der ständigen Ausreise von DDR-Bürgern nach der BRD über die ČSSR". Dieser sollte am kommenden Morgen, dem 10. November, um 4 Uhr in Kraft treten und die Ausreisewelle über Drittländer in die Bundesrepublik stoppen.

Bei der Beratung des Papiers im ZK der SED war Schabowski nicht anwesend. So verkündete er – ohne Kenntnisse der Details –, dass der Ministerrat der DDR „auf Empfehlung des Politbüros“ eine Regelung beschlossen habe, die es „jedem Bürger der DDR“ möglich mache, „über Grenzübergangspunkte der DDR auszureisen“. Reiseanträge für „Privatreisen nach dem Ausland können ohne Vorliegen von Voraussetzungen – Reiseanlässe und Verwandtschaftsverhältnisse – beantragt werden. Die Genehmigungen werden kurzfristig erteilt. Die zuständigen Abteilungen Pass- und Meldewesen der Volkspolizeikreisämter (...) sind angewiesen, auch Visa zur ständigen Ausreise unverzüglich zu erteilen, ohne dass dafür noch geltende Voraussetzungen für eine ständige Ausreise vorliegen müssen.“ Die Ausreise in den Westen könne, so las Schabowski weiter von den Zetteln ab, über alle Grenzübergangsstellen des Landes „zur BRD bzw. zu Berlin-West“ erfolgen. Auf Nachfrage des „Bild“-Zeitungsreporters Peter Brinkmann, wann diese Bestimmung in Kraft trete, antwortete Schabowski konfus: „Das tritt nach meiner Kenntnis ... ist das sofort, unverzüglich.“[1]

Die westlichen Nachrichtenagenturen hatten ihre Topmeldung! Zugleich begannen sie Schabowskis unpräzise Angaben „zu verdichten und einen eigenen Bedeutungszusammenhang zu konstruieren“ (Hertle 2007, S. 149). Die dpa setzte bereits wenige Minuten nach Ende der Pressekonferenz die Eilmeldung ab: „Von sofort an können DDR-Bürger direkt über alle Grenzstellen zwischen der DDR und der Bundesrepublik ausreisen.“ Und AP meldete nahezu zeitgleich: „DDR öffnet (...) ihre Grenzen.“ Das ZDF sendete in den „heute“-Nachrichten um 19.17 Uhr bereits Ausschnitte aus der Pressekonferenz und hob besonders hervor, dass „von sofort an“ DDR-Bürger gen Westen ausreisen dürften. Selbst die „Aktuelle Kamera“ berichtete um 19.30 Uhr im DDR-Fernsehen, dass nun „Privatreisen nach dem Ausland ohne besondere Anlässe beantragt werden“ könnten. Die in der DDR viel gesehene „Tagesschau“ eröffnete ihre Hauptnachrichtensendung um 20 Uhr mit der Schlagzeile „DDR öffnet Grenze“, die ihr Berlin-Korrespondent dann noch mit der Aussage toppte: „Also auch die Mauer soll über Nacht durchlässig werden.“

Daraufhin setzte ein Ansturm auf die Grenzübergänge zwischen Ost- und Westberlin ein, auf den die DDR-Grenzhüter in keiner Weise vorbereitet waren. Gegen 21.30 Uhr ließen sie an der Bornholmer Straße einzelne DDR-Bürger die Absperrungen passieren, um Druck aus der Situation zu nehmen. Allerdings entwerteten die Zöllner dabei die Personalausweise der „Grenzgänger“, indem sie auf deren Passfoto einen Ausreisestempel drückten. De facto hätte mit diesen Dokumenten keiner von ihnen wieder in die DDR einreisen dürfen. Doch was als „Ventillösung“ (Harald Jäger)[2] gedacht war, löste schon bald eine Flutwelle aus. Sie verstärkte sich noch, als um 22.42 Uhr Hanns-Joachim Friedrichs in den ARD-„Tagesthemen“ (wider besseres Wissen) verkündete: „Die Tore in der Mauer stehen weit offen.“ Der Außenreporter Robin Lautenbach, der mit seinem Kamerateam vor dem noch geschlossenen Grenzübergang Invalidenstraße postiert war, stieß ins selbe Horn. Er ließ einen Westberliner Taxi-Fahrer berichten, dass in der Bornholmer Straße „bereits jeder ausreisen“ könne. Eine halbe Stunde später stauten sich dort schon circa 20.000 Menschen, die lauthals „Tor auf, Tor auf!“ skandierten. Ihnen gegenüber standen lediglich 15 Grenzkontrolleure. Um 23.25 Uhr befahl ihr von seinen Vorgesetzten im Stich gelassener Befehlshaber dann in eigener Verantwortung, die Grenzschranken zu öffnen. Jubelnd strömten die Menschen nach Westberlin. Die Öffnung weiterer Berliner Übergänge folgte im Minutenabstand. Nach Mitter-

Siegbert Schefke

^ Ungültig gestempelter DDR-Ausweis des Bürgerrechtlers Siegbert Schefke, der am Abend des 9. November als einer der Ersten die Passkontrollstelle zu Westberlin an der Bornholmer Straße durchschritt.

> Berlin, 9. November 1989: Westberliner begrüßen nach der Maueröffnung an der Bornholmer Straße freudig Ostberliner.

1 Der Wortlaut der Pressekonferenz ist u. a. abgedruckt in Hans-Hermann Hertle: „Die Berliner Mauer – Monument des Kalten Krieges“ (S. 148/149). Schuld am „Versprecher“ Schabowskis und damit an der vorzeitigen Bekanntgabe der neuen Reiseregelung war (laut „Der Spiegel“, Nr. 42/2009) die Tatsache, dass der geplante Termin des Inkrafttretens auf einer gesonderten, zweiten Seite stand, worauf ihn Krenz aber nicht hingewiesen habe.

2 1989 Oberstleutnant des MfS und stellvertretender Leiter der Passkontrolleinheit an der Bornholmer Straße.

Andreas Schoelzel

HdG/ZFL – Ulrich Forchner

„Honeckers Sturz“, Collage von Ulrich Forchner, 1990.

11. November 1989: Auch nach Öffnung vieler Grenzübergänge zwischen Ost- und Westberlin bewachen Grenztruppen der NVA weiterhin die Mauer am Brandenburger Tor.

nacht öffneten auch die Kontrollpunkte im Berliner Umland ihre Sicherungssperren. Fünf Tage nach der großen Berliner Demonstration auf dem Alexanderplatz und drei Tage nach dem kläglichen Scheitern des Entwurfes für ein neues Reisegesetz trat die SED-Führung damit die Flucht nach vorn an. „Die Grenztruppen haben in dieser Nacht für die SED kapituliert“ (Manfred Wilke, in: LVZ, 3. November 2009).

Viel ist seitdem darüber spekuliert worden, ob der Ablauf jener historischen Pressekonferenz Zufall oder Kalkulation war. Die Wertung der Historiker schwankt von einer „Kaskade an Pannen“ (Neubert 2008, S. 215) bis zur „gemimten Ahnungslosigkeit“ Schabowskis als „großes Schauspiel eines politischen Dilettanten“, der die volle Wirkung seiner Aussagen jedoch weder „gewollt noch erahnt“ habe (Kowalczuk 2009, S. 457). Schabowski selbst sprach anfangs davon, dass ihm Krenz die neue Reiseregelung mit dem Hinweis zugesteckt habe, dass dies „ein Knüller“ sei. Krenz erinnerte sich 1990 dagegen, ihm gegenüber von einer „Weltnachricht“ gesprochen zu haben. Davon ist heute bei beiden keine Rede mehr.[1]

Gegen die „Schussligkeitsthese“ spricht, dass Schabowski auf seinem handgeschriebenen Ablaufzettel für die Pressekonferenz ein „EXTRA“ vermerkt hatte: „Verlesen Text Reiseregelung.“ Das wollte er allerdings erst „kurz vor Schluss“ verkünden (vgl. Funken 2008, S. 160), um allzu viele Nachfragen seitens der versammelten Westjournalisten zu vermeiden. Sollte er das während der sich fast eine Stunde zäh hinziehenden Pressekonferenz tatsächlich aus dem Auge verloren haben? Sieben Minuten vor 19 Uhr „erinnerte“ ihn jedenfalls Riccardo Ehrman mit seiner (Nach-)Frage an diesen Tagesordnungspunkt. Er tat dies, wie dem damaligen DDR-Korrespondenten der italienischen Nachrichtenagentur ANSA erstaunlicherweise erst 20 Jahre später (wieder) einfiel, auf Anregung des Generaldirektors der DDR-Nachrichtenagentur Günther Pötschke. Dieser habe ihm kurz vor der Pressekonferenz telefonisch den „Tipp gegeben“, Schabowski doch nach der im ZK diskutierten Reiseregelung zu fragen.[2] Will sich hier nur einer wichtig machen, um an der Erinnerungswelle zum Mauerfalljubiläum zu partizipieren? Ehrman jedenfalls weist weit von sich, als Fragesteller ein „Instrument der SED gewesen“ zu sein: „Es war nicht denkbar, dass die DDR-Führung meine Frage brauchte, um so eine wichtige Nachricht herauszubringen“ (in: LVZ, 7. November 2009). Zugleich entsprach der gesamte Ablauf dieses denkwürdigen Abends „vollkommen den konfusen Entscheidungen der vergangenen Wochen“ in der politischen Führungsspitze der SED (Schuller 2009, S. 194). Die Parteifunktionäre waren – über weite Strecken – nur noch Getriebene in einem, für sie außer Kontrolle geratenen, politischen Prozess. Beim Fall der Mauer ist, wie Hans-Hermann Hertle feststellte, vieles zusammengekommen: „unkoordinierte Entscheidungen der SED-Spitze, falsche Situationsdefinitionen der West-Medien, spontane Entschlüsse von Fernsehzuschauern und Radiohörern sowie Ad-hoc-Entscheidungen der Grenzsicherungsor-

1 Vgl. dazu frühe Äußerungen von Schabowski (1991, S. 306) und Krenz (1990, S. 182). Heute spricht Schabowski davon, „ahnungslos selbst zum Pannenfall einer dem Untergang zusteuernden Macht geworden“ zu sein, und dass Krenz ihn „gedrängt“ habe, auf der „Pressekonferenz die (...) neue Reiseregelung bekannt zu geben“, ohne ihm etwas „von einer Durchführungsbestimmung zu der Verordnung gesagt“ zu haben (in: „Die Zeit“, Nr. 13/2009).

2 In „Spiegel-Online“ und „Der Tagesspiegel“ vom 16. April 2009.

gane“ (Hertle 1996, S. 245). Auch so geschieht mitunter Weltgeschichte.

Bei den Leipziger Montagsdemonstrationen hatte es erste vereinzelte Forderungen nach dem Fall der Mauer und der Wiedervereinigung Deutschlands bereits Mitte Oktober gegeben. Diejenigen, die sie vertraten, waren jedoch noch vielen Anfeindungen ausgesetzt. So auch der Bauingenieur Hans-Gerit Broda und sein Sohn Jens (von Beruf Tischler) aus Merseburg, die von Beginn der Demonstrationen an nahezu jeden Montag nach Leipzig fuhren, „weil uns doch schnell klar war, dass in Leipzig die Geschichte Deutschlands entschieden wird, nicht in den Kreisstädten. In Leipzig standen die Kameras, dort hat die Weltöffentlichkeit hingesehen. Da war jeder Einzelne wichtig“ (in: Lindner/Grüneberger 1992, S. 194). Als die Brodas – nach eigenen Angaben – bereits Anfang Oktober 1989 mit dem Transparent „Für ein vereintes Deutschland!“ zur Montagsdemonstration kamen, wurden sie heftig beschimpft: „‚Ihr seid doch verkehrt hier‘, haben die uns angepöbelt, ‚ihr seid doch irre‘“ (ebd., S. 170).

Ausgeprägter waren solche Forderungen dagegen in Orten, die im unmittelbaren Grenzgebiet zur Bundesrepublik lagen und jahrzehntelang darunter gelitten hatten. Ein Beispiel dafür ist Plauen, wo bei den Samstagsdemonstrationen beizeiten Rufe nach der Wiedervereinigung zu hören waren. Die Meinung der Bevölkerungsmehrheit kollidierte in diesem Punkt jedoch mit den Hoffnungen der meisten Bürgerrechtler vor Ort. Obwohl der „Drang zur schnellen Einheit“ den Plauener Bürgerrechtlern durchaus verständlicher war als in anderen Orten der DDR, kam er ihnen dennoch nicht sonderlich gelegen. Dietrich Kelterer – erst Bühnenbildner am Stadttheater, später Kulturamtsleiter in Plauen – bekennt für das „Neue Forum“: „Wir wollten eigentlich hier etwas ändern. Das musste aber nicht über den Anschluss an einen anderen Staat passieren“ (in: Lindner 1994, S. 137).

Auf der Leipziger Montagsdemonstration erschallten am 23. Oktober erstmals die Rufe „Die Mauer muss weg!“ und „Egon, mach die Grenze auf!“. Die Demonstranten signalisierten damit, dass sie ihren Verbleib in der DDR von der Erfüllung dieser Forderungen abhängig machen würden. Zweieinhalb Wochen später stand die Mauer zwar noch als Baukörper, doch eine unüberwindbare

Adelheid Liebertraum

Rainer Kitte

Walter Schulz

Von oben: Autoschlange auf der Straße von Plauen nach Hof im November 1989. Demonstration in Görlitz am 2. Dezember 1989. Eröffnung der Grenzübergangsstelle in Bornhagen/Eichsfeld am 20. Januar 1990

HdG/ZFL – A. Forbig/I. Langer

Grenze bildete sie nicht mehr. Auf dem „Ku'damm" in Westberlin wurde tage- und nächtelang gefeiert. Einander unbekannte Menschen lagen sich überglücklich in den Armen. Das „Volkfest auf der Mauer" wogte. Aber auch entlang der Grenze zur Bundesrepublik kam es zu Freudenfeiern und Verbrüderungen. Bisher willkürlich getrennte (Kultur-)Landschaften und Orte sahen nach Jahrzehnten erstmals eine reelle Chance, wieder vereint zu sein.

Neben den sogenannten Wendehälsen tauchte in diesen Tagen eine weitere „Vogelart" auf: Die „Mauerspechte" nahmen ihre mühsame Arbeit auf, die Mauer von Hand abzutragen. „Wahnsinn!" war der Slogan des Tages. Er drückt am klarsten aus, wie sehr das Ereignis des Mauerfalls alle überraschte: Ostdeutsche wie Westdeutsche, Politiker wie Bürgerrechtler, Demonstranten, „Ausreiser" und auch die „Daheimgebliebenen".

HdG/ZFL – A. Forbig/I. Langer

Im Mittelpunkt der ersten Demonstrationen im September und Oktober 1989 stand der Wunsch nach Reformen innerhalb des Systems. Zugleich drängten die Bürgerrechtsgruppen, unterstützt von der Bevölkerung, auf ihre Legalisierung. In der Folgezeit wurde dies immer stärker auch mit der Forderung nach dem Austausch einzelner Führungspersonen im Staat und in der Partei verbunden. Das führte letztlich zur Infragestellung des SED-Führungsanspruches überhaupt, ohne damit jedoch die Existenzberechtigung der DDR prinzipiell in Zweifel zu ziehen.

Der Fall der Mauer veränderte dann schlagartig den Blickwinkel auf die weitere politische Entwicklung – nicht nur in der DDR. Das Thema der Vereinigung beider deutscher Staaten drängte sich nun massiv in den Vordergrund. Das praktische Erleben der bis dahin unvorstellbaren Ereignisse ging mit den noch unklaren Vorstellungen, wie es gesellschaftlich weitergehen sollte, eine vielfältige Melange ein. Plötzlich stand allen Bürgern der DDR der Weg in den Westen offen. Tausende nutzten diese Möglichkeit weiterhin zur Ausreise – nun allerdings auf direktem Wege. Der von Christa Wolf am Vorabend der Maueröffnung im DDR-Fernsehen verlesene Appell von Bürgerrechtlern und Künstlern: „Bleiben Sie bei uns!", verhallte angesichts der neuen Situation nahezu ungehört.

Die meisten DDR-Bürger, die sich jetzt an den Grenzübergangsstellen drängten oder stundenlang mit ihren Trabis und Wartburgs geduldig im Stau standen, wollten dennoch „nur mal gucken", wollten sich endlich selbst ein Bild „vom Westen" ma-

I. LEIPZIGER LOSUNGEN AUS DER ZEIT VOM 13. NOVEMBER BIS 11. DEZEMBER 1989

Montag, 13. November 1989
(ca. 150.000 Teilnehmer)

Neue Transparente:

Wiedervereinigung!
Der Anfang ist gemacht!

Mit Herz und Verstand,
Deutschland einig Vaterland!

Bis 2000: Demokratisch vereinigtes
Deutschland!

Verkauft Berliner Mauerstücke, das
füllt die Devisenlücke!

Volksentscheid zur Wiedervereinigung!

Die Mauer hat ein Loch,
aber weg muss sie doch!

Aus eigener Kraft, da wird's geschafft
– soziale Marktwirtschaft muss her!

Das war das Hemd,
jetzt wollen wir die Hose!

Es schallet ein Schrei nach
Westgeld laut,

Du „mündiger Bürger" gib bloß acht,
dass man Dich nicht erneut
zur Schnecke macht!

Gemeinsam gegen faschistoide
Tendenzen!

Nieder mit den Alu-Chips![1]

Demokratie ist nicht nur Reisefreiheit!

Wo Geist machtlos ist,
ist Macht geistlos!

Die SED muss bezahlen
mit freien Wahlen!

Freie Wahlen –
aber keine Einheitsliste!

Neue Sprechchöre:

Deutschland einig Vaterland!

Egon, wir sind winterfest!

Montag, 20. November 1989
(ca. 200.000 Teilnehmer)

Neue Transparente:

Für einen geordneten Rückzug
der SED!

Sicheres – **E**nde – **D**DR

Schießbefehl und Wahlbetrug,
Egon geh, es ist genug,
Demokratie wolltest Du nie!

Das Ansehen der SED ist so schlecht
wie der Zustand vieler Leipziger Häuser!

SED raus aus den Betrieben!

SED, nimm deinen Hut und geh!

Kann die SED noch lernen,
was wir schon immer wussten?

Kennt Ihr die schnellsten Läufer der Welt?
Das sind die Genossen,
die holen Begrüßungsgeld!

Modrow, ich vertraue Dir,
aber eins verspreche mir:
die Schuldigen für unsere Qual
vor des Volkes Tribunal!

Honecker vor's Volkstribunal!

Erst nach freien Wahlen
wird die BRD zahlen!

Wir fordern: Umbau der Stasigebäude
zu Pflegeheimen!

Rede wenig, rede wahr – zehre wenig,
zahle bar!

Tschechen, Slowaken, vergebt unserem
Volk, wir hoffen mit Euch!

Solidarität mit dem ČSSR-Volk!

Neue Sprechchöre[2]:

Gebt die Akten raus!

Ihr seid das Letzte!

Faultierfarm!

Montag, 27. November 1989
(ca. 150.000 Teilnehmer)

Neue Transparente:

Wir brauchen Krenz und seine SED
wie die Fische das Fahrrad!

Lieber bei minus 40 Grad zur Demo
als wieder 40 Jahre im Schwitzkasten
der SED!

Der Sozialismus, von Ochs und Esel
gemacht, hat uns an den Rand des
Abgrundes gebracht!

Keine Experimente mehr,
Wiedervereinigung jetzt!

Europa – unser gemeinsames Haus!

Ich liebe Deutschland so sehr,
dass ich es „zweimal" haben möchte!

Ja zu Reformen –
Nein zur Wiedervereinigung!

Gegen Reisepanik –
behaltet Eure Würde!

→

[1] Volkstümliche Bezeichnung für DDR-Münzgeld.

[2] Gerufen vor der Bezirkszentrale des MfS und dem Neuen Rathaus.

Montag, 4. Dezember 1989
(ca. 150.000 Teilnehmer)

Neue Transparente:

Für Erich und Konsorten
öffnet Bautzen seine Pforten!

Stasi in die Produktion für Mindestlohn!

Wir zahlen nicht die SED-Schlamperei,
enteignet endlich die Partei!

1945 – Entnazifizierung,
1989 – EntSEDfizierung!

Reinigen statt einigen!

Einheit der Menschen, nicht der Staaten!

Lieber eigenen Mut als Helmut!

Wir lassen uns nicht von
Thyssen küssen!

Wir wollen keine Kohlplantage werden!

Eine Nation – kein Nationalismus!

Lieber rote Socken als braune Hemden!

Vom Stalinregime in die
großdeutsche Traufe!

1990 darf kein 1933 werden,
Reps auf den Mond!

Kohl-Plan: Unser Zukunftsplan!

Das Land ist bald leer,
Einigkeit muss her!

„Für unser Land" das Beste:
Wiedervereinigung!

Wir wollen sein ein einig Volk
von Brüdern!

Neue Sprechchöre:

Rote aus der Demo raus!

Deutschland, Deutschland!

Stasi in den eigenen Knast!

Montag, 11. Dezember 1989
(ca. 100.000 Teilnehmer)

Neue Transparente:

Entlarvt die Stasi-Spitzel
in euren Kollektiven!

44 Jahre Teilung ist eine lange Zeit,
zur Wiedervereinigung sind wir bereit!

Das Neue Forum ist uns über,
wir wollen unser Deutschland wieder!

Ende mit diesen Faxen –
wählt den Freistaat Sachsen!

Sozialismus ist wie Trabi-Fahren:
Es ist eng, stinkt, und man ist froh,
wieder aussteigen zu können!

Demokratie unD ERneuerung –
keine BeeRDigung!

chen. Nahezu alle holten die 100 DM Begrüßungsgeld ab, darunter auch viele jener DDR-Staatsdiener, die den Westen jahrzehntelang ideologisch verteufelt hatten. Vor den Geldinstituten der Bundesrepublik bildeten sich lange Menschenschlangen. Mit dem Geld wurden erste, z. T. lang gehegte Wünsche erfüllt und zugleich der Umsatz im grenznahen Raum enorm angekurbelt. Die Kaufhäuser im Westen erlebten „Massendemonstrationen von DDR-Bürgern" (taz, 13. November 1989). Ein Umstand, den nicht wenige DDR-Intellektuelle als „Verrat" an der „friedlichen Revolution" betrachteten. Der Schriftsteller Stefan Heym, Tage zuvor noch auf dem Alexanderplatz von Hunderttausenden bejubelt, fand sich plötzlich in „Aschermittwochs-Stimmung" wieder: „Aus dem Volk (...), das sein Schicksal in die eigenen Hände genommen hatte und das soeben noch, edlen Blicks, einer verheißungsvollen Zukunft zuzustreben schien, wurde", in seinen Augen, „eine Horde von Wütigen, die, Rücken an Bauch gedrängt (...) mit kannibalischer Lust, in den Grabbeltischen von westlichen Krämern wühlten" (Der Spiegel, 49/1989, S. 55).

Das Leben stand kopf. Unabhängig davon, ob der Einzelne sich persönlich an den Protesten beteiligt hatte, sich über das überraschend eingetretene Ereignis des Mauerfalls freute, sich davon eine rasche (Wieder-)Vereinigung beider deutscher Staaten erhoffte oder nicht, stellte die Öffnung der Grenze zur Bundesrepublik und die dadurch ausgelöste Ereigniskette für alle Bürger im Osten Deutschlands einen drastischen Einschnitt in ihre Biografien dar. Die DDR war – auch wenn sie formal noch eine Zeit lang weiterexistierte – bereits unweigerlich an ihr Ende gekommen; selbst wenn es viele der Beteiligten jetzt noch nicht begreifen wollten oder konnten.

Nach der Öffnung der Grenze gab es auch innerhalb der Demonstrationen erhebliche Veränderungen. Überall gingen die Teilnehmerzahlen zurück. Das galt vor allem für die ersten Wochen nach dem Mauerfall. Neue Demonstrationsorte kamen jetzt nur noch im ehemals hermetisch abgeriegelten Grenzgebiet zur Bundesrepublik hinzu. Dort forderten die Einwohner vieler Gemeinden die Eröffnung von Grenzübergängen direkt vor Ort.

Auch unter den Demonstrierenden kam es rasch zu Meinungsdifferenzierungen. Binnen weniger Wochen spaltete sich die Straßenöffentlichkeit in Befürworter und

v. l.: Gerhard Gäbler; Gunnar Tessarczyk; Rainer Dorndeck;

Gegner der Wiedervereinigung. Die Situation eskalierte partiell bis zu handgreiflichen Auseinandersetzungen. Es kam zur „Wende in der Wende“ (Bärbel Bohley). Nach und nach gewannen die Befürworter einer schnellen Wiedervereinigung die Oberhand. Zu ihrer tragenden Losung wurde die Forderung „Deutschland einig Vaterland!“. Sie griff gezielt eine Zeile aus der ersten Strophe der DDR-Nationalhymne auf, deren Text Johannes R. Becher 1949 geschrieben hatte: „Auferstanden aus Ruinen / und der Zukunft zugewandt, / lass uns dir zum Guten dienen, / Deutschland einig Vaterland.“ Gerade wegen dieses Bekenntnisses zur deutschen Einheit durfte die DDR-Hymne seit Anfang der 1970er Jahre nur noch ohne Text gespielt werden.[•] Die politisch inkriminierte Zeile nun bei den Demonstrationen zu skandieren, stellte dementsprechend eine doppelte Provokation dar.

Doch während diese Losung aus den Reihen der Demonstranten in der DDR selbst kam, handelt es sich bei dem weltweit bekannt gewordenen Einheitsslogan „Wir sind ein Volk!“ eindeutig um einen Import aus der Bundesrepublik; selbst wenn Politiker (die es eigentlich besser wissen müssten) bis heute in ihren Festtagsreden immer wieder so tun, als sei diese Losung aus dem Wiedervereinigungswillen der DDR-Bevölkerung geboren. Zwar war der programmatische Satz bereits am 9. Oktober 1989 auf einem Leipziger Flugblatt, das Bürgerrechtler in zehntausenden Exemplaren in der Stadt verteilt hatten, zu lesen. Doch wandte sich die Losung damals – als Appell zum Gewaltverzicht – an die militärischen „Einsatzkräfte“, die gegen das eigene Volk eingesetzt werden sollten. „Reagiert auf Friedfertigkeit nicht mit Gewalt“, hieß es dort. Gefolgt von dem Satz: „Wir sind ein Volk! Gewalt unter uns hinterlässt ewig blutende Wunden!“ (> Abb. S. 106) Im weiteren Verlauf der Leipziger Demonstrationen spielte dieser Satz dann jedoch keine Rolle mehr. Die Demonstranten skandierten weiterhin ihre Losung „Wir sind *das* Volk!“, um damit Reformen in der DDR einzufordern.

Die einheitsstiftende Losung „Wir sind ein Volk!“ aus der Zeit nach dem Mauerfall hat dagegen im Westen Deutschlands ihren Ursprung. Am 11. November 1989 titelte die „Bild“-Zeitung in unübersehbar großen Lettern: „‚Wir sind das Volk‘ rufen sie heute – ‚Wir sind ein Volk‘ rufen sie morgen!“ Die Überschrift stand „an jenem Samstag in der Zeitung, an dem die halbe DDR erstmals zu Besuch im

• Die SED sagte sich zu diesem Zeitpunkt endgültig vom politischen Ziel der Wiedervereinigung los und strich es 1974 auch aus der Verfassung der DDR.

^ Umtauschkurs in einem Westberliner Wechselbüro

v Von links: Im Ostberliner Bahnhof Lichtenberg warten am 11. November 1989 DDR-Bürger nach ihrer ersten Stippvisite in Westberlin auf Züge, die sie zurück in ihre Heimatorte bringen. Demonstranten in Plauen fordern am 2. Dezember 1989 die Vereinigung beider deutscher Staaten. Punkerin zeigt am 19. Februar 1990 bei einer PDS-Demonstration in Leipzig demonstrativ die DDR-Fahne.

Westen war“ und Extraausgaben der „Bild“-Zeitung zu Tausenden kostenlos unters jubelnde Einheitsvolk gebracht wurden. Der damit erzielten Wirkung waren sich die Redakteure durchaus bewusst. Herbert Kremp, damals Kommentator bei „Bild“, in einem späteren Rundfunkinterview: „Wir hatten natürlich eine Multiplikationskraft, die war enorm, die lag weit über irgendeiner Plakataktion. Das ist ganz klar, also was damals in der ‚Bild‘-Zeitung stand, also in großer Aufmachung, das wurde mit Sicherheit allgemein registriert.“ [1]

Bereits am 13. November 1989 wurde die Losung dann auf der Leipziger Montagsdemonstration gesichtet, „allerdings nur auf einem einzigen, rätselhaften Plakat“, das zu Füßen des Steinlöwen vor dem Neuen Rathaus stand. Sie war auf eine „Künstlerleinwand im Keilrahmen“ geschrieben, „ein Tragestock war nicht daran“ (vgl. Stadler, SZ, 2. Oktober 2004). Doch schon eine Woche später, am 20. November, wurde die Losung dann in Leipzig zu Hunderten in Form eines schmucklosen runden Buttons – von zwei Kleinlastern mit bayerischem Kennzeichen herunter – verkauft. Auf dem Button stand in blauer Schrift auf weißem Grund die Losung: „Wir sind *ein* Volk“. Das Wörtchen „ein“ wurde in dieser ersten Variante durch Schrägstellung der Buchstaben leicht hervorgehoben.

Bereits kurz darauf wurde eine zweite Version der Losung in Form eines Aufklebers in Umlauf gebracht, die schon wesentlich dynamischer gestaltet war. Zusätzlich war die Losung mit der schwarz-rot-goldenen Fahne unterlegt. Anders als bei der deutschen Nationalflagge stehen die drei Farbbalken hier jedoch senkrecht. Zugleich sind sie leicht nach rechts geneigt: Einer Fahne gleich, die dem Volk im Wind voran weht! Die trapezförmige Grundform des Aufklebers bekräftigte diese Wirkung noch.

Allerdings muss man schon eine Lupe zu Hilfe nehmen, um den winzig gedruckten Namenszug des Urhebers am unteren Rand des Aufklebers entziffern zu können: „CDU – Christlich-Demokratische Union, Bundesgeschäftsstelle, Bonn“. Tatsächlich hatte deren Chef für Öffentlichkeitsarbeit, Peter Radunski, bereits unmittelbar nach dem Mauerfall in seiner Kladde notiert: „Thema Wiedervereinigung jetzt besetzen!“ In der Woche vom 11. bis 17. November wurde dafür ein Aktionsplan erarbeitet. „Wir sind ein Volk“ wurde zur tragenden Losung der Kampagne gekürt. Radunski dazu: „(...) 'ne gute Politik ist ja ein Dialog: Das eine hört man aus dem Volk, das andere gibt man ins Volk.“ Gegeben wurden dem Volk die Aufkleber mit der neuen Losung gleich hunderttausendfach.[2]

Erst in späteren Versionen bekannte sich die CDU dann klar zu ihrer Urheberschaft und setzte den Parteinamen in dicken roten Buchstaben darunter. Schließlich wurde die Losung ab Mitte Januar 1990 in der (Noch-)DDR flächendeckend in Plakatform als Wahlslogan der „Allianz für Deutschland“ geklebt. Diese Vereinigung mehrerer konservativer Parteien und Bürgerrechtsgruppen war im Vorfeld der ersten freien Volkskammerwahl am 18. März 1990 gegründet worden. Sie wurde von der Ost-CDU dominiert, die im Wahlkampf massive Unterstützung von ihrer westlichen Schwesterpartei erfuhr.

Massenhaft gerufen wurde die Losung „Wir sind ein Volk!“ – allen langlebigen Legenden zum Trotz – bei Demonstrationen in Ostdeutschland jedoch nie.

Auch auf Transparenten findet man den richtungweisenden Spruch kaum. Aus Halberstadt ist ein Foto vom Dezember 1989 überliefert, auf dem Demonstranten mit einem Transparent zu sehen sind, das die Form eines um das Vielfache vergrößerten CDU-Aufklebers hat. Und im Bestand des Deutschen Historischen Museums in Berlin findet sich ein attraktives Schild in den Umrissen des wiedervereinigten Deutschlands mit schwarz-rot-goldenem Grund. Darauf ist mit weißer

> Leipzig, März 1990: Fahnen statt Transparente; durch die Wahl der entsprechenden Fahne bekunden Demonstranten ihre Haltung zur deutschen Einheit.

∨ Zunächst noch anonym, gibt sich der Urheber der Losung „Wir sind *ein* Volk“ auf Button und Aufkleber – nach und nach – deutlicher zu erkennen.

[1] Dieses Zitat stammt aus dem Rundfunkfeature „Wir sind ein Volk!“ von Vanessa Fischer, gesendet auf Deutschlandradio Kultur (http://www.dradio.de/dkultur/sendungen/laenderreport/1031727/, Erstsendung 2004).

[2] Vermerk der Bundesgeschäftsstelle der CDU vom 16. November 1989: „Versand an die Kreisverbände: Plakate ‚Wir sind ein Volk!‘ – Erste Auflage 12.800 Stück. Aufkleber ‚Wir sind ein Volk!‘ – Erste Auflage 100.000 Exemplare. Zweite Auflage 300.000 Exemplare“ (Archiv der Konrad-Adenauer-Stiftung). Der Slogan ziert aber auch Flugblätter und Extrablätter aus der CDU-Zentrale.

Gerhard Gäbler

Schrift der Slogan „Wir sind ein Volk!" platziert. Ein Foto vom 10. Dezember 1989 belegt, dass dieses Schild damals auf einer Demonstration in Berlin getragen worden ist.

Später haben Vertreter der unterschiedlichsten politischen Richtungen von ganz rechts bis links – mal mehr, mal weniger ironisch verfremdet – versucht, den Spruch für ihre Zwecke zu vereinnahmen.

Die unterschiedlichen Ansichten zur deutschen Frage schlugen sich auch in entsprechenden Transparenttexten nieder. Dem „Keine Experimente mehr, Wiedervereinigung jetzt!" der einen Seite setzten andere ihr „Lieber eigenen Mut als Helmut!" und „Wir lassen uns nicht von Thyssen küssen!" entgegen. Der Vorwahlkampf hatte auf den Straßen längst begonnen. Die Transparente traten gegenüber den Fahnen zunehmend in den Hintergrund. Vor allem Deutschlandfahnen in allen Größen bestimmten jetzt das Erscheinungsbild. Von Teilen der Demonstranten, insbesondere von Studenten und Jugendlichen aus subkulturellen Szenen, wurde diesen ab Anfang Dezember immer häufiger die Fahne der DDR entgegengesetzt. 71 Prozent der demonstrierenden Studenten befürchteten (gegenüber 37 Prozent aller Demonstranten), dass die DDR von der Bundesrepublik vereinnahmt würde. Doch blieben diese Stimmen in der Minderheit und schließlich den Demonstrationen fern.

Aber auch die Befürworter der (Wieder-)Vereinigung vermittelten durchaus kein einheitliches Bild. Die Wege zur Einheit beider deutscher Staaten wurden z. T. sehr unterschiedlich gesehen: Vertragsgemeinschaft, Konföderation oder schneller Anschluss – alle Auffassungen waren vertreten. Dieser Pluralismus der Stimmen verwirrte viele DDR-Bürger zusätzlich. In einem Ein-Parteien-System groß geworden, in dem auch die Blockparteien keine tatsächliche Alternative zur SED darstellten, wirkte die Vielzahl neu entstandener politischer Möglichkeiten auf sie eher irritierend als befreiend. Wer von ihnen hätte es noch im Oktober 1989 für möglich gehalten, dass sich bereits einige Wochen später auf dem Boden der DDR eine wertkonservative Partei wie die DSU gründen konnte? Von dem massiven Eindringen der Republikaner in die politische Realität des Ostens ganz zu schweigen.

Die sinkenden Teilnehmerzahlen an den Demonstrationen ab November 1989 resultieren daher auch aus einer zunehmenden Orientierungslosigkeit vieler Bürger. Hilflos standen sie zwischen den (z. T. recht aggressiv) um ihre Gunst buhlenden unterschiedlichen politischen Strömungen, von ganz links bis ganz rechts. Hier wurde bereits wenige Wochen nach dem „Aufbruch 89" eine Grundlage für den erneuten Rückzug vieler Bürger ins Private gelegt.

Erst nach dem Mauerfall wurde es möglich, die heterogenen politischen Strömungen, aus denen sich die Demonstranten zusammensetzten, soziologisch genauer zu untersuchen. Wenigstens für Leipzig ließ sich nun beantworten, wer eigentlich Woche für Woche die Plätze und Straßen der Stadt füllte. Das Leipziger Zentralinstitut für Jugendforschung (ZIJ) befragte an drei Montagen im Dezember 1989 und im Februar 1990 Teil-

Ulrich Kneise

Eisenach, 3. Dezember 1989, 12 Uhr: Bürger reihen sich in die „Menschenkette für demokratische Erneuerung" ein, die sich für eine Viertelstunde durch die gesamte DDR zieht.

nehmer der Leipziger Montagsdemonstrationen. Parallel dazu führten auch Soziologen der Leipziger Universität, zuerst am 13. November, vier Befragungen durch.[1] Die Ergebnisse beider Studien stimmen weitgehend überein.

Die Kerngruppe der Leipziger Demonstranten bildeten überwiegend männliche Arbeiter und Angestellte zwischen 25 und 55 Jahren. Unter den regelmäßigen Teilnehmern – denjenigen, die bis zum 11. Dezember mindestens neunmal an einer Demonstration teilgenommen hatten (immerhin 29 Prozent) – waren zu diesem Zeitpunkt vor allem Sympathisanten des NF[2], der LDPD und der CDU. Aber auch der DA erreichte hier seine höchsten Sympathiewerte bei den Demonstranten[3] (Mühler/Wilsdorf 1990, S. 172). Mitglied einer Bürgerbewegung waren im Dezember 1989 jedoch lediglich 10 Prozent der Demonstranten. Die basisdemokratischen Gruppen hatten in dieser Zeit den Höhepunkt ihrer Wirkkraft bereits überschritten (vgl. Förster/Roski 1990, S. 159 ff.; Lindner 1990, S. 22 f.).

Auf die Zeit der Demonstrationen folgte nun die Zeit der öffentlichen Foren. Die Bürger im Osten Deutschlands waren daran interessiert zu erfahren, was andere dachten, wollten, wünschten und erlitten hatten. Die Aufarbeitung der Vergangenheit wie auch die Planung der unmittelbaren Zukunft begann. Bürgerbewegungen und neu gegründete Parteien stellten (nun unbehindert) sich und ihre Programme vor. Losungen und Transparente konnten – in ihrer verkürzenden, plakativen Art – hierbei nur noch flankierende Medien des Veränderungsprozesses sein. An ihre Stelle traten verstärkt Kundgebungen und Reden. Die Kommunikation verlagerte sich damit immer mehr von den Straßen und Plätzen in öffentliche Gebäude und Säle. Schriftliche Programme und Pamphlete machten die Runde, Botschaften wurden untereinander ausgetauscht. Die öffentliche Kommunikation war stark von einer neuen Sinnsuche geprägt. Das Wort vom „Sich-Positionieren" machte die Runde. Die Kommunikation wurde zunehmend (wieder) von den politischen Akteuren der sich aus den Bürgerbewegungen konstituierenden Parteien bestimmt.

Der Einfluss der Massenmedien auf den Fortgang der Ereignisse erhöhte sich zugleich beträchtlich. Nicht nur, dass die Fernseh- und Rundfunksender der Bundesrepublik nach dem 9. November ungehindert aus der DDR berichten konnten und diese Chance gezielt wahrnahmen. Auch die Journalisten der DDR, bis dato weitgehend angepasst und parteikonform, entdeckten die Fähigkeit und die Lust des freien Redens für sich. Einzelne Sendungen, wie das erst seit September 1989 ausgestrahlte Jugendmagazin „ELF99" des DDR-Fernsehens oder das Jugendradio „DT64", wurden gar zu Meinungsmachern in diesem Prozess. Erinnert sei hier nur an die Reportage von „ELF99" am 25. November 1989 aus Wandlitz, dem bis dahin völlig abgeschirmten Wohngebiet der Politbüro-Mitglieder. Die Wirkung des Berichtes war durchschlagend, konnte doch nun jeder mit eigenen Augen sehen, dass nicht alle Bürger der DDR gleich waren – auch wenn der gezeigte „Wohlstand" der Parteispitze sich aus westlicher Sicht eher bescheiden ausnahm.

Auch die Zeitung lasen plötzlich die meisten DDR-Bürger freiwillig. Dabei wurden die Leserbrief- und Diskussionsseiten in den Tageszeitungen zur wichtigsten Lektüre. Hier artikulierten sich die Forderungen und Wünsche der Bevölkerung am deutlichsten. Ab Ende November öffneten sich die ersten regionalen SED-Organe wie die „Leipziger Volkszeitung" dann auch für die Bürgerbewegungen, denen sie ein bis zwei Seiten wöchentlich zur Selbstdarstellung einräumten.

Während ein großer Teil der Bevölkerung also damit beschäftigt war, politische Informationen einzuholen, begann ein kleiner Teil – quasi stellvertretend für erstere –, um die Beteiligung an der Macht

1 Beide Studien (siehe Mühler/Wilsdorf 1990) sind in Anlage und Fragestellung Dokumente ihrer Zeit. Aus heutiger Sicht bedeutende Fragen (z. B. nach der Bereitschaft, sich über die Demonstrationsbeteiligung hinaus politisch zu engagieren, oder zum Bekanntheitsgrad wichtiger Bürgerrechtler) blieben ungestellt, dafür wurden Sympathiewerte für Politiker abgefragt, die Wochen später schon fast vergessen waren (z. B. Wolfgang Berghofer oder Manfred Gerlach).

2 Der Sympathiewert aller befragten Demonstranten gegenüber dem NF lag Anfang November noch bei 70 Prozent, sank jedoch im Verlauf der nächsten Wochen bis Anfang Februar auf 47 Prozent (vgl. Mühler/Wilsdorf 1990, S. 172). Gewählt hätten das NF aber bereits Anfang Dezember lediglich 17 Prozent der Demonstranten (Förster/Roski 1990, S. 166).

zu ringen. Es waren überwiegend Mitbegründer der verschiedenen Bürgerbewegungen, die sich auf ein zähes Ringen mit den Führern des (noch) herrschenden alten Systems einließen. Mit demokratischen Mitteln versuchten sie, sich in die lokale, regionale und überregionale Politik einzubringen. Dem gewaltlosen Beginn der „Herbstrevolution" verpflichtet, fanden nirgendwo staatsstreichartige Machtübernahmen statt. Bestenfalls konnten Rücktritte von besonders belasteten Vertretern der alten Macht als Erfolg verbucht werden. An ihre Stelle traten jedoch sofort „neue" Gesichter, mit kaum verändertem Auftrag: Hinhalten, Verzögern, Verschleppen. Sie banden mit dieser Taktik die ganze Kraft der Bürgergruppierungen. Werner Fischer von der IFM dazu: „Wir hatten es aber auch mit einer außergewöhnlichen Situation zu tun, wir konnten ja alle erst einmal nicht begreifen, was da zusammenbrach. Und durch die Zerwürfnisse und die organisatorische Zersplitterung [der Bürgerbewegungen – B. L.] waren wir nicht in der Lage, die Sache konzeptionell und personell in die Hand zu nehmen. Das ist umso bedauerlicher als in dieser Zeit tatsächlich die Macht auf der Straße lag" (in: Findeis/Pollack/Schilling 1994, S. 110). Hier bereits verloren die Bürgerbewegungen unwiederbringlich an Boden, auch wenn sie mit der Besetzung der Staatssicherheitszentralen (ab dem 4. Dezember 1989), ihrem Platznehmen am „Zentralen Runden Tisch" (am 7. Dezember 1989), dem Einzug in die „2. Regierung Modrow" (am 28. Januar 1990) sowie der Bildung verschiedener Wahlbündnisse wichtige Stationen ihrer Entwicklung – bis zur ersten freien Volkskammerwahl – noch vor sich hatten.

Vor allem war es ihre zögerliche bis ablehnende Haltung zur Frage der deutschen Einheit,[4] die den Einfluss der Bürgerbewegungen auf die Bevölkerung in der (Noch-)DDR und damit auf die künftige politische Entwicklung stark beschränkte. Pfarrer Martin Kind vom NF Leipzig bekennt, vor Glück „wie ein Schlosshund geheult" zu haben, als er von der Öffnung der Mauer erfuhr. „Und trotzdem habe ich im selben Augenblick gewusst, dass das die letzte Rache der SED ist. Das hat die Arbeit der Bürgerbewegung vollkommen verändert. (...) Mit dem Fall der Mauer am 9. November ist auch unser Aufbruch gebrochen worden!" (in: Lindner/Grüneberger 1992, S. 215).

Mit dieser Empfindung war Kind nicht allein. Das Informationsblatt des NF Leipzig betitelte seine Ausgabe Nr. 7 vom 28. November 1989 mit der Überschrift „DDR soll DDR bleiben!". In einer spontanen Erklärung („Auch wir treten ‚für eine sozialistische Alternative zur BRD' ein!") solidarisierte sich die Redaktion mit dem Aufruf „Für unser Land" (> siehe rechts), verfasst von Bürgern aller Schichten der Gesellschaft, darunter Prominente wie Frank Beyer, Volker Braun, Tamara Danz, Bischof Christoph Demke, Stefan Heym, Jutta Wachowiak und Christa Wolf. Aber auch die Bürgerrechtler Sebastian Pflugbeil, Ulrike Poppe, Friedrich Schorlemmer, Konrad Weiß gehörten zu den Erstunterzeichnern.

Dieser Aufruf bewegte die Gemüter. Binnen kürzester Zeit war das Land in Befürworter und Gegner des Appells gespalten. Das haben die Verfasser des

3 Anfang Dezember 1989 bekundeten 58 Prozent der Demonstranten Sympathie für den DA. Anfang Januar 1990 lag der Sympathiewert dieser Partei bei fast 63 Prozent (Mühler/Wilsdorf 1990, S. 172), danach ging der DA in der „Allianz für Deutschland" unter.

4 Andreas Rödder spricht gar von einer „passiv-negative(n) Abwehrhaltung" der Oppositionsgruppen in der DDR „gegen die Frage der deutschen Einheit", die – auch wenn sie nicht „unbedingt die Mehrheitsmeinung" innerhalb dieser Vereinigungen repräsentierte – doch „öffentlich als deren Haltung wahrgenommen" wurde (Rödder 2009, S. 120).

> Aufruf „Für unser Land", unterzeichnet von reformorientierten Kräften aus allen Schichten der Bevölkerung, darunter namhafte Bürgerrechtler; veröffentlicht u. a. im Zentralorgan der SED, dem „Neuen Deutschland"

Neues Deutschland / 29. November 1989 / Seite 2

FÜR UNSER LAND

Unser Land steckt in einer tiefen Krise. Wie wir bisher gelebt haben, können und wollen wir nicht mehr leben. Die Führung einer Partei hatte sich die Herrschaft über das Volk und seine Vertretungen angemaßt, vom Stalinismus geprägte Strukturen hatten alle Lebensbereiche durchdrungen. Gewaltfrei, durch Massendemonstrationen hat das Volk den Prozeß der revolutionären Erneuerung erzwungen, der sich in atemberaubender Geschwindigkeit vollzieht. Uns bleibt nur wenig Zeit, auf die verschiedenen Möglichkeiten Einfluß zu nehmen, die sich als Auswege aus der Krise anbieten.

Entweder

können wir auf der Eigenständigkeit der DDR bestehen und versuchen, mit allen unseren Kräften und in Zusammenarbeit mit denjenigen Staaten und Interessengruppen, die dazu bereit sind, in unserem Land eine solidarische Gesellschaft zu entwikkeln, in der Frieden und soziale Gerechtigkeit, Freiheit des einzelnen, Freizügigkeit aller und die Bewahrung der Umwelt gewährleistet sind.

Oder

wir müssen dulden, daß, veranlaßt durch starke ökonomische Zwänge und durch unzumutbare Bedingungen, an die einflußreiche Kreise aus Wirtschaft und Politik in der Bundesrepublik ihre Hilfe für die DDR knüpfen, ein Ausverkauf unserer materiellen und moralischen Werte beginnt und über kurz oder lang die Deutsche Demokratische Republik durch die Bundesrepublik Deutschland vereinnahmt wird.

Laßt uns den ersten Weg gehen. Noch haben wir die Chance, in gleichberechtigter Nachbarschaft zu allen Staaten Europas eine sozialistische Alternative zur Bundesrepublik zu entwickeln. Noch können wir uns besinnen auf die antifaschistischen und humanistischen Ideale, von denen wir einst ausgegangen sind.

Alle Bürgerinnen und Bürger, die unsere Hoffnung und unsere Sorge teilen, rufen wir auf, sich diesem Appell durch ihre Unterschrift anzuschließen.

Berlin, den 26. November 1989

Götz Berger, Rechtsanwalt; Wolfgang Berghofer, Kommunalpolitiker; Frank Beyer, Regisseur; Volker Braun, Schriftsteller; Reinhard Brühl, Militärhistoriker; Tamara Danz, Rocksängerin; Christoph Demke, Bischof; Siegrid England, Pädagogin; Bernd Gehrke, Ökonom; Sighard Gille, Maler; Stefan Heym, Schriftsteller; Uwe Jahn, Konstruktionsleiter; Gerda Jun, Ärztin/Psychotherapeutin; Dieter Klein, Politökonom; Günter Krusche, Generalsuperintendent; Brigitte Lebentrau, Biologin; Bernd P. Löwe, Friedensforscher; Thomas Montag, Mediziner; Andreas Pella, Bauingenieur; Sebastian Pflugbeil, Physiker; Ulrike Poppe, Hausfrau; Martin Schmidt, Ökonom; Friedrich Schorlemmer, Pfarrer; Andree Türpe, Philosoph; Jutta Wachowiak, Schauspielerin; Heinz Warzecha, Generaldirektor; Konrad Weiss, Filmemacher; Angela Wintgen, Zahnärztin; Christa Wolf, Schriftstellerin; Ingeborg Graße, Krankenschwester

Walter Janka, der – wie bekanntgegeben wurde – aus organisatorischen Gründen an der Pressekonferenz nicht teilnehmen konnte – stimmt dem Aufruf zu, hat diesen noch nicht unterzeichnet.

Neues Deutschland

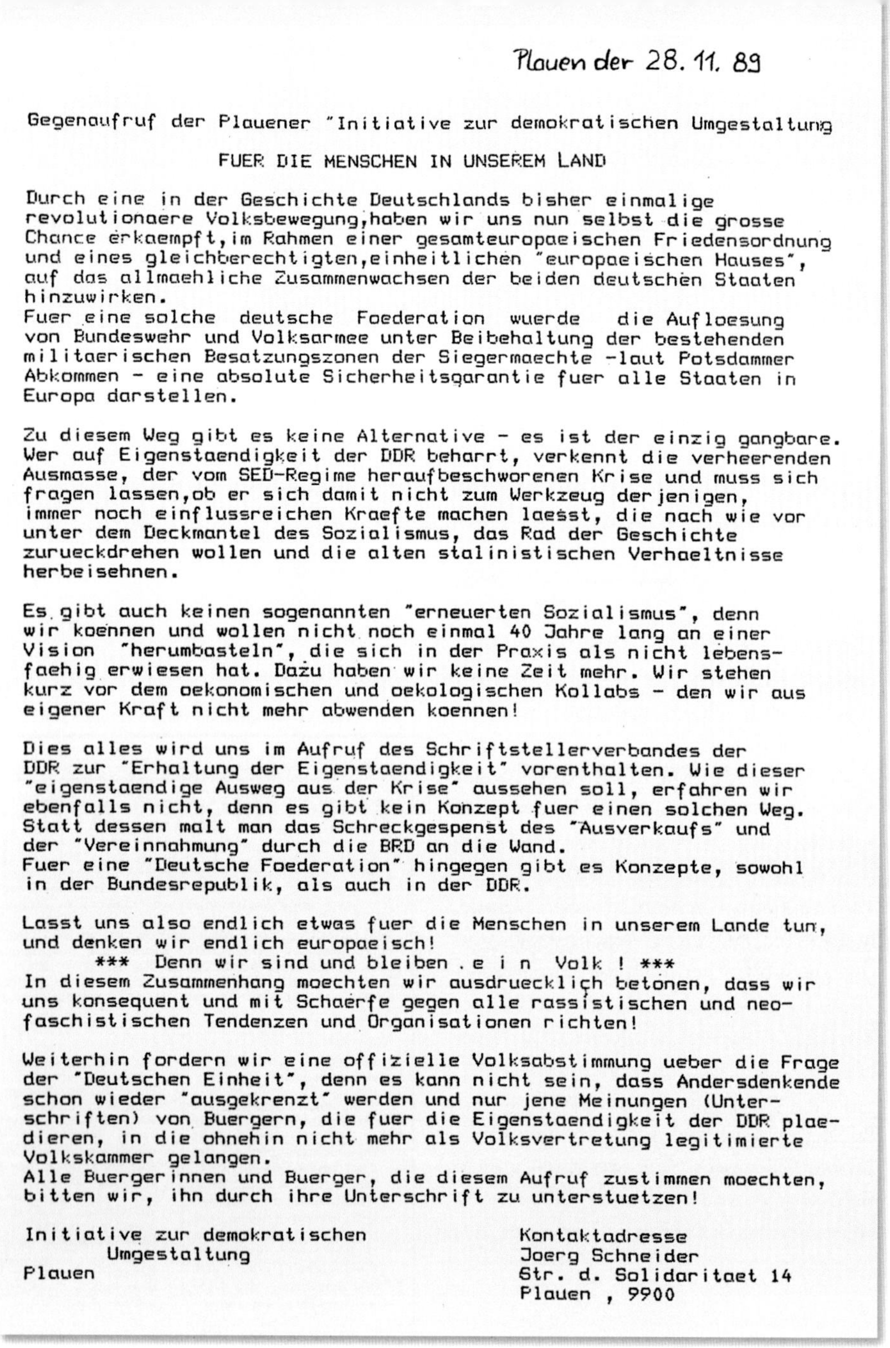

Plauen der 28. 11. 89

Gegenaufruf der Plauener "Initiative zur demokratischen Umgestaltung

FUER DIE MENSCHEN IN UNSEREM LAND

Durch eine in der Geschichte Deutschlands bisher einmalige revolutionaere Volksbewegung, haben wir uns nun selbst die grosse Chance erkaempft, im Rahmen einer gesamteuropaeischen Friedensordnung und eines gleichberechtigten, einheitlichen "europaeischen Hauses", auf das allmaehliche Zusammenwachsen der beiden deutschen Staaten hinzuwirken.
Fuer eine solche deutsche Foederation wuerde die Aufloesung von Bundeswehr und Volksarmee unter Beibehaltung der bestehenden militaerischen Besatzungszonen der Siegermaechte -laut Potsdammer Abkommen - eine absolute Sicherheitsgarantie fuer alle Staaten in Europa darstellen.

Zu diesem Weg gibt es keine Alternative - es ist der einzig gangbare. Wer auf Eigenstaendigkeit der DDR beharrt, verkennt die verheerenden Ausmasse, der vom SED-Regime heraufbeschworenen Krise und muss sich fragen lassen, ob er sich damit nicht zum Werkzeug derjenigen, immer noch einflussreichen Kraefte machen laesst, die nach wie vor unter dem Deckmantel des Sozialismus, das Rad der Geschichte zurueckdrehen wollen und die alten stalinistischen Verhaeltnisse herbeisehnen.

Es gibt auch keinen sogenannten "erneuerten Sozialismus", denn wir koennen und wollen nicht noch einmal 40 Jahre lang an einer Vision "herumbasteln", die sich in der Praxis als nicht lebensfaehig erwiesen hat. Dazu haben wir keine Zeit mehr. Wir stehen kurz vor dem oekonomischen und oekologischen Kollabs - den wir aus eigener Kraft nicht mehr abwenden koennen!

Dies alles wird uns im Aufruf des Schriftstellerverbandes der DDR zur "Erhaltung der Eigenstaendigkeit" vorenthalten. Wie dieser "eigenstaendige Ausweg aus der Krise" aussehen soll, erfahren wir ebenfalls nicht, denn es gibt kein Konzept fuer einen solchen Weg. Statt dessen malt man das Schreckgespenst des "Ausverkaufs" und der "Vereinnahmung" durch die BRD an die Wand.
Fuer eine "Deutsche Foederation" hingegen gibt es Konzepte, sowohl in der Bundesrepublik, als auch in der DDR.

Lasst uns also endlich etwas fuer die Menschen in unserem Lande tun, und denken wir endlich europaeisch!
*** Denn wir sind und bleiben . e i n Volk ! ***
In diesem Zusammenhang moechten wir ausdruecklich betonen, dass wir uns konsequent und mit Schaerfe gegen alle rassistischen und neofaschistischen Tendenzen und Organisationen richten!

Weiterhin fordern wir eine offizielle Volksabstimmung ueber die Frage der "Deutschen Einheit", denn es kann nicht sein, dass Andersdenkende schon wieder "ausgekrenzt" werden und nur jene Meinungen (Unterschriften) von Buergern, die fuer die Eigenstaendigkeit der DDR plaedieren, in die ohnehin nicht mehr als Volksvertretung legitimierte Volkskammer gelangen.
Alle Buergerinnen und Buerger, die diesem Aufruf zustimmen moechten, bitten wir, ihn durch ihre Unterschrift zu unterstuetzen!

Initiative zur demokratischen Umgestaltung Plauen

Kontaktadresse
Joerg Schneider
Str. d. Solidaritaet 14
Plauen , 9900

Archiv Bernd Lindner

Der Gegenaufruf der Plauener „Initiative zur demokratischen Umgestaltung" fokussiert auf eine baldige Föderation zwischen der Bundesrepublik und der DDR.

Aufrufes partiell selbst verschuldet, hieß es doch in ihrem Text: „Entweder (...) Eigenständigkeit der DDR – Oder (...) ein Ausverkauf unserer materiellen und moralischen Werte beginnt". Damit fühlten sich viele Bürger schon wieder in eine Richtung gedrängt, ohne andere Entwicklungsmöglichkeiten hinreichend diskutiert zu haben. Dementsprechend reagierten auch die Leipziger Demonstranten, von denen über 90 Prozent den Aufruf kannten. Zwei von drei Befragten waren jedoch nicht bereit, ihn zu unterschreiben. Lediglich 22 Prozent hatten es bis zum 11. Dezember 1989 getan.

Die Plauener „Initiative zur demokratische Umgestaltung", die Anfang Oktober mit ihren Flugblättern bereits die Demonstrationen in dieser Stadt in Gang gesetzt hatte, trat daraufhin mit ihrem Gegenaufruf „Für die Menschen in unserem Land" an die Öffentlichkeit. Sie betonte darin, dass die „einmalige revolutionäre Volksbewegung" des Herbstes '89 sich „selbst die große Chance erkämpft (hat), im Rahmen einer gesamteuropäischen Friedensordnung (...) auf das allmähliche Zusammenwachsen der beiden deutschen Staaten hinzuwirken. (...) Zu diesem Weg gibt es keine Alternative – es ist der einzig gangbare. Wer auf Eigenständigkeit der DDR beharrt, verkennt die verheerenden Ausmaße der vom SED-Regime heraufbeschworenen Krise." Dazu erklärte Steffen Kretzschmar, einer der Initiatoren des Aufrufes: „Wir fanden ja nicht, dass der Aufruf von Herrn Heym und Christa Wolf ‚Für unser Land' falsch war. Aber er ist missbraucht worden. Wir haben gesagt, wir machen jetzt einen eigenen Aufruf. Das war dann schon Deutschlandpolitik, was wir betrieben haben mit dem Aufruf. Aber auch wir wollten keinen sofortigen Zusammenschluss, haben zuerst auch mehr an eine Föderation gedacht" (in: Lindner 1994, S. 133 f.).

Die beiden Appelle wurden gegeneinander ausgespielt, aber auch von unerwünschter Seite vereinnahmt. Der Aufruf „Für unser Land" erlitt bereits zwei Tage nach seiner Veröffentlichung immensen Schaden, als Egon Krenz im ND vom 30. November 1989 verkündete, ihn „mit tiefer Genugtuung zur Kenntnis genommen" zu haben. „Ich teile Ihre Einschätzung vom Ernst der Lage und sehe wie Sie den Scheideweg, vor dem die Republik steht. Seien Sie versichert, dass ich alles mir Mögliche tun werde, um mitzuhelfen, ‚in unserem Land eine solidarische Gesellschaft zu entwickeln, in der Frieden und soziale Gerechtigkeit, Freiheit des Einzelnen, Freizügigkeit aller und die Bewahrung der Umwelt gewährleistet sind'." Die Ernsthaftigkeit der Ziele des Aufrufs wurde mit ihrer „Inbesitznahme" durch Krenz in der Öffentlichkeit moralisch entwertet.

Gerade gegen eine „Mithilfe“ aus dieser Richtung hatten viele Bürger des Landes entschiedene Einwände. Aber auch viele Mitglieder der SED waren kaum noch gewillt, Krenz als Generalsekretär zu folgen. Auf internen wie öffentlichen Parteiforen brodelte es gewaltig. Waren am Tag nach der Maueröffnung noch einmal rund 150.000 Menschen zur Kundgebung der SED in den Berliner Lustgarten gekommen, so versammelten sich bald immer häufiger demonstrierende Genossen sogar vor dem ZK-Gebäude zum Protest gegen die Selbstgerechtigkeit der eigenen Parteiführung. Sie forderten nachhaltiger denn je eine „Erneuerung der Partei von unten“. Viel mehr Mitglieder entschlossen sich jedoch zum Austritt aus der Partei. Seit Honeckers Rücktritt und dem damit verbundenen Eingeständnis, politische Fehler begangen zu haben, hielt die Flut der Parteiaustritte ungebrochen an. Anfang Dezember hatten bereits 200.000 Mitglieder die Partei verlassen, 70 Prozent davon waren Arbeiter.

Handeln war erforderlich, sollte die Partei nicht gänzlich auseinanderbrechen. Die Hoffnung der SED-Basis verlagerte sich auf Hans Modrow, der am 13. November 1989 zum neuen Ministerpräsidenten der DDR gewählt worden war. Am Tag zuvor sah sich das ZK der SED auf Druck der Parteimitglieder bereits gezwungen, einen außerordentlichen Parteitag – statt der ursprünglich geplanten Parteikonferenz – einzuberufen. Die SED war zunehmend mit sich selbst beschäftigt. In der Bevölkerung wuchs derweil der Unmut über die Partei, ständig neu entfacht durch das Bekanntwerden von Skandalen und Korruptionsfällen um die alte SED-Führungsriege. Auf den Demonstrationen im Land wurde der Ruf „Honecker vor’s Volkstribunal!“ immer lauter und eine Bestrafung aller SED-Funktionäre, die ihre Macht auf Kosten des Volkes missbraucht hatten, gefordert. „SED, das tut weh!“, skandierten die Leipziger Demonstranten nun.

Krenz’ Position kam endgültig ins Wanken, als die Volkskammer am 1. Dezember 1989 mit überwältigender Mehrheit den Führungsanspruch der SED aus der Verfassung der DDR strich und Heinrich Toeplitz (CDU) in der gleichen Sitzung die Ergebnisse eines parlamentarischen Untersuchungsausschusses über Amtsmissbrauch und Korruption vorlegte. Als Krenz am folgenden Abend versuchte, vor dem ZK-Gebäude in Berlin zu aufgebrachten Genossen zu sprechen, wurde er gnadenlos ausgepfiffen. Am 3. Dezember

Republikweiter Gegenaufruf fp v. 15.12. 1989

Republikweiter Gegenaufruf der Plauener „Initiative zur demokratischen Umgestaltung“: Alle Bürger, die für ein allmähliches Zusammenwachsen der beiden deutschen Staaten bis hin zu einer Föderation im Rahmen einer europäischen Friedensordnung plädieren, rufen wir durch eine Unterschriftensammlung zur aktiven Unterstützung unseres Aufrufs „Für die **Menschen** in unserem Land“ auf! Kontaktadresse: J. Schneider, Str. der Solidarität 14, Plauen. Verhindert, daß der demagogische und perspektivlose Aufruf der Schriftsteller („Für unser Land“) uns von der SED als „Volksentscheid“ verkauft wird!

Jörg Schneider,
Str. d. Solidarität 14

Archiv Bernd Lindner

^ Am 15. Dezember 1989 veröffentlicht die regionale Presse eine Kurzfassung des Plauener Gegenaufrufs.

∨ Unterschriftenlisten kreisen – in vielen Varianten – in Plauen und weit darüber hinaus.

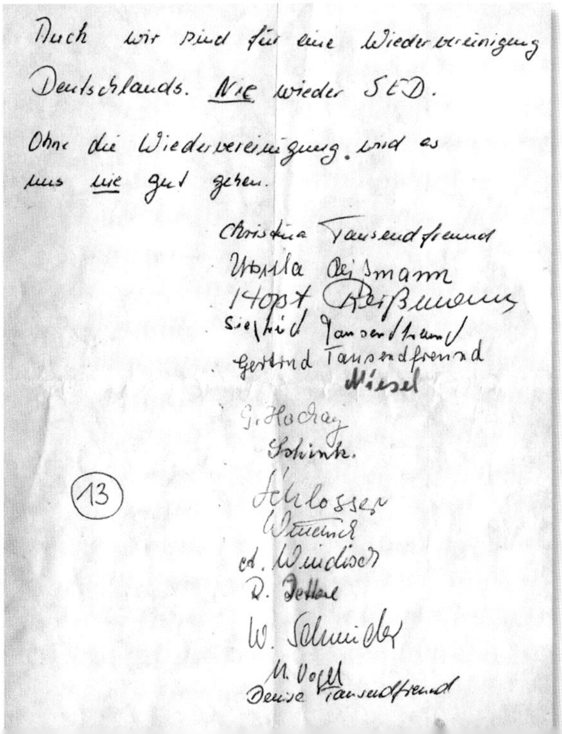

Auch wir sind für eine Wiedervereinigung Deutschlands. Nie wieder SED.

Ohne die Wiedervereinigung wird es uns nie gut gehen.

Christina Tausendfreund

(13)

Archiv Bernd Lindner

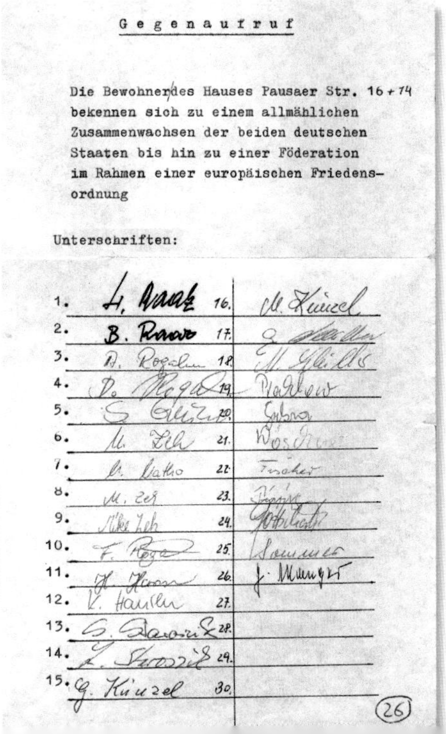

Gegenaufruf

Die Bewohner des Hauses Pausaer Str. 16+14 bekennen sich zu einem allmählichen Zusammenwachsen der beiden deutschen Staaten bis hin zu einer Föderation im Rahmen einer europäischen Friedensordnung

Unterschriften:

(26)

Archiv Bernd Lindner

II. DIE (OHN-)MACHT DER RUNDEN TISCHE

„Alles hätte früher und konsequenter geschehen müssen“

Zeitzeugenbericht von Gerd Poppe, Delegierter der IFM am „Zentralen Runden Tisch“. Aus einem Interview während der Beratungen im Februar 1990:

Nach den anfänglichen Schwierigkeiten, als Regierungsentscheidungen am Runden Tisch vorbei getroffen wurden und wir erst nachträglich informiert worden sind, hat sich die Situation in den letzten Wochen deutlich verändert. Alle relevanten Entscheidungen gehen jetzt über den Runden Tisch und dessen Arbeitsgruppen. (...) Es ist das erklärte Interesse der Oppositionsseite – die nun auch kein monolithischer Block ist, sondern in der es auch ganz komplizierte Kräfteverhältnisse gibt –, am Runden Tisch für die Stabilisierung bis zu den Wahlen zu sorgen. Daneben haben wir eine Öffentlichkeitsfunktion wahrzunehmen, (...) zu sorgen, dass relevante Entscheidungen sofort bekannt werden und eine öffentliche Diskussion und Veränderungen der Entscheidungen möglich sind. (...)

Den Eintritt in die Regierung [am 28. Januar 1990–B.L.] sehe ich einfach als eine Erweiterung dieser Möglichkeiten. Eigentlich waren unsere Vorstellungen anders,

Robert-Havemann-Gesellschaft

wir wollten den vorgezogenen Wahltermin nicht. Den wollte übrigens die Mehrheit des Runden Tisches nicht, der ist durch den Alleingang der SPD zustande gekommen. (...)

Da ist es zu einem Kompromiss gekommen, der uns vor das Problem stellt, dass wir innerhalb von 6 oder 7 Wochen, die wir dieser Regierung angehören werden, gar nicht in der Lage sind, uns inhaltlich in die ganze Problematik einzuarbeiten. Was wir machen können, ist, an den Ministerratssitzungen teilzunehmen, dort mitzudiskutieren und Beschlüsse gegebenenfalls zu verändern, wenn sie von den Beschlüssen des Runden Tisches abweichen.

Im Jahr 1992, rückerinnernd und bewertend:

Die Unterschiede zwischen den einzelnen Bürgerrechtlern waren natürlich erheblich, aber es hätte durchaus die Möglichkeit gegeben, dass ein relativ breites Spektrum politisch gemeinsam regieren kann. Wenn man nur nicht an den traditionellen Demokratien mit ihrer Form der Mehrheitsbildung hinge, sondern sich für diese Übergangsphase wenigstens darauf hätte verständigen können, einen Konsens zwischen den verschiedenen politischen Strömungen herbeizuführen. (...) Vor allem wenn der Runde Tisch früher entstanden wäre und wenn er dann gleich die Rolle gespielt hätte, die er dann ein bis eineinhalb Monate später innehatte, wo er die eigentliche Legislative war und wo aus seiner Mitte zugleich Leute hervorgingen, die Regierungsaufgaben übernahmen. (...) Alles hätte früher und konsequenter geschehen müssen.

In: Hagen Findeis/Detlef Pollack/Manuel Schilling: Die Entzauberung des Politischen. Leipzig/Berlin 1994 (Evangelische Verlagsanstalt), S. 180 ff.

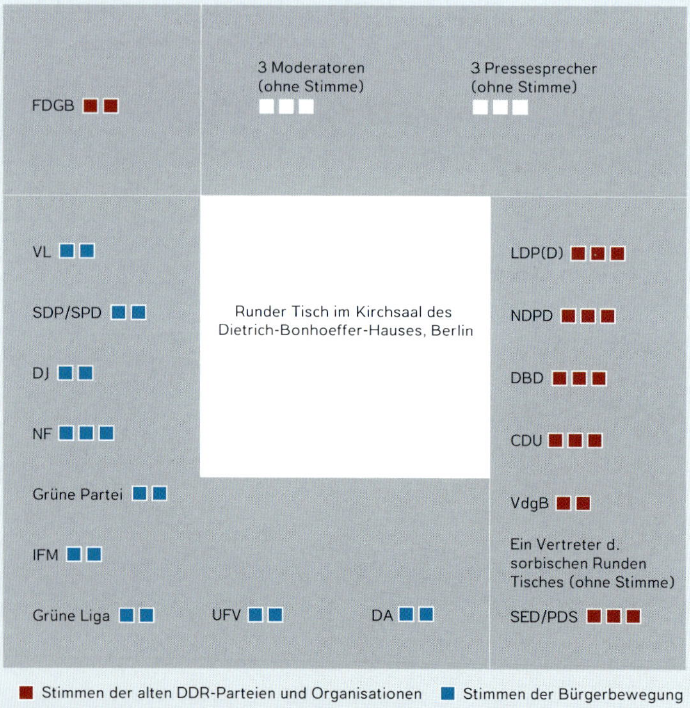

Die Zusammensetzung des Runden Tisches galt von der 2. Sitzung am 18. Dezember 1989 bis zur letzten Sitzung am 12. März 1990. Die Sitzordnung entsprach der Konfrontation der politischen Kräfte. 19 Vertretern der Opposition standen 19 Vertreter von in der Volkskammer vertretenen Parteien und Massenorganisationen (außer FDJ, DFD und Kulturbund) gegenüber: Auf Seiten der Opposition: Demokratischer Aufbruch (DA), Demokratie Jetzt (DJ), Grüne Partei, Grüne Liga, Initiative Frieden und Menschenrechte (IFM), Neues Forum (NF), Sozialdemokratische Partei (SDP, später SPD), Unabhängiger Frauenverband (UFV) und Vereinigte Linke (VL); auf der Seite der in der „Nationalen Front“ zusammengeschlossenen alten Kräfte: Christlich-Demokratische Union (CDU), Demokratische Bauernpartei Deutschlands (DBD), Liberal-Demokratische Partei Deutschlands (LDPD, später LDP), National-Demokratische Partei Deutschlands (NDPD), Sozialistische Einheitspartei Deutschlands (SED, später SED-PDS, schließlich PDS) sowie die Massenorganisationen Freier Deutscher Gewerkschaftsbund (FDGB) und die Vereinigung der gegenseitigen Bauernhilfe (VdgB). „Politisch“ gehörte der FDGB eigentlich in das Lager der SED-Gefolgschaft. Die Sitzordnung ist aber auch der Raumnot im als Tagungsort gewählten, kirchlichen Dietrich-Bonhoeffer-Haus zu verdanken. Die drei Moderatoren waren Oberkirchenrat Martin Ziegler (Bund Evangelischer Kirchen), Monsignore Karl-Heinz Ducke (Katholische Kirche) und Martin Lange (Methodist, AG Christlicher Kirchen in der DDR).

Nach Uwe Thaysen: Der Runde Tisch. Oder: Wo blieb das Volk? Der Weg der DDR in die Demokratie. Opladen 1990 (Westdeutscher Verlag), S. 45.

‹ Links: Ingrid Köppe (Bildmitte) vom „Neuen Forum“ nimmt als eine der zahlreichen Frauen der Bürgerbewegung an den Beratungen am Runden Tisch teil. Rechts: Gerd Poppe und Wolfgang Templin als Vertreter der IFM am Runden Tisch.

Am 7. Dezember 1989 konstituiert sich im Dietrich-Bonhoeffer-Haus in Ostberlin erstmals der „Zentrale Runde Tisch“ der DDR, an dem 16 Parteien und Gruppierungen Platz nahmen.

1989 trat das gesamte ZK zurück; drei Tage später musste auch Krenz all seine Staatsämter niederlegen. Der vorgezogene Sonderparteitag wählte am 9. Dezember den eloquenten Rechtsanwalt Gregor Gysi, der in den Wochen zuvor eine in der Geschichte der DDR beispiellose Medienkarriere gemacht hatte, zum neuen Parteivorsitzenden. Modrow und Berghofer wurden seine Stellvertreter in der Partei, die sich jetzt SED-PDS nannte. Mit diesem Doppelnamen wollte man – so der neue Parteivorstand – deutlich machen, dass sich die Partei nicht aus ihrer historischen Verantwortung davonstehle. Eine von der Basis z. T. massiv geforderte Trennung vom Parteivermögen der ehemaligen SED lehnte die neue Führung dagegen ab.

Seit dem Fall der Mauer liefen zwei Entwicklungsstränge parallel nebeneinander: Innenpolitisch kämpften die Bürgerbewegungen um eine Beteiligung an der Macht; auf der deutsch-deutschen Ebene nahmen die Bemühungen der Bundesregierung zu, Einfluss auf den Reformprozess in der DDR zu gewinnen.

Die Bürgerbewegungen hatten sich am 4. Oktober 1989 in Berlin auf eine Erklärung geeinigt, um „die Möglichkeiten gemeinsamen politischen Handelns“ zu erhalten. Ergebnis dieser Zusammenarbeit war die Bildung einer ständigen Kontaktgruppe, die einen „Zentralen Runden Tisch“ – nach osteuropäischem Vorbild – anstrebte. Vor allem das polnische Beispiel hatte gezeigt, dass durch einen politischen Dialog mit den alten Machthabern am Runden Tisch die Durchsetzung demokratischer Wahlen und damit eine legale Machtübernahme möglich war.

Die Bereitschaft, einen „zentralen Runden Tisch“ zu installieren, war jedoch auf Seiten der DDR-Obrigkeit lange nicht vorhanden. Für die Vertreter der Bürgerbewegung war durch die seit Anfang Oktober herrschende Instabilität in den Machtpositionen, die auch mit dem Rücktritt Honeckers nicht beendet war, kein kontinuierlicher Ansprechpartner gegeben.

Erst am 22. November zeigte sich das SED-Politbüro bereit, mit den Bürgerrechtlern an einem Runden Tisch Platz zu nehmen. Bis zur ersten Sitzung, am 7. Dezember, vergingen dann noch einmal zwei Wochen. Die Teilnehmer kamen auf Einladung der evangelischen und der katholischen Kirche zusammen, die auch die Moderatoren bei den Sitzungen stellten. Neben der SED und Vertretern von sechs unterschiedlichen Bürgerbewegungen (NF, DJ, VL, IFM, Grüne Liga, UFV) sowie drei neu gegründeten Parteien (SDP, DA, Grüne Partei) nahmen auch die Vertreter aller ehemaligen Blockparteien sowie der FDGB und die VdgB daran teil (› Seite 150). Die Blockparteien hatten sich zuvor aus ihrer engen Bindung an die SED (Demokratischer Block) gelöst; zuerst – am 10. November – die CDU unter ihrem neu gewählten Vorsitzenden Lothar de Maizière, dann die LDPD und die DBD, zum Schluss die NDPD.

Im Vorfeld der Gründung des „Zentralen Runden Tisches“ hatten sich auf lokaler

ullstein bild

> Disput von Bürgerrechtlern mit den Vertretern der alten Macht am Runden Tisch im Rat des Bezirks Dresden, 8. Dezember 1989

Klaus Thiere

und regionaler Ebene schon vielfach ähnliche Formen des politischen Diskurses gebildet. Es kam zur Gründung Runder Tische der Bezirke, Kreise und Städte sowie zu fachspezifisch orientierten Runden Tischen für Kultur, Sport, Umwelt, das Gesundheitswesen etc. auf lokaler Ebene. Allein auf dem Territorium des heutigen Bundeslandes Sachsen fanden in der aktivsten Phase der Runden Tische (Ende Januar 1990) bis zu 50 Beratungen pro Woche statt.

Sie nahmen allesamt in einer Phase außerordentlicher innenpolitischer Anspannung ihre Arbeit auf. Trotz Grenzöffnung hielt die Abwanderung der DDR-Bürger gen Westen ungebremst an. Die Wirtschaft kam immer stärker ins Schlingern, eine kontinuierliche Fortführung der Produktion war kaum noch gegeben. Immer wieder kam es auch zu Streiks und Arbeitsniederlegungen in verschiedenen Betrieben. Vor allem aber: Das Sicherheitskartell der alten Staatsmacht existierte uneingeschränkt fort. Zwar war die Staatssicherheit formal in das Amt für Nationale Sicherheit (AfNS, im Volksmund kurz „Nasi" genannt) umbenannt worden und Mielke längst zurückgetreten. Doch stand das AfNS, wie auch die NVA und die Polizeieinheiten, weiter unter Waffen.

Als sich Anfang Dezember 1989 die Nachrichten verdichteten, dass in den Objekten des AfNS Akten vernichtet würden, beschlossen Vertreter der Bürgerbewegungen, diesem Versuch zur Vertuschung der Vergangenheit zuvorzukommen. Am 4. Dezember kam es – zuerst in Erfurt, dann in Dresden, Leipzig und anderen Bezirksstädten – zur friedlichen Besetzung der Bezirksbehörden der ehemaligen Staatssicherheit. Spontan wurde die Schlüsselgewalt über die Objekte übernommen, Stahlschränke und Archive wurden von herbeizitierten Staatsanwälten versiegelt und Komitees zur Auflösung der Staatssicherheit gegründet. Sie nahmen unverzüglich ihre Sisyphusarbeit auf. Bereits die ersten Einblicke in Räume und Strukturen der Stasi brachten Erschütterndes zutage: Tonnen von Akten, Kilometer von Tonbandmitschnitten privater Telefonate, Vorrichtungen zur serienmäßigen Öffnung privater Briefe, Gläser mit Geruchsproben von Bürgerrechtlern, die für deren Auffindung mit Spürhunden angefertigt worden waren ...

Begriffe machten plötzlich die Runde, die zuvor kein DDR-Bürger außerhalb der Staatssicherheit kannte: OPK, IM, OV

III. BESCHLÜSSE DES RUNDEN TISCHES IN LEIPZIG

Übersicht nach sachlicher Zugehörigkeit bzw. antragstellender Kommission:

Nachnutzung MfS /AfNS-Gebäude	14
Wohnungs- und Gebäudewirtschaft	10
Arbeit des Runden Tisches/Geschäftsordnung	9
Wirtschaftsförderung	9
Stadtverordnetenversammlung, Rat der Stadt, Wahlvorbereitung	8
Eigentums- und Nutzungsrechte	8
Gesundheits- und Sozialwesen	6
Ordnung/Sicherheit	6
Verwaltungsreform	5
Bildung/Erziehung/Jugend	5
Gleichstellung/Minderheiten/ Ausländerfragen	4
Stadtplanung	3
Handel/Dienstleistungen	3
Kultur	3
Kommunales Eigentum	2
Zivildienst	1

In vier Monaten fasste der Runde Tisch der Stadt Leipzig in 16 Sitzungen insgesamt 96 Beschlüsse. Zum Vergleich: In der Legislaturperiode 1984–1989 hatte die Stadtverordnetenversammlung in 29 Sitzungen 131 Beschlüsse verabschiedet, die oft nur eine geringe Tragweite hatten.

Cornelia Liebold, in: Alexander Fischer/Günther Heydemann (Hrsg.): Die politische „Wende" 1989/90 in Sachsen. Weimar/Köln 1995 (Böhlau Verlag), S. 110 f.

und die von nun an die öffentliche Diskussion über die DDR nachhaltig prägen sollten. Der Überwachungs- und Spitzelstaat war erstmals in seinem vollen Ausmaß zu erahnen. Ein Gefühl des Sieges konnte bei den Bürgerrechtlern daher nicht aufkommen; zumal viele Anzeichen dafür sprachen, dass sich die Stasi mit ausgefeilter Dramaturgie auf den Tag ihrer Erstürmung vorbereitet hatte. Generalleutnant Schwanitz, Chef des AfNS, hatte sich am 7. Dezember laut einer ADN-Meldung beklagt, dass die Bezirksämter seiner Behörde in Cottbus, Dresden, Suhl und Rostock aufgrund des „Eindringens von Bürgern" ihre Arbeit einstellen mussten. Am selben Tag teilte er den Stasizentralen per Rundschreiben mit, welche „Dokumente und Materialien" man den „autorisierten Kontrollgruppen aus Vertretern staatlicher Organe, sowie von Bürgerrechtlern" zugänglich machen dürfe. „In jedem Fall" sei „die Einsicht zu verhindern" in Unterlagen der Stasi, aus denen Schlussfolgerungen über IM (Inoffizielle Mitarbeiter) möglich seien, sowie in Dokumente der Aufklärungs- und Spionageabwehr etc.

In diesem Vorgehen wusste er sich durch den Ministerpräsidenten Modrow gedeckt, der bereits bei der Amtseinführung von Schwanitz am 21. November 1989 „seine lieben Genossen" hatte wissen lassen: „Ein Volk will keine Wendehälse, aber Schreihälse [die Bürgerrechtler – sic!] will es auch nicht. Und dann müssen wir unsere Politik auch so betreiben, dass wir sie von dieser Seite aus anfassen. Das kann die Partei schon nicht mehr in dem Spiel der Parteien und dieser Kräfte, das müssen die Genossen machen, die in den staatlichen Organen sind. (...) Dort müssen wir in

HdG/ZFL – A. Forbig/I. Langer

IV. „DIE STASI VERBRENNT ODER VERNICHTET AKTEN"

Bericht über die Besetzung der Bezirksbehörde der Staatssicherheit in Erfurt am 4. Dezember 1989:

Almut Falcke erhielt am Morgen des 4. Dezember einen Anruf von Kerstin Schön, die sie in der Gruppe „Frauen für Veränderung" kennengelernt hatte. K. Schön sagte: „ ...aus der Andreasstraße werden Container abgefahren, und der Schornstein raucht schwarz. Die bringen Akten auf die Seite. Trommel zusammen, wen Du findest und besetz' die Tore. Ich mach' das gleiche." A. Falcke rief verschiedene Leute an, von denen sie wusste, „dass die mitmachen würden". (...) Danach fuhr sie mit ihrem Mann an das Tor des Stasigeländes. Propst Heino Falcke stellte seinen Wartburg quer auf die Straße, so dass der Weg blockiert war. (...)

Ulrich Scheidt saß morgens gegen 9 Uhr an seinem Arbeitsplatz im Naturkundemuseum, als ein Anruf eintraf: „Die Stasi verbrennt oder vernichtet Akten." (...) „Kommt her! Wir müssen was machen!" (...) Das ging „wirklich wie ein Lauffeuer durch die Stadt".

U. Scheidt: „Was mich heute im Nachhinein verwundert, ist die Tatsache, dass an diesem Hintereingang nur die Schranke unten war. Obwohl man das Eisentor hätte bequem zumachen können. Da standen zwei bis drei, vielleicht auch vier Leute mit MP da. K. Schön ging auf sie zu. Sagte, sie will rein! (...) Wurde ihr bedeutet, nur sie darf durch. Sie hat darauf bestanden, dass wir drei durchgehen. Kurze Diskussion. (...) Jedenfalls sind die Emotionen hochgekocht. Wir haben die Leute mit ihren Waffen beiseitegeschoben. Nachdem wir dann so 10 bis 20 Meter durch die Sperre durch waren, haben wir geschrien: ‚Kommt nach!' Da ist der Rest an Leuten hinterher – als Pulk!

Dann sind wir runter in die Heizung und haben Akten rausgeholt (...), haben den Heizer befragt, waren ziemlich aggressiv. Und dann sind wir zu diesem Haupteingang und haben von hinten wieder Leute mit Waffen beiseitegeschoben und haben aufgemacht. Da strömten die Massen rein. Das war dann ‚Tag der Offenen Tür'. Damit war die erste Bezirksverwaltung der Staatssicherheit in der DDR besetzt. (...) Die Besetzer teilten sich in kleine Gruppen auf und schwärmten in dem Gebäude aus. Der Computerraum, der bald gefunden wurde, war verschlossen. Im Keller wurden leere Aktenordner gefunden, in einigen Zimmern zerissene Blätter. Später wurde damit begonnen, zusammen mit den Militärstaatsanwälten die Räume zu versiegeln. Gegen 16 oder 17 Uhr fand das erste große Treffen der Besetzer mit führenden Leuten der Erfurter Staatssicherheit statt, bei dem gestritten, diskutiert und nach Problemlösungen gesucht wurde. Noch in der Nacht vom 4. auf den 5. Dezember konstituierten sich das Erfurter Bürgerkomitee und die Bürgerwache. Die Besetzung der Erfurter Bezirksverwaltung, die eine Signalwirkung für die gesamte DDR hatte, war eine spontane Aktion."

In: Andreas Dornheim: Politischer Umbruch in Erfurt 1989/90. Weimar/Köln 1995 (Böhlau Verlag), S. 72 ff.

V. „DAS GEFÜHL, ZU SIEGEN UND DABEI GEFOPPT ZU WERDEN ..."

Bericht über die Besetzung der Bezirksbehörde der Staatssicherheit in Leipzig am 4. Dezember 1989:

Wen hätte es wirklich gewundert, wenn an einem dieser Montage die Leipziger „Runde Ecke" in sich zusammengestürzt wäre? (...) Das Haus stürzte nicht ein, aber ein Beben gab es (...). Ausgelöst von den Rauchsäulen verbrannten Papiers. (...) Der Sprecher auf dem Balkon des Hauses hat noch nicht geendet, da wiederholt die eigene Stimme die Worte: Dieses Gebäude ist unter Kontrolle der Bürger, besetzt, genommen. (...) Das Gesicht meines Nachbarn ist fassungslos und konzentriert. Wie das des nächsten. Und nächsten. Haben wir alle dieses erleuchtete Gesicht?

„Bitte gehen Sie weiter und geben Sie dem nachfolgenden Demonstrationszug Raum." Wer kann das, wo alle sich stauen, sammeln, umarmen (...), um Einlass zu finden. Dort wäre es ein Leichtes, übers Tor zu klettern ins INNERE. Aber niemand, der es tut. Wie ein Gesetz ist das. Keine Gewalt. (...) Ein jüngerer Mann zwängt seine Schulter an der eines westlichen Fotografen vorbei. Hier sind wir vorn, Bruder, und nicht ihr, diesmal nicht. (...) Durch Entmachtung der Staatssicherheit zur Volkssicherheit. Die Rückerstattung der Integrität jedes Einzelnen. So einfach und klar. Aber schwindlig macht sie doch, diese Aussicht.

Neonfahle Gänge. Ein Speisesaal, fensterlos. Kippende Winkel, Treppen, nach oben, hinab (...) Gänge, Gänge, Gänge. Am Ende ein kreisrunder Raum. (...) Innen stehen vier Männer in hellen Anzügen, unbeweglich gegen die Wand gelehnt. Kommt es mir nur so vor oder halten sie ein Lächeln zurück? Ein insgeheim belustigtes und sicheres Lächeln, ein sehr sicheres.

Sitzend in Mänteln und Jacken die Zweiunddreißig, die um siebzehn Uhr dreißig Einlass verlangt haben und verhandeln, bis eine Stunde später ein Staatsanwalt zur gemeinsamen Versiegelung verbliebener Akten gerufen wird. Michael Arnold vom Neuen Forum, vollkommen ruhig wie stets und nur noch gelassener wirkend, als die Forderungen auf der einen, die spöttische Verweigerung auf der anderen Seite hartnäckiger werden. Wie? Es gibt keine Etagenpläne? Nein. Das heißt doch. Es gibt welche. Allerdings in Leutzsch [Außenobjekt im Leipziger Westen – B. L.]. Von dort müssen sie geholt werden. Wie lange wird das dauern? Schwer zu sagen. Eine Stunde oder zwei.

(...) Es hat etwas von Spielfreude, wie die Offiziere in Zivil ihre Antworten dehnen. Wirkung beobachten. Reaktionen. Während unten Tausende schreien, vor Ungeduld. Und wie wir schließlich in einem kahlen Gang stehen im Altbau und unser Begleiter uns untätig mustert. Die Schlüssel für die Räume? Die muss er holen. Jeden einzeln? Anders geht es leider nicht. Nein, eine Schlüsselordnung gibt es nicht. (...) Das ist dumm, jetzt hat er den falschen Schlüssel erwischt und muss noch mal gehen, tut ihm leid, aber (...). Dann öffnet sich die erste Tür. Zu einem engen Büroraum (...). Die Schreibtische sind leergeräumt. (...) Was haben Sie denn gedacht?, fragt der Blick des Schlüsselbewahrers.

Die beiden Panzerschränke versiegelt der Staatsanwalt. Er drückt seine Distanz zu dem Vorgang mit Schweigen aus (...). Aber da gerät einer aus der Gruppe in Zorn über diese beschränkte Befugnis, die ein Lacher ist (...), wenn wir die Schränke nicht auch öffnen dürfen und alles sehen. So aber ist die Abmachung. Besichtigen und versiegeln. (...) Ja, so wohlerzogen ist diese ganze Revolution, aber für einen Moment erscheint es fast zu viel dieses Guten, dies eine Mal.

Was in dieser Etage gemacht wurde? Nun, die Aufarbeitung von Informationen, im weitesten Sinne. Könnte man es etwas genauer sagen? Der Offizier schüttelt den Kopf. (...) Außerdem muss er den Schlüssel holen für das nächste Zimmer, wenn wir das auch sehen wollen. So entgeht er vorerst der Frage nach den drei frisch zugemauerten Türen. Nachher wird er antworten. Mit Erstaunen. Das sind lange geplante Rekonstruktionsarbeiten. (...) Das Gefühl, zu siegen und dabei gefoppt zu werden, lässt sich doch nicht übertönen. (...)

Sylvia Kabus: Brief und Siegel, in: Keine Gewalt. Leipzig eine deutsche Revolution. Duisburg 1990 (Stadt Duisburg), S. 53 f.

kluger Weise beginnen, dieses Konzept aufzubauen" (in: Thaysen/Kloth 1995, S. 1716). Die Verlagerung der Machtzentren außerhalb der desolaten SED war Regierungskonzept, nicht um die Partei noch weiter zu schwächen, sondern um ihr auch zukünftig Einflusssphären zu wahren. Nach außen hin betonte Modrow jedoch strikt seine Überparteilichkeit als Ministerpräsident.

In dieser angespannten Situation nahm der „Zentrale Runde Tisch" am 7. Dezember 1989 seine Arbeit auf. Die Vertreter der ehemals in der „Nationalen Front" vereinigten Parteien und Verbände hatten hier ebenso 19 Stimmen wie die der Bürgerbewegung und neuen Parteien (> Seite 150). In der Tat saßen sich inhaltlich „zwei Blöcke" gegenüber, auch wenn die ehemaligen Blockparteien formal immer wieder ihre Selbstständigkeit gegenüber den früheren Bündnispartnern betonten. Die Argumentationslinien der „neuen Kräfte" unterstützten sie jedoch auch kaum. Das gestaltete den Prozess der Meinungsbildung am Runden Tisch äußerst schwierig, gerade dann, wenn es galt, alte Strukturen zu überwinden. Besonders prägnant war dabei das Problem der Auflösung des Staatssicherheitsdienstes, auch in seinem neuen Gewand als AfNS. Entscheidende Schritte in diese Richtung sollte den Bürgerbewegungen am Runden Tisch erst gelingen, als sie – zu Beginn des neuen Jahres – zum Mittel des Ultimatums griffen, um von der Regierung Aufklärung über den Zustand der inneren Sicherheit zu erhalten.

Rieben sich die Bürgerrechtler und die neuen Parteien am Runden Tisch viel zu lange im Kampf gegen eine, die innenpolitische Entwicklung längst nicht mehr bestimmende SED auf, so rang Modrow auf der innerdeutschen Ebene vergeblich um Gestaltungsraum für eine sozialistische Zukunft Ostdeutschlands. Dagegen standen sowohl die Stimmung in großen Teilen der Bevölkerung („Kommt die D-Mark, bleiben wir, kommt sie nicht, gehn wir zu ihr!") als auch die Strategie der Regierung Kohl. Auch sie war von den Mas-

Rainer Dorndeck

Leipzig, 11. Dezember 1989, die Bezirkszentrale der Stasi, eine Woche nach der Besetzung

sendemonstrationen in der DDR nicht unbeeindruckt geblieben. Der Begriff der deutschen Einheit bzw. der Wiedervereinigung, „die über die Jahre und Jahrzehnte hinweg in den politischen Debatten" der Bundesrepublik „oftmals zu Worthülsen entleerten Formulierungen gewannen nun, unter gewandelten Umständen, mit einem Male ganz neue, aktuelle Bedeutung" (Rödder 2009, S. 127). Anfang November – noch vor dem Fall der Mauer – signalisierte die Bundesregierung der SED-Führung unter Krenz, dass die bisherigen Arbeitsgrundlagen der deutsch-deutschen Beziehungen brüchig geworden seien. Das betraf auch die so dringend benötigte wirtschaftliche Hilfe. Kohl machte deutlich, dass die Bundesrepublik zu „umfassender Hilfe" an die DDR nur bereit sei, wenn die Führung des Landes unmissverständlich freie Wahlen anstrebe, das in der Verfassung verankerte Machtmonopol der SED aufhebe und die Gründung unabhängiger Parteien zulassen werde (vgl. Teltschik 1991, S. 23).

Der Fall der Mauer überraschte die Regierungsspitze der Bundesrepublik während eines Staatsbesuches in Polen. Die lang geplante Reise wurde angesichts der außerordentlichen Ereignisse unterbrochen. Helmut Kohl nahm umgehend Kontakt zu Gorbatschow und den westlichen Verbündeten auf und betonte immer wieder mit Nachdruck, „dass jetzt endgültig der Zeitpunkt gekommen sei, Reformen in der DDR durchzuführen". Dabei sei zugleich zu sichern, „dass die Entwicklung ruhig verlaufe und jede Radikalisierung vermieden werde" (ebd., S. 27), gerade, weil mit dem Fall der Mauer ein Einigungsprozess in Deutschland möglich geworden sei. Zudem war es Ziel der Politik Kohls, auf die Übersiedlungsströme aus der DDR regulierend einzuwirken. Am 23./24. November begann der engste Kreis um Kohl mit der Erarbeitung eines Konzeptes über „den Weg zur deutschen Einheit in Zusammenarbeit mit der DDR“ wie auch dessen „internationale Einbettung“ (Teltschik 1991, S. 55).

Die Bundesregierung stand dabei vor einer widersprüchlichen Aufgabe: Auf der einen Seite „dem Zerfall der DDR entgegenzuwirken“ und auf der anderen Seite dort „den Stimmungswandel (...) voranzutreiben, also eine dezidiert konfrontative Linie gegenüber den Vertretern des Dritten Weges fortzusetzen“ (Driftmann 2009, S. 34). Diese Doppelstrategie sollte zu einer Föderation beider deut-

Helmut Kohl spricht am 19. Dezember 1989 vor der Ruine der Frauenkirche in Dresden zu zehntausenden Bürgern.

scher Staaten führen. Am 28. November verkündete Kanzler Kohl im Bundestag sein „Zehn-Punkte-Programm". Er bot sich damit der Bevölkerung in der DDR „als Schrittmacher einer Politik in Richtung staatliche Einheit an" (Richter 1995, S. 22). Die Modrow-Regierung reagierte darauf abwehrend, sah in dem Programm eine Einmischung in ihre Souveränität und eine „Missachtung der Realitäten", der „überwiegenden Mehrheit" des Volkes ginge es „um die Erneuerung einer souveränen DDR" (in: ND vom 29. November 1989). Zu ähnlichen Aussagen kam auch die professionelle Meinungsforschung der Bundesrepublik, die nach dem Mauerfall in Windeseile versuchte, in der DDR mit ihren Forschungsmethoden Fuß zu fassen, was sich angesichts des Fehlens flächendeckender privater Te-

Diese von Reformsozialisten innerhalb der SED wie André und Michael Brie, Dieter Segert, Rosemarie Will u.a. vertretene Ansicht ging davon aus, dass nach dem „bürokratischen Sozialismus", der nicht erneuerbar sei, „weltweit ein alternativer, dritter Weg auf der Tagesordnung" stünde. „Eigenständig und selbstbewusst" sollte dieser „sozialistische Weg", die „teuer erkämpften Errungenschaften moderner Gesellschaftsentwicklung in sich aufnehmen und weit ausbauen." „Unakzeptabel" sei „die Unterwerfung unter kapitalistische Verhältnisse." (in: Land/Kirschner 1990, S. 17).

picture-alliance/dpa - afp

VI. HELMUT KOHL: ZEHN-PUNKTE-PROGRAMM ZUR ÜBERWINDUNG DER TEILUNG DEUTSCHLANDS UND EUROPAS

Regierungserklärung vom 28. November 1989 (Auszüge)

Erstens: Zunächst sind Sofortmaßnahmen erforderlich, die sich aus den Ereignissen der letzten Wochen ergeben, insbesondere durch die Fluchtbewegung und die neue Dimension des Reiseverkehrs. (...)

Zweitens: Die Bundesregierung wird wie bisher die Zusammenarbeit mit der DDR in allen Bereichen fortsetzen, die den Menschen auf beiden Seiten unmittelbar zugutekommt. Das gilt insbesondere für die wirtschaftliche, wissenschaftlich-technologische und kulturelle Zusammenarbeit. Besonders wichtig ist eine Intensivierung der Zusammenarbeit im Bereich des Umweltschutzes. Hier kann schon in aller Kürze, wie immer sonst die Entwicklung sein mag, über neue Projekte entschieden werden. (...)

Drittens: Ich habe angeboten, unsere Hilfe und unsere Zusammenarbeit umfassend auszuweiten, wenn ein grundlegender Wandel des politischen und wirtschaftlichen Systems in der DDR verbindlich beschlossen und unumkehrbar in Gang gesetzt wird. „Unumkehrbar" heißt für uns und vor allem für mich, dass sich die DDR-Staatsführung mit den Oppositionsgruppen auf eine Verfassungsänderung und auf ein neues Wahlgesetz verständigt. (...)

Wirtschaftliche Hilfe kann nur dann wirksam werden, wenn grundlegende Reformen des Wirtschaftssystems erfolgen. (...) Wir wollen nicht unhaltbar gewordene Zustände stabilisieren. Wir wissen: Wirtschaftlichen Aufschwung kann es nur geben, wenn sich die DDR für westliche Investitionen öffnet, wenn sie marktwirtschaftliche Bedingungen schafft und privatwirtschaftliche Betätigung ermöglicht. Wer in diesem Zusammenhang den Vorwurf der Bevormundung erhebt, den verstehe ich nicht. (...)

Viertens: Ministerpräsident Modrow hat von einer Vertragsgemeinschaft gesprochen. Wir sind bereit, diesen Gedanken aufzugreifen. Denn die Nähe und der besondere Charakter der Beziehungen zwischen den beiden Staaten in Deutschland erfordert ein immer dichteres Netz von Vereinbarungen in allen Bereichen und auf allen Ebenen. (...)

Fünftens: Wir sind aber auch bereit, noch einen entscheidenden Schritt weiterzugehen, nämlich konföderative Strukturen zwischen beiden Staaten in Deutschland zu entwickeln mit dem Ziel, eine Föderation, das heißt eine bundesstaatliche Ordnung, in Deutschland zu schaffen. Das setzt aber eine demokratisch legitimierte Regierung in der DDR zwingend voraus. (...)

Wie ein wiedervereinigtes Deutschland schließlich aussehen wird, das weiß heute niemand. Dass aber die Einheit kommen wird, wenn die Menschen in Deutschland sie wollen, dessen bin ich sicher.

Sechstens: Die Entwicklung der innerdeutschen Beziehungen bleibt eingebettet in den gesamteuropäischen Prozess, das heißt immer auch in die West-Ost-Beziehungen. Die künftige Architektur Deutschlands muss sich einfügen in die künftige Architektur Gesamteuropas. (...)

Siebtens: Die Anziehungs- und Ausstrahlungskraft der Europäischen Gemeinschaft ist und bleibt eine entscheidende Konstante der gesamteuropäischen Entwicklung. Wir wollen und müssen sie weiter stärken. (...) den Prozess der Wiedergewinnung der deutschen Einheit verstehen wir immer auch als europäisches Anliegen. Er muss deshalb auch im Zusammenhang mit der europäischen Integration gesehen werden. (...) Die EG darf nicht an der Elbe enden, sondern muss die Offenheit auch nach Osten wahren. (...)

Achtens: Der KSZE-Prozess ist ein Herzstück dieser gesamteuropäischen Architektur. Wir wollen ihn vorantreiben und die bevorstehenden Foren nutzen. (...)

Neuntens: Die Überwindung der Trennung Europas und der Teilung Deutschlands erfordern weitreichende und zügige Schritte in der Abrüstung und Rüstungskontrolle. (...)

Zehntens: Mit dieser umfassenden Politik wirken wir auf einen Zustand des Friedens in Europa hin, in dem das deutsche Volk in freier Selbstbestimmung seine Einheit wiedererlangen kann. Die Wiedervereinigung, das heißt die Wiedergewinnung der staatlichen Einheit Deutschlands, bleibt das politische Ziel der Bundesregierung. (...)

Es gibt heute viele hoffnungsvolle Zeichen dafür, dass die neunziger Jahre die Chancen für mehr Frieden und mehr Freiheit in Europa und in Deutschland in sich tragen. Es kommt dabei – jeder spürt dies – entscheidend auch auf unseren, den deutschen Beitrag an. Wir alle sollten uns dieser Herausforderung der Geschichte stellen.

Presse- und Informationsamt der Bundesregierung

[1] Der Anteil der Demonstranten, die ausschließlich wegen der Wiedervereinigung zur Leipziger Demonstration kamen, stieg von 1 Prozent Anfang November 1989 auf 30 Prozent im Februar 1990. Demgegenüber ging das Motiv der Demokratisierung in der DDR stark zurück (vgl. Mühler/Wilsdorf 1990, S. 161). In einer Befragung des ZIJ vom 12. Februar 1990 waren dann bereits 72 Prozent der Leipziger Demonstranten „sehr" für eine Vereinigung von DDR und Bundesrepublik und 20 Prozent „eher dafür als dagegen". In der ostdeutschen Bevölkerung insgesamt lag der Anteil der diese Haltungen vertretenden Bürger damals dagegen bei 40 bzw. 39 Prozent (vgl. Förster/Roski 1990, S. 164). Im Westen Deutschlands waren im Februar 1990 laut Allensbach-Studien 69 Prozent für eine Wiedervereinigung (vgl. Maier 1990, S. 65).

lefonanschlüsse sowie repräsentativer Befragungspanels schwierig gestaltete. So vermeldete das ZDF-„Politbarometer" noch am 18. Dezember, dem Vortag von Helmut Kohls Besuch in Dresden, das 70 Prozent der Ostdeutschen für den Erhalt einer souveränen DDR seien.

Eine Umfrage ostdeutscher Soziologen vom 11. Dezember unter den Leipziger Montagsdemonstranten zeigt ein anderes Ergebnis: 66 Prozent von ihnen stimmten dem „Zehn-Punkte-Programm" Kohls zu, annähernd ein Drittel davon ohne Abstriche. Eher dagegen waren 23 Prozent, absolut dagegen lediglich 11 Prozent. Zwar waren die Leipziger Demonstranten zu diesem Zeitpunkt nicht (mehr) die Sprecher der ganzen Bevölkerung, sie waren jedoch ihr sichtbarster und sprachmächtigster Teil. Ihre Stimme – durch die Medienberichterstattung noch verstärkt – hatte in dem aktuellen politischen Prozess besondere Bedeutung.[1] Die „ostdeutsche Revolution trat in ihre nationale Phase ein" (Jarausch 1995, S. 206).

Nachdrücklich sichtbar wurde diese Veränderung beim Aufenthalt Helmut Kohls in Dresden am 19. und 20. Dezember 1989, bei dem er erstmals mit Modrow zu Gesprächen zusammentraf. „Im direkten Verhältnis zwischen dem Stärkeren und dem Schwächeren behandelte Kohl den Ministerpräsidenten der DDR konziliant, erwartete von ihm und für ihn aber keine Zukunftsperspektiven (...)" (Rödder 2009, S. 143).

Kohl, der sich am liebsten in der „Heldenstadt" Leipzig mit Modrow getroffen hätte (was dieser jedoch ablehnte), begab sich mit der Wahl Dresdens als Verhandlungsort auf schwieriges Terrain, genoss der neue DDR-Ministerpräsident hier doch Heimvorteil. Die CDU-Führungsspitze überließ in Dresden daher nichts dem Zufall. Zu nachhaltig war ihr noch das Desaster in Erinnerung, das der sich innenpolitisch im Popularitätstief befindende Kanzler bei seinem Auftritt am 10. November vor dem Schöneberger Rathaus, unmittelbar nach der Maueröffnung, erlebt hatte. Dort war seine Rede – anders als die von Momper, Brandt und Genscher – in einem Pfeifkonzert des (überwiegend) Westberliner Publikums untergegangen.

Nach den Verhandlungen erbat sich Kohl daher von Modrow die Möglichkeit einer Begegnung mit Dresdner Bürgern. Sie wurde „in Bonner Regie sorgfältig vorbereitet" (ebd., S. 145). Schon die Wahl der geschichtsträchtigen Ruine der Frauenkirche, vor deren markanter, abendlicher Silhouette Kohl in Scheinwerferlicht getaucht auftrat, spricht dafür. Darüber hinaus wurden „Reisen nach Dresden organisiert" und „der Kundgebungsplatz (...) von so genannten ‚Protokollbeamten' für die Medien hergerichtet (...). Vor der Veranstaltung wurden aus Autos heraus fabrikneue westdeutsche Fahnen an die Zuschauer verteilt. Während der Veranstaltung animierten Sprechchöre, mit dem Rücken zum Rednerpult, das Publikum" (Driftmann 2009, S. 35; unter Bezug auf „Die

VII. ES HERRSCHT KEIN ÜBERSCHWANG: DRESDEN AM 19. DEZEMBER 1989

Der Gang zur Ruine der Frauenkirche führt durch Zehntausende von Menschen, die sich zur Kundgebung des Bundeskanzlers eingefunden haben. Ich schlage mich alleine durch. Während der Rede Helmut Kohls stehe ich am Rande der Menge inmitten junger Leute. Während die Massen vor dem Rednerpult überschäumen und zahllose bundesdeutsche Fahnen schwenken, sind hier die Menschen sehr ruhig. Sie hören konzentriert zu, ihre Gefühle sind schwer auszumachen. Es herrscht kein Überschwang. Im ersten Augenblick vermute ich fast Teilnahmslosigkeit, aber sie klatschen immer wieder Beifall, der differenziert ausfällt. Kritik wird nicht laut und von Aggressionen ist nichts zu spüren. Die Gesichter bleiben jedoch auch beim Beifall sehr ernst. Es ist dunkel geworden, die Scheinwerfer strahlen die Mauerreste der Frauenkirche an.

Der Bundeskanzler trifft mit seiner Rede den richtigen Ton. Er weiß, dass diese Rede in der ganzen Welt gehört wird, vor allem in Moskau, aber auch in Washington, London und Paris. Jubel umtost ihn. Die Menge skandiert „Deutschland, Deutschland", „Helmut, Helmut" und „Wir sind ein Volk". Dem Kanzler selbst schnürt es die Kehle zu, als er seine Ansprache mit den Worten beendet: „Gott segne unser deutsches Vaterland."

Horst Teltschik: 329 Tage. Innenansichten der Einigung. Berlin 1991 (Siedler Verlag), S. 91.

Gerhard Gäbler

Welt", FAZ u. a. bundesdeutsche Zeitungen). Das „nach den Regeln der Mediengesellschaft" inszenierte „bildmächtige Symbol" (Rödder 2009, S. 145) richtete sich jedoch nicht allein an die in Dresden versammelten, maximal 10.000 Menschen, [2] sondern vor allem auch an die in Dresden weilenden 1.500 Journalisten aus aller Welt. Ihre Multiplikationsdienste wurden schon bald benötigt, „um den bevorstehenden Kurswechsel" der Bundesregierung „zugunsten eines schnellen Beitritts der DDR zur Bundesrepublik" (ebd., S. 39) national wie international plausibel zu machen.

So wurde „aus dem Bild der jubelnden Massen" von Dresden, „die Erzählung der ‚Vereinigung von Kanzler und Volk'" (ebd., S. 36).

Weder Vertreter der DDR-Regierung noch lokale SED-Politiker wie der Dresdner Oberbürgermeister Berghofer ließen sich auf der Kundgebung blicken. Lakonisch notierte an diesem Abend der Dresdner Dichter Thomas Rosenlöcher in sein Tagebuch: „Sie haben dem Bundeskanzler die Stadt überlassen. Von diesem Tag an hört die DDR auf zu existieren" (Rosenlöcher 1990, S. 82).

Auch innerhalb der Opposition kam es zu einer raschen Spaltung der Ansichten hinsichtlich der Einheitsfrage. Zuerst verlangte der DA die Wiederherstellung der deutschen Einheit. Die SDP hoffte vorerst weiterhin auf „ein demokratisches und blockfreies Deutschland in einem europäischen Haus", während DJ einen Stufenplan für eine „gegenseitige Annähe-

^ Öffnung des Brandenburger Tores am 22. Dezember 1989. V.r.n.l.: Hans-Dietrich Genscher, Otto Graf Lambsdorff, Walter Momper, Hans Modrow, Eberhard Diepgen, Helmut Kohl, Rudolf Seiters und Oskar Fischer (DDR-Außenminister).

2 Die Angaben zur Zahl von Kohls Zuhörern sind widersprüchlich. Bundesdeutsche Tageszeitungen berichteten in den Tagen danach von etwa 100.000 Menschen, was bis heute z. T. ungeprüft wiederholt wird (vgl. Neubert 2008, S. 312; Richter 2009, S. 1095). Zeitzeugen (darunter der Autor dieses Buches) gehen von deutlich geringeren Teilnehmerzahlen aus (vgl. auch Aufbruch 89, 2004, S. 86). Die „Washington Post" sprach am 20. Dezember 1989 lediglich von „einer Gruppe mehrerer Tausend".

rung" durch politische und soziale Reformen beider deutschen Staaten vorlegte (zitiert nach Jarausch 2004, S. 293).

Es gehört zur Ironie der Geschichte, dass diese immer uneinheitlicher auftretende Opposition am 5. Februar 1990 in eine gemeinsame „Regierung der nationalen Verantwortung" mit ihrem Gegner, Hans Modrow, eintrat.

Längst waren – trotz noch zögerlichem Verhalten auf polnischer, israelischer, englischer und amerikanischer Seite und weitgehender Ablehnung durch den französischen Staatspräsidenten Mitterrand – auf der internationalen Ebene die entscheidenden Weichen in Richtung einer Wiedervereinigung Deutschlands gestellt. Insbesondere die intensiven Beziehungen, welche Kohl und Genscher in den letzten Monaten zu Gorbatschow und Schewardnadse geknüpft hatten, sollten sich jetzt bewähren.

Meinungsumfragen unter Bürgerinnen und Bürgern der DDR, die wachsende Zahl gesamtdeutscher Transparente und Losungen auf den Demonstrationen ab Mitte November 1989, die Wiedersehensfreude der Wochen nach dem Mauerfall wie auch die Silvesterfeiern der Deutschen aus Ost und West rund um das Brandenburger Tor und entlang der offenen Grenze ließen dagegen keinen Zweifel daran, wie die Bevölkerung in beiden Teilen Deutschlands mehrheitlich zur Frage der Wiedervereinigung stand.

CHRONIK

MAUERFALL UND NEUE PERSPEKTIVEN

10. November 1989: Viele DDR-Bürger nutzen die offene Grenze zu ersten Kurzbesuchen im Westen. Bundeskanzler Kohl unterbricht seinen Staatsbesuch in Polen und begibt sich nach Berlin. Bei einer Kundgebung vor dem Schöneberger Rathaus, bei der auch Willy Brandt, Hans-Dietrich Genscher und Walter Momper sprechen, wird der Kanzler von der Menge ausgepfiffen.

Lothar de Maizière wird neuer Vorsitzender der Ost-CDU.

Das ZK der SED gesteht Fehler ein und beschließt ein Aktionsprogramm. Auf einer Großkundgebung gelingt es der Partei zum letzten Mal, über 150.000 Menschen um sich zu scharen.

11. November: Erstes Telefongespräch zwischen Kohl und Krenz. Sie sprechen sich für eine intensivere Zusammenarbeit beider deutscher Staaten aus.

13. November: Die DDR-Volkskammer debattiert über die ökonomische Krise. Hans Modrow wird fast einstimmig (99,79 Prozent) zum Vorsitzenden des Ministerrates gewählt; neuer Volkskammerpräsident wird Günther Maleuda (DBD).

Seit Grenzöffnung haben die DDR-Behörden 4,5 Millionen Visa für West-Reisen ausgestellt. Die Sperrzonen und der Schusswaffengebrauch an der innerdeutschen Grenze werden aufgehoben.

16. November: Ernst Bloch und Robert Havemann werden von der Akademie der Wissenschaften posthum rehabilitiert.

Regierungserklärung von Bundeskanzler Kohl: Er bleibt bei seiner Aussage, nur bei „grundlegendem Wandel" der DDR umfassende Wirtschaftshilfe zu gewähren.

17. November: Koalitionsregierung der SED mit den bisherigen Blockparteien. Regierungserklärung von Hans Modrow: Trennung von Staat und Partei sowie Wirtschaftsreformen werden angekündigt. Modrow schlägt eine „Vertragsgemeinschaft" mit der Bundesrepublik vor. Die Zahl der Minister wird von 44 auf 28 verkleinert. Das MfS wird in das AfNS umgewandelt. DDR-Generalstaatsanwalt Wendland erstattet vor der Volkskammer Bericht über „Übergriffe der Volkspolizei" am 7. und 8. Oktober. Seine Bilanz: 3456 „Zuführungen", 630 Ermittlungsverfahren, 296 bis zum 15. Oktober 1989 Inhaftierte, 480 Anzeigen gegen die Polizei wegen Misshandlungen und Beleidigungen.

18. November: Erste öffentliche Kundgebung des NF in Leipzig (15.000 Teilnehmer).

19. November: Kanzler Kohl versucht auf EG-Sondergipfel, die Ängste der Partner vor einem wirtschaftlich und politisch übermächtigen Deutschland zu zerstreuen. Er vermeidet bewusst das Wort „Wiedervereinigung". Erstes Fernsehinterview Kohls im DDR-Fernsehen.

20. November: Hunderttausende Demonstranten protestieren in verschiedenen Städten gegen den Führungsanspruch der SED und für freie Wahlen. Kanzleramtschef Rudolf Seiters berät in Ostberlin mit Krenz und Modrow über die Ausstattung eines gemeinsamen Devisenfonds.

22. November: Das SED-Politbüro gibt dem Drängen der Bürgerbewegung nach einem „Zentralen Runden Tisch" nach; mögliche Themen: ein neues Wahlgesetz und eine Verfassungsreform.

23. November: Die DDR-Regierung ergreift Schutzmaßnahmen gegen den Ausverkauf subventionierter Waren durch Bundesbürger sowie den illegalen Währungsexport (seit dem 9. November 1989 ca. drei Milliarden DDR-Mark). Bestimmte Artikel und Lebensmittel dürfen nur bei Vorlage des DDR-Personalausweises verkauft werden, die Zollkontrollen werden verschärft. Die Visapflicht für DDR-Bürger wird aufgehoben. Krenz kündigt eine stärkere Entflechtung von Partei und Staat an. Das DDR-Jugendfernsehmagazin „Elf99" filmt erstmals in der Siedlung der Politbüro-Mitglieder in Wandlitz.

24. November: Gegen Honecker wird ein Parteiverfahren wegen schwerwiegender Verstöße gegen das SED-Statut eröffnet; Walter Janka wird rehabilitiert. CDU-Generalsekretär Volker Rühe trifft den Vorsitzenden der Ost-CDU, Helmut Kohl konferiert mit Schnur und Eppelmann vom DA.

26. November: Seit Oktober 200.000 Austritte aus der SED. FDP nimmt Kontakt zur LDPD und zum DA auf.

28. November: Der Appell „Für unser Land" wird verbreitet.

Kanzler Kohl legt sein „Zehn-Punkte-Programm" zur Wiedervereinigung vor; angestrebt wird eine Konföderation zwischen beiden deutschen Staaten. Im Ausland wird der Plan zunächst reserviert bis ablehnend aufgenommen.

29. November: Krenz kündigt an, über alles mit dem Westen reden zu wollen, solange die Existenz zweier deutscher Staaten gewährleistet sei; Regierungschef Modrow schließt eine Konföderation nicht aus. Beide unterzeichnen den Aufruf „Für unser Land".

Genscher wirbt im Ausland für das Zehn-Punkte-Programm Kohls. Polen befürchtet, dass die Oder-Neiße-Grenze infrage gestellt werden könnte; Israel äußert ebenfalls Besorgnis über ein wiedervereinigtes Deutschland.

US-Außenminister Baker knüpft die Wiedervereinigung an die NATO-Zugehörigkeit Gesamtdeutschlands.

30. November: Die Buchzensur in der DDR wird abgeschafft.

1. Dezember: Die Volkskammer streicht den SED-Führungsanspruch aus der Verfassung. Modrow bedauert den Einmarsch der Warschauer-Pakt-Staaten in die ČSSR 1968. Wolf Biermann gibt, 13 Jahre nach seiner Ausbürgerung, wieder ein Konzert in Leipzig, das vom DDR-Fernsehen live übertragen wird; das DDR-Kulturministerium erklärt, die Ausbürgerung sei ein Fehler gewesen. Der Bundestag unterstützt das Zehn-Punkte-Programm Kohls (die SPD enthält sich der Stimme, die Grünen stimmen dagegen).

2. Dezember: Treffen von Bush und Gorbatschow auf Malta. Bush bietet dem sowjetischen Staatsoberhaupt an, dessen Reformpolitik durch wirtschaftliche Hilfe zu unterstützen.

3. Dezember: ZK und Politbüro der SED erklären geschlossen den Rücktritt. Honecker, Stoph, Sindermann, Mielke, Tisch u. a. leitende Funktionäre werden aus der SED ausgeschlossen. Alexander Schalck-Golodkowski setzt sich in den Westen ab. Aktion Sühnezeichen und NF rufen zur Bildung einer Menschenkette durch die DDR als Symbol für den Erneuerungsprozess auf. Sie reicht am Mittag von Kap Arkona bis zur Südspitze der DDR.

Gerhard Gäbler

^ Berlin, am Brandenburger Tor, 11. November 1989

6. Dezember: Egon Krenz tritt von seinen Ämtern als Vorsitzender des Staatsrates und des Nationalen Verteidigungsrates zurück. Mit Manfred Gerlach, dem Vorsitzenden der LDPD, wird erstmals ein Nichtkommunist DDR-Staatsoberhaupt. Der Berliner Untersuchungsausschuss stellt Strafanzeige gegen Erich Mielke wegen der Übergriffe am 7. Oktober.

7. Dezember: 1. Sitzung des „Zentralen Runden Tisches" als Forum aller gesellschaftlichen Kräfte zur Überwindung der Krise.

8. Dezember: Beginn des SED-Sonderparteitages (2. Teil am 15.12.). Neuer Vorsitzender wird Gregor Gysi, die Partei wird in SED-PDS umbenannt. Einleitung von Ermittlungsverfahren gegen Honecker, Mielke, Stoph, Axen, Krolikowski und Kleiber wegen Amtsmissbrauch und Korruption.

11. Dezember: Viermächtekonferenz in Westberlin.

12. Dezember: Die Bildung eines Regionalausschusses für Gesamt-Berlin wird vereinbart.

13. Dezember: Gründung eines Kontaktausschusses zwischen Ost- und West-SPD.

14. Dezember: Die Regierung Modrow beschließt die Auflösung des AfNS und Schaffung eines neuen Geheimdienstes, was auf Kritik der Opposition stößt.

15. Dezember: Der Sonderparteitag der Ost-CDU bekennt sich zur „Einheit der Nation" und „Marktwirtschaft mit sozialer Bindung". Sie gibt sich das Profil einer christlichen Volkspartei.

16. Dezember: Der DA vollzieht als erste Oppositionsgruppe in Leipzig die Parteigründung; Vorsitzender wird Rechtsanwalt Wolfgang Schnur. Er spricht sich gegen „sozialistische Experimente" und für die deutsche Einheit aus.

18. Dezember: „Zentraler Runder Tisch" erneuert seine Forderung nach stärkerer öffentlicher Kontrolle der Regierung Modrow.

19. Dezember: Kanzler Kohl wird in Dresden bei seinem Treffen mit Modrow zu Gesprächen über eine Vertragsgemeinschaft von Tausenden DDR-Bürgern bejubelt. Beschlossen werden u. a.: Abschaffung von Mindestumtausch und Visumszwang für Bundesbürger, Freilassung aller politischen Gefangenen. Kohl nennt die Wiedervereinigung als Ziel seiner Politik, „wenn die Geschichte es zulässt."

20. Dezember: Frankreichs Staatspräsident Mitterrand besucht die DDR und macht deutlich, dass Frankreich die eigenständige DDR als seinen Gesprächspartner ansieht.

22. Dezember: Öffnung des Brandenburger Tors für Fußgänger.

31. Dezember: Große deutsch-deutsche Silvesterfeier am Brandenburger Tor.

Leipzig, 14. März1990: 300.000 Menschen bejubeln auf dem Karl-Marx-Platz veranstaltung der „Allianz für Deutschland“ deren Hauptredner, Helmut Kohl.

Volker Döring

bei der Wahlkampf-

„Die Sensation ist perfekt!“

Die freie Volkskammerwahl und der Weg in die deutsche Einheit

„Die Sensation ist perfekt!“, titelte eine große bundesdeutsche Tageszeitung am 19. März 1990, dem Tag nach der ersten freien Wahl zur Volkskammer in 40 Jahren DDR. Auf die „Allianz für Deutschland“ – erst wenige Wochen zuvor aus CDU-Ost, DA und DSU gebildet – entfiel mit 48,15 Prozent nahezu die Hälfte aller abgegebenen Stimmen. Die lange Zeit siegessichere SPD brachte es dagegen nur auf 21,84 Prozent. Das seit Anfang Februar bestehende „Bündnis 90“ der Bürgerbewegungen DJ, NF und IFM erhielt lediglich von 2,9 Prozent der Bevölkerung das Vertrauen; die Wahlvereinigung der Grünen Partei und des UFV kam auf 1,96 Prozent.

Nur knapp ein halbes Jahr nachdem das „Neue Forum“, getragen von der überwältigenden Masse der Demonstranten, erfolgreich um seine öffentliche Zulassung gekämpft hatte, war es als politischer Faktor für die weitere Entwicklung Ostdeutschlands bereits wieder marginalisiert. Die sich um Kanzler Kohl scharenden wertkonservativen Aufbruchskräfte von DA und DSU, vor allem aber

DDR-Wahl: die wichtigsten Parteien und Gruppierungen

	PDS ★	SPD	★ ALLIANZ FÜR DEUTSCHLAND: CDU	DA	DSU	★ BUND FREIER DEMOKRATEN*: LDP	F.D.P.	NDPD ★
	Partei des Demokratischen Sozialismus (frühere SED)	Sozialdemokratische Partei Deutschlands	Christlich-Demokratische Union	Demokratischer Aufbruch	Deutsche Soziale Union	Liberal-Demokratische Partei	Freie Demokratische Partei	National-Demokratische Partei Deutschlands
Mitgliederzahl	650 000 – 700 000	rd. 100 000	rd. 140 000	rd. 55 000	über 35 000	rd. 110 000	rd. 2500	rd. 100 000
Namhafte Mitglieder	Hans Modrow Gregor Gysi	Ibrahim Böhme Markus Meckel	Lothar de Maizière	Wolfgang Schnur Rainer Eppelmann	Hans-Wilhelm Ebeling	Rainer Ortleb	Bruno Menzel	Wolfgang Rauls
Stellung zur deutschen Einheit	Schrittweiser Übergang zu einem deutschen Staatenbund im Rahmen einer europäischen Einigung	Föderativ geprägte Einheit im europäischen Rahmen; Einigung nach Artikel 146 des Grundgesetzes	so schnell wie möglich auf der Grundlage des Grundgesetzes, Artikel 23			Einheit über Volksentscheid	Einheit in „gemäßigtem Tempo"	Bekenntnis zur Einheit
Angestrebte Wirtschaftsform	Sozial und ökologisch orientierte Marktwirtschaft unter öffentlicher Kontrolle; Dominanz des gesellschaftlichen Eigentums	Ökologisch geprägte soziale Marktwirtschaft, sozial abgesicherte Wirtschafts- und Währungsunion	Soziale Marktwirtschaft, sozial flankiert; sofortige Einführung der D-Mark, Privatisierung der Staatsunternehmen; Sofortprogramm für die Umwelt			Soziale und ökologisch orientierte Marktwirtschaft, leistungsorientiert; Wirtschafts- und Währungsunion		Soziale und ökologische Marktwirtschaft; Wirtschafts- und Währungsunion gekoppelt an Sozialunion
Sicherheitspolitik	Schrittweise Blockfreiheit und Entmilitarisierung	Langfristige Ablösung der Militärpakte durch europäische Sicherheitsordnung	Entmilitarisierung der DDR bis zum Jahr 2000, Europäisches Sicherheitssystem	Blockfreiheit, Entmilitarisierung	Einbindung deutscher Sicherheitspolitik durch Sicherheitspartnerschaft mit anderen Staaten	Geeintes Europa frei von Waffen und Armeen	Europäische Friedensordnung	Neutralität
Wahlhilfe aus der Bundesrepublik	–	SPD	CDU/CSU			F.D.P.		–

*zum Bund gehört ferner die Deutsche Forumpartei

	BÜNDNIS 90: NF Neues Forum	DJ Demokratie Jetzt	IFN Initiative Frieden und Menschenrechte	BÜNDNIS: Grüne Partei	UFV Unabhängiger Frauenverband	AKTIONSBÜNDNIS VEREINIGTE LINKE: Vereinigte Linke	Die Nelken	DBD ★ Demokratische Bauernpartei Deutschlands
Mitgliederzahl	über 100 000	rd. 3000	unbekannt	rd. 6000	unbekannt	300 bis 500	unbekannt	rd. 117 000
Namhafte Mitglieder	Bärbel Bohley Rolf Henrich Sebastian Pflugbeil	Wolfgang Ullmann Konrad Weiß	Gerd Poppe	Vera Wollenberger	Ina Merkel	Thomas Klein Marion Seelig	Brigitte Kahnwald Michael Czollek	Günther Maleuda
Stellung zur deutschen Einheit	Einheit nicht „so schnell wie möglich, sondern so gut wie möglich"; kein „Anschluß".			Aufbau einer Konföderation nach „wechselseitigem Reformprozeß"		Souveräne DDR, allenfalls Vertragsgemeinschaft		Stufenweise Annäherung und ständige Vertiefung der Zusammenarbeit
Angestrebte Wirtschaftsform	Soziale und ökologische Marktwirtschaft; die sozialen Verhältnisse in der DDR sollen nicht „zersetzt" werden; Bedenken gegen sofortige Währungsunion			Strukturwandel bei Garantie sozialer Sicherheit; ökologischer Umbau der DDR		Umwandlung des Staatseigentums in gesellschaftliches Eigentum, betriebliche Selbstverwaltung; Wirtschaft ökologisch orientiert		Sozial gestaltete freie Marktwirtschaft, jedoch Sicherung des genossenschaftlichen Eigentums
Sicherheitspolitik	Entmilitarisierung beider Staaten			Auflösung der Militärblöcke		Umfassende Abrüstung, Nichtangriffsfähigkeit – international		Auflösung der Militärblöcke
Wahlhilfe aus der Bundesrepublik	–			GRÜNE		–		–

★ = Vor der Wende Blockpartei der „Nationalen Front"

DER SPIEGEL

Spiegel-Verlag

die ehemalige Blockpartei CDU, waren die großen Gewinner der Wahl. Selbst der „Bund Freier Demokraten“, dessen Mitglieder hauptsächlich aus der alten LDPD stammten, erzielte mit 5,28 Prozent noch mehr Stimmen als alle Bürgerrechtsgruppierungen gemeinsam. Dieses Wahlergebnis bildete den Endpunkt einer Entwicklung, die spätestens mit dem Fall der Mauer und der zögerlichen bis ablehnenden Reaktion der Bürgerbewegungen darauf begonnen hatte.

Hinzu kam, dass sich die SDP bereits am Runden Tisch immer deutlicher als Gegenkraft zur SED-PDS zu profilieren begann. Das brachte der zu Anfang des Jahres in SPD umbenannten Partei, die zugleich immer mehr auf Annäherungskurs zur westlichen Mutterpartei ging, in allen aktuellen Umfragen eine beträchtliche Zustimmung ein. Ende Januar stimmten über 50 Prozent der Befragten bei der berühmten Sonntagsfrage („Wem würden Sie Ihre Stimme geben, wenn morgen Wahl wäre?“) für die SPD. Der Zulauf neuer Mitglieder hielt ungebrochen an; bald hatten sich 70.000 Ostdeutsche bei ihr eingeschrieben. In der Partei setzte man auf den historischen Bonus, den die Sozialdemokratie im „roten Sachsen“ und in Thüringen zu haben glaubte.

Die DDR-Bevölkerung „erwartete mehrheitlich einen deutlichen Erfolg der SPD: Nur ein gutes Viertel rechnete mit einem Sieg der ‚Allianz‘. Unter den SPD-Anhängern waren es sogar rund 90 Prozent, die ihre Partei vorne liegen sahen“ (Falter 1992, S. 166). Aus diesem Höhenflug heraus kündigten die Sozialdemokraten bereits Mitte Januar 1990 das erst 14 Tage zuvor mit fünf anderen Bürgerrechtsbewegungen (NF, DA, DJ, IFM, VL) eingegangene „Wahlbündnis 90“ wieder. Die Partei fühlte sich stark genug, um den Urnengang allein siegreich bestehen zu können. Auch herrschte in der SPD nach Einschätzung des Bürgerrechtlers Wolfgang Ullmann (DJ) die „Befürchtung, basisdemokratische Gruppen würden die [im Osten entstehende – B.L.] Demokratie oder den Parlamentarismus permanent irritieren“ (Rein 1990, S. 330). Nahezu prophetisch benannte Konrad Weiß, ein anderes führendes Mitglied von DJ, bereits damals die Folgen dieses Handelns für die SPD, aber auch für die anderen Bürgerbewegungen: „Wir sind zusammen aufgebrochen und wollten den steinigen, staubigen Weg gemeinsam gehen. Wir wollten dienen, nicht herrschen. Jetzt kündigt ihr die Seilschaft auf, hebt ab und macht euch aus dem Staub. Das macht die anderen stark, nicht uns. (...) Allein packt ihr es nicht, Freunde. Wenn ihr euch nicht besinnt, werden wir alle im Mai vor dem Trümmerhaufen unserer Hoffnung stehen.“ (taz vom 15. Januar 1990)

Spätestens Ende Januar kam mit der Vorverlegung des Wahltermins auf den 18. März 1990 Hektik in den (längst laufenden) Wahlkampf. Zuvor hatten die drei CDU-Minister die Regierung Modrow „verlassen“ (sie übten ihre Ämter seit dem 25. Januar 1990 nur noch geschäftsführend aus); auch dies war Bestandteil eines zunehmend wahltaktischen Handelns der Parteien. Um die drohende Regierungskrise abzuwenden, schlug die Opposition (einschließlich SPD) vor, eine „parteiunabhängige Regierung“ zu bilden. Dreizehn Bürgerrechtsvereinigungen und Parteien (darunter NF, DJ, IFM, DA, SPD) erklärten ihre Bereitschaft, gemeinsam mit Modrow (PDS) in eine „Regie-

HdG/ZFL – A. Forbig/I. Langer

Als ursprünglicher Termin für die Volkskammerwahl war der 6. Mai 1990 vorgesehen.

‹ Die wichtigsten DDR-Parteien und Gruppierungen zur ersten freien Volkskammerwahl am 18. März 1990 (Grafik in: „Der Spiegel“, Nr. 11/1990, S. 15)

∨ Berlin, 3. April 1990: Koalitionsgespräche nach der Volkskammerwahl zwischen der „Allianz für Deutschland“, dem „Bund Freier Demokraten“ und der SPD über die künftige Regierung der DDR. V.l.n.r: Rainer Ortleb (BFD), Peter Michael Diestel (DSU), Richard Schröder (SPD), Lothar de Maizière (CDU), Rainer Eppelmann (DA)

Bundesarchiv

^ Von links: Willy Brandt nach der Maueröffnung am Brandenburger Tor in Berlin am 11. November 1989. Hans-Dietrich Genscher spricht auf einer Wahlkundgebung des „Bundes Freier Demokraten" am 16. Februar 1990 in Halle. Helmut Kohl beim Bad in der Menge während eines Wahlkampfauftrittes am 14. März 1990 in Leipzig.

rung der nationalen Verantwortung" einzutreten. Am 5. Februar wählte die Volkskammer acht Vertreter der Bürgerbewegungen und neu gegründeten Parteien zu Ministern ohne Geschäftsbereich. Der vorgezogene Wahltermin wurde bestätigt. Noch am gleichen Tag sprach sich der „Runde Tisch" auf Antrag von Wolfgang Templin (IFM) gegen das Auftreten von (Gast-)Rednern aus bundesrepublikanischen Parteien im DDR-Wahlkampf aus.[1] CDU, DA und SPD stimmten dagegen und machten so deutlich, dass sie sich nicht an diese Abmachung halten würden. Im Beisein von Helmut Kohl vereinbarten die Vorsitzenden der Ost-CDU, der DSU und des DA – ebenfalls am 5. Februar – in Westberlin das gemeinsame Wahlbündnis „Allianz für Deutschland". Wesentlich daran beteiligt war Pfarrer Rainer Eppelmann, der von allen DDR-Bürgerrechtlern den längsten Kontakt zur CDU hatte (vgl. Knabe 1995 S. 1126 f.). Am 7. Februar wurde das „Bündnis 90" ins Leben gerufen, vier Tage später das liberale Wahlbündnis aus LDPD, Deutscher Forumpartei (eine Absplitterung des NF) und der neu gegründeten F.D.P. vereinbart. Auch bei Letzterer stand die westliche Schwesterpartei Pate.

Die Innenpolitik in der DDR war vollständig auf Wahlkampf umgestellt worden. Zwar kamen leichte Irritationen auf, als der Vorsitzende des DA, der Rechtsanwalt Wolfgang Schnur, als langjähriger IM des Staatssicherheitsdienstes entlarvt wurde und vier Tage vor der Wahl zurücktreten musste (sein Nachfolger wurde Rainer Eppelmann, an die Spitze der „Allianz für Deutschland" rückte Lothar de Maizière); gleichlautende Vorwürfe begannen sich gegen den SPD-Vorsitzenden Ibrahim Böhme zu verdichten. Das brachte die Wahlkampfmaschine kurzzeitig ins Stocken, hielt sie aber in ihrem Lauf nicht auf.[2]

Ab Februar 1990 schickten die großen Parteien der alten Bundesrepublik mit Genscher, Brandt und Kohl ihre Galionsfiguren in den Wahlkampf. Wo sie auftraten, hatten sie großen Zulauf. Allein

1 Bei 22 Ja- gegen 9 Nein-Stimmen und 7 Enthaltungen.

2 Allerdings erhielt der DA am Wahltag die „Quittung" für Schnurs doppeltes Spiel. Mit nur 0,9 Prozent der Stimmen versank die Partei nahezu in der Bedeutungslosigkeit. Ohne ihre Zugehörigkeit zur „Allianz für Deutschland" wäre sie vollkommen untergegangen.

3 Der Anteil der Arbeiter stieg vom 11. Dezember 1989 bis zum 16. Januar 1990 von 24 auf 36 Prozent. Der Anteil von „Angehörigen der Intelligenz" sank in dieser Zeit von 26 auf 17 Prozent, der der Studierenden von 13 auf 4 Prozent, während die Angestellten einen konstanten Anteil von 18 Prozent hatten (vgl. Mühler/Wilsdorf 1990, S. 163).

ullstein bild (l); Bundesarchiv (M.); ullstein bild (r.)

Bundeskanzler Kohl erreichte mit seinen Auftritten fast eine Million DDR-Bürger. In Leipzig sprach er am 14. März vor ca. 300.000 Menschen – so vielen hatten sich in den Hochzeiten der Montagsdemonstrationen (Ende Oktober/Anfang November 1989) auf dem zentralen Platz vor der Oper versammelt.

Die Demonstrationen waren fast überall im Land – trotz der aufgeheizten Stimmung – Ende 1989 friedlich ausgeklungen, so auch die letzte Leipziger Montagsdemo des Jahres 1989 am 18. Dezember. Superintendent Magirius und Gewandhauskapellmeister Masur hatten aufgerufen, an diesem Tag auf Transparente und Losungen zu verzichten und stattdessen mit brennenden Kerzen schweigend auf dem Ring um die Innenstadt entlangzuziehen. 150.000 Leipziger kamen dieser Bitte (bis auf wenige Ausnahmen) nach und demonstrierten damit noch einmal, was sie in diesem Herbst erreicht hatten: eine Umgestaltung der Gesellschaft mit friedlichen Mitteln.

Viele Demonstranten verabschiedeten sich an jenem Montag auch selbst von diesem mittlerweile zur Institution gewordenen Marsch um die Innenstadt. Als die Demonstrationen Anfang Januar 1990 in ihre vierte und letzte Phase traten, hatte sich auch die Zusammensetzung ihrer Teilnehmerschaft verändert. Der Anteil der Arbeiter hatte deutlich zugenommen, Akademiker waren nun weniger vertreten, aber auch der Anteil von jüngeren Demonstranten und Frauen ging zurück.[3]

Doch nicht nur die soziodemografische Zusammensetzung der Demonstrationen änderte sich. Vor allem vollzog sich der endgültige Wandel ihrer Forderungen, hin zur raschen Herstellung der deutschen Einheit. Gegenstimmen dazu fehlten nun weitgehend, obwohl noch Mitte Februar 94 Prozent der Demonstranten befürwortet hatten, dass auf den Montagsdemonstrationen gegensätzliche politische Standpunkte gleichberechtigt nebeneinander vertreten werden sollten. Dies relativierte sich jedoch, wenn Inhalte konkret hinterfragt wurden. So gaben zwar 36 Prozent der Demonstranten an, Losungen für eine staatliche Eigenständigkeit der DDR tolerieren zu wollen, gleichzeitig sprachen sich jedoch 51 Prozent dagegen aus. 8 Prozent der Demonstranten waren sogar bereit, Befürworter einer souveränen DDR mit Gewalt von der Demonstration zu verjagen. Überdurchschnittlich hoch war diese Gewaltbereitschaft bei den 55- bis 64-jährigen Teilnehmern (19 Prozent), überwiegend aus dem Mittelstand.

Aktive Mitglieder des „Neuen Forums“ waren lediglich nur noch 2 Prozent der Demonstranten. Zwar gehörte auch nur 1 Prozent der CDU an, doch hatte jeder fünfte Befragte Anfang Februar bereits zu erkennen gegeben, diese Partei am 18. März wählen zu wollen. Für die DSU sprachen sich 15 Prozent aus, für das NF dagegen nur noch 5 Prozent. Für die Mehrheit der Leipziger Montagsdemonstranten (40 Prozent) stand indes zu diesem Zeitpunkt die SPD eindeutig als Wahlsieger fest (vgl. Förster/Roski 1990, S. 163 ff.).

Berlin, 28. Januar 1990: Gründungskonferenz des „Neuen Forums". Beraten wird über die Verhandlungsmandate am Runden Tisch. Neben Heiko Lietz und Werner Schulz (nicht im Bild) werden im Wechsel auch die bisherigen Vertreter Ingrid Köppe (ganz rechts) und Reinhard Schult (vorn auf dem Boden sitzend) entsandt. Jens Reich (stehend) bringt einen Antrag ein.

In den mehr als acht Wochen, seitdem auf den Straßen und Plätzen der DDR demonstriert worden war, hatte diese Massenbewegung viel an politischer Reife gewonnen. Zu ihren „Reifezeugnissen" gehörte neben der friedlichen Eroberung des öffentlichen Raumes im September/Oktober 1989 vor allem auch die Besetzung der Staatssicherheitszentralen ab dem 4. Dezember. In dem Maße jedoch, wie der Einfluss der Bürgerbewegungen auf die Demonstranten sank, waren solche Prozesse durch sie nur noch bedingt steuerbar. So auch am 15. Januar 1990, als das NF in Berlin zu einer Aktionskundgebung vor der MfS-Zentrale in der Normannenstraße aufrief: „Mit Fantasie gegen Stasi und Nasi" war ihr Motto. Mit Spraydosen und Farbe sollten die Demonstranten ihre Forderungen nach der Schließung aller Stasi-Einrichtungen in der DDR auf die Gebäudemauern malen. Eine andere Forderung lautete: „Bringt Kalk und Mauersteine mit! Wir schließen die Tore der Stasi!" Doch das Gegenteil passierte: Die Tore öffneten sich – wie von „Geisterhand" gesteuert – von innen. Große Teile der mehr als 100.000 Demonstranten stürmten den Gebäudekomplex, zogen durch die Räume, zerstörten Mobiliar und technische Ausrüstungen, warfen Akten aus den Fenstern oder zerrissen sie. In ihrer lang angestauten Wut auf die Stasi vollendeten sie ungewollt deren Werk. Die in diesen Räumen (nur spärlich) vorhandenen Aktenbestände wurden stark beschädigt bzw. vernichtet. Doch nur wenige der Papiere waren beschrieben: „Geheimpapiere gehören nach Dienstschluss in den Panzerschrank oder in den Reißwolf. Das Chaos hat seine Ordnung. Die Volkspolizei in Dienstuniform hat kein Interesse einzugreifen. Sie zählt nur den Schaden auf" (taz vom 17. Januar 1990). Die aufgebrachten Besetzer fielen auf die Dramaturgie der Stasi voll herein und stürmten nur jene (unwichtigen) Gebäudekomplexe, die dafür „vor-

Robert-Havemann-Gesellschaft

I. DDR-PARTEIEN UND -BÜRGERRECHTSGRUPPEN IM FEBRUAR 1990 ZUR DEUTSCHEN EINHEIT

SPD
Klares Bekenntnis zur „Einheit der deutschen Nation", die jedoch nur gelingen werde, wenn der Einigungsprozess in die europäische Einigung eingeordnet und „unseren Nachbarn die Furcht vor einem deutschen Sonderweg" genommen werde.

Neues Forum (NF)
Bekenntnis zur „Einheit der deutschen Nation"; Überwindung der Teilung erst in einer „gemeinsamen europäischen Friedensordnung"; die gegenwärtige Zweistaatlichkeit Deutschlands sei „heute die Chance demokratischer Selbstverwirklichung".

gesehen" waren. Das MfS/AfNS gewann inzwischen Zeit zur weiteren Beseitigung tatsächlich wichtiger Unterlagen.

Modrow, der an diesem 15. Januar erstmals persönlich am Runden Tisch erschienen war, um mit den Teilnehmern über eine zivile Kontrolle der Auflösung des AfNS zu beraten,[•] fuhr mit Vertretern der Bürgerbewegungen (u. a. Konrad Weiß und Ibrahim Böhme) in die Normannenstraße, um beruhigend auf die Demonstranten einzuwirken. Das NF bildete, wie bereits Anfang Dezember bei der Besetzung der Bezirksbehörden des MfS, Komitees zur Auflösung des Geheimdienstes und sorgte dafür, dass die Gebäude geleert bzw. die Räume versiegelt wurden. Der lange Prozess der (Akten-)Aufarbeitung begann nun mitten im „Herz des Kraken".

Der Großteil der Bevölkerung blieb aber weiterhin inaktiv. Im Gegenteil: Viele, die noch im Oktober/November aus ihren „Nischen" aufgebrochen waren, um sich einzumischen, wandten sich nun wieder von der Politik ab. Eine Rückdelegierung des politischen Handelns an die Berufspolitiker setzte ein.

Die (oft) jähen Wendungen des gesellschaftlichen Prozesses, die wachsende Undurchschaubarkeit der vielen politischen Programme, die zunehmenden individuellen Probleme im sozialen und beruflichen Bereich führten bei vielen Bürgern seit Beginn des Jahres 1990 zu einer gewissen Müdigkeit und einem Nachlassen des eigenen politischen Engagements. Immerhin, das Wichtigste war erreicht: Honecker war gestürzt, die Mauer gar beseitigt und das Land auf einen demokratischen Weg gebracht.

Zur gleichen Zeit traten mit den namhaften Bundespolitikern „personelle Alternativen" auf die Bühne des gesellschaftlichen Umgestaltungsprozesses, die den DDR-Bürgern – via Fernsehen und Rundfunk – „vertrauter" waren als die führenden Köpfe der Bürgerbewegung und der neuen Parteien im eigenen Land. Diese hatten zudem, trotz ihres spürbaren Engagements an den Runden Tischen, allzu oft den Eindruck einer gewissen Konzeptionslosigkeit vermittelt. Die Bürger waren die ständigen Differenzen innerhalb der Opposition leid, die besonders deutlich wurden, als ab Anfang 1990 die Sitzungen des „Zentralen Runden Tisches" auch im Fernsehen übertragen wurden.

[•] Bereits am 8. Januar 1990 hatten die Bürgerrechtsbewegungen per Ultimatum versucht, Modrow binnen zwei Stunden an den Runden Tisch zu beordern, da der vom Zivilbeauftragten zur Auflösung des AfNS, Peter Koch, vorgelegte Bericht mehr zu verschleiern als zu erhellen versuchte. Modrow weilte gerade im Ausland (Bulgarien), erschien daher, gut präpariert, erst bei der nächsten Sitzung (vgl. Thaysen 1990, S. 59 ff.).

Demokratischer Aufbruch (DA)
„Das Volk der DDR will die Einheit Deutschlands. Der Demokratische Aufbruch möchte diesem Willen Stimme und politische Vernunft geben."

Deutsche Soziale Union (DSU)
„Einheit so schnell wie möglich. Die Einheit Deutschlands ist unser politisches Ziel. Sonst kommt es zur Anarchie und dem Kollaps der DDR."

Demokratie jetzt (DJ)
„Ja zur Einheit – Nein zur Wiedervereinigung. Die Zeit ist noch nicht reif (...) für eine politische Einheit der Deutschen." Die Einheit müsse „auf einer solidarischen Gesellschaft" gegründet sein, die als „Ergebnis eines Reformprozesses in beiden deutschen Staaten" entsteht; für die Anerkennung der Nachkriegsgrenzen „um Deutschland" und Bekenntnis zur Entmilitarisierung.

Grüne Partei
Für „schrittweise Annäherung" beider deutscher Staaten, „Konföderation in den gegenwärtigen Grenzen", Entmilitarisierung, Friedensvertrag zwischen den Alliierten und einem neutralen Deutschland, für Zweistaatlichkeit „bis zum Friedensschluss".

Unabhängiger Frauenverband (UFV)
„Solidarische und gegenseitig förderliche Beziehungen zwischen einander kulturell nahe stehenden Völkern bedürfen nicht eines staatlichen Zusammenschlusses." Für multikulturelle Gesellschaft.

F.D.P.
„Die F.D.P. tritt ein für die Einheit beider deutscher Staaten, im Rahmen der europäischen Vereinigung in den derzeit existierenden Grenzen."

Initiative Frieden und Menschenrechte (IFM)
Einheit der Nation sei „natürliches Recht, das auf Dauer auch den Deutschen nicht versagt werden" könne; historische Verpflichtung, die Sorgen der Nachbarnationen seien ernst zu nehmen; es seien Veränderungen auf beiden Seiten erforderlich; „Abbau der Blockgrenzen vor Einheit".

VEREINIGTE LINKE (VL)
„Wir treten ein für die Verteidigung der Souveränität der DDR gegenüber allen Forderungen nach einer schnellen ‚Wiedervereinigung' als Angliederung an die BRD. Damit verteidigen wir die Chance einer wirklichen Alternative zum Kapitalismus im Sinne einer Gesellschaft der sozialistischen Freiheit und Demokratie."

Nach: Stern extra – Zur Wahl, Sonderdruck für die DDR, Heft Nr. 1, Februar 1990, S. 28 f.

Rolf Zöllner

^ Berlin, 15. Januar 1990: Besetzung der Stasi-Zentrale in der Normannenstraße

Erstmals konnten „Millionen Fernsehzuschauer demokratische Aushandlungsprozesse in eigener Sache" öffentlich mitverfolgen. Sie erlebten aber auch „langwierige Geschäftsordnungsdebatten, das Ringen um einzelne Formulierungen, Protestbekundungen" (Kowalczuk 2009, S. 498), die immer stärker vom beginnenden Wahlkampf geprägt wurden, was eher ihren Verdruss über die ehemals oppositionellen Gruppierungen sowie ihre Hinwendung zu den etablierten politischen Kräften der alten Bundesrepublik noch verstärkte. Bei kurzen Stippvisiten im Westen hatte man zudem mit eigenen Augen sehen können, welche Früchte deren Arbeit trug. Der Prozess der Vereinigung beider deutscher Staaten erfuhr durch all diese Erfahrungen eine weitere Beschleunigung.

„Freie Wahlen" war stets eine der Hauptforderungen der Demonstranten im Herbst 1989 gewesen. Artikuliert wurde sie für die breite Öffentlichkeit erstmals in den Aufrufen der verschiedenen Bürgerbewegungen. Als dieses Ziel erstritten war, wandten sich die Bürger verstärkt wieder ihnen vertrauten politischen Kräften zu: den Parteien. Mit dem Selbstverständnis der DDR-Opposition als basisorientierte Bürgerbewegung war in einer Situation, die auf traditionelle Wahlen hinauslief – auch wenn für die Volkskammerwahl am 18. März 1990 ausdrücklich Wahlbündnisse ohne Parteistatus zugelassen waren –, für viele Bürger offensichtlich kaum noch „Staat zu machen". Die „anti-politische" Haltung der Bürgerbewegung, „kultur- statt machtorientiert, basisdemokratisch statt zentralistisch, reaktiv statt offensiv" zu sein und stärker „eher Einzelthemen und -konflikte als globale Politikstrategien" zu thematisieren (Knabe 1990, S. 23), brachte sie immer mehr ins Hintertreffen. Gefordert waren jetzt Machtorientierung und zentrale Strukturen, die Macht erringen halfen. Beides hatten die Bürgerbewegungen der DDR (noch) nicht zu bieten. Vielen ihrer Akteure war das auch zutiefst wesensfremd. Selbst die wenigen Beispiele, in denen sich die Bürger die Macht, die auf der Straße lag, tatsächlich auch genommen haben, bezeugen diesen Sachverhalt: In Rostock zwangen Massenproteste am 26. März 1990 den Oberbürgermeister zur Abdankung, weil er das Einschleusen ehemaliger MfS-Mitarbeiter in den Schuldienst gedeckt hatte; der Runde Tisch ernannte kurzerhand das Mitglied des NF, Christoph Kleemann, zum amtierenden OB bis zu den nächsten Kommunalwahlen. Kleemann erinnert sich: „Ich weiß noch, dass ich an dem Abend um 22 Uhr nach Hause gegangen bin, einsam, mit meiner Tasche unter dem Arm durch die unbeleuchtete Altstadt in meine Hütte und dachte: ‚Gott noch mal, jetzt bist du Oberbürgermeister einer Viertelmillionen-Stadt. Du wirst morgen Entscheidungen treffen müssen, und du hast keine Ahnung, wie das geht" (in: Probst 1994, S. 147).

So bleibt den Basisgruppen der Bürgerbewegung das Verdienst, die Entwicklung im Herbst '89 entscheidend mit in Gang gesetzt zu haben. Der Bürgerrechtler Jens Reich hat diese Erfahrung treffend zusammengefasst: „Als Erste stemmten wir uns gegen das verrammelte Tor. Das Schloss gab nach, das Tor ging auf, wir stürzten der Länge nach hin, während die Nachfolgenden uns überrannten, neuen Zielen zu, die wir nicht mehr aussuchen konnten" (taz vom 3. September 1990).

Ist es den ehemaligen DDR-Bürgern zu verargen, dass sie sich im entscheidenden Moment „neue Ziele" gesucht haben? Wer solche Vorwürfe erhebt, verkennt, wie schwer es vielen von ihnen gefallen ist, sich in dieser extremen Zeitenwende politisch zu orientieren. Das Parteienspektrum in der DDR differenzierte sich nach dem Mauerfall mit einer Dynamik, die zuvor nicht denkbar gewesen war. Hinzu kam ein immer stärker werdender persönlicher Entscheidungsdruck. Über die eigene berufliche Zukunft war genauso zu befinden wie über anstehende Veränderungen der Wohnsituation oder die Ausbildung der Kinder etc. Alle bisher erworbenen Bewältigungsstrategien für solche biografischen Ereignisse schienen mit dem Fall des DDR-Systems, auf das sie sich bezogen, wertlos geworden zu sein. Die Bürger eines ganzen Landes – ob jung oder alt, Lehrlinge oder erfahrene Berufstätige, Akademiker oder Hilfsarbeiter – fanden sich plötzlich auf der Stufe von „Grundschülern" wieder. Sie alle standen vor der Aufgabe, sich in einem „Schnellkurs" ein Gesellschaftssystem und seine Regeln zu eigen zu machen, das

II. DER UMSCHWUNG IN DEN DEMONSTRATIONEN

„Es wird Zeit, dass wir ein Plakat machen zur Wiedervereinigung"

Es war am 13. November, als ich mein erstes Plakat getragen habe. Eine Woche vorher ist Krenz im Fernsehen aufgetreten und hat in einem Interview behauptet, auf der Leipziger Demo fordert niemand die Wiedervereinigung. (...) Und da habe ich gesagt, es wird Zeit, dass wir ein Plakat machen zur Wiedervereinigung. Ich habe das Plakat dann im Betrieb gemalt, und da haben meine Kollegen gesagt, das brauchst du nicht zu machen, das kommt sowieso nicht. Ich habe aber trotzdem, so gut ich konnte, Buchstaben für Buchstaben gemalt (...) VOLKSENTSCHEID ZUR WIEDERVEREINIGUNG stand drauf. An dem Tag, an dem meine Frau und ich das getragen haben, war noch einer da mit DEUTSCHLAND, EINIG VATERLAND. (...) Am Hauptbahnhof sind wir dann auch angegriffen worden. Einer hat meine Frau geboxt und gesagt: Das wollen wir nicht. Das war nicht etwa ein Uniformierter, das war ein ganz normaler Zivilist. Ich nehme an, das war einer vom Neuen Forum oder einer anderen Bürgerbewegung.

Ich war ursprünglich, als das alles losging, beim Neuen Forum. Ich dachte mir, die Leute machen das. Und bis zur Wende haben sie auch voll meine Richtung vertreten. Bloß dann nicht mehr. Und ich wollte ja weiter. Ich habe im Neuen Forum gesagt, wir müssen auf Wiedervereinigung gehen und Marktwirtschaft. Das war nicht reinzubringen in die Köpfe. (...) und dann bin ich raus, Weihnachten. Am Anfang war ja die Zeit, als alle noch gerufen haben: Neues Forum zulassen! Und dann, als das mit der Einheit kam, war das dann still. Wir hatten im Betrieb eine Betriebsgruppe Neues Forum. Und der größte Teil ist dann mit mir raus, und damit war das dann erledigt dort (...).

Ich habe nach meinem ersten Plakat am 20.11. dann DEUTSCHLAND EINIG VATERLAND getragen. Das hatte ich mir von dem andern abgeguckt (...). Danach habe ich dann immer mehrere Transparente mitgehabt und an die Kollegen verteilt. Darunter waren dann Losungen wie EIN VEREINTES DEUTSCHLAND IM VEREINTEN EUROPA oder SED AUFLÖSEN, DEUTSCHLAND VEREINEN.

Wolfgang Ritterschober, Bleischweißer, in: Bernd Lindner/Ralph Grüneberger (Hrsg.): Demonteure – Biographien des Leipziger Herbstes. Bielefeld 1992 (Aisthesis Verlag), S. 110 f.

„Ab Mitte Februar war es dann nur noch Wahlkampf"

(...) ich bin dann an dem 23. Oktober das erste Mal mit hingegangen. Ich muss sagen, das war für mich ein Erlebnis, das unvergleichlich ist. (...) Da stand einer für den andern (...). Auf den Demos gab es von Dezember an immer mehr Zuspitzung. Und ab Mitte Februar war es dann nur noch Wahlkampf, da fand ich es nicht mehr sinnvoll, überhaupt hinzugehen. Vor allem wurden die Initiatoren der ganzen Bewegung, Neues Forum und die damalige SDP, sobald sie sich zu Wort meldeten, ausgepfiffen und als Rote niedergeschrien. Das fand ich absolut unsinnig; und damit konnte ich mich nicht identifizieren. Und da bin ich dann von dem Zeitpunkt an nicht mehr gegangen.

Uwe Tröndler, Ingenieur-Ökonom, in: ebd., S. 138 f.

sie bis dahin überwiegend nur aus den Medien, kaum aber aus eigenem praktischem Erleben kannten.

Warum in der Politik dann nicht denen das Feld überlassen, die ihr Metier augenscheinlich beherrschten? Wer träumte nicht gern von den seinerzeit von Helmut Kohl versprochenen „blühenden Landschaften"? Und selten in den letzten Jahrzehnten zuvor schien für die Bürger im Osten Deutschlands ein Traum so real. Revolutionstheoretiker haben viel über die Rolle von Persönlichkeiten in der Geschichte debattiert. Hier, in dieser Phase der demokratischen Revolution des Herbstes '89, zu deren Beginn einzelne Personen kaum eine überregional wahrnehmbare, tragende Rolle gespielt haben, ist die Bedeutung von Persönlichkeiten für den Verlauf von Geschichte – vor allem im Medienzeitalter – besonders deutlich zu erkennen.

Die Wahlergebnisse des 18. März 1990 wie auch der nachfolgenden kommunalen, regionalen und überregionalen Wahlen im Osten Deutschlands sind bekannt. Diejenigen, die die Veränderungen in diesem Land initiiert hatten, waren nicht die Wahlsieger, auch wenn die Ergebnisse der ersten Kommunalwahlen für das „Bündnis 90", die Grünen und andere Basisgruppen deutlich besser ausfielen als bei der Volkskammerwahl. In vielen Bürgerbewegungen und den später daraus hervorgegangenen Parteien saßen – ein halbes Jahr nach dem von ihnen initiierten Umbruch – beinahe wieder dieselben (wenigen) Leute zusammen wie in deren Gründertagen. Sie hatten erfahren müssen, dass „die seltene historische Erscheinung, dass ein Volk von der Straße aus bestimmt, dass die Bevölkerungsmehrheit sich vernehmbar macht und durchsetzt", dass „diese Form der direkten Demokratie auf Dauer nicht durchzuhalten" ist. So lautete eine Zwischenbilanz von „Bündnis 90" vor den Kommunalwahlen im Mai 1990 in Leipzig – in der Stadt, die im Januar 1989 so viel in Bewegung gesetzt hatte.

CHRONIK

ERSTE FREIE WAHL IN DER DDR

3. Januar 1990: Bildung eines Wahlbündnisses von NF, DJ, DA, SDP, IFM und VL. Mehrere Gründungsmitglieder verlassen den DA und wechseln u. a. zur SDP.

Vom Komitee der Antifaschistischen Widerstandskämpfer und der DSF organisierte „Kampfdemonstration" gegen „Neofaschismus und Anti-Sowjetismus" in Treptow mit über 200.000 Teilnehmern; sie reagierten damit auf die Beschmierung des sowjetischen Ehrenmals mit nationalistischen Parolen und forderten eine „Einheitsfront gegen rechts" und den Erhalt des AfNS zum Schutz vor den Neonazis.

8. Januar: Ultimatum der Bürgerbewegungen am Runden Tisch an Ministerpräsident Modrow, den Stand der Auflösung des AfNS offenzulegen. Überall im Land Demonstrationen für die deutsche Einheit.

11. Januar: Modrow teilt unter dem Druck des Runden Tisches mit, dass er seine Absicht, noch vor den Wahlen ein „Amt für staatliche Sicherheit" einzurichten, nicht aufrechterhält.

12. Januar: Die SDP beschließt ihre Umbenennung in SPD, Absage an das Wahlbündnis mit den Bürgerbewegungen.

15. Januar: Modrow erscheint erstmals am Runden Tisch. Ca. 100.000 aufgebrachte Bürger stürmen am späten Nachmittag die Zentrale des ehemaligen MfS in Berlin und verwüsten Mobiliar und Akten. Im Land mehren sich Arbeitsniederlegungen und Streiks.

20. Januar: Gründung der DSU durch Zusammenschluss mehrerer konservativer Parteien der DDR.

21. Januar: Der Vorstand der SED-PDS entscheidet sich gegen die Selbstauflösung der Partei. Krenz und 13 ehemals führende Genossen werden aus der Partei ausgeschlossen. DDR beginnt mit dem Verkauf von Mauerteilen an Interessenten in aller Welt.

23. Januar: Erste Beratung der deutsch-deutschen Wirtschaftskommission.

25. Januar: Die Ost-CDU lässt ihre drei Ministerposten in der Regierung Modrow ruhen. Diese beschließt volle Gewerbefreiheit für Handwerks-, Handels- und Dienstleistungsbetriebe; auch sollen grundsätzlich ausländische Mehrheitsbeteiligungen über 49 Prozent möglich sein. Täglich verlassen immer noch ca. 2.000 Menschen die DDR, im gesamten Januar 1990 werden es 58.045 sein.

26. Januar: „Die Andere", erstes Wochenblatt der Opposition, erscheint in Berlin.

28. Januar: Der Termin für die Volkskammerwahl wird auf den 18. März vorgezogen. Modrow bietet Bürgerbewegungen Teilnahme an „Regierung der nationalen Verantwortung" an.

1. Februar: Modrow legt nach Besprechungen in Moskau einen Stufenplan zur deutschen Einheit vor. Damit steht auch für die DDR-Regierung die Wiedervereinigung auf der Tagesordnung. Bundeskanzler Kohl begrüßt Modrows Bekenntnis zur Einheit, lehnt aber dessen Vorschlag einer Neutralität des geeinten Deutschland strikt ab.

4. Februar: Umbenennung der SED-PDS in PDS; die Partei will auf einen Teil ihres Parteivermögens verzichten.

5. Februar: Die Oppositionsgruppen übernehmen in einer „Regierung der nationalen Verantwortung" direkte politische Verantwortung und stellen neun Minister. Unter „Schirmherrschaft" von Kanzler Kohl wird die „Allianz für Deutschland" gebildet. Verbot der Republikaner in der DDR. Wirtschaftsministerin Christa Luft bestätigt die schlechte Wirtschaftslage der DDR: Die tägliche Produktion sei auf das Niveau von 1985 abgesunken.

7. Februar: NF, DJ und IFM gehen ein Wahlbündnis (Bündnis 90) ein.

Margaret Thatcher rückt vor dem britischen Unterhaus von ihrer ablehnenden Haltung zur deutschen Einheit ab. US-Außenminister Baker äußert sich positiv zum Vorschlag Genschers, im Falle einer deutschen Vereinigung das NATO-Gebiet nicht auf das Territorium der DDR auszudehnen. Auf Vorschlag Gorbatschows verzichtet die KPdSU auf das Machtmonopol. Der Weg zu einem Mehrparteiensystem ist nun auch in der Sowjetunion frei.

10. Februar: Kohl und Genscher erhalten bei Gesprächen in Moskau mit Baker, Schewardnadse und Gorbatschow weitgehend grünes Licht für eine Wiedervereinigung. Gründungsparteitag der Grünen Partei der DDR.

11. Februar: Wahlbündnis von FDP, LDP und Deutscher Forumpartei („Bund Freier Demokraten").

13. Februar: Modrow in Bonn. Kohl weist die Bitte um einen „Solidarbeitrag" in Höhe von 10 bis 15 Milliarden DM zurück, mit dem die marode DDR-Wirtschaft stabilisiert werden soll. Der Kanzler erinnert an sein Zehn-Punkte-Programm. Grundlegende Reformen seien in der DDR erst nach den Wahlen zur Volkskammer zu erwarten, da die PDS-Regierung nicht demokratisch legitimiert sei. Kohl und Modrow verständigen sich dennoch auf erste Schritte zur Wiedervereinigung. Modrow setzt sich dabei über den Runden Tisch hinweg.

14. Februar: Das Bundeskabinett billigt einen Nachtragshaushalt von 6,9 Milliarden DM. Schwerpunkt: Hilfsmaßnahmen für die DDR.

Auf breite Zustimmung stößt ein Vorschlag der USA und Großbritanniens, die Vier Mächte sollten gemeinsam mit den beiden deutschen Staaten nach der Wahl am 18. März in zwei Stufen die Modalitäten der deutschen Wiedervereinigung regeln („2+4"): Zunächst sollten zwischen der DDR und der Bundesrepublik die innenpolitischen Aspekte geklärt werden, danach gemeinsam mit den Vier Mächten die außenpolitischen Fragen. Die DDR-Regierung beschließt ein Gesetz, das freie Unternehmensgründungen gestattet.

20. Februar: Die Volkskammer beschließt neues Wahlgesetz, auf eine Sperrklausel wird verzichtet. Zivildienst wird dem Wehrdienst gleichgestellt.

23. Februar: Der polnische Ministerpräsident Mazowiecki schlägt vor, beide deutsche Staaten sollten nach der Wahl mit Polen einen Vertrag zur Bestätigung der Oder-Neiße-Grenze paraphieren. Die Bundesregierung lehnt dies ab. Oskar Lafontaine besucht den Parteitag der Ost-SPD; Beratung über Maßnahmen zur Milderung der durch eine schnelle Einheit befürchteten sozialen Härten für die Ostdeutschen.

25. Februar: Die Ost-SPD beschließt einen Fahrplan zur deutschen Einheit nach Artikel 146 des Grundgesetzes und ernennt Willy Brandt zum Ehrenvorsitzenden.

26. Februar: US-Präsident Bush und Kanzler Kohl sprechen sich in Washington für die Mitgliedschaft eines Gesamtdeutschland in der NATO aus. Erster Parteitag der SPD in der DDR, Ibrahim Böhme wird zum Vorsitzenden gewählt.

27. Februar: Hans-Dietrich Genscher sieht die Wiedervereinigung durch die Diskussion um die Westgrenze Polens gefährdet. Er will rasche Klärung und nennt Mazowieckis Vorschlag einen ,,ernstzunehmenden Ansatz".

28. Februar: Kohl lenkt in der Diskussion um die Oder-Neiße-Grenze Polens ein.

1. März: „Allianz für Deutschland" spricht sich für eine schnellstmögliche Wiedervereinigung nach Artikel 23 des Grundgesetzes aus. Ihr Wahlprogramm trägt den Titel: ,,Freiheit und Wohlstand – Nie wieder Sozialismus". Erster Wahlauftritt von Helmut Kohl in Karl-Marx-Stadt vor ca. 200.000 Zuhörern.

3. März: Kanzler Kohl nennt „Verzicht auf weitere Reparationen" als neue Bedingung für die Anerkennung der polnischen Westgrenze und stößt damit im In- und Ausland auf heftige Kritik.

6. März: Die Bonner Koalition einigt sich auf die Position, dass Polen bereits 1953 auf Reparationsforderungen gegenüber „Deutschland" verzichtet habe. Die Grenze sei weiterhin getrennt von der Reparationsfrage zu behandeln.

7. März: In Briefen an Gorbatschow und Kohl versucht Modrow, die in der DDR seit Kriegsende entstandenen Besitzverhältnisse zu sichern. Kohl ruft er auf, die Eigentumsverhältnisse nicht infrage zu stellen, Gorbatschow bittet er um ein „gemeinsames koordiniertes Auftreten" zu deren Erhaltung.

8. März: Vorwürfe wegen Stasi-Mitarbeit gegen den DA-Vorsitzenden Wolfgang Schnur werden bekannt. Der bestreitet die Vorwürfe. Der Bundestag bestätigt die Unantastbarkeit der Westgrenze Polens.

11. März: Der DA stellt sich hinter Schnur, während weitere Hinweise auf seine Stasi-Vergangenheit auftauchen.

12. März: Bei seiner letzten Sitzung spricht sich der „Zentrale Runde Tisch" noch einmal gegen den Beitritt der DDR zur Bundesrepublik durch Übernahme des Grundgesetzes aus. Im Einigungsprozess soll die Gleichberechtigung beider Staaten gewahrt bleiben.

In Leipzig findet die letzte Montagsdemonstration statt, an der sich noch einmal zahlreiche Demonstranten (höchster angegebener Wert: 40.000) beteiligen.

14. März: Wahlauftritt von Kohl in Leipzig vor ca. 300.000 Zuhörern.

15. März: Rücktritt von Schnur auf Drängen der Bundesregierung. Die Generalstaatsanwaltschaft der DDR bestätigt die Echtheit der ihn betreffenden Stasi-Akten.

17. März: In Plauen findet die 22. und letzte Demonstration mit 35.000 Teilnehmern aus der ganzen Region statt.

18. März: „Allianz für Deutschland" geht mit knapp 50 Prozent der Stimmen als eindeutiger Wahlsieger aus der ersten freien Volkskammerwahl in der DDR hervor.

Eigene Zusammenstellung aus verschiedenen Quellen.

Ausgestemmtes DDR-Emblem an der Fassade des ehemaligen Rates des Bezirkes Cottbus, August 1990

Thomas Kläber

Revolution, Implosion, Wende

Eine kurze Nachbetrachtung

Die Demonstrationen des Herbstes 1989 und die Ereignisse der nachfolgenden Wochen hatten, wie in dem vorliegenden Band gezeigt worden ist, keinen einheitlichen Charakter. Sie haben in den einzelnen Phasen ihrer Entwicklung aber nicht nur ihr Erscheinungsbild verändert, sondern überdies in all den seither vergangenen Jahren eine zum Teil sehr unterschiedliche (Be-)Wertung erfahren. Immerhin hat es ganze 20 Jahre gedauert, bis der Begriff der Friedlichen Revolution (per Großschreibung des vorangestellten Adjektivs!) zum Eigennamen für eines der hervorragendsten Ereignisse der neueren deutschen Geschichte avancierte.

In der aktivsten Periode des Massenprotestes selbst – also von Oktober bis Dezember 1989 – haben viele Beteiligte durchaus bereits von einer Revolution gesprochen. „Eine neue DDR-Identität ist entstanden, die Identität einer gewaltlosen Revolution", bilanzierten schon am Abend des 4. November 1989 Berliner Bürgerrechtler die stürmischen Ereignisse der vorausgegangenen Wochen (in: telegraph 7/89). Ein Wort, das den Rednern bei der großen Demonstration auf dem Alexanderplatz, am Vormittag desselben Ta-

Der „telegraph" ist die aus den „Umwelt-Blättern" hervorgegangene Zeitschrift der oppositionellen Berliner Umweltbibliothek.

ges, wenn überhaupt, dann nur im historischen Vergleich über die Lippen gekommen ist.[1]

Der Leipziger Pfarrer Hans-Jürgen Sievers notierte in jenen Tagen sein „Stundenbuch einer deutschen Revolution".[2] Und Rolf Henrich (kritischer Analytiker des Staatssozialismus, Anwalt und Mitbegründer des NF) sprach in seinem Vorwort zu dem bereits Ende 1989 vom NF Leipzig herausgegebenen Buch „Jetzt oder nie – Demokratie! Leipziger Herbst '89" – wenn auch eher en passant – vom „Prozess der demokratischen Revolution in der DDR" (in: Neues Forum Leipzig 1989, S. 11).

Bestimmter fielen z. T. bereits die Wertungen im Westen Deutschlands aus: Der Historiker und Publizist Joachim Fest würdigte schon früh die „Erstaunlichkeiten der revolutionären Prozesse des Jahres 1989" und ihren „insgesamt friedlichen Verlauf, der den klassischen, mit (...) Gewalt und bürgerkriegsähnlichen Zuständen verknüpften Revolutionsbegriff außer Kurs gesetzt hat". Zudem habe es sich dabei – in seiner Sicht – „erstmals um eine Revolution ohne Vordenker, ohne intellektuelle Beteiligung" gehandelt (in: FAZ, 30. Dezember 1989). Gerhard Rein sah in den Ereignissen des Jahres 1989/90 vor allem eine „protestantische Revolution" (Rein 1990; vgl. dazu auch Neubert aus ostdeutscher Sicht, 1990 und 1997). Und die „taz" gab ihrem viel verkauften Sonderheft zu den Ereignissen in der DDR den poppigen Titel „Journal zur Novemberrevolution".

› Feier zur Öffnung des Brandenburger Tors, Berlin, 22. November 1989
Rechte Seite: Von Demonstranten aus Altenburg (bei Leipzig) im November 1989 beschriftete Deutschlandfahne

1 Der Schauspieler Ekkehard Schall sprach vom Erfolg, den erst „der Druck der Straße" ermöglicht habe, „der selbstverständlich verboten war, wie schon die Aktionen der revolutionären Sozialdemokraten im vorigen Jahrhundert" (40 Jahre DDR – TschüSSED, 1990, S. 34). Und Stefan Heym begrüßte das Erlernen des „aufrechten Gangs (...) und das in Deutschland, wo bisher sämtliche Revolutionen daneben gegangen waren" (ebd., S. 36).

2 Das 1990 erschienene, gleichnamige Buch geht auf Sievers' Notizen aus dem Herbst '89 zurück.

3 Der Regierende Bürgermeister von Berlin, Walter Momper, gratulierte bereits am 10. November 1989 in seiner Rede vor dem Schöneberger Rathaus den DDR-Bürgern „zu ihrer friedlichen Revolution" (vgl. Der Spiegel, Nr. 46/1989). Er war damit wahrscheinlich der erste westliche Politiker, der diesen Terminus gebrauchte. Auch Kohl fand in seiner Ansprache vor der Dresdner Frauenkirche am 19. Dezember 1989 Worte „der Anerkennung und Bewunderung für diese friedliche Revolution" (in: Maier 1990, S. 33). Genscher führte am 10. Dezember 1989 in Saarbrücken aus: „Die friedliche Revolution in der DDR ist eine freiheitliche Revolution für demokratischen und gesellschaftlichen Fortschritt, eine restaurative Revolution ist sie nicht" (in: ebd., S. 32).

4 So sprach der Kampfgruppenkommandeur Lutz in seinem berüchtigten „Leserbrief" (LVZ vom 6. Oktober 1989) – stellvertretend für die SED-Führungsriege – von den Demonstrationen als „konterrevolutionären Aktionen", die es gewaltsam zu unterbinden gälte. Selbst Roland Wötzel von der SED-Bezirksleitung, am Abend des 9. Oktober 1989 als einer der „Leipziger Sechs" gefeiert, sprach noch am Morgen in einer internen Anleitung davon, dass es an diesem Tag in Leipzig „darauf ankäme, „die Strategie der Konterrevolution zu durchkreuzen" (zitiert nach B. Okun, in: Lindner/Grüneberger 1992, S. 153).

5 Bei dem Text handelt es sich um eine Rede, die Stefan Heym am 8. Januar 1990 in der Akademie der Künste gehalten hat.

Nicht zuletzt sprachen führende bundesdeutsche Politiker wie Walter Momper, Helmut Kohl und Hans-Dietrich Genscher in ihren Reden jener Tage unvoreingenommen von einer „friedlichen" und „freiheitlichen Revolution"[3] in der DDR.

Selbst Ministerpräsident Modrow – aus dem Lager stammend, das in den Ereignissen vom Herbst 1989 lange Zeit nur eine „Konterrevolution" sehen konnte[4] – fand in seiner Neujahrsansprache versöhnliche Worte: „Das zu Ende gehende Jahr 1989" werde „als das Jahr der friedlichen Revolution in die Geschichte unseres Landes eingehen". Mit der „Mehrheit aller Bürger" bestehe Übereinstimmung, dass die DDR „revolutionäre Veränderungen, Rechtsstaatlichkeit und Bürgerrechte" brauche (ND vom 31. Dezember 1989). DDR-Zeitungen zogen, wenn auch noch zögerlich, nach. So gab die Redaktion der größten DDR-Illustrierten NBI Anfang 1990 ihrer broschierten Sonderausgabe „Auferstanden aus den Nischen" – mit Fotos der Ereignisse zwischen dem 4. November 1989 und dem 1. Januar 1990 – den Untertitel „Dokumente einer Revolution". Allerdings wurde die Bezeichnung im Vorwort Heyms schon wieder relativiert, wenn er schrieb: „Wir befinden uns nach dem ersten Sturm, wollen wir es mal so nennen, der Revolution, der ein demokratischer war."[5]

Führende Bürgerrechtler wie Konrad Weiß und Erhart Neubert behielten dagegen selbst in den Stunden ihres Scheiterns, während der Wahlen im Frühjahr 1990, die Bezeichnung bei, auch wenn sie jetzt gelegentlich schon von einer „missglückten Revolution" bzw. „geklauten Revolution" (vgl. Maier 1990, S. 35) sprachen. Doch begann auch hier bereits die (vorübergehende) Relativierung des Begriffs, wenn Weiß bekundete: „Ich selbst gebrauche eigent-

HdG/ZFL

Gerhard Gäbler

I. „WIR WAREN LANGE SPRACHLOS"

Aus einer Predigt von Pfarrerin Almuth Berger am 13. November 1989:

Wir waren lange sprachlos, und unsere Zunge war gefesselt. Wir haben geschwiegen in der Elternversammlung und im Betrieb, in der Volkskammer und auf der Straße. Wir haben höchstens hinter vorgehaltener Hand geredet oder in unseren vier Wänden oder vielleicht noch in kirchlichen Räumen. Wir haben unsere Kinder gelehrt zu schweigen und vieles zu verschweigen. Wir haben es viele Jahre lang immer wieder aufgeschoben zu reden, mancher hat es dabei fast ganz verlernt, andere – viele andere – sind gegangen, weil sie nicht länger schweigen wollten. Wir konnten nicht miteinander sprechen, weil Mauern uns trennten – sichtbare, aus Steinen gebaute, und unsichtbare, aus den Steinen der Angst und des Misstrauens. Manche haben geredet, aber sie hatten uns nichts zu sagen, und deshalb wollten wir sie auch nicht mehr hören – weder in der Zeitung, noch im Fernsehen, noch sonst irgendwo. Andere wieder haben uns abgehört oder verhört, aber nicht zugehört, und wie viele Hilferufe haben wir selbst überhört? Viele redeten übereinander oder aneinander vorbei, aber nicht miteinander. Wir waren taub und stumm, und an Wunder haben wir nicht geglaubt.

Aber das Wunder ist geschehen: Hunderttausende sind auf die Straße gegangen – in Leipzig und Dresden und Berlin, in Plauen oder Magdeburg oder Eisenach. Sie sind nicht mehr stumm, sondern sie reden und rufen und verschaffen sich Gehör: „Wir sind das Volk!" Wir haben endlich eine Sprache gefunden für unsere Wünsche und Sorgen, unsere Hoffnungen und Nöte, und wir müssen dafür sorgen, dass wir auch in Zukunft nicht mehr zu überhören sind, dass wir das Sprechen nicht wieder verlernen und dass wir es unsere Kinder richtig lehren. Es ist wunderbar zu merken, wie Menschen reden können und befreit sind, wie sie aufleben, die Journalisten z. B., wie da etwas heil wird, was lange kaputt war. Es war wunderbar, an diesem Wochenende erleben zu können, wie nach 28 Jahren Menschen in beiden Teilen Deutschlands wieder miteinander reden und aufeinander zugehen können. Dieses Wunder neuer Begegnungs- und Sprachmöglichkeit hat so manchen vor Freude erst einmal sprachlos gemacht. Hoffentlich haben wir uns in Zukunft viel zu sagen untereinander (...).

In: Andreas Ebert u. a. (Hrsg.): Räumt die Steine hinweg. DDR Herbst 1989 – Geistliche Reden im politischen Aufbruch, München 1990 (Claudius Verlag), S. 72 f.

Sieghard Liebe

Leipziger Demonstranten fordern bereits am 13. November 1989 eine kritische Aufarbeitung der DDR-Geschichte.

1 Ein Begriff, der sich – zum Leidwesen vieler engagierter Geschichtsaufarbeiter – inzwischen im Alltag und in den Medien stark verstetigt hat: Rainer Eppelmann, Vorstandsvorsitzender der Bundesstiftung zur Aufarbeitung der SED-Diktatur, bringt das Wort Wende „auf die Palme, denn es ist historisch und wissenschaftlich falsch und dazu noch die Wortwahl von Egon Krenz" (LVZ, 7. Januar 2009). Auch der Historiker Rainer Eckert plädiert vehement dafür, sich in der Geschichtswissenschaft nicht einer „vermeintlichen ‚vox populi'" zu beugen (Eckert 2007, S. 1085).

2 Hein hat diesen Vorschlag in seiner Rede auf dem Berliner Alexanderplatz am 4. November 1989 unterbreitet.

lich das Wort ‚Revolution' in diesem Zusammenhang nicht, sondern ich sage ‚Umbruch'" (ebd.).

Konrad Weiß' Einwand macht aber auch deutlich, dass bei den Akteuren jener Tage nicht durchgängig das Gefühl vorherrschte, an einer Revolution beteiligt zu sein. Besonders distanziert hat sich dazu die von westlichen Medien gern als „Mutter der Revolution" gefeierte Bärbel Bohley geäußert. Bereits im Frühjahr 1990 gab sie zu Protokoll: „Ich habe schon immer daran gezweifelt, dass es eine Revolution ist. Ich habe das mehr als ein Aufbegehren empfunden, das aus einer großen Hilflosigkeit entstanden ist" (in: Findeis/Pollack/Schilling 1994, S. 57). Als Systemreformer gestartet, fanden sich viele Bürgerrechtler in der DDR unter dem Druck der Ereignisse als „Revolutionäre wider Willen" (Thompson 1999, S. 15) wieder.

Aber auch unter den vielen Transparenten des Herbstes '89, die in Leipzig und anderen Städten getragen wurden, muss man lange suchen, ehe man auf einigen von ihnen das Wort „Revolution" findet. „Wir brauchen jetzt eine psychologische Revolution – im Kopf muss es beginnen!" (Leipzig, 11. Dezember 1989) ist eines der seltenen Beispiele. Lediglich die Losung „Es lebe die Oktoberrevolution 1989!" lässt sich in unterschiedlichen Varianten für mehrere Orte (u. a. Berlin, Plauen, Markneukirchen) nachweisen. Dagegen ist auf den Transparenten jener Tage viel von Reformen die Rede: „Wenn's Volk nicht auf der Straße wär', wo kämen dann Reformen her?"; „Egon leit' Reformen ein, sonst wirst du der Nächste sein!"; „Ja zu Reformen – Nein zur Wiedervereinigung!" (> Seite 117 und 141).

Dieses distanzierte Verhältnis der Akteure gegenüber dem Revolutionsbegriff trug mit dazu bei, dass dieser in den meisten Publikationen über den Herbst '89, die in den ersten Jahren nach dem Ereignis erschienen sind, in Anführungszeichen gesetzt wurde. Auch Politiker, Zeithistoriker und Publizisten waren nach dem Abklingen der ersten Euphorie vorsichtiger mit ihrer Bewertung des historischen Vorgangs geworden. Viel war bei ihnen stattdessen nun von „Aufbruch", „Ausbruch", „Umbruch", „Implosion" oder gar „Zusammenbruch" die Rede (vgl. u.a. Leipziger Demontagebuch, Grabner/Heinze/Pollack, Knabe – alle 1990; Zwahr 1994; Wettig 1997). Aber auch von einer politischen „Wende" wurde in diesem Zusammenhang häufig geschrieben (vgl. u. a. Förster/Roski, Magirius, Maier, – alle 1990; Victor 1992; Bahrmann/Links 1994; Fischer/ Heydemann 1995).[1]

Erst im Umfeld des 10. Jahrestages der Ereignisse setzte wieder eine Änderung des Sprachgebrauchs ein. Der damalige OB von Leipzig, Wolfgang Tiefensee, begann sein Geleitwort zu dem von Günther Heydemann u. a. herausgegebenen Band „Revolution und Transformation in der DDR 1989/90" mit den Worten: „Revolutionen haben, besonders in Deutschland, keinen guten Ruf. Mit ihnen verbindet man Unordnung, Aufruhr, Gewalttätigkeit, Illegalität. Die friedliche Revolution in der DDR hat diese gängigen Vorurteile einer gründlichen Revision unterzogen" (Heydemann/Mai/Müller 1999, S. 7). Nicht zuletzt setzte die Eröffnung der Dauerausstellung des Zeitgeschichtlichen Forums der Stiftung Haus der Geschichte der Bundesrepublik Deutschland am 9. Oktober 1999 in Leipzig ein deutliches Zeichen der Rückbesinnung auf die revolutionären Leistungen der Bürgerrechtler und Demonstranten in der DDR im Herbst 1989. Leipzig als „Stadt der Montagsdemonstrationen", deren „gewaltloser Verlauf (...) zum Signal für die friedliche Revolution" wurde, so das Begleitbuch zur Ausstellung (Einsichten 2001, Klappentext), ist dafür der angemessene Ort.

Weitere zehn Jahre später kommt kaum noch eine der anlässlich des 20. Jahrestages der Ereignisse erschienenen, zahlreichen Publikationen ohne den Revolutionsbegriff im Titel aus, ob mit zusätzlichem Adjektiv oder ohne (vgl. Kowalczuk und Henke – beide 2009). Die meisten Autoren sprechen von der „friedlichen Revolution" (vgl. Aufbruch '89, 2004; Schöne 2008; Richter, Schönfelder, Brummer – alle 2009). Aber auch Formulierungen wie „deutsche" (Schuller 2009) und „geglückte Revolution" (ZEIT Geschichte, 2/2009) finden Verwendung. Lediglich in Ehrhart Neuberts Buchtitel „Unsere Revolution" (2008) schwingt dabei Pathos mit. Damit ist dieses in der bisherigen deutschen Geschichte einmalige Ereignis, endgültig in die Phase seiner historischen Verortung eingetreten.

Diejenigen, die im Herbst 1989 auf den Straßen der DDR demonstrierten, waren sich bereits damals durchaus mehrheitlich bewusst, dass sie mit ihrem Aufbegehren gegen die Diktatur der SED Geschichte schrieben. Zu stark waren die politischen Erosionen, die bis in die höchsten Ebenen des Staates Woche für Woche ihren Demonstrationen folgten. Aber eine Revolution? Sie gar Revolutionäre?

„Ich habe zwar schon immer sympathisiert mit dem, was sich da um die Nikolaikirche abspielte, will aber auch aus Fairnessgründen – den ehrlichen Revolutionären gegenüber – sagen, dass ich mich eigentlich nicht dazu zählen kann. Ich habe nicht wie sie, bereits im März, April und Mai 1989 oder noch viel früher, den Kopf hingehalten" (Lothar Scholler, EDV-Ingenieur aus Leipzig, Demonstrant seit dem 7. Oktober 1989, in: Lindner/Grüneberger 1992, S. 254).

Den Akteuren des Herbstes '89 war – im Prozess der Demonstrationen – Pathos weitgehend fremd. Und umso eher sie damals auf der Straße dabei waren, umso hartnäckiger weigern sie sich, „posthum" zu Helden erklärt zu werden. Christoph Heins aufrichtiger Vorschlag, Leipzig zur „Heldenstadt" zu ernennen,[2] löste bei vielen Leipzigern – Demonstranten wie Bürgerrechtlern – eher verlegenes Lächeln aus. Nicht aus Bescheidenheit! „Man erkennt die 89er Helden daran", befand jüngst die Journalistin Evelyn Finger, „dass sie nicht für sich beanspruchten, Helden zu sein." Allerdings geschah dies um den Preis, „heute nicht so groß geehrt (zu) werden, wie es ihnen gebührte." Doch „liegt das auch im Wesen der friedlichen Revolutionäre begründet. Sie haben aus ihrem umstürzlerischen Tun keinen Herrschaftsanspruch abgeleitet. Sie griffen nicht zum Schwert, sondern hielten selbst gemalte Transparente hoch" (Die Zeit, 39/2009, S. 54/55). Ihre darauf manifestierten Forderungen wurden im Herbst 1989 mit jedem neu errungenen Erfolg schärfer und umfassender. Vier Tage nach dem Fall der Mauer war bereits in der Leipziger Montagsdemonstration auf einem Transparent zu lesen: „Das war das Hemd, jetzt wollen wir die Hose!".

Transparent von der Berliner Demonstration auf dem Alexanderplatz am 4. November 1989

Vollauf damit beschäftigt, das nächste Tagesziel herbeizudemonstrieren, hatten sie schlicht keine Zeit, darüber nachzusinnen, ob es sich bei ihrem Aufbegehren um eine Revolution handelte oder nicht. Dagegen gesprochen hätte für sie damals allein schon, dass ihr einstmals so mächtiger Gegner Honecker und sein altes Politbüro (und danach auch gleich noch deren Nachfolgerriege um Krenz) ohne allzu hartnäckige Gegenwehr in sich zusammengebrochen waren. „Ohne Anstrengung haben wir die Regierung gestürzt. Es war schön und sehr leicht. Es war leicht, weil die Regierung morbid und wacklig bis in die Knochen war, aber nicht, weil wir gut organisiert gewesen wären“, äußerten Mitglieder des Leipziger Neuen Forums bereits Ende 1989 (in: Neues Forum Leipzig 1989, S. 26); allerdings noch ohne Kenntnis der Aktenlage und damit ihrer realen Gefährdung bis kurze Zeit zuvor.

Tatsächlich trifft die Charakterisierung der Revolution als „friedlich“ erst auf das Geschehen ab ihrer zweiten Phase zu. In ihrer ersten Phase „bis zum 9. Oktober 1989“ war sie – da sind sich alle Historiker heute nahezu einig – dagegen „nicht friedlich“ (Neubert 2008, S. 17). Kowalczuk formuliert, den Sachverhalt noch weiter zugespitzt: „Wer auch immer die Rede von der ‚friedlichen Revolution‘ erfunden haben mag; er scheint erst am Abend des 9. Oktober erstmals hingeschaut zu haben“ (Kowalczuk 2008, S. 401). Davor erfuhren, von Mitte September an, „zugeführte“ Demonstranten in Leipzig, Dresden, Bad Schandau, Werdau, Arnstadt, Berlin und vielen anderen Orten der DDR Demütigungen und brutale Gewalt bis hin zu physischen und psychischen Folterungen. Erst mit der erfolgreich bestandenen Mutprobe der 70.000 am 9. Oktober 1989 in Leipzig (> Seite 101 ff.) „entschied sich, dass die Revolution von nun ab friedlich verlaufen würde“ (ebd., S. 404).

Blauäugig ist es dennoch, davon auszugehen, dass nach der Abdankung Honeckers und Mielkes die Gefahr der „Gewalteskalation“ seitens des Staates bereits behoben war, weil durch das „Modell des Dialogs“ alle beteiligten Akteure in dem „gegenseitige(n) Einvernehmen“ agierten, „den an sich erbitterten Machtkampf auf friedliche Formen zu begrenzen“ (Richter 2009, S. 1473). Akten belegen, dass dem Politbüro noch am 31. Oktober 1989 eine Vorlage über „Maßnahmen zur Verhinderung der weiteren Formierung und Zurückdrängung antisozialistischer Sammlungsbewegungen“ vorlag, in der auch „ein möglicher Ausnahmezustand“ nicht ausgeschlossen wurde, „wenn es nicht gelingt, den Masseneinfluss mit politischen Mitteln zurückzudrängen“. Und Krenz ließ noch bis Mitte November Montag für Montag „bis zu 30 Hundertschaften der NVA nach Leipzig verlegen“ (vgl. Hollitzer 1999, S. 287).

Auf einen anderen Aspekt weist Wolfgang Schuller hin, wenn er hervorhebt, dass die Revolution seitens der Bürgerrechtler und Demonstranten zwar „gewaltfrei“, aber „zum Glück nicht harmlos-friedlich“ vollzogen wurde (Schuller 2009, S. 294).[1] Denn „natürlich strömten die Demonstrationszüge, die sich unablässig und unaufhaltsam viele Monate lang im ganzen Land durch die Städte bewegten, eine solche Kraft aus, dass der Eindruck der Drohung entstehen musste, was bei der Staatsmacht zunehmend zur Zurückhaltung führte.“ Auch war „die Besetzung der MfS-Dienststellen (…) ebenfalls kein Vorgang, der nur durch freundliches Anklopfen geschah“ (ebd., S. 293 f.).

Die Entwicklung im Herbst 1989 in der DDR verlief in mehreren Phasen. Dabei konnte in Ostdeutschland „eine allmähliche Transformation der politischen und rechtlichen, ökonomischen und gesellschaftlichen Sphäre“ (Meuschel 1992, S. 318) nicht im gleichen Maße reifen wie in Polen oder Ungarn. Insofern trifft die schöne Wortschöpfung „Refolution“[2], die Timothy Garton Ash für analoge Prozesse in Osteuropa gefunden hat, für die DDR nur bedingt zu. Denn dafür glich der Verlauf des Herbstes ’89 in der DDR

1 Hartmut Zwahr sprach bereits 1994 von einer „friedlichen, aber zu keiner Zeit gewaltlosen Revolution“ (Zwahr 1994, S. 436).

2 Dieses Kunstwort verknüpft die Begriffe „Reform“ und „Revolution“ miteinander, um den Doppelcharakter der Entwicklung zu unterstreichen.

3 Andreas Rödder geht hinsichtlich des Verlaufs der Revolution in der DDR ebenfalls von zwei Phasen aus, wobei für ihn „auf den Sturz des SED-Regimes“ bereits „die Wiedervereinigung“ folgte. Damit änderten sich auch die treibenden Kräfte: In der „Scharnierzeit zwischen den beiden Phasen“ wechselten sie von der „Bürgerbewegung in der DDR“ zur „Massenbewegung bzw. der Mehrheit der ostdeutschen Bevölkerung“, die dann „die Verantwortung mit den Volkskammerwahlen am 18. März 1990 auf die Bonner Regierung übertrug und sich überwiegend wieder in eine passive Rolle zurückzog“ (Rödder 2009, S. 308/309).

Die Gegenwart der Vergangenheit: Auf einer Pressekonferenz am 28.2.1994 in Berlin beschuldigen Katja Havemann, Vera Wollenberger, Bärbel Bohley und Freya Klier (v.l.n.r.) ihren ehemaligen Anwalt Gregor Gysi der Zusammenarbeit mit der Staatssicherheit.

Robert-Havemann-Gesellschaft

^ „Die Narbe", Zeichnung von Roger Loewig, 1993

viel zu sehr einer Sturzgeburt, auf die keiner der beiden Elternteile so richtig vorbereitet war. Der eine war längst außer Landes und der andere zu überrascht, um seine elterliche Führungsrolle voll wahrnehmen zu können. Unabhängig aber davon: Geburten schaffen Neues, wenn sie glücklich enden!

Die Bürger der DDR befanden sich gegenüber ihren osteuropäischen „Brudervölkern" zugleich in der beneidenswerten Lage, die Alternative zum gescheiterten System des totalitären Staatssozialismus nicht nur vor der Haustür zu haben – das hatten die Tschechen und die Ungarn auch –, sondern häufig in der eigenen Verwandtschaft. Die marode Lage der eigenen Wirtschaft vor Augen und der Experimente müde, entschied sich die Mehrheit der Bevölkerung – als der erste Schwung ihres revolutionären Aufbruchs erlahmte – sehr bewusst für das politische System der Bundesrepublik Deutschland.[3] Allerdings hatten viele ihre Entscheidung getroffen, ohne dieses genau zu kennen. Die Möglichkeit dafür war ihnen im wahrsten Sinne des Wortes über Jahrzehnte versperrt. So wagten sie einen Sprung durch die geschlossene Tür, mit allen seinen Folgen.

Überzogen wäre es jedoch, für die Ereignisse nach dem Mauerfall von einer „Wende zur national-demokratischen Revolution" (Richter 1995, S. 21; vgl. auch Zwahr 1996, S. 455) zu sprechen. Ebenso wenig wie die Demonstranten und die Bürgerrechtler sich als Revolutionäre sahen, sollte man den handelnden Politikern der Bundesrepublik im Herbst '89 revolutionäre Qualitäten zuschreiben. Der Wille zur Veränderung ging von den Menschen in der DDR selbst aus. Sie haben – für kurze Zeit unter der „Meinungsführerschaft" der oppositionellen Basisgruppen (Hans-Jürgen Fischbeck) und dabei an deren oppositionellen Erfahrungen partizipierend – das Ende der SED herbeigeführt. „Die spektakuläre

II. DAS ERSTE FREI GEWÄHLTE PARLAMENT

Erklärung der Volkskammer vom 12. April 1990

Wir, die ersten frei gewählten Parlamentarier der DDR, bekennen uns zur Verantwortung der Deutschen in der DDR für ihre Geschichte und ihre Zukunft (...).

Erstens: Das erste frei gewählte Parlament der DDR bekennt sich im Namen der Bürgerinnen und Bürger dieses Landes zur Mitverantwortung für Demütigung, Vertreibung und Ermordung jüdischer Frauen, Männer und Kinder. Wir empfinden Trauer und Scham und bekennen uns zu dieser Last der Deutschen Geschichte. Wir bitten die Juden in aller Welt um Verzeihung. (...) Wir erklären, uns um die Herstellung diplomatischer Beziehungen und um vielfältige Kontakte zum Staat Israel bemühen zu wollen.

Zweitens: (...) Wir haben die furchtbaren Leiden nicht vergessen, die Deutsche im Zweiten Weltkrieg den Menschen in der Sowjetunion zugefügt haben. Diese von Deutschland ausgegangene Gewalt hat schließlich auch unser Volk selbst getroffen. Wir wollen den Prozess der Versöhnung unserer Völker intensiv fortführen.

Unser Anliegen wird es daher sein, Deutschland so in ein gesamteuropäisches Sicherheitssystem zu integrieren, dass unseren Völkern künftig Frieden und Sicherheit garantiert sind.

Wir sind uns bewusst, dass die Umgestaltung in unserem Land nicht möglich gewesen wäre ohne das neue Denken und die Perestroika in der Sowjetunion. Wir sind den Bürgerinnen und Bürgern der Sowjetunion dankbar für die Ermutigung und Anregung, die wir durch sie in dieser Hinsicht empfangen haben. Wir fühlen uns mit ihnen eng verbunden in der Auseinandersetzung mit dem Erbe des Stalinismus und dem Wirken für Demokratie. (...)

Drittens: Die Volkskammer der DDR bekennt sich zur Mitschuld der DDR an der Niederschlagung des „Prager Frühlings" 1968 durch Truppen des Warschauer Paktes. Mit der unrechtmäßigen militärischen Intervention wurde den Menschen in der Tschechoslowakei großes Leid zugefügt und der Prozess der Demokratisierung in Osteuropa um 20 Jahre verzögert. (...) Wir haben in Angst und Mutlosigkeit diesen Völkerrechtsbruch nicht verhindert. Das erste frei gewählte Parlament der DDR bittet die Völker der Tschechoslowakei um Entschuldigung für das begangene Unrecht.

Viertens: Die Bevölkerung der DDR hat durch ihre friedliche Revolution im Herbst 1989 die trennende Wirkung der menschenverachtenden innerdeutschen Grenze beseitigt. Nun sollen die beiden Teile Deutschlands zusammenwachsen und dabei die Herausbildung einer gesamteuropäischen Friedensordnung im Rahmen des KSZE-Prozesses fördern. Wir sehen eine besondere Verantwortung darin, unsere historisch gewachsenen Beziehungen zu den Völkern Osteuropas in den europäischen Einigungsprozess einzubringen.

In diesem Zusammenhang erklären wir erneut feierlich, die im Ergebnis des Zweiten Weltkrieges entstandenen deutschen Grenzen zu den Anrainerstaaten ohne Bedingungen anzuerkennen. (...) Wir bekräftigen die Unverletzbarkeit der Oder-Neiße-Grenze zur Republik Polen als Grundlage des friedlichen Zusammenlebens unserer Völker in einem gemeinsamen europäischen Haus. Dies soll ein künftiges gesamtdeutsches Parlament vertraglich bestätigen.

In: Gerhard Rein: Die protestantische Revolution. Berlin 1990 (Wichern-Verlag), S. 395 f.

Selbstbefreiung der Zivilgesellschaft im Herbst 1989" (Jarausch 2004, S. 277) wurde durch den Mut, die Kraft und die Ausdauer der Demonstranten in der ganzen DDR erreicht und nicht, wie neuerdings immer öfter zu vernehmen ist, durch „ein Wunder biblischen Ausmaßes" (Führer 2008, S. 9).[1]

„Zunächst war es das Volk, das sich erhoben hat, am Ende ist es der Staat, der eine innere neue Ordnung erwirkt" (Kühnhardt 1995, S. 261). Dieser Feststellung ist mit einer Präzisierung zuzustimmen: Es war nicht das ganze Volk, das die grundlegenden Änderungen der politischen Landschaft in der DDR herbeidemonstriert hat. Trotz ihres zweifellos kollektiven Charakters hat es sich weder um eine „volkseigene Revolution" (Opp/Voß 1993) noch um einen „Volksaufstand" (Jankowski 2007, S. 86) gehandelt. Selbst wenn man die höchsten Schätzwerte der Zahl aller Demonstranten, die zwischen August 1989 und April 1990 in den 14 Bezirksstädten und in Ostberlin auf den Straßen waren, zugrunde legt und diese gegen die Einwohnerzahlen der jeweiligen Orte hochrechnet, kommt man über einen Anteil der Demonstranten an der Gesamtbevölkerung von 14 Prozent in Leipzig bzw. 13 Prozent in Karl-Marx-Stadt nicht hinaus. Den niedrigsten Wert weist nach diesen Berechnungen Ostberlin mit ca. 1,3 Prozent auf (vgl. Schwabe 1999, S. 731).[2] Erst bei den Wahlen des Jahres 1990 wurde der Verlauf der Ereignisse sehr stark von dem bis dahin passiven Teil der Bevölkerung mitgeprägt. Dieser war sich

1 Michael Beleites schreibt in seinem Vorwort zum Band „Das Wunder der Friedlichen Revolution": „(...) gemessen an allem, was ‚Realisten' in den achtziger Jahren erwarten konnten, war der erlebte Epochenwechsel – einschließlich der Umstände, unter denen er möglich wurde – wirklich ein Wunder" (in: Schönfelder 2009, S. 7). Dem kann man nur mit Neubert antworten: „Vielleicht benutzen wir dieses Wort, weil wir uns selbst zu wenig zutrauen" (Neubert 2008, S. 441).

2 Und dabei ist noch davon auszugehen, dass an den Demonstrationen nicht nur Einwohner aus den jeweiligen Bezirksstädten, sondern auch aus deren Umland teilgenommen haben.

> Am 9. Oktober 2009 kommen auf dem Augustusplatz in Leipzig (dem ehemaligen Karl-Marx-Platz) mehr als 150.000 Menschen zusammen, um an den friedlichen Ausgang der Montagsdemonstration 20 Jahre zuvor zu erinnern.

dann allerdings mit der Mehrzahl der Demonstranten über den nun zu beschreitenden, raschen Weg zur deutschen Einheit einig.

Die Frage, ob es sich bei den Ereignissen der Jahre 1989/90 um eine Revolution gehandelt hat oder nicht, kann also nicht pauschal für den gesamten Zeitraum beantwortet werden. Die ersten beiden Phasen des Herbstes '89 (> Kapitel 7 und 8) bis zum Fall der Mauer trugen eindeutig revolutionäre Züge. Was dann folgte, war eine Neugestaltung der Gesellschaft mit demokratischen Mitteln. Einige davon – wie die Runden Tische – waren durchaus originäre plebiszitäre Neuschöpfungen des Ostens, deren Impetus im vereinigten Deutschland nicht bewahrt werden konnte. „Demokratische Revolutionen können", nach Mark R. Thompson, „als friedliche Volkserhebungen verstanden werden, die überwiegend in Großstädten (…) ihr Zentrum haben, meistens spontan beginnen und nur lose organisiert sind. Einer revolutionären Situation folgt zumeist ein demokratisches Resultat" (Thompson 1999, S. 15), sie „haben gemäßigte Ziele" und „die endgültige Form des gesellschaftlichen Wandels überlassen sie zukünftigen Wahlergebnissen" (ebd., S. 23). Für die Gesamtheit des Prozesses des Herbstes 1989 und des Jahres 1990 in der DDR sollte unter diesen Voraussetzungen von einer demokratischen Revolution gesprochen werden. Dass sie auch Ursachen außerhalb der DDR hatte, stellte die erste frei gewählte Volkskammer der DDR in ihrer Erklärung vom 12. April 1990 (> Seite 182) klar. Ebenso verdeutlichte sie, dass das Erbe der DDR mit deren Ende nicht automatisch überwunden ist. Das gilt bis heute noch!

picture-alliance/dpa – Jan Woitas

Literaturverzeichnis

_**Ahbe, Thomas/Michael Hofmann/Volker Stiehler (Hrsg.): „Wir bleiben hier!"** Erinnerungen an den Leipziger Herbst '89. Leipzig 1999.

_**Aufbruch 89. Die friedliche Revolution in Sachsen.** Hrsg. vom Sächsischen Landesbeauftragten für die Unterlagen des Staatssicherheitsdienstes. Dresden 2004.

_**Bahrmann, Hannes/Christoph Links: Bilderchronik der Wende.** Erlebnisse aus der Zeit des Umbruchs 1989/90. Berlin 1999.

_**Blattert, Barbara/Dieter Rink/Dieter Rucht: Von den Oppositionsgruppen der DDR zu den neuen sozialen Bewegungen in Ostdeutschland?** Berlin 1994.

_**Briefe an Kurt Masur.** 9. Oktober 1989 bis 18. März 1990. Hrsg. von Ulla Schäfer. Frankfurt a.M./Berlin 1990.

_**Brummer, Arnd (Hrsg.): Vom Gebet zur Demo.** 1989 – Die Friedliche Revolution begann in den Kirchen. Hamburg 2009.

_**Buchstab, Günter: Widerspruch und widerständiges Verhalten der CDU der SBZ/DDR**, in: Materialien der Enquete-Kommission 1995, Bd. VII/1, S. 504–539.

_**Conze, Eckart/Katharina Gajdukowa/Sigrid Koch-Baumgarten (Hrsg.): Die demokratische Revolution 1989 in der DDR.** Köln/Weimar 2009.

_**Dietrich, Christian: Fallstudie Leipzig 1987–1989. Die politisch-alternativen Gruppen in Leipzig vor der Revolution,** in: Materialien der Enquete-Kommission 1995, Bd. VII/1, S. 588–666.

_**Dietrich, Christian/Uwe Schwabe (Hrsg.): Freunde und Feinde.** Dokumente zu den Friedensgebeten in Leipzig zwischen 1981 und dem 9. Oktober 1989, Leipzig 1994.

_**Döhnert, Albrecht/Paulus Rummel: Die Leipziger Montagsdemonstrationen,** in: Grabner u. a. (a. a. O.) 1990. S. 147–158.

_**Dornheim, Andreas: Politischer Umbruch in Erfurt 1989/90.** Weimar/Köln 1995.

_**Driftmann, Markus: Mythos Dresden: Symbolische Politik und deutsche Einheit,** in: APuZ 21–22/2009, S. 33–39.

_**Eckert, Rainer: Gegen die Wende-Demagogie – für den Revolutionsbegriff,** in: Deutschland Archiv 6/2007, S. 1084–1086.

_**Ders.: Was stimmt? DDR: Die wichtigsten Antworten.** Freiburg/Basel/Wien 2008.

_**Ders.: Der 9. Oktober: Tag der Entscheidung in Leipzig,** in: Henke u.a. (a. a. O.) 2009, S. 211–223.

_**Eichhorn, Gerd: „Keine Stars" und Resolutionen,** in: Stiftung Haus der Geschichte der Bundesrepublik Deutschland/Bundeszentrale für politische Bildung: Rock! Jugend und Musik in Deutschland. Berlin 2005, S. 122–128.

_**Einsichten. Diktatur und Widerstand in der DDR.** Hrsg. von Stiftung Haus der Geschichte der Bundesrepublik Deutschland/Zeitgeschichtliches Forum Leipzig. Leipzig 2001.

_**Enquete-Kommission, Zeitzeugenbefragung: Gerd Poppe, Hans-Jürgen Fischbeck, Carlo Jordan,** in: Materialien der Enquete-Kommission 1995, Bd. VII/1, Baden-Baden 1995, S. 276–313.

_**Falter, Jürgen W.: Wahlen 1990. Die demokratische Legitimation für die deutsche Einheit mit großen Überraschungen,** in: Eckhard Jesse/Armin Mitter (Hrsg.): Die Gestaltung der deutschen Einheit. Bonn 1992, S. 163–188.

_**Findeis, Hagen/Detlef Pollack/Manuel Schilling: Die Entzauberung des Politischen.** Was ist aus den politisch alternativen Gruppen der DDR geworden? Interviews mit ehemals führenden Vertretern. Leipzig/Berlin 1994.

_**Finger, Evelyn: Welche war die Heldenstadt?,** in: DIE ZEIT Nr. 39/2009, S. 54/55.

_**Fischer, Alexander/Günther Heydemann (Hrsg.): Die politische „Wende" 1989/90 in Sachsen.** Weimar/Köln 1995.

_**Flade, Barbara: Im Lehrerzimmer,** in: „Denk ich an Deutschland ..." Menschen erzählen von ihren Hoffnungen und Ängsten. Hamburg 1991.

_**Förster, Peter/Günter Roski: DDR zwischen Wende und Wahl.** Meinungsforscher analysieren den Umbruch. Berlin 1990.

_**Führer, Christian: Und wir sind dabei gewesen.** Die Revolution, die aus der Kirche kam. Berlin 2008.

_**Funken, Michael: Das Jahr der Deutschen.** Die glückliche Geschichte von Mauerfall und deutscher Einheit. München 2008.

_**Garton Ash, Timothy: Ein Jahrhundert wird abgewählt.** Aus den Zentren Mitteleuropas 1980–1990. München 1990.

_**Grabner, Jürgen/Christiane Heinze/Detlef Pollack (Hrsg.): Leipzig im Oktober.** Kirchen und alternative Gruppen im Umbruch der DDR. Analysen zur Wende. Berlin 1990.

_**Gransow, Volker/Konrad H. Jarausch: Die deutsche Vereinigung.** Dokumente zu Bürgerbewegung, Annäherung und Beitritt. Köln 1991.

_**Gutzeit, Martin: Widerstand und Opposition in den achtziger Jahren,** in: Materialien der Enquete-Kommission 1995, Bd. VII/1, S. 235–244.

_**Gutzeit, Martin/Markus Meckel: Opposition in der DDR.** Köln 1994

_**Henke, Klaus-Dietmar (Hrsg.): Revolution und Vereinigung 1989/90.** Als in Deutschland die Realität die Phantasie überholte. München 2009.

_**Henke, Klaus-Dietmar /Peter Steinbach/Johannes Tuchel (Hrsg.): Widerstand und Opposition in der DDR 1949 bis 1989.** Köln/Weimar/Wien 1999.

_**Hertle, Hans-Hermann: Chronik des Mauerfalls.** Die dramatischen Ereignisse um den 9. November 1989. Berlin 1996.

_**Ders.: Die Berliner Mauer – Monument des Kalten Krieges.** Berlin/Bonn 2007.

_**Heydemann, Günther/Gunther Mai/Werner Müller (Hrsg.): Revolution und Transformation in der DDR 1989/90.** Berlin 1999.

_**Heym, Stefan: Aschermittwoch in der DDR,** in: Der Spiegel, 49/1989.

_**Hilmer, Richard: Motive und Hintergründe von Flucht und Ausreise aus der DDR,** in: Materialien der Enquete-Kommission 1995, Bd. VII/1, S. 322–329.

_**Hofmann, Michael/Dieter Rink: Der Leipziger Aufbruch 1989.** Zur Genesis einer Heldenstadt, in: Grabner u. a. (a. a. O.) 1990, S. 114–122.

_**Hollitzer, Tobias: Der friedliche Verlauf des 9. Oktober 1989 in Leipzig – Kapitulation oder Reformbereitschaft?** Vorgeschichte, Verlauf und Nachwirkung, in: Heydemann u. a. (a. a. O.) 1999, S. 247–288.

_**Hollitzer, Tobias/Reinhard Bohse (Hrsg.): Heute vor 10 Jahren.** Leipzig auf dem Weg zur friedlichen Revolution. Bonn/Fribourg 2000.

_**Imhof Kurt/Peter Schulz (Hrsg.): Kommunikation und Revolution.** Zürich 1998.

_**Jankowski, Martin: Der Tag, der Deutschland veränderte.** 9. Oktober 1989. Leipzig 2007.

_**Jarausch, Konrad H.: Die unverhoffte Einheit 1989–1990.** Frankfurt a. M. 1995.

_**Ders.: Die Umkehr. Deutsche Wandlungen 1945–1995.** Bonn 2004.

_**Jesse, Eckhard: Artikulation und Zielsetzung von widerständigem Verhalten in der DDR,** in: Materialien der Enquete-Kommission 1995, Bd. VII/2, S. 987–1030.

_**Kaulfuss, Werner/Johannes Schulz: Dresdner Lebensläufe.** Zeitzeugen berichten vom Leben und vom Umbruch im ehemaligen Bezirk Dresden. Leipzig 1993.

_**Keszler, Istvan: Behinderung – kein Hinderungsgrund,** in: Lindner (a. a. O.) 1994, S. 181–184.

_**Klein, Thomas/Wilfriede Otto/Peter Grieder: Visionen.** Repression und Opposition in der SED (1949–1989), 2 Bde. Frankfurt/Oder 1996.

_**Kleßmann, Christoph: Die Opposition in der DDR vom Beginn der Ära Honecker bis zur polnischen Revolution 1980/81,** in: Materialien der Enquete-Kommission 1995, Bd. VII/2, S. 1080–1110.

_**Knabe, Hubertus (Hrsg.): Aufbruch in eine andere DDR.** Reformer und Oppositionelle zur Zukunft ihres Landes. Reinbek bei Hamburg 1989.

_**Ders.: Politische Opposition in der DDR.** Ursprünge, Programmatik, Perspektiven, in: APuZ 1–2/1990, S. 21–32.

_**Knabe, Wilhelm: Westparteien und DDR-Opposition,** in: Materialien der Enquete-Kommission 1995, Bd. VII/2, S. 1110–1202.

_**Kowalczuk, Ilko-Sascha: Artikulationsformen und Zielsetzungen von widerständigem Verhalten in verschiedenen Bereichen der Gesellschaft,** in: Materialien der Enquete-Kommission 1995, Bd. VII/2, S. 1203–1284.

_**Ders.: Endspiel. Die Revolution von 1989 in der DDR.** München 2009.

_**Krenz, Egon: Wenn Mauern fallen.** Die friedliche Revolution: Vorgeschichte – Ablauf – Auswirkungen. Wien 1990.

_**Kromer, Hans: Dresden. Die friedliche Revolution: Oktober 1989– März 1990.** Bremen 1990.

_**Küchenmeister, Daniel (Hrsg.): Honecker – Gorbatschow.** Vieraugengespräche. Berlin 1993.

_**Kuhn, Ekkehard: Der Tag der Entscheidung.** Leipzig, 9. Oktober 1989. Berlin 1992.

_Kühnhardt, Ludger: Revolutionszeiten. Das Umbruchjahr 1989 im geschichtlichen Zusammenhang. München 1995.

_Kukutz, Irina: Die Bewegung „Frauen für den Frieden" als Teil der unabhängigen Friedensbewegung der DDR, in: Materialien der Enquete-Kommission 1995, Bd. VII/2, S. 1285–1408.

_Dies.: Chronik der Bürgerbewegung Neues Forum 1989–1990. Berlin 2009.

_Küttler, Thomas: Die Wende in Plauen, in: Fischer/Heydemann (a. a. O.) 1995, S. 147–156.

_Leyh, Manfred: Arnstadt im Herbst 1989, in: Lindner (a. a. O.) 1994, S. 94–103.

_Lieberwirth, Steffen: „Wer eynen spielmann zu tode schlaegt..." Ein mittelalterliches Zeitdokument anno 1989. Leipzig 1990.

_Lindner, Bernd: Die politische Kultur der Straße als Medium der Veränderung, in: APuZ 27/1990, S. 16–27.

_Ders. (Hrsg.): Zum Herbst '89. Demokratische Bewegung in der DDR. Leipzig 1994.

_Ders.: DDR Rock & Pop. Köln 2008.

_Lindner, Bernd/Ralph Grüneberger (Hrsg.): Demonteure – Biographien des Leipziger Herbstes. Bielefeld 1992.

_Magirius, Friedrich: Die Wiege der Wende, in: Leipziger Demontagebuch (a. a. O.) 1990; S. 10–14.

_Maier, Charles S.: Das Verschwinden der DDR und der Untergang des Kommunismus. Frankfurt a. M. 1999.

_Maier, Gerhart: Die Wende in der DDR. Bonn 1990.

_Materialien der Enquete-Kommission „Aufarbeitung von Geschichte und Folgen der SED-Diktatur in Deutschland" (12. Wahlperiode des Deutschen Bundestages). Hrsg. vom Deutschen Bundestag. Insb. Bände VII/1 und VII/2: Widerstand, Opposition, Revolution. Baden-Baden 1995.

_McFalls, Laurence: Alltag und Revolution. Vom Wertewandel zum Systemwandel, in: Lindner (a. a. O.) 1994, S. 149–155.

_Meckel, Markus/Martin Gutzeit: Opposition in der DDR. Zehn Jahre kirchliche Friedensarbeit – kommentierte Quellentexte. Köln 1994.

_Mehlhorn, Ludwig: Der politische Umbruch in Ost- und Mitteleuropa und seine Bedeutung für die Bürgerbewegung in der DDR, in: Materialien der Enquete-Kommission 1995, Bd. VII/2, S. 1409–1437.

_Merkel, Ina/Felix Mühlberg: Eingaben und Öffentlichkeit, in: Ina Merkel (Hrsg.): „Wir sind doch nicht die Mecker-Ecke der Nation". Briefe an das DDR-Fernsehen. Köln/Weimar/Wien 1998, S. 9–32.

_Meuschel, Sigrid: Legitimation und Parteiherrschaft in der DDR. Frankfurt a. M. 1992.

_Mitter, Armin/Stefan Wolle: „Ich liebe euch doch alle!" Befehle und Lageberichte des MfS. Januar–November 1989. Berlin 1990.

_Mühler, Kurt/Steffen H. Wilsdorf: Meinungstrends in der Leipziger Montagsdemonstration, in: Grabner u.a. (a. a. O.) 1990, S. 159–176.

_Müller-Enbergs, Helmut/Marianne Schulz/ Jan Wielgohs (Hrsg.): Von der Illegalität ins Parlament. Werdegang und Konzepte der neuen Bürgerbewegung. Berlin 1992.

_Neubert, Ehrhart: Eine protestantische Revolution, in: Deutschland Archiv, 23/1990, S. 704–713.

_Ders.: Bemerkungen zur „protestantische Revolution", in: ZdF – Zeitschrift des Forschungsverbundes SED-Staat, Nr. 4 (1997), S. 26–42.

_Ders.: Geschichte der Opposition in der DDR 1949–1989. Bonn/Berlin 1997.

_Ders.: Unsere Revolution. Die Geschichte der Jahre 1989/90. München/Zürich 2008.

_Neues Forum Leipzig: Jetzt oder nie – Demokratie! Leipziger Herbst '89. Leipzig 1989.

_Nooke, Maria, zitiert nach: Ökumenischer Friedensdienst Forst: Tagebuch einer Einmischung (1988–1989), in: Lindner (a. a. O.) 1994, S. 104–109.

_Offene Arbeit Erfurt (Hrsg.): „... ich wollt', die Sehnsucht stürbe nie!" – Offene Arbeit. Selbstauskünfte. Erfurt 1991.

_Oktober 1989 – Texte. Temperamente. Blätter für junge Literatur 1/1990 (Thematisches Heft).

_Opp, Karl-Dieter/Voß, Peter: Die volkseigene Revolution. Stuttgart 1993.

_Opposition in der DDR von den 70er Jahren bis zum Zusammenbruch der SED-Herrschaft. Hrsg. von Eberhard Kuhrt u.a. Opladen 1999.

_Pollack, Detlef: Politischer Protest. Politisch alternative Gruppen in der DDR. Opladen 2000.

_Poppe, Ulrike/Rainer Eckert/Ilko-Sascha Kowalczuk: Zwischen Selbstbehauptung und Anpassung. Berlin 1995.

_Probst, Lothar: Unter dem bunten Schmetterling. Zur Geschichte des politischen Umbruchs in Rostock, in: Lindner (a. a. O.) 1994, S. 139–148.

_Rein, Gerhard (Hrsg.): Die Opposition in der DDR. Entwürfe für einen anderen Sozialismus. Berlin 1989.

_Ders.: Die protestantische Revolution. Berlin 1990.

_Reuth, Ralf G./Kai Diekmann (Hrsg.): Die längste Nacht, der größte Tag. Deutschland am 9. November 1989. München 2009.

_Richter, Michael: Die Revolution in Deutschland 1989/90. Anmerkungen zum Charakter der „Wende". Berichte und Studien des Hannah-Arendt-Instituts Nr. 2/95. Dresden 1995.

_Ders.: Die Friedliche Revolution. Aufbruch zur Demokratie in Sachsen 1989/90. 2 Bände. Göttingen/Dresden 2009.

_Ritter, Gerhard A.: Wir sind das Volk! Wir sind ein Volk! Geschichte der deutschen Einigung. München 2009.

_Rödder, Andreas: Deutschland einig Vaterland. Die Geschichte der Wiedervereinigung. München 2009.

_Rosenlöcher, Thomas: Die verkauften Pflastersteine. Dresdener Tagebuch. Frankfurt a. M. 1990.

_Schabowski, Günter: Der Absturz. Berlin 1991

_Schöne, Jens: Die Friedliche Revolution. Berlin 1989/90 – Der Weg zur Deutschen Einheit. Berlin 2008.

_Schönfelder, Jan (Hrsg.): Das Wunder der friedlichen Revolution. Prominente Stimmen zum Herbst 1989, Leipzig 2009.

_Schroeder, Klaus: Der SED-Staat. Partei, Staat und Gesellschaft 1949–1990. München/Wien 1998.

_Schuller, Wolfgang: Die deutsche Revolution 1989. Berlin 2009.

_Schulz, Marianne: Neues Forum, in: Müller-Enbergs u.a. (a. a. O.) 1992, S. 11–104.

_Schwabe, Uwe: Geschichte einer Losung, in: Lindner (a. a. O.) 1994, S. 9–10.

_Ders.: „Symbol der Befreiung" – Die Friedensgebete in Leipzig, in: Horch und Guck, 7. Jahrgang, 1998 (2), S. 1–21.

_Ders.: Der Herbst '89 in Zahlen – Demonstrationen und Kundgebungen vom August 1989 bis zum April 1990, in: Opposition in der DDR (a. a. O.) 1999, S. 719–736.

_Segert, Dieter: Das 41. Jahr. Eine andere Geschichte der DDR. Wien/Köln/Weimar 2008.

_Sievers, Hans-Jürgen: Stundenbuch einer deutschen Revolution. Die Leipziger Kirchen im Oktober 1989. Göttingen 1990.

_Stadler, Siegfried: Der gute Ruf von Leipzig, in: SZ vom 2.10.2004.

_Stephan, Gerd-Rüdiger (Hrsg.): „Vorwärts immer, rückwärts nimmer!" Innere Dokumente zum Verfall von SED und DDR 1988/89. Berlin 1994.

_Stolle, Uta: Der Aufstand der Bürger. Wie 1989 die Nachkriegszeit in Deutschland zu Ende ging. Baden-Baden 2001.

_Teltschik, Horst: 329 Tage. Innenansichten der Einigung. Berlin 1991.

_Templin, Wolfgang/Reinhard Weißhuhn: Initiative Frieden und Menschenrechte, in: Müller-Enbergs u.a. (a. a. O.) 1992, S. 105–166.

_Teschke, Holger: Schweigen ist Einwilligung, in: Oktober 1989 (a. a. O.), S. 134–137.

_Tetzner, Reiner: Kerzen-Montage verändern die Welt. Warum die Waffen wirklich schwiegen. Leipzig 2009.

_Thaysen, Uwe: Der Runde Tisch. Oder: Wo blieb das Volk? Der Weg der DDR in die Demokratie. Opladen 1990.

_Ders. In Zusammenarbeit mit Michael Kloth: Der Runde Tisch und die Entmachtung der SED, in: Materialien der Enquete-Kommission 1995, Bd. VII/2, S. 1706–1852.

_Thompson, Mark R.: Die „Wende" in der DDR als demokratische Revolution, in: APuZ 45/1999, S. 15–23

_Victor, Christoph: Oktoberfrühling. Die Wende in Weimar. Weimar 1992.

_Voigt, Andreas: Gespräch mit Wehrpflichtigen der 5. VP-Bereitschaft Leipzig, in: Oktober 1989 (a. a. O.), S. 74.

_Weiß, Konrad: Ich habe keinen Tag in diesem Land umsonst gelebt, in: Blätter für deutsche und internationale Politik 5/90, S. 555–558.

_**Wettig, Gerhard: Das Ende der DDR – Phänomen imperialen Zusammenbruchs,** in: ZdF – Zeitschrift des Forschungsverbundes SED-Staat, Nr. 4 (1997), S. 4–16.

_**Wielgohs, Jan/Müller-Enbergs, Helmut: Die Bürgerbewegung Demokratie Jetzt,** in: Müller-Enbergs u.a. (a. a. O.), 1992, S. 105–148.

_**Wolle, Stefan: Die heile Welt der Diktatur. Alltag und Herrschaft in der DDR 1971–1989.** Berlin 1998.

_**Wonneberger, Christoph: Ich habe immer tun müssen, was ich für richtig hielt,** in: Lindner (a. a. O.) 1994, S. 192–199.

_**Ders.: Zeitzeugenbericht, notiert von M. Richter,** in: Opposition in der DDR (a. a. O.) 1999, S. 237–257.

_**Zwahr, Hartmut: Ende einer Selbstzerstörung.** Leipzig und die Revolution in der DDR. Göttingen 1993.

_**Ders.: Umbruch durch Ausbruch und Aufbruch: Die DDR auf dem Höhepunkt der Staatskrise 1989,** in: Hartmut Kaelble/Jürgen Kocka/ Hartmut Zwahr: Sozialgeschichte der DDR. Stuttgart 1994, S. 426–465.

_**Ders.: Die Revolution in der DDR 1989/90 – eine Zwischenbilanz,** in: Fischer/Heydemann (a. a. O.) 1995, S. 204–252.

_**Ders.: Revolutionen in Sachsen. Beiträge zur Sozial- und Kulturgeschichte.** Weimar/Köln/Wien 1996, insbes. S. 400–473.

_**40 Jahre DDR – TschüSSED.** Hrsg. von Initiativgruppe 4.11.89. Berlin-Ost/Stiftung Haus der Geschichte der Bundesrepublik Deutschland. Bonn 1990.

Verwendete Chroniken

_**Bahrmann, Hannes/Christoph Links: Wir sind das Volk!** Die DDR im Aufbruch. Eine Chronik. Berlin/Weimar/Wuppertal 1990.

_**Bahrmann, Hannes/Christoph Links: Chronik der Wende,** Bd. 1. Berlin 1994; Bd. 2. Berlin 1995.

_**Benz, Wolfgang: Deutschland seit 1945.** Entwicklungen in der Bundesrepublik und in der DDR. Bonn 1990.

_**Bögeholz, Hartwig: Die Deutschen nach dem Krieg.** Eine Chronik. Reinbek bei Hamburg 1995.

_**Fischer Weltalmanach: Sonderband DDR.** Frankfurt a. M. 1990.

_**Friedliche Revolution 1989/90 in Sachsen.** Karte und Beiheft mit Beiträgen von Hartmut Zwahr, Uwe Schwabe, Michael Richter, Tobias Hollitzer. Hrsg. von der Sächsischen Akademie der Wissenschaften zu Leipzig und der Geobasisinformation Sachsen. Leipzig/Dresden 2009.

_**Grünberg, Andreas: „Wir sind das Volk!"** Der Weg der DDR zur deutschen Einheit. Stuttgart 1990.

_**Lehmann, Hans-Georg: Deutschland-Chronik 1945 bis 2000.** Bonn 2000.

_**Leipziger Demontagebuch: Demo – Montag – Tagebuch – Demontage.** Wolfgang Schneider, Bernd Lindner u. a., Leipzig/Weimar 1990.

_**Lexikon Opposition und Widerstand in der SED-Diktatur.** Hrsg. von Hans-Joachim Veen. Berlin/München 2000.

_**Schwabe, Uwe: Chronik. Demonstrationen, Kundgebungen und Streiks in der DDR vom August 1989 bis zur ersten freien Volkskammerwahl am 18. März 1990,** in: Ahbe/Hofmann/Stiehler u.a. (a.a.O.) 1999, S. 129–230.

_**taz (Hrsg.): DDR-Journal zur Novemberrevolution.** August bis Dezember 1989: Vom Ausreisen bis zum Einreißen der Mauer (2. erweiterte Auflage). Berlin 1989.

_**taz (Hrsg.): DDR-Journal Nr. 2 – Die Wende der Wende.** Januar bis März 1990: Von der Öffnung des Brandenburger Tores zur Öffnung der Wahlurnen. Berlin 1990.

_**Weiß, Robert: Chronik eines Zusammenbruches.** Der „heiße" Herbst 1989 und seine Folgen in den Ländern des Warschauer Paktes. Berlin 1990.

_**„Wir sind das Volk!"** Magazin zur Ausstellung Friedliche Revolution 1989/90. Berlin 2009.

_**Wir waren so frei ... Momentaufnahmen 1989/90.** Katalog zur gleichnamigen Ausstellung im Museum für Film und Fernsehen. Berlin 2009.

_**1989 – Chronologie der Wende in Sachsen.** Bearbeiter: Aline Fiedler und Frank Tiesler, Sächsische Staatskanzlei. Dresden 1999.

_**1989 – Die geglückte Revolution.** Themenheft von DIE ZEIT Geschichte, 2/2009. Hamburg 2009.

ADN Allgemeiner Deutscher Nachrichtendienst

AfNS Amt für Nationale Sicherheit (Nachfolgeinstitution der Staatssicherheit)

AGRA Landwirtschaftsausstellung der DDR in Leipzig-Markkleeberg

AP Associated Press (britische Nachrichtenagentur)

APuZ Aus Politik und Zeitgeschichte; Beilage zur Wochenzeitung Das Parlament

ARD Erstes Deutsches Fernsehen (Abk. für Arbeitsgemeinschaft der öffentlich-rechtlichen Rundfunkanstalten)

BDVP Bezirksdirektion der Volkspolizei

BL der SED Bezirksleitung der SED

bpb Bundeszentrale für politische Bildung

BRD Bundesrepublik Deutschland

CDU Christlich Demokratische Union (hieß auch eine der Blockparteien in der DDR, ging 1990 in die West-CDU ein)

Charta 77 Bürgerrechtsbewegung in der ČSSR, 1977 gegründet

ČSSR Tschechoslowakische Republik

DA Demokratischer Aufbruch, Bürgerbewegung in der DDR

DBD Demokratische Bauernpartei Deutschlands (DDR-Blockpartei, ging 1990 in die CDU ein)

DDR Deutsche Demokratische Republik

DDR-Kulturzentren Kulturelle Auslandseinrichtung der DDR, den Goethe-Instituten vergleichbar

DFD Demokratischer Frauenbund Deutschlands

DHM Deutsches Historisches Museum, Berlin

DJ Demokratie Jetzt, Bürgerbewegung in der DDR

dpa Deutsche Presseagentur

DSF Gesellschaft für Deutsch-Sowjetische Freundschaft

DT64 in der DDR beliebtes Jugendradio, ging 1964 aus Anlass des Deutschlandstreffens der Jugend stundenweise auf Sendung; ab Dezember 1987 als Vollprogramm

FAZ Frankfurter Allgemeine Zeitung

FDGB Freier Deutscher Gewerkschaftsbund (Einheitsgewerkschaft der DDR)

F.D.P. Freie Demokratische Partei

GMS Gesellschaftlicher Mitarbeiter der Staatssicherheit

GÜST Grenzübergangsstelle

HdG Stiftung Haus der Geschichte der Bundesrepublik Deutschland

IFM Initiative Frieden und Menschenrechte

IM Inoffizielle Mitarbeiter der Staatssicherheit

Konsument Warenhauskette des KONSUM in der DDR

KOR Komitee zur Verteidigung der Arbeiter, Bürgerrechtsbewegung in Polen, 1976 gegründet, später in Komitee zur gesellschaftlichen Selbstverteidigung umbenannt

KPC Kommunistische Partei der Tschechoslowakei

KPCh Kommunistische Partei Chinas

KPdSU Kommunistische Partei der Sowjetunion

KSZE Konferenz über Sicherheit und Zusammenarbeit in Europa

LDPD Liberal-Demokratische Partei Deutschlands (DDR-Blockpartei, ging 1990 in die F.D.P ein)

LO Mannschaftswagen der Volkspolizei und NVA

LVZ Leipziger Volkszeitung (Tageszeitung, bis 1990 Organ der BL der SED)

MfS Ministerium für Staatssicherheit

MP Maschinenpistole

Multicar ein in der DDR produzierter, multifunktionaler Kleinlaster

Nationale Front Bündnis „aller patriotischen Kräfte“ (Parteien und Massenorganisationen) unter Führung der SED

NBI Neue Berliner Illustrierte

ND Neues Deutschland (Tageszeitung, Zentralorgan des ZK der SED)

NDPD National-Demokratische Partei Deutschlands (DDR-Blockpartei, ging 1990 in die F.D.P. ein)

NF Neues Forum, Bürgerbewegung in der DDR

NVA Nationale Volksarmee

OB Oberbürgermeister

OPK Operative Personenkontrolle

OV Operativer Vorgang

PA Personalausweis der DDR

PDS Partei des Demokratischen Sozialismus

PVAP Polnische Vereinigte Arbeiterpartei, KP Polens

Samisdat im Selbstverlag erschienene (verbotene) Literatur

SDP Sozialdemokratische Partei der DDR; am 13.1.1990 in SPD umbenannt

SED Sozialistische Einheitspartei Deutschlands

Sejm Polnisches Parlament

SoFd Sozialer Friedensdienst (Initiative für einen Wehrersatzdienst außerhalb der NVA in der DDR)

Solidarność erste freie Gewerkschaft in der Volksrepublik Polen, 1980 gegründet

SPW Schützenpanzerwagen

StäV Ständige Vertretung der Bundesrepublik Deutschland in Ostberlin

SZ Süddeutsche Zeitung

taz Die Tageszeitung

UdSSR Union der Sozialistischen Sowjetrepubliken

UNO Abk. für United Nations Organization; dt: Vereinte Nationen

USAP Ungarische Sozialistische Arbeiterpartei, KP Ungarns

VBK Verband der Bildenden Künstler der DDR

VdgB Vereinigung der gegenseitigen Bauernhilfe

VL Vereinigte Linke, Bürgerbewegung in der DDR

VPKA Volkspolizeikreisamt

WiP Unabhängige polnische Jugendinitiative Freiheit und Frieden

ZDF Zweites Deutsches Fernsehen

ZFL Zeitgeschichtliches Forum Leipzig

ZIJ Zentralinstitut für Jugendforschung, Leipzig

ZK der SED Zentralkomitee der SED

Wir danken allen Lizenzträgern für die freundlich erteilte Abdruckgenehmigung. In Fällen, in denen es nicht gelang, Rechteinhaber von Abbildungen zu ermitteln, bleiben Honoraransprüche gewahrt.

früher oder später – das Kartenspiel

Die abgebildeten Karten stammen aus „früher oder später", einem Spiel von Bernhard Weber für 2 bis 5 Personen ab 12 Jahren.

Die Spielanleitungen für zwei Versionen „früher oder später" sowie „näher dran" für Anfänger und Fortgeschrittene gibt es unter: www.bpb.de/pocket.

Bestellen kann man hier:

www.bpb.de/pocket (Bestellnr. 1.921)
Bereitstellungspauschale: 1,50 Euro